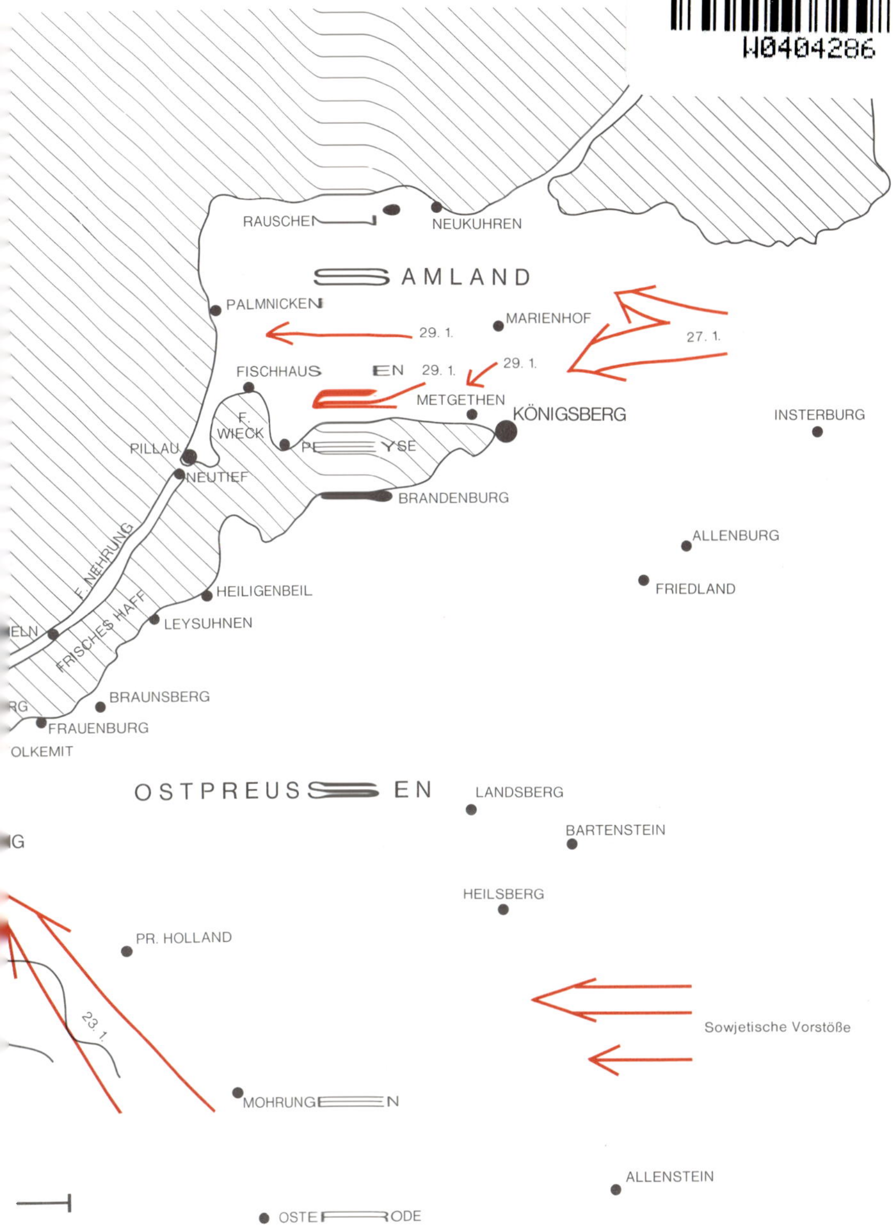

RAUSCHE
NEUKUHREN
AMLAND
PALMNICKEN
MARIENHOF
29. 1.
27. 1.
FISCHHAUS
EN
29. 1.
29. 1.
METGETHEN
KÖNIGSBERG
INSTERBURG
F.
WIECK
PILLAU
NEUTIEF
YSE
BRANDENBURG
ALLENBURG
F. NEHRUNG
FRIEDLAND
HEILIGENBEIL
ELN
LEYSUHNEN
FRISCHES HAFF
BRAUNSBERG
RG
FRAUENBURG
OLKEMIT
OSTPREUS
EN
LANDSBERG
IG
BARTENSTEIN
HEILSBERG
PR. HOLLAND
23. 1.
Sowjetische Vorstöße
MOHRUNG
N
ALLENSTEIN
OSTE
ODE

Egbert Kieser · Danziger Bucht 1945

Egbert Kieser

DANZIGER BUCHT 1945

Dokumentation einer Katastrophe

Bechtle

Genehmigte Auswertung der Ostdokumentation des Bundesarchivs

Mit 25 Dokumentarfotos
und 10 Karten im Text

Bildnachweis:

Abb. 1, 2, 4, 8, 9, 10, 12, 22
Süddeutscher Verlag – Bilderdienst –, München

Abb. 3, 5, 6, 7, 20, 21, 24
C. Henrich, Traben-Trarbach

Abb. 11, 13, 14, 15, 16, 17, 18, 19, 23, 25
Bundesarchiv, Koblenz

8. Auflage, 1997

Umschlaggestaltung: Christel Aumann
Druck: Jos. C. Huber KG, Dießen
Binden: Thomas Buchbinderei, Augsburg
Printed in Germany
ISBN 3-7628-0400-1

INHALT

Kartenverzeichnis

Die Dokumentation ist
den tapferen Frauen
des deutschen Ostens gewidmet

Vorwort

Den Anstoß zu dieser Dokumentation gab eine Dankesbotschaft der Vertriebenen an die Marine, die mich auf die Vorgänge um die Danziger Bucht in den letzten Kriegsmonaten 1945 aufmerksam machte. Nach weiteren Erkundigungen kam ich zu der Überzeugung, daß die Flucht der Ostpreußen, Westpreußen und Danziger über die Danziger Bucht nach Westen in der europäischen Geschichte keine Parallele hat. Die Dramatik dieser Vorgänge begann mich zu faszinieren; doch schon die ersten längeren Interviews der Beteiligten wiesen in eine andere Dimension und enthüllten die Tragik des Geschehens und das Ausmaß menschlichen Opfers. Die ganze Grausamkeit und Sinnlosigkeit des von Hitler entfachten Zweiten Weltkrieges entlud sich innerhalb weniger Wochen über eine vollkommen unvorbereitete, von der Partei in eine falsche Sicherheit gewiegte Bevölkerung. Von den Kampfhandlungen überrascht, mußten sie unter chaotischen Bedingungen im tiefsten Winter die Flucht ans Meer wagen, wo in einer beispiellosen Rettungsaktion die große Mehrzahl der Flüchtenden nach Westen in Sicherheit gebracht werden konnte. Eine Sicherheit, die für viele allerdings ein jahrelanges Leben voller Entbehrungen in dänischen Internierungslagern bedeuten sollte.

Eine objektive Darstellung dieses Geschehens setzte die Bewältigung eines äußerst umfangreichen Tatsachenmaterials voraus. Dabei ist mir von vielen Seiten Hilfe und Unterstützung gewährt worden. Ich möchte deshalb allen Beteiligten meinen aufrichtigen Dank aussprechen. Vor allem gilt mein Dank allen jenen Ostpreußen, Westpreußen und Danzigern, die mir ihre eigenen

Erlebnisse so detailliert, lebendig – und auch geduldig – mitgeteilt haben. Viele Namen sind im Buch nicht zu finden, doch haben fast alle Berichte in irgendeiner Form ihren Niederschlag gefunden und so zur Gesamtheit der Darstellung beigetragen.
Im einzelnen bedanke ich mich für die selbstlose Hilfe, die mir der Bundesgeschäftsführer der Landsmannschaft Westpreußen, Hans-Jürgen Schuch, Münster, und Prof. Dr. Werner Schienemann, Tuttlingen, zuteil werden ließen. Sehr viele wertvolle Hinweise verdanke ich Prof. Dr. Jürgen Rohwer, Stuttgart, Dr. Hümmelchen, Stuttgart, General der Panzertruppe a. D. Gerhard Graf von Schwerin und General der Panzertruppe a. D. Walther Nehring.
Zu ganz besonderem Dank bin ich Dr. Josef Henke, Dr. Hofmann und Frau Ina Thein vom Bundesarchiv Koblenz verpflichtet, die meiner Frau und mir über so viele Monate die Auswertung der umfangreichen Ostdokumentation ermöglicht haben. Das gilt auch für Dr. Maierhöfer vom Bundesarchiv – Militärarchiv Freiburg, der mir die Unterlagen der Kriegsmarine zugänglich gemacht hat.
Hier soll auch der Dank an meine Frau stehen, die den größten Teil der Archivarbeit geleistet und die Reinschrift des Manuskriptes besorgt hat. Während der gesamten Entstehungszeit des Werkes hat mir Dr. Hans Josef Mundt mit seinem wertvollen Rat zur Seite gestanden.

Stuttgart, Frühjahr 1978 — Egbert Kieser

Die Front im Osten

Am Montag, dem 1. Januar 1945, erließ Hitler aus dem Führerhauptquartier »Adlerhorst« in Ziegenberg bei Bad Nauheim seinen letzten »Neujahrsaufruf an das deutsche Volk«:
»Millionen Deutsche aller Berufe und aller Lebensstände, Männer und Frauen, Knaben und Mädchen bis herab zu den Kindern, haben zum Spaten und zur Schaufel gegriffen. Tausende von Volkssturm-Bataillonen sind entstanden oder im Entstehen begriffen. Divisionen sind neu aufgestellt. Volks-Artillerie-Korps, Werfer- und Sturmgeschützbrigaden, sowie Panzerverbände wurden aus dem Boden gestampft, Jagdgeschwader wieder aufgefrischt und mit neuen Maschinen versehen, und vor allem die deutschen Fabriken haben durch die deutschen Arbeiter und Arbeiterinnen Einmaliges geleistet. So wurde, was immer unsere Gegner zerschlagen haben, mit übermenschlichem Fleiß und einem Heldenmut sondergleichen wieder aufgebaut, und dies wird so lange geschehen, bis das Beginnen unserer Feinde eines Tages ein Ende findet. Das, meine Volksgenossen, wird einmal eingehen in die Geschichte als das Wunder des 20. Jahrhunderts! Ein Volk, das in Front und Heimat so Unermeßliches leistet, so Furchtbares erduldet und erträgt, kann daher auch niemals zugrunde gehen. Es wird aus diesem Glutofen von Prüfungen sich stärker und fester erheben als jemals zuvor in seiner Geschichte.«
Doch das Volk war am Ende seiner Kraft. Der Krieg war längst verloren, an allen Fronten mußten die deutschen Armeen der Übermacht ihrer Gegner weichen. Der Untergang war nur eine

Sache von Monaten. Aber noch glaubten Soldaten wie Zivilisten an den bevorstehenden Einsatz von Wunderwaffen, die das Unheil in letzter Minute abwenden sollten. Verbissen kämpfte die Wehrmacht weiter. Die Stabschefs stritten sich um die wenigen verfügbaren Divisionen: Generaloberst Guderian, Chef des Generalstabes im OKH, wollte um jeden Preis die Ostfront auffüllen, während Generaloberst Jodl, sein Gegenpart im OKW, auch nach dem Zusammenbruch der Ardennen-Offensive keinen Mann von der Westfront abziehen wollte. Hitler hatte für seinen letzten Heldenkampf den Westen auserkoren.

Der Osten war für Hitler in diesen Tagen nicht wichtig. Als Generaloberst Guderian die jüngsten Zahlen über den gewaltigen russischen Aufmarsch zwischen Memel und Budapest vorlegte, wurde Hitler wütend.

»Das ist der größte Bluff seit Dschingis Khans Zeiten!« schrie er Guderian an.

Am Neujahrstag empfing er seine Paladine zur Gratulationscour. Die Atmosphäre war gespannt. Man sprach von der Neujahrsoffensive im Elsaß und von einem dritten Schlag, den der größte Feldherr aller Zeiten bald führen werde. Guderian stand schweigsam dabei. Er wartete noch den Festakt ab, in dem Oberstleutnant Rudel das neugeschaffene goldene Eichenlaub mit Schwertern und Brillanten zum Ritterkreuz des Eisernen Kreuzes nebst seiner Beförderung zum Oberst verliehen wurde. Dann fuhr der Generaloberst nach Zossen zurück. Am 4. Januar reiste er zu einer mehrtägigen Inspektionsfahrt an die Ostfront. Bei der Heeresgruppe Süd konnte er sich davon überzeugen, daß sich die Lage an der ungarischen Front nicht stabilisieren ließ. Die Übermacht der Russen war zu groß, als daß General Wöhler auch nur eine einzige Division für den bedrohten Norden oder den Mittelabschnitt hätte abgeben können. Auch SS-General Gille zuckte nur die Schultern: »Wir haben nicht mehr das Material von 1940. Ich brauche drei Leute, wo ich früher mit zweien oder gar nur einem ausgekommen wäre.«

Guderian fuhr nach Krakau zu General Harpe, dem kommandierenden General der Heeresgruppe A. Hier oder bei der nach

Norden anschließenden Heeresgruppe Mitte würden die Russen ihre große Winteroffensive starten.
Harpe schlug vor, die Front zur Einsparung von Truppen etwa 20 Kilometer vom Weichselufer zurückzunehmen. Guderian sagte, er werde Hitler den Vorschlag unterbreiten. »Aber ich muß Sie warnen, Harpe. Das kann für Sie schlimme persönliche Folgen haben.« »Soll er mich doch kassieren«, erwiderte Harpe ruhig, »ich tue nur meine Pflicht.«
Am gleichen Abend rief Guderian den Befehlshaber der Heeresgruppe Mitte, Generaloberst Reinhardt, in dessen Hauptquartier in Wartenburg bei Allenstein an. Dem Westpreußen Guderian war die Situation in Ostpreußen so vertraut, daß er sich die Reise dorthin sparen konnte: Die 3. Panzerarmee hielt den Raum zwischen der Memel und Gumbinnen, die 4. Armee lag im östlichen Ostpreußen in einem nach Osten vorspringenden Bogen, der sich von Gumbinnen über Fillipow bis zum Narew erstreckte. Daran schlossen sich die Stellungen der 2. Armee, die das nördliche Polen abschirmte.
Der Heeresgruppe Mitte mit ihren 35 angeschlagenen Divisionen standen weit über 100 ausgeruhte sowjetische Divisionen gegenüber. Auch Generaloberst Reinhardt war sich der großen Gefahr bewußt. Er bat darum, seinen exponierten rechten Flügel vom Narew an die ostpreußische Grenze zurücknehmen zu dürfen. Guderian versprach, sein möglichstes zu tun. Hier ging es nicht nur darum, ein zu großes militärisches Risiko zu vermeiden: Im Raum der Heeresgruppe lebten über zwei Millionen Deutsche. Wenn die Front hier brach, waren sie der Willkür der Russen ausgeliefert – und was das bedeutete, wußte man seit dem Massaker von Nemmersdorf im vergangenen Herbst, als die Russen zum ersten Mal auf deutsches Gebiet vorgedrungen waren. Die Wehrmacht würde vor einer Frontverkürzung die deutsche Zivilbevölkerung evakuieren, doch Gauleiter Koch hatte geschworen, jeden Quadratmeter Ostpreußens bis zum letzten Blutstropfen zu verteidigen. Kein Zivilist durfte ohne Genehmigung der Partei Ostpreußen verlassen. Und Koch hatte Hitlers volle Unterstützung. Guderian

war machtlos. Seine Befürchtungen sollten sich sehr schnell erfüllen. Noch während Guderian in Ungarn war, fielen in Moskau die Würfel.
Churchill hatte Stalin schon im Dezember gebeten, die russische Offensive vorzuverlegen, um die in den Ardennen schwer bedrängten alliierten Truppen zu entlasten. Stalin brauchte jedoch strengen Frost. Er wollte seine Panzer nicht in den ostpolnischen Sümpfen oder den masurischen Seen absaufen sehen. Am Donnerstag, dem 4. Januar, hatten die Meteorologen endlich Hoffnung gemacht: Über Finnland hatte sich ein Hochdruckgebiet aufgebaut, das langsam nach Süden zog und Polarluft mit sich führte. In Leningrad stand das Thermometer bereits auf minus 15 Grad. Spätestens in einer Woche würde bis hinunter zum Schwarzen Meer Dauerfrost herrschen. Stalin hatte daraufhin den 12. Januar, einen Freitag, als ersten Angriffstag bestimmt.
Noch nie waren die Sowjets auf eine Offensive so gut vorbereitet gewesen – nicht zuletzt dank der amerikanischen Waffenlieferungen, die über Murmansk, Wladiwostock und Odessa eintrafen: Frachtschiff um Frachtschiff mit Panzern, Artillerie, Flugzeugteilen und einer unabsehbaren Menge an Munition. Die sowjetische Industrie arbeitete auf Hochtouren. Offiziere und Mannschaften der fünf Heeresgruppen, die von der Ostsee bis zu den Karpaten zur Großoffensive gegen Hitlerdeutschland angetreten waren, hatten noch nie so viele Waffen gesehen. Nach der Herbstoffensive 1944 waren die sowjetischen Einheiten wieder aufgefüllt und durch frische mongolische und kaukasische Verbände verstärkt worden. Um die Deutschen zu täuschen, hatte man einen Teil der Truppen zu Schanzarbeiten eingeteilt, vor allem den nach vorn gezogenen Troß, so daß es den Anschein haben mußte, als sei man mit dem Erreichten zufrieden und baue nun eine starke Verteidigungsstellung aus. Seit Monaten bestand strenge Urlaubssperre. Nach dem täglichen Waffendrill zeigten ausgesuchte Politkommissare den Männern Filme über die Untaten der faschistischen Imperialisten, die Verwüstung russischer Städte und Dörfer, die Leichen

der Frauen und Kinder von Leningrad, Charkow, Stalingrad. Auch dem letzten Kanonier wurde der Gedanke an die Rache für Tannenberg 1914 eingeimpft. Und zum ersten Mal würden sie tief in deutsches Gebiet vorstoßen und Beute machen.
Marschall K. K. Rokossowski war vor einigen Tagen zum neuen Befehlshaber der 2. Weißrussischen Front ernannt worden. Er würde durch den nördlichen Teil Polens und durch Ostpreußen bis nach Pommern vorstoßen, während sich die 3. Weißrussische Front unter Marschall Tscherniakowski mit der schwierigen Ostseeküste begnügen mußte. Südlich standen die Marschälle Schukow und Koniew mit der 1. Weißrussischen Front und der 1. Ukrainischen Front zum Stoß auf Schlesien und auf Berlin bereit. Es waren über 200 russische Divisionen, die an der etwa 600 Kilometer langen Ostfront etwa 70 deutschen Divisionen gegenüberstanden.
Als letzter der Befehlshaber war Rokossowski an die Front aufgebrochen, um sich mit seinen neuen Truppen vertraut zu machen. Keine drei Wochen später würde er als Sieger am Geburtshaus des deutschen Generalstabschefs Guderian in Kulm an der Weichsel vorbeifahren.
Generaloberst Guderian hatte am 8. Januar seine Inspektionsreise beendet und war in seine Dienststelle in Zossen zurückgekehrt; in der Bunkeranlage dicht bei Potsdam und etwa 30 Kilometer südlich von Berlin hatten inzwischen die Feindbearbeiter der Abteilung Fremde Heere Ost unter General Gehlen die letzten Stärkeaufstellungen der Sowjets parat. Noch unter dem Eindruck der Schwäche seiner Armeegruppen wurde er mit dem Bericht konfrontiert: Für die ganze Länge der Ostfront ergab sich durchgehend eine zumindest dreifache Übermacht des Gegners. Als Angreifer konnten die Sowjets ihre Stoßkräfte beliebig konzentrieren, so daß sich das Kräfteverhältnis an gefährdeten Stellen noch mehr zuungunsten der deutschen Truppen verschob: Für die Infanterie 1:11, für Panzer 1:7, für Artillerie 1:20. Der wachsenden Armada russischer Bomber und Schlachtflieger hatte die 6. deutsche Luftflotte fast nichts entgegenzusetzen. Ihr Befehlshaber, Generaloberst Ritter von

Greim, konnte nur ein Offenhalten der Hauptverkehrsstraßen und Bahnlinien versprechen.
Am Dienstag, dem 9. 1., packte Guderian seine Unterlagen zusammen und flog ins Führerhauptquartier Ziegenberg. In der Abend-Lagebesprechung teilte er Hitler die neuesten Zahlen mit und bestand auf einem strategischen Rückzug aus Italien, Norwegen, dem Balkan und der Evakuierung der in Litauen eingeschlossenen Kurlandarmee, um mit den freigewordenen Truppen die Ostfront zu verstärken. Hitler wischte die Aufzeichnungen wütend vom Tisch und wandte seinem Generalstabschef den Rücken zu.
Guderian redete unbeirrt weiter: »Infolge ihrer dünnen Besetzung und ihrer geringen Ausstattung mit Reserven wird die Ostfront bei einem einzigen gelungenen Durchbruch der Russen wie ein Kartenhaus zusammenfallen.« Kaum hatte Guderian den Raum verlassen, fing Hitler an zu toben: »Noch nie war die Ostfront so stark wie jetzt. Sie wird nicht verstärkt werden, und keinen Fußbreit deutschen Bodens werden wir preisgeben. Mir wird schlecht, wenn ich immer von strategischer Rücknahme höre – seit zwei Jahren höre ich das nun – und jedesmal war das Resultat eine Katastrophe.« Drei Tage später brach der Sturm los, in dem der deutsche Osten und mit ihm das Dritte Reich untergehen sollten. Am 12. 1. brach die 1. Weißrussische Front aus ihren Brückenköpfen westlich der Weichsel nach schwerster Artillerievorbereitung über die Heeresgruppe A, den südlichen Nachbarn der Heeresgruppe Mitte, herein und riß im ersten Ansturm die Front auf einer Breite von 150 Kilometern auf. Am 13. 1. eröffnete die 3. Weißrussische Front das Feuer aus 350 schweren Batterien und Stalinorgeln auf die 3. Panzerarmee und die 4. Armee, die die nördliche Flanke von den masurischen Seen bis zum Kurischen Haff hielten. Das zwei Stunden dauernde Trommelfeuer konzentrierte sich nördlich der Straße Ebenrode – Gumbinnen, etwa 120 Kilometer Luftlinie östlich von Königsberg. Der folgende russische Großangriff traf die vordersten Truppen mit acht- bis zehnfacher Überlegenheit. Am nächsten Tag, Sonntag, dem 14. Januar, griffen

die Sowjets auch den mittleren Abschnitt mit der 2. Armee an. Die deutschen Truppen wehrten sich erbittert, und bis zum 17. Januar konnte die russische Übermacht nur wenige Kilometer tief eindringen.
Inzwischen war überall der Winter eingezogen. Am 16. 1. herrschten schon 10 Grad Kälte. Bei strahlendem Wetter brachte der Gegner nunmehr auch seine übermächtige Luftwaffe zum Einsatz. Bomber- und Schlachtfliegergeschwader wirkten in ununterbrochenem Anflug verheerend gegen die deutsche Front und bis tief in das Hinterland hinein. Nur wenige deutsche Flugzeuge waren am Himmel zu sehen. Mit Artillerie und Stalinorgeln zerschlug der Gegner jeden Widerstand. Und wo danach noch etwas lebte, preschten die Panzer heran, zerschossen Widerstandsnester und walzten die Schützenlöcher zu. Die deutschen Divisionen schrumpften zusammen. Aus versprengten Teilen gebildete Alarmeinheiten konnten die Lücken nicht mehr auffüllen. Die Front zerfiel in einzelne Widerstandsgruppen, jeder kämpfte, wo er gerade stand.
Alle Versuche, eine Widerstandslinie aufzubauen, vereitelten die vorpreschenden russischen Panzer, vielfach mit aufgesessener Infanterie. Die feindliche Überlegenheit an Feuerkraft, Beweglichkeit und Mannschaftsstärke verursachte bei den deutschen Truppen Niedergeschlagenheit und Verzweiflung. Stellenweise verwandelte sich der Rückzug in Flucht. Die russische Dampfwalze war ins Rollen gekommen. Es gab kein Halten mehr.
Die Zivilbevölkerung hinter der deutschen Front hatte keine Ahnung von der Gefahr, in der sie schwebte. Das Leben verlief auch in diesen Tagen fast wie in Friedenszeiten. In den Städten fanden Viehmärkte statt, die Kinos waren ausverkauft, die Straßen waren belebt mit Fuhrwerken und Fußgängern. In den Dörfern und Gütern war man mit Dreschen und Schnapsbrennen beschäftigt. In den großen Zuckerfabriken war erst knapp die Hälfte der letzten Rübenernte verarbeitet.
Hinter dem »Ostwall« fühlte man sich sicher. Seit dem vergangenen Herbst hatten Zehntausende zwischen Insterburg und

Danzig Panzergräben ausgehoben. Kilometer um Kilometer zogen sich diese 6 Meter tiefen und 7 Meter breiten Gräben um Königsberg, durch die Masuren, um Neidenburg, vom Frischen Haff an Elbing vorbei bis Marienburg und über die Höhen vor Danzig und Gotenhafen.

Gauleiter Forster hatte Elbing die sicherste Stadt in ganz Ostpreußen genannt. Niemand konnte ahnen, daß diese Kreisstadt innerhalb weniger Tage gleichsam zum Sargdeckel Ostpreußens werden sollte.

Ständig waren vier- bis fünftausend Mann und an den Wochenenden etwa 20000 Menschen aus allen Bevölkerungsteilen der Stadt mit Spaten, Schaufeln und Gartenwerkzeugen dabei, den Russen eine Falle zu bauen. Vom Frischen Haff im Nordosten zog sich der Panzergraben über die der Stadt vorgelagerten Höhen 20 Kilometer lang bis zum südlich gelegenen Drausensee, wo die Befestigungen der Marienburger ihren Anfang nahmen. Die meisten der 100000 Einwohner waren jedoch davon überzeugt, der Führer werde es nie soweit kommen lassen, daß sich der Russe der alten Hansestadt nähern würde.

Die Elbinger haben nie viel Aufhebens von der unaufdringlichen Schönheit ihres Städtchens gemacht. Ruhe und Gelassenheit gingen von dem biedermeierlichen Marktplatz aus, wie von den schönen Fassaden der alten Hansehäuser und den in Grünanlagen versteckten Villen aus der Gründerzeit. Die Elbinger rühmten sich, daß hier schon Deutsche wohnten, lange bevor Kolumbus Amerika entdeckte. Aber ohne direkten Zugang zur Ostsee hatte Elbing nie die Bedeutung Danzigs oder Königsbergs erlangt. Trotzdem, in Elbing wurde das erste eiserne Schiff Deutschlands und später das erste Torpedoboot für Kaiser Wilhelm gebaut. Später kamen noch Kleinst-U-Boote, Lokomotiven und Flakgeschütze dazu.

Auf ihre Umgebung waren die Elbinger besonders stolz. Das nahe Frische Haff und hauptsächlich der Badeort Kahlberg auf der Nehrung waren früher ein Hauptanziehungspunkt für Wochenendausflügler und Sommerfrischler. Im Osten dann die bewaldeten Hügel des Vogelsangs und im Süden der Drausensee, der sogar eine Weltsensation zu bieten hatte: Schiffe, die aus dem weiter südlichen Oberländer Kanal in den tiefer gelegenen Drausensee wollen, werden nicht über eine Schleuse, sondern samt Passagieren über Land weiterbefördert. Im Westen endlich schließt sich die flache Landschaft der reichen Weichselniederung an.

In den ersten beiden Januarwochen war Elbing geschäftig wie immer. Die Werft und die Zulieferbetriebe machten Überstunden, auf den Bezugscheinstellen herrschte Hochbetrieb, die Gaststätten waren überfüllt. Über der Stadt hing der Geruch frischer Maische von der Brauerei Englischer Brunnen. Im städtischen Theater, das zum Kino umfunktioniert worden war, lief der Film »Opfergang« nach einer Novelle von Rudolf G. Binding. Die Wehrmachtsberichte vom 13., 14. und 15. Januar mit den Berichten über den Beginn der großen russischen Winteroffensive nahm man noch gelassen hin. Schließlich waren die Russen im Herbst schon einmal wieder aus Goldap hinausgeworfen worden. Die Beamten hakten weiter ihre Formulare ab, in der Werft ratterten die Niethämmer, und im Café am Markt saßen die Hausfrauen beim Kaffeekränzchen, während draußen vor der Stadt die Schippkolonnen am Werk waren.

Am 19. Januar änderte sich das Bild. Die Nachrichten vom Durchbruch der Russen häuften sich. Warschau war gefallen, Ziechenau in russischer Hand, und das 125 Kilometer südlich gelegene Neidenburg meldete sich nicht mehr. Ohne auf den amtlichen Räumbefehl zu warten, packten die Elbinger ihre Koffer. Viele der sozial Bessergestellten verließen unter einem Vorwand die Stadt. Wer nicht über ein zugelassenes Kraftfahrzeug mit dem nötigen roten Winkel verfügte, benutzte die Bahn über Dirschau und Danzig ins Reich. Auf dem Bahnhof drängten sich schließlich Tausende von Menschen. Viele mußten einen Tag oder länger warten, bis sie sich in einen der überfüllten Züge quetschen konnten. Trotzdem gab es keine Panik. Noch immer funktionierten die Ämter, die Geschäfte blieben geöffnet, und die Schichten der Schichauwerke lösten sich in schöner Regelmäßigkeit und vollzählig ab.

Am Dienstag, dem 23. Januar gegen 17 Uhr, saß Oberbürgermeister Fritz Leser in seinem Dienstzimmer im Rathaus und ging mit einem Amtmann noch einmal die Listen der Lebensmittelgroßhandlungen und der Verpflegungslager durch. Sie hatten am Vormittag eine Besprechung mit dem stellvertretenden Leiter des Landeswirtschaftsamtes gehabt und glaubten, daß die Lebensmittelvorräte Elbings für mindestens zwei Monate reichen würden. Nur an Salz fehlte es, und die beiden Beamten zerbrachen sich gerade den Kopf, wo sie es herbekommen könnten, als es draußen krachte. Deutlich war das knirschende, scheppernde Geräusch von Panzerketten zu hören. Leser und sein Gehilfe stürzten ans Fenster: Über den Friedrich-Wilhelm-Platz rollten schießende Panzer. Dr. Leser lief hinunter in den Keller, wo sich die Befehlsstände befanden. Schreckensbleich und verstört standen dort Leute herum, die von der Straße hereingekommen waren. Russische Panzer – wo waren die hergekommen?

Überstürzte Flucht – Panzer gegen Trecks – Einer, der nicht flieht – Ein Kreisleiter verdrückt sich

Das Debakel der 2. deutschen Armee war vollkommen gewesen. Die Stoßarmeen Marschall Rokossowskis strömten durch Nordpolen, parallel zur Südgrenze Ostpreußens, ohne noch auf ernstlichen Widerstand zu stoßen. Am 18. Januar, vier Tage nach Beginn ihrer Offensive, besetzten sie das Hauptquartier des 2. AOK, aus dem sich Generaloberst Weiß und sein Stab rechtzeitig abgesetzt hatten. Am selben Tag nahmen sie den Truppenübungsplatz Milau. Der Kommandant, Generalmajor Sauvant, hatte sich nur Stunden vorher mit fünf Panzern und einer Bäckereieinheit in Richtung Marienburg zurückziehen können.

Teile der 2. sowjetischen Garde Armee und die 48. Armee bogen nun nach Norden ab: Im Rücken der 4. deutschen Armee sollten sie das Frische Haff erreichen und damit Ostpreußen vom Westen abschneiden.

Noch vor Anbruch des 19. Januar hatten die russischen Elitetruppen jubelnd die deutsche Grenze überschritten. Sie saßen auf Panzern, Sturmgeschützen und vollgepackten Lastwagen – mit grau-braunen Uniformen, wattierten Jacken und darüber die grauen Pelzmützen mit dem kleinen roten Stern, nicht viel größer als ein Parteiabzeichen. Zu Tausenden liefen sie in Schützenreihen über die verschneiten Felder und brachen in die Dörfer und Städte ein. Sie schossen auf alles, was sich bewegte.

Auf dem 2300 Morgen großen Gut Seythen im Kreis Osterode, etwa 20 Kilometer nördlich der Grenze nach Polen, ging dieser

Donnerstag, der 18. Januar, zur Neige wie all die anderen arbeitsreichen Tage zuvor auch. Die 35 russischen und die 14 französischen Kriegsgefangenen waren in dem vergitterten alten Pferdestall für die Nacht eingeschlossen. In der hinteren Scheune ratterte eine Häckselmaschine, und in den Kuhställen klapperten die Schweizer mit den Milchkannen. Inspektor Romalm machte noch einen Rundgang. Die Frau des zur Wehrmacht eingezogenen Besitzers, Frau v. W., war schon zur Ruhe gegangen. Romalm hatte von Partisanen gehört und wollte sich vergewissern, daß alles verschlossen war. Bevor er zu Bett ging, saß er noch eine Stunde in seinem Büro und teilte die Arbeiten für den nächsten Tag ein.
Gegen 2 Uhr morgens preschte ein dick vermummter, schneeverkrusteter Motorradfahrer die Anhöhe zum Gutshaus hinauf. Er hielt vor der Wohnung des Inspektors und hämmerte mit der Faust an die Tür. Romalm nahm sich nicht die Zeit, die Verdunkelung am Fenster hochzurollen. Er zog einen Mantel über den Schlafanzug und lief über den kalten Flur die Treppe hinunter.
»Der Ortsgruppenleiter schickt mich«, meldete der Motorradfahrer. »Ihre Volkssturmeinheit soll sofort die Stellungen in Osterschau beziehen!«
»Sofort?« fragte Romalm ungläubig zurück. »Warum denn – was ist denn los?«
»Das weiß ich auch nicht. Sie sollen jedenfalls da raus. Die Russen sind nicht mehr weit.« Der Mann gab Gas und schlidderte über die vereiste Straße davon.
Wieder in seinem Zimmer, rauchte Romalm erst einmal eine Zigarette. Das konnte doch nicht Ernst sein. Die Front war irgendwo weit im Südosten. Vor zwei Tagen hatte der Wehrmachtsbericht noch von Kämpfen am Narew gesprochen. Wahrscheinlich wollte die Partei nur wieder zeigen, daß sie auch Krieg spielen kann, und das Ganze war eine Übung. Er würde sich beschweren, schließlich mußten die Leute tagsüber hart arbeiten. Vom Nachtwächter ließ er die alten Männer und die Pimpfe zusammentrommeln. Eine halbe Stunde später war der Zug von

zwanzig Mann mißmutig und verschlafen zu den fünf Kilometer entfernten Stellungen unterwegs, die sie selbst erst vor wenigen Wochen ausgehoben hatten.
Der Inspektor blieb zurück. Er konnte den Nachtwächter nicht mit den vielen Kriegsgefangenen allein lassen. Unruhig ging er noch einmal die Gebäude ab. Der Wind hatte sich seit dem Abend gedreht, und ganz schwach glaubte er jetzt im Süden ein Donnern zu vernehmen. Mit dem Fernglas um den Hals stieg er in das Turmzimmer und suchte den Südhorizont ab. Kein Zweifel: dort lag ein breiter, roter Feuerstreifen.
Romalm war noch immer nicht beunruhigt. Vielleicht waren es nur Partisanenverbände. Die Entfernung war schwer zu schätzen. Aber wie weit es auch war, dazwischen lagen noch die Hohenstein-Stellung und Tannenberg.
Gegen 3 Uhr war der Melder wieder da. Die Gutsleute sollten sich für den Treck fertigmachen. Packbefehl hieß das. Niemand durfte abrücken, bevor der Ortsgruppenleiter den Räumbefehl gegeben hatte. Romalm wartete den Tagesanbruch ab, ehe er sich daran machte, den Treck zusammenzustellen. Je zwei Familien kamen auf einen mit zwei schweren oder drei leichten Pferden bespannten Wagen. Die Gutsherrin mit ihren beiden Kindern bekam einen gummibereiften Tafelwagen, der Inspektor hatte einen kleinen Einspänner mit einem sehr jungen Pferd. Sein Reitpferd wollte er, um beweglicher zu sein, gesattelt an den Wagen binden.
Die russischen Kriegsgefangenen wurden mit zwei Wachleuten nach Hohenstein zu einer Sammelstelle der Wehrmacht in Marsch gesetzt, die Franzosen als Kutscher auf die Wagen verteilt. Am frühen Morgen kamen auch die Volkssturmmänner wieder zurück – man hatte keine Waffen für sie auftreiben können und sie heimgeschickt.
Beim Packen gab es häßliche Szenen. Die Leute stritten darum, wer was mitnehmen durfte, wer mit wem fahren sollte. Es gab Tränen und Flüche, und noch immer wußte keiner genau zu sagen, warum man so plötzlich aufbrechen sollte. Mitten in diese Aufregung hinein tauchten sechs russische Tiefflieger auf.

In zwei Anflügen schossen sie mehrere Maschinengewehrgarben in die Häuser. Niemand wurde verletzt. Die Hälfte der Leute war in die Keller gestürzt und wollte nun nicht mehr heraus.
Die sechs sowjetischen Maschinen flogen nach Nordosten ab. In etwa zehn Kilometer Entfernung, im abseits gelegenen Schwirgstein, fütterte die Bäuerin Christa Dux gerade die Schweine, als sie das Motorengeräusch und das Tacken der MGs hörte. Erschrocken lief sie auf den Hof hinaus und sah, wie die Maschinen über ihrem Dorf kurvten und in Richtung Waplitz schossen, wo die Schwirgsteiner noch vor ein paar Tagen den Schnee aus den Panzergräben geschaufelt hatten. In dieser Richtung lag aber auch die Schule, in der ihre beiden Kinder gerade beim Unterricht saßen.
Christa Dux rannte los, so schnell sie konnte. Andere Frauen liefen ihr nach. Mehrmals stürzte sie auf der eisglatten Dorfstraße, lief am Dorfteich vorbei durch den großen Schulgarten und fand ihre Kinder unversehrt in einer Ecke des Klassenzimmers an der Wand hockend. Die Junglehrerin saß mitten unter den Kindern und weinte, weil sie nicht wußte, was sie tun sollte. Den Schwirgsteinern geschah nichts.
Die Aufregung hatte sich noch nicht gelegt, als zwei Lkws mit deutschen Soldaten im Dorf hielten. Einige von ihnen waren verwundet, und alle sahen sehr mitgenommen aus. Sie baten um Lebensmittel und erzählten den Dörflern, daß die Russen hinter ihnen her seien. Der ganze südlich gelegene Grenz-Kreis Neidenburg sei auf der Flucht in Richtung Allenstein und Osterode. Die Straßen seien alle restlos verstopft.
Niemand wollte diese Geschichte glauben. Die Soldaten sahen nicht sehr vertrauenerweckend aus. Der stellvertretende Bürgermeister rief bei der Kreisbauernschaft in Osterode an. Dort wußte man nichts von einem Räumbefehl. Und so warteten auch sie, wie die Leute von Seythen, bis zum Sonnabend.
In der Nacht zum Sonnabend hatte es wieder geschneit. Unter der zwanzig Zentimeter dicken Schneedecke verbarg sich Glatteis. Die Temperatur betrug 18 Grad minus. Am Morgen war die Wolkendecke aufgerissen, und hin und wieder schien die Sonne

über die friedliche Winterlandschaft. Auch auf dem Gut Steffenswalde hatte man den Packbefehl erhalten. Die Gutsherrin Ella Brümmer war deshalb an diesem Morgen nach Osterode unterwegs, um Einkäufe für den Treck zu machen: Schuhe für die Kutscher, Stollen für die Pferde und Kleinigkeiten nach einer langen Liste, die ihr für eine so ungewöhnliche Reise nötig erschienen. Ella Brümmer fuhr ihren Einspänner ohne Kutscher. Die Straße war sehr belebt. Sie überholte einige Flüchtlingstrecks, wurde selber von Militärlastwagen überholt, die es offenbar besonders eilig hatten. Hinter Döhringen tauchten russische Flieger über der Straße auf und schossen, was das Zeug hielt. Pferde gehen durch, Deichseln brechen, Frauen schreien auf – aber niemand wird verletzt. Ella Brümmer ist einen Moment unschlüssig. Soll sie einfach umkehren? Doch dann fährt sie weiter.

Dieser Entschluß sollte sie über zwölf Stunden kosten. Zehn davon hätten genügt, sie und ihren Gutstreck vor den Russen in Sicherheit zu bringen.

Sie hatte Mühe, bis nach Osterode durchzukommen. In der Stadt selbst waren alle Straßen mit Fuhrwerken und Militärfahrzeugen verstopft. An den Läden hingen weiße Zettel mit der Aufschrift: »Polizeilich geschlossen«. Sie ging zum Landratsamt und hörte, wie der Chefarzt des Krankenhauses zum Landrat sagte: »Du mußt anordnen, daß die Leute nicht mehr fliehen sollen. Der Russe ist bei Gilgenburg (etwa 40 Kilometer südlich) zurückgeschlagen, und man kann ruhig den nächsten Tag abwarten. Wenn die Leute weiter so fliehen, bekomme ich meine Kranken nicht mehr auf den Bahnhof. Die Lage dort ist unvorstellbar!« Frau Brümmer drängte sich dazwischen und fragte den Landrat: »Sollen wir fliehen oder nicht?« Der sah sie nur kurz an und sagte: »Seit 12.30 Uhr sind Autos in Ihrer Richtung mit dem Fluchtbefehl unterwegs.« Als die Gutsherrin den Rückweg antrat, riefen sich die Leute auf der Straße schon zu: »Nicht weiter! Alles zurück in die Häuser! Der Russe ist bei Gilgenburg zurückgeschlagen!« Einige Gilgenburger kehrten daraufhin tatsächlich wieder um und liefen geradewegs in ihr Verderben.

Ella Brümmer schlug auf ihre Pferde ein. Jetzt hatte auch sie es eilig.

Um diese Zeit stand der Gutstreck Seythen mit Romalm schon drei Stunden abmarschbereit auf dem großen Hof zwischen den Scheunen. Achtzehn Wagen waren gepackt, die Pferde angespannt, die Leute wärmten sich in den Gesindestuben – aber noch immer kam kein Räumbefehl. Alle zehn Minuten versuchte Inspektor Romalm den Ortsgruppenleiter anzurufen. Niemand meldete sich. Gegen Mittag schickte er endlich einen Reiter nach Osterschau, um zu erfahren, was da los war. Nach einer guten halben Stunde war der Mann zurück: Der Herr Ortsgruppenleiter hatte am Morgen seine Frau und Kinder zur Bahn gebracht und war mit dem Zug – es war der letzte aus Osterschau – gleich selber mitgefahren.

Wütend trieb Inspektor Romalm die Gutsleute zur Eile. Eine halbe Stunde später setzte sich der Treck in Bewegung. Romalm hatte Seitenstraßen für den Weg nach Osterode gewählt, weil er schon von weitem gesehen hatte, daß die Hauptstraße hoffnungslos verstopft war. Aber es war für die Pferde schwer, in dem hügeligen Gelände die vollgepackten Wagen die vereisten Berge hinaufzuziehen. Immer wieder mußten Pferde vorgespannt werden, um überhaupt voranzukommen.

Im letzten Tageslicht ließ Romalm halten und mit einigen Helfern alles überflüssige Gerät – Nähmaschinen, Möbelstücke, Brikettsäcke – von den Wagen werfen. Es gab ein schreckliches Gezeter, und nur die Drohung, die Unwilligen zurückzulassen, führte zum Ziel. Danach kamen sie schneller voran. Romalm wollte ohne weiteren Halt am Sonntagvormittag auf der Höhe von Osterode sein.

Um diese Zeit riß auch den Schwirgsteinern die Geduld. Am Samstagnachmittag gegen 17.30 Uhr brachen sie auf. Als erste verließ Christa Dux ihr Gehöft, nachdem sie noch einmal die Tiere gefüttert und alle Fenster und Türen geschlossen hatte. Den großen Planwagen kutschierte ihr alter Vater. Christa Dux saß mit ihrer Mutter und den beiden Kindern auf dem Bettzeug hinter dem Kutschbock. Sie hatten etwa 1500 Meter bis zur

Hauptstraße, wo sie lange warten mußten, bis sie sich in den Strom der vorbeirollenden Trecks einordnen konnten. Militärlastwagen schoben sich zwischen die Treckwagen – sie alle kamen nur im Schritt-Tempo voran.
In Hohenstein erfuhren die Schwirgsteiner, daß die Straße nach Osterode gesperrt sei.
»Dort wird gekämpft. Ihr müßt zwischen Allenstein und Osterode nach Norden«, sagte ein Mann in Parteiuniform. Ohne zu murren, dankbar für den guten Rat, bogen die Schwirgsteiner in Richtung Locken ab. Die Lüge hatte man ihnen aufgetischt, weil die Straße nach Osterode entlastet werden sollte. Für Christa Dux sollte das die Rettung bedeuten.
Während die Schwirgsteiner und die Seythener im Strom der vielen tausend anderen den Russen zu entkommen suchten, hatte man sich in Seefeld Zeit gelassen. Am Samstagabend erst kam die Gutsherrin von ihrer mißglückten Einkaufsfahrt nach Osterode zurück. Im Kraplauer Wald waren ihr die Trecks der in Seefeld untergebrachten Gumbinner Flüchtlinge begegnet. Sie hatten die alten Rendanten des Gutes dabei und riefen ihr nur »Beeilung!« zu.
Es dunkelte, als sie auf ihren Hof fuhr, den sie am Morgen noch in bester Ordnung verlassen hatte. Jetzt ging es hier drunter und drüber. Sie lief von Leutehaus zu Leutehaus. Überall herrschte Gezänk um die Plätze in den Wagen.
»Ladet die Wagen nicht so voll!« mahnte sie. »Nicht jeder kann seine Nähmaschine mitnehmen.«
Frau Brümmer hatte inzwischen gesehen, wie sich die Pferde auf den glatten Straßen abquälen mußten und wie mancher überladene Wagen in den Straßengraben gerutscht war.
Im Haus wimmelte es von Soldaten. Im Salon saß ihr kranker Mann im Nachthemd am Klavier. Der Siebzigjährige begriff nicht, was um ihn herum vorging. Nach einem Schlaganfall vor einigen Wochen war er nicht wieder zu Sinnen gekommen.
Die Gutsfrau brachte ihn zu Bett, von dem sie vorher die Gepäckstücke eines fremden Offiziers entfernen mußte. Auch die

Fremdenzimmer waren über und über mit schlafenden Soldaten belegt. Die Küche war voller Militär. Fremde Köchinnen und ihr Personal umlagerten den großen Herd. Die Wasserleitung funktionierte nicht mehr, die Klosetts liefen über, und Wasser tropfte durch die Zimmerdecken.

Draußen standen Soldaten herum und flüsterten miteinander. Überall stolperte man über Menschen und Gepäck. Die Gutsherrin ging hinüber zur Brennerei, wo ihre Beamten versammelt waren. Sie hatte den Eindruck, daß sie betrunken waren und sich um nichts kümmerten. Die Frau hatte alle Mühe, die Männer zu bewegen, die Wasserleitungen abzustellen, damit sie in ihrer Abwesenheit nicht platzten. 10000 Liter Sprit wurden wegen der Explosionsgefahr in den Bach geleitet. Über den Brennereiteich konnte man weit nach Süden sehen: Diesseits von Gilgenburg standen Häuser in Flammen. Doch die Beamten weigern sich, noch vor Mitternacht zu fliehen. Gegen 3.30 Uhr am Morgen des Sonntag verlassen endlich 19 Treckwagen das Gut Steffenswalde. Voran in ihrem Hindenburgwagen die Gutsherrin mit ihrem kranken Mann, der ohne Besinnung einmal nach rechts, einmal nach links fiel. Den Schluß des Trecks machte der Oberinspektor.

Kaum hatten sie die Gutsgrenze überschritten, erfuhren sie von überholenden Soldaten, daß der Feind 3.30 Uhr Gilgenburg genommen hatte.

Eingekeilt in den Strom des Trecks und auf der freien linken Straßenseite immer wieder von Militärkolonnen überholt, rücken sie langsam auf Osterode zu. Kurz vor der Stadt erfahren sie, daß der Feind schon in Collishof ist. Der Russe kommt mehr als doppelt so schnell voran wie die Trecks. Jeder versucht jetzt zu fahren, wo es nur geht. Mittags gegen 12.30 Uhr sitzt der Steffenswalder Treck am Gymnasium mitten in Osterode fest – und in der Stadt krepieren die ersten Granaten.

Um diese Zeit hatten die Leute von Seythen, die einen viel längeren Weg hinter sich gebracht hatten, den Stadtrand von Osterode erreicht und machten in einer Ziegelei Rast. Oberinspektor Romalm und der Kämmerer standen draußen auf der

Zufahrt und beobachteten die Straße, um nach einem Nachzügler Ausschau zu halten. Sie rauchten und unterhielten sich über den weiteren Weg. Auf der Straße näherten sich Panzer, dahinter Lastwagen. Mit hoher Geschwindigkeit überholten sie die Kolonnen der Treckfahrzeuge auf der Straße, und Romalm wollte gerade etwas über ihre Rücksichtslosigkeit sagen, als der erste Panzer auf der Höhe der Ziegelei anhielt. Der Geschützturm drehte sich in ihre Richtung und schon fiel der erste Schuß.

»Russen!« rief Romalm entsetzt.

Von den Lastwagen sprangen Soldaten und liefen auf die Ziegelei zu.

Die beiden Männer rasen in das Haus zurück und alarmieren die Frauen. Romalm erwischt noch einen Pelz und eine Decke, ruft den anderen zu, ihm zu folgen, und macht sich durch einen Hinterausgang davon. In 300 Meter Entfernung bietet eine Tannenschonung erste Deckung, dahinter eine Schlucht, in die Romalm hinabrutscht. Gefolgt waren ihm nur Frau v. W. mit ihrer Tochter und zwei andere Frauen mit ihren Kindern. Was in der Ziegelei geschah, konnten sie nicht sehen. Sie hörten jedoch die Panzer ununterbrochen nach Osterode hineinschießen. Die Flüchtlinge warteten in ihrem Versteck die Dämmerung ab, um dann in der Dunkelheit zu versuchen, die Stadt zu umgehen und nach Mohrungen – 30 Kilometer nordwestlich – zu gelangen. Frau v. W. mit ihrer Tochter und der Oberinspektor machten sich dann auch auf den Weg. Die beiden anderen Frauen glaubten nicht, daß sie mit ihren kleinen Kindern den Nachtmarsch durch den tiefen Schnee durchstehen würden und kehrten deprimiert in die Ziegelei zurück.

Der Beschuß hatte die in Osterode zusammengepferchten Menschen in panische Angst versetzt. Aber noch immer hatten der Volkssturm und ein paar Soldaten die Situation soweit in der Hand, daß die linke Straßenseite für die zurückgehenden Militärkolonnen freigehalten werden konnte. Die Flüchtlinge kamen mit ihren Fuhrwerken nur meterweise voran. Der Steffenswalder Treck brauchte für die wenigen hundert Meter vom Gymnasium bis zur Schleusenbrücke, über die der Weg nach Westen führte,

genau drei Stunden. Aber dann drückte wieder Militär die Flüchtenden zur Seite. Als eine Herde von erbeuteten Panjepferden an ihnen vorbeigetrieben wurde, riß Frau Brümmer die Geduld. Daß die struppigen, armseligen Pferde gerettet, sie selber aber den Russen ausgeliefert werden sollten, ging der Gutsherrin zu weit. Wütend ergriff sie die Zügel, hieb mit der Peitsche auf ihre Pferde ein und trieb sie an einem Soldaten vorbei mitten in den Strom der trabenden Vierbeiner. Andere taten es ihr nach, wieder andere schimpften und schrien hinter ihr her.
Am nächsten Morgen schon erreicht sie Liebemühl am Oberländerkanal. Es ist Montag, der 22. 1. 1945. Das Gedränge ist fast so schlimm wie in Osterode. Der Hindenburgwagen schafft es, über die Schleusenbrücke am Fachwerkspeicher zu kommen. Die Pferdehufe knirschen auf dem zermahlenen Eis der Chaussee in Richtung Saalfeld. Ella Brümmer kann in der frostklaren Luft dieses sonnigen Morgens in weiter Ferne das Gutshaus Bienau, einst im Besitz ihres Großvaters, liegen sehen – dort wollte sie Station machen. Ihr Mann saß zusammengesunken neben ihr und war nicht ansprechbar.
Sie war jedoch nur einige hundert Meter vorangekommen, als vor ihr neben der Straße eine Granate explodierte. Der Treck stockte. Frauen fingen an zu schreien, die meisten verließen die Wagen und liefen nach links auf einen nahen Wald zu. Dann sah Ella Brümmer die lange Reihe weißer Schneehemden über die Felder von rechts auf sich zukommen. Hastig zog die schmächtige Frau ihren leblosen Mann vom Wagen und ließ sich neben ihn in den Straßengraben gleiten. Dann waren die Russen über ihnen. Wortlos rissen sie den im Schnee Liegenden die Kleidung auf und nahmen sämtliche Wertsachen an sich. Einer fuchtelte mit seinem Dolch herum, als sich Ella Brümmers Ringe nicht schnell genug über die geschwollenen Finger ziehen ließen. Dann trat Ruhe ein. Vorsichtig kroch Ella Brümmer auf allen Vieren die Böschung hinauf. Zwei Russen waren gerade damit beschäftigt, alles Gepäck vom Wagen zu werfen. Dann hieb der eine auf die Rappen ein und los ging es mit dem Wagen, der vorn die silberne Plakette der Grundsteinlegung des Tannenberg-

denkmals trug. Zwei Polen brachten die Brümmers später in einem Kastenwagen zum nahen Gut Amalienruh, wo die Russen schon warteten.
Lilly Sternberg war am Samstag, dem 20. 1., von Groß Nappern mit ihrem Gutstreck aufgebrochen. Sie hatte etwa sechs Stunden Vorsprung vor Ella Brümmer. In ihrem Landauer saßen ihre drei Kinder und die 81jährige, geistig umnachtete Tante Käte, die fast ununterbrochen quengelte. Im Morgengrauen des Sonntag hatten sie Osterode hinter sich, Liebemühl verließen sie noch am Abend dieses Sonntags. Am Montagnachmittag gegen 3 Uhr standen sie auf dem Marktplatz von Saalfeld. Sie hätten nur noch vier oder fünf Stunden gebraucht, um jenseits der Nogat in vorläufige Sicherheit zu kommen.
Sie vertreten sich auf dem Marktplatz die Beine. Der Kutscher steht neben den Pferden. Plötzlich rasselt und dröhnt ein Panzer auf den Platz. Lilly Sternberg zieht ihre Kinder in den Wagen. Maschinengewehrfeuer setzt ein. Der Kutscher schreit: »Ich bin getroffen!« Lilly Sternberg kann ihm nicht helfen, denn Tante Käte schlägt auf einmal wild um sich. Ein zweiter Panzer rammt den Landauer. Die Deichsel bricht, und die Pferde gehen durch. In rasender Fahrt streift das Wagengefährt eine Bretterwand, dann ein Hauseck und kippt schließlich um. Michel, ein zum Gutstreck gehörender französischer Kriegsgefangener, war dem Wagen nachgelaufen und hilft nun den Eingeschlossenen durch das Dach ins Freie. Tante Käte müssen sie zurücklassen, weil sie sich mit Händen und Füßen sträubt. Mit den Kindern und einer rasch aufgerafften Decke kann Lilly Sternberg in ein nahes Haus flüchten. Draußen rollt Panzer um Panzer vorbei. Als es wieder ruhig wird und sie sich hervorwagen, sind Pferd und Wagen verschwunden.
Den Sternbergs gelingt es noch, aus dem brennenden Saalfeld zu entkommen. Im Bunker einer Gärtnerei finden sie Unterschlupf, bis sie der Iwan dort aufstöbert. Von Russen angetrieben marschieren sie dann den Weg, den sie gekommen waren, zurück. Russen überall.
Unter den Tausenden, die zwischen Osterode und Elbing über-

rollt wurden, war auch der Treck aus Seemen. Sie waren schon am Freitag aufgebrochen und gut vorangekommen. Zum Verhängnis wurden ihnen zwei Polizisten, die an einer Straßenkreuzung in Maldeuten (28 Kilometer nördlich Osterode) für einige Stunden die Trecks nach Süd-Westen leiteten. Gehorsam bogen die Seemener in Richtung Saalfeld ab. Nach etwa 10 Kilometern merkten sie, daß sie auf die Russen zufuhren und machten wieder kehrt. Als sie sich in den späten Abendstunden Maldeuten wieder näherten, setzte hinter ihnen und seitwärts plötzlich wilde Schießerei ein. Überall blitzen Geschosse auf. Sie kommen noch bis ins Dorf, als zwei Panzerspähwagen aus der Dunkelheit neben ihnen auftauchen und das Feuer eröffnen.
Jemand schreit: »Das sind Russen!«
Die Frauen raffen ihre Kinder von den Wagen und suchen hinter Mauern und in Hauseingängen Schutz. Der Spuk dauert nur wenige Minuten. Dann machen die gepanzerten Fahrzeuge kehrt und verschwinden in der Dunkelheit.
Die Flüchtlinge verlieren keine Minute. Sie schlagen auf die Pferde ein, was das Zeug hergibt. Zu allem Elend setzt auch noch Schneetreiben ein, das immer dichter wird. Die Kinder auf den Wagen sind vor Übermüdung eingeschlafen. Auf dem Bettzeug und dem Gepäck der offenen Wagen liegt eine dicke Schneeschicht. Die Mähnen der Pferde sind eisverkrustet. Die Bremsen sind längst festgefroren, und wenn es bergab geht, behelfen sich die Kutscher mit Ketten und Prügeln in den Speichen, um die Räder zu blockieren. Vor allem für die im Fahren weniger geübten Frauen, die in Röcken und Trainingshosen zwischen dem Geschirr herumsteigen müssen, ist diese Praxis gefährlich. Aber diese tapferen Frauen haben sich nicht weniger bewährt als die Männer. Sie haben im Gegenteil oft mehr Ruhe gezeigt und Mut bewiesen.
Obwohl sie vor Müdigkeit kaum noch die Augen offenhalten können, drängen sie auf der Straße Maldeuten – Pr. Holland nach Norden. Sie fahren die ganze Nacht hindurch und sind am Morgen in Grünhagen. Den Bahnhof Grünhagen hatten sie passiert, ohne von den sich dort sammelnden Fußgängern etwas zu

bemerken. In Grünhagen rasteten sie eine Stunde, um den Pferden eine Pause zu gönnen. Dann ging es weiter. Der Schneefall hatte aufgehört.
Sie kamen nicht weit. Wenige Stunden nördlich Grünhagen jagte von hinten ein Reiter heran und überholte sie mit dem Schrei: »Rette sich wer kann! Der Russe ist dicht hinter uns!« Eine Frau rief ihm wütend nach: »Blöder Kerl!« Als ob sie mit ihren schweren Wagen hätten galoppieren können. Wenige Minuten später waren die russischen Panzer heran. Sie rollten an dem Treck entlang, als sei das die selbstverständlichste Sache der Welt. Sie folgten einander in immer dichteren Abständen, dazwischen Lastwagen, besetzt mit mongolischer Infanterie. Die Infanteristen schienen betrunken. Sie lachten und grölten. Immer wieder riefen sie den Treckfahrern zu: »Wie weit Berlin, Gospoda?«
Die Bauernfuhrwerke zockelten anfangs ratlos weiter. Als aber die Kolonnen an ihrer Seite immer dichter wurden, blieben sie stehen. Ihre Flucht war sinnlos geworden.
Bald kamen die ersten Russen zu Fuß den Treck entlang. Zitternd vor Angst geben die Flüchtlinge ihren Schmuck und ihre Wertsachen her, während die Russen mit Messern und Gewehren vor ihren Gesichtern fuchteln. Unter den Planen einiger Wagen ertönen plötzlich Kindergeschrei und Hilferufe. Die Russen machen sich über die jüngeren Frauen her und vergewaltigen sie. Irgendwo fallen Gewehrschüsse. Niemand kann helfen.
Der schreckliche Spuk dauert eine halbe Stunde. Als keine neuen Russen-Fahrzeuge mehr kommen, wenden die Treckfahrer ihre Wagen auf der spiegelglatten Straße, um den traurigen Rückmarsch anzutreten.
Am späten Nachmittag dieses verhängnisvollen Dienstags treffen die Wagen der Seemener wieder im Dorf Grünhagen ein. Überall sind Russen. Die Familie Nagel mit ihren drei Kindern läßt den Wagen auf der Dorfstraße stehen und kommt samt dem Gespann in einem abseits gelegenen Haus bei einer alten Frau unter, die zurückgeblieben war. Sie können sich eine Nacht ausruhen, in der sie von Russen verschont bleiben.

Als sie am nächsten Morgen zum Wagen zurückkehren und einspannen, stellen sie fest, daß der Wagen vollkommen durchwühlt ist. Einige Koffer und Lebensmittel fehlen. Hinter dem Wagen entdecken sie die Leiche einer etwa 40jährigen Frau. Sie können keine Verletzung an ihr feststellen. Niemand weiß, wohin sie gehört. Einige der Männer tragen sie zum nahen Friedhof. In dem hart gefrorenen Boden läßt sich kein Grab ausheben, so legen sie die Leiche zwischen die Gräber und decken sie mit Zweigen zu.

Als sie zurückkamen, erfuhren sie, daß auf einem der Wagen die Leiche eines Bauern liegt, den die Russen während der Nacht erschossen haben. Seine Frau weigert sich jedoch, ihn hier über der Erde liegen zu lassen. Sie will mit den beiden Kindern und dem alten Schwiegervater weiterfahren und ihren Mann im heimatlichen Friedhof selbst beerdigen.

Langsam setzt sich der Treck wieder in Bewegung. Sie haben es nicht mehr eilig, denn keiner weiß, ob er Haus und Hof noch vorfinden wird.

Am Mittag ist der Treck wieder in Maldeuten. Russen und Polen dirigieren die Wagen auf einen freien Platz. Nur wer polnisch spricht oder sich als Pole ausgibt, darf weiterfahren. Die anderen bleiben bei eisiger Kälte den Rest des Tages und die nächste Nacht im Freien stehen. Keiner darf sich von den Wagen entfernen. Immer wieder kommen Russen und Polen und holen sich von den Wagen, was sie gebrauchen können. Die Ostpreußen wagen nicht zu protestieren. Still und machtlos lassen sie alles über sich ergehen.

Mit Einbruch der Dunkelheit mehren sich die Hilfeschreie. So gut es geht, versuchen sich die Frauen in den Wagen zu verstecken, ohne daß es ihnen viel nützt. Erst spät in der Nacht wird es ruhiger. Die Nagels versuchen, über einem Feuer etwas von der gefrorenen Milch, die sie in einer großen Kanne dabei haben, für die Kinder zu wärmen. Das gelingt erst, als sie darauf kommen, mit einem Messer das Eis aus der Kanne herauszuschaben.

Am nächsten Mittag dürfen sie weiterfahren. Am Ausgang des Platzes stehen jedoch russische Posten. Sie sortieren die Männer

aus und treiben sie in kleinen Trupps zur Kommandantur, wo sie sich angeblich ein Dokument holen sollen. Sie durchsuchen die Wagen nach weiteren Opfern und lassen die Frauen dann weiterfahren. Ängstlich machen die Frauen am Dorfrand Halt und warten auf die Rückkehr ihrer Männer – bis die Russen sie mit Gewehrkolben weitertreiben. Ihre Männer haben diese Frauen nie wiedergesehen. Niemand weiß, was mit ihnen geschehen ist.
Aus dem etwa 60 Kilometer breiten Streifen des sowjetischen Stoßkeils hatte sich nur retten können, wer sehr früh aufgebrochen war oder über einen Kraftwagen verfügte. Mindestens ein Treck ist aus Gilgenburg bis Elbing gekommen, wo er am 23. Januar eintraf – er mußte also 24 Stunden Vorsprung gehabt haben, ehe die Masse der Trecks sich in Bewegung setzte.
Einige Trecks konnten nach Westen ausweichen und sich rechtzeitig über die Weichsel retten. Der Druck dieser Flüchtlinge machte sich besonders im Kreis Stuhm bemerkbar. Dort war man anfangs nicht so recht von der Notwendigkeit einer Flucht überzeugt. Erst die panische Eile der durchziehenden Trecks begann die Einwohner unsicher zu machen.
In Honigfelde, etwa 60 Kilometer südwestlich von Elbing, hatte Mitte Januar der 72jährige Bauer Richter noch Hasen geschossen und einen polnischen Melker hinausgeworfen, weil er die Milch verschmutzt hatte. Mit Absicht – die lachten ja, weil die deutschen Truppen hier und da vor der russischen Übermacht weichen mußten. Als ob man in einem Krieg immer nur siegen könnte. Zwei Söhne Richters standen im Feld – ihre Einheiten standen nur 200 Kilometer östlich, und der ältere hatte sich zum Wochenende angesagt. Ein Enkel war Soldat in Kurland und ein anderer im Wehrertüchtigungslager bei Elbing. Seine Frau war vor drei Jahren gestorben, und das Haus besorgten eine Tochter sowie die Frau des älteren Sohnes.
Vater Richter war eins mit seinem Hof, der seit 300 Jahren Familienbesitz war. Im Stall standen 50 Kühe, bestes Herdbuchvieh, und 15 prachtvolle Pferde. Die »Liesette« konnte jeden Tag fohlen, und er freute sich darauf wie ein kleines Kind. Er

hätte sie lieber zwei Monate später decken lassen, um das Fohlen auf der Weide zu haben. Die Wehrmacht aber brauchte den Hengst, und bis nach Bartenstein wollte er deshalb nicht fahren. Die Ernte war gut gewesen – nur mit dem Dreschen hat es nicht so recht geklappt, weil die Partei ihm die Leute zum Ostwall-Schippen weggeholt hatte. Panzergräben! Was hatte das schon für einen Sinn. Die sollten die Wehrmacht mal machen lassen. Am Masurenkanal – spätestens bei Tannenberg – werden sie die Russen endgültig schlagen wie damals der Hindenburg. Die Partei hatte sich sehr wichtig gemacht mit der Schipperei – und jetzt war alles zugeschneit und festgefroren. Da waren zu viele aus dem Reich dabei. Und aus Danzig kam auch nichts Gutes. Im Grunde ging ihn das alles nicht sehr viel an; kein Vergleich zu Kaiser Wilhelm, unter dem er in Königsberg gedient hatte.
Am 13. Januar hatte nach den Winterferien die Schule wieder begonnen, und ein bißchen fehlte ihm das Gequirle der Enkel. Am 18. waren sie wieder da – der Lehrer war mit seiner Familie abgehauen. Und in Stuhm sollten sie alle schon packen. »Das war Anno 14 auch so«, sagte Vater Richter, »und dann sind sie doch alle geblieben.«
Aber das Grummeln der Schlacht in der Ferne kam näher, und deutlich konnte man jetzt schon Abschüsse und Einschläge unterscheiden. Am 19. früh kamen deutsche Soldaten durch. Auf Lastwagen und Fuhrwerken hatten sie Verwundete dabei, und die sahen gar nicht gut aus. Vater Richter war nicht sehr freundlich zu ihnen, weshalb er auch nichts erfuhr. Die Frauen kochten ihnen Muckefuck und gaben ihnen Butterbrote. Dabei hörten sie, daß die deutsche Front zusammengebrochen war.
Vater Richter wollte es nicht wahrhaben – bis zum Mittag, als ein Trupp verfrorener, erschöpfter Soldaten zu Fuß ankam. Zwölf Mann, die Reste einer Feldartillerie-Batterie. Sie wollten ausruhen, schlafen, sich aufwärmen und fragten, wie weit es noch bis zur Weichsel wäre. Als sie hörten, daß es nur wenige Kilometer waren, wollten sie gleich weiter. Doch die Frauen heizten ihnen ein Zimmer ein und schütteten Stroh auf. Kurz darauf kam ein Treck mit achtzehn Wagen. Sie hatten den Weg verloren,

weil sie einer Militärkolonne ausgewichen waren. Und noch während die Leute ausspannten, kamen neue, Soldaten und Zivilisten. Alle wollten sich aufwärmen und etwas zu trinken haben. Und bald waren der Hof und die Ortschaft überfüllt. Immer wenn welche weiterzogen, kamen andere nach. Richters Scheunen waren mit fremden Wagen, Gepäck und Futtersäcken verstellt. Zwischen Kuhstall und Misthaufen standen Militärfahrzeuge. Auf der Wiese hinter dem Haus lag eine Batterie leichter Artillerie. Aber sie ging nicht in Stellung, weil sie keine Munition mehr hatte.

Die Richterschen Frauen hatten in allen Kammern und Stuben die Möbel zur Seite gerückt und Stroh auf die Fußböden geschüttet. Auf dem großen Herd in der Küche standen so viele Kochgeschirre und Töpfe, daß man keinen Löffel mehr dazwischenlegen konnte. Und immer wieder kamen Mütter und wollten Milch für ihre Kinder.

Der Geschützdonner im Süden rückte bedenklich nahe. Mehr um die Frauen zu beruhigen als aus Notwendigkeit, hatte Richter drei Treckwagen fertiggemacht. Einen würde der Pole, einen der Italiener und den dritten er selber kutschieren, wenn es jemals soweit kommen sollte. Sie standen ganz hinten in der Scheune und waren fast fertig gepackt. Eines der Kinder paßte auf, daß nichts geklaut wurde. Die Frauen buken Brot für den Weg, aber sie wurden nie fertig damit, weil sie es immer wieder an die anderen verteilten.

Am Mittag des 20. Januar fuhr eine Wehrmachtskolonne vor. Auf dem Wagen saßen neben den Soldaten auch ein Dutzend Frauen und Kinder und ein paar alte Leute, die sich nicht von der Stelle rührten. Ein Feldwebel sprang ab und lief ins Haus. »Los Leute, raus hier! Haut ab! Hinter uns kommt nichts mehr, nur noch der Iwan!« Am frühen Morgen waren die Russen in ein Dorf nur ein paar Kilometer südlich eingefallen. Mit einigen Überlebenden war die Kolonne noch im letzten Moment herausgekommen.

Die Nachricht löste in Honigfelde eine Panik aus. In fliegender Hast wurde angespannt, und alles drängte auf die Straße nach

Norden, ohne Rücksicht darauf, daß ein eisiger Sturm wehte. In weniger als dreißig Minuten war der Richtersche Hof leer. Nur Bauer Richter blieb und wartete auf den Räumungsbefehl. Auf die Partei glaubte man sich verlassen zu können, wenn es ans Organisieren ging. Und die Räumung sollte ja bis in die kleinste Kleinigkeit geplant sein. Das hatte Bauer Kotusch, der Ortsbauernführer, einmal am Stammtisch erklärt. Natürlich streng geheim. Er würde schon anrufen, wenn es wirklich ernst wurde. In Wirklichkeit dachte Bauer Richter an »Liesette« und ihr Fohlen, das war ihm wichtiger als die Russen.
Tatsächlich hatten die Gauleitungen seit Herbst 1944 genaue Pläne für eine etwaige Räumung des Kampfgebietes ausgearbeitet. Für den unvorstellbaren Fall, daß es zu Kampfhandlungen auf deutschem Boden kommen sollte, waren die Bewohner von Teilen des Gaues Danzig/Westpreußen und des Gaues Ostpreußen vorübergehend in rückwärtige Kreise und über die Weichsel zu evakuieren. Nur die Viehpfleger sollten bei den Herden bleiben, um sie bis zur Rückkehr der Bewohner zu versorgen.
Der Räumungsplan für Honigfelde lag im Panzerschrank der Kreisleitung in Stuhm. Als am 21. Januar die Meldungen vom Vordringen der Russen gegen seinen Kreis immer dringlicher wurden, rief Kreisleiter Franz bei der Gauleitung in Danzig Regierungspräsident Huth an. »Herr Regierungspräsident, ich glaube, wir müssen räumen, die Russen sind in Dt. Eylau.«
»Das ist Unsinn, Parteigenosse. Nach unseren Meldungen hat sich die Lage stabilisiert, und unsere Truppen sind schon zum Gegenstoß angetreten. Es besteht überhaupt kein Grund zur Aufregung. Beruhigen Sie die Leute.«
»Jawohl, Herr Regierungspräsident. Ich werde es weitergeben.«
»Der Kreis wird nicht geräumt!« fügte Huth schnell hinzu und hängte auf.
Kreisleiter Franz war ratlos. Außer Volkssturm gab es in der Gegend nichts mehr, was auch nur entfernt nach Gegenwehr aussah.
»Ein Volk, ein Reich, ein Führer.« Zwölf Jahre »Führer befiehl, wir folgen«. Und auf einmal war das alles wie weggeblasen.

Da waren nur die Furcht, unangenehm aufzufallen, und die Angst vor den Russen.
Am Abend desselben Tages rief er wieder in der Gauleitung an. Er bekam dieselbe Antwort. Zum ersten und letzten Mal muckte der Kreisleiter auf: »Hören Sie, wenn Sie mir nicht glauben, daß es hier vorbei ist, dann kommen Sie doch selbst her und sehen sich das an! Was heißt hier Landesverrat, habe ich etwa die Russen herbestellt? Wenn Sie die Verantwortung übernehmen wollen, bitte!«
Wütend stapfte er im Zimmer auf und ab. Dann rief er seinen Kreispropagandaleiter, der inzwischen heimlich damit begonnen hatte, seine Durchhaltereden und Schulungsschriften zu vernichten.
»Wir bekommen keinen Räumungsbefehl«, sagte Franz mit tonloser Stimme. »Ich kann die Verantwortung für die Menschen nicht mehr übernehmen.«
»Ich habe schon einen Wagen besorgt, Herr Franz. In zwei Stunden können wir abfahren.«
Franz nickte. »Lassen Sie an die Ortsgruppenleiter und an die Ortsbauernführer durchgeben: Räumungsbefehl wird nicht erteilt. Ich stelle es dem Ermessen jedes einzelnen anheim, die nötigen Maßnahmen zu ergreifen, soweit er die Verantwortung dafür übernehmen will.«
Um 4 Uhr morgens verließ der Kreisleiter mit seinem Gefolge die Stadt.
Die Ortsgruppenleiter handelten nach ihrem Ermessen und nach ihrem Charakter. Manche machten sich sofort aus dem Staube, andere schworen auf den Endsieg, blieben »getreu bis in den Tod« und rissen viele mit sich ins Verderben. Nur wenige brachten noch eine Räumung ihrer Ortsgruppen und Ortschaften zuwege.
In Honigfelde lief Bauer Kotusch von Hof zu Hof und drängte die Zurückgebliebenen, sich auf den Weg zu machen. Auf der nach Norden führenden Straße bildeten sie einen Gemeindetreck. Richters Wagen standen angespannt und fertig beladen vor dem großen Wohnhaus.

Vater Richter ging noch einmal zu »Liesette« in den Stall – es konnte sich bei der Stute nur noch um Stunden handeln. Er redete mit dem Tier und setzte sich dann auf die Futterkiste. Er sah nicht auf, als seine Tochter in den Stall kam, um ihn zu holen. »Wenn es Kosaken sind, die werden das schon machen«, versuchte sie ihn zu beruhigen.
»Kosaken«, sagte der Alte nur verächtlich. Dann ging er aber doch mit hinaus. Am Wagen gab er seiner Tochter die Zügel in die Hand.
»Nimm du den Wagen. Ich komme mit dem Einspänner nach.« Er mußte erst mit dem Italiener den Wagen aus der Remise holen und das Geschirr einhängen, ehe ihm seine Tochter glaubte. Schweigend hob sie die Zügel, und die drei Wagen setzten sich in Bewegung. Vater Richter sah ihnen nicht nach. Er war schon wieder im Stall verschwunden. Den Einspänner nahmen später die Russen mit.

Chaos auf den Bahnhöfen – Das Ende Allensteins – Die letzten Züge

Auf den meisten Bahnhöfen herrschte ein unbeschreibliches Durcheinander. Solange die Strecken noch nicht von Artillerie oder von Panzern unterbrochen waren, fuhren Züge. Es war, als ob jeder Reichsbahnbeamte, jeder Angestellte einer der vielen Privatbahnen beweisen wollte, daß die Eisenbahn schneller war als die feindlichen Panzer. In dichten Trauben hingen die Menschen an den letzten Zügen, standen auf Trittbrettern und Puffern. Personenwagen, Güterwagen, offene Loren, alles mußte herhalten. Bergeweise ließen sie ihr Gepäck einfach auf den Bahnsteigen stehen. Viele kamen nicht mehr mit und kehrten resigniert in ihre Häuser zurück.

Am Bahnhof Hohenstein, etwa auf halbem Weg zwischen Allenstein und Osterode, warteten an diesem Sonntagvormittag etwa 2000 Menschen auf einen Zug, der aus Allenstein kommen sollte. Mehrere leere Wehrmacht-LKW fuhren an der am Bahnhof wartenden Menge vorbei – zum nahen Tannenbergdenkmal. Kurz darauf flogen der Eingang und der Gruftturm des Ehrenmals in die Luft. Die Särge Paul von Hindenburgs und seiner Frau, die dort für alle Zeiten zur Erinnerung an die siegreiche Schlacht von Tannenberg aufgebahrt lagen, wurden auf den Lastwagen nach Königsberg und von dort per Schiff nach Westdeutschland gebracht.

Der Ortsgruppenleiter und der Bahnhofsvorstand pfeifen endlich auf den Räumungsbefehl. Zusammen mit den Bahnhofsarbeitern stellen sie aus den auf den Gleisen herumstehenden

30 Güter- und Personenwagen einen Zug zusammen, vor den eine altersschwache Rangierlok gespannt wird. Das dauert Stunden. Inzwischen richten einige ältere Volkssturmmänner die Wagen her. Sie füllen Stroh ein, stellen Kanonenöfen in jeden Wagen und schleppen Briketts heran. Weil das Wasserwerk schon nicht mehr funktioniert, muß die Feuerwehr die Maschine mit Wasser versorgen. Am Spätabend verläßt der Zug den Bahnhof. Er schafft es, immer vor den Sowjets herfahrend, bis nach Mitteldeutschland.

Der letzte normale Personenzug verließ Osterode am Sonntag, dem 21. Januar, mittags gegen 1 Uhr, während die sowjetischen Panzer in die Stadt schossen. Die Abteile und Gänge waren so dicht mit Menschen und Gepäck gefüllt, daß die Türen von außen mit Gewalt geschlossen werden mußten. Einigen war es bei der Abfahrt noch gelungen, auf die Trittbretter zu springen, nachdem Eisenbahner vorher schon viele von den gefährlichen Plätzen weggezogen hatten.

Der Zug kam bei Dirschau sicher über die Weichsel, wurde dann aber versehentlich ostwärts nach Pelplin geleitet und blieb dort stehen. Fünf Tage und Nächte verbrachte die Menschenmenge auf dem winzigen Bahnhof, eisigem Wind ausgesetzt. Niemand wagte sich in die nahen Häuser aus Furcht, die Weiterfahrt zu verpassen oder beim Sturm auf die Plätze letzter zu sein. Endlich lief ein Pferdetransport für die Front ein. Die Pferde wurden ausgeladen und, ohne sich um den knöcheltiefen Pferdemist zu kümmern, stürmten die Menschen die Viehwagen, als es hieß, der Zug werde sofort nach Dirschau zurückfahren.

Nach kurzer Fahrzeit wurde jedoch die Lokomotive ausgespannt. Zwei Tage blieben die Flüchtlinge liegen, ohne Wasser, ohne Wärme. Die Wände der Waggons waren von innen dick mit Rauhreif überzogen. Das Geschrei der vielen hungrigen Kleinkinder war fast unerträglich. Als der Zug endlich nach Dirschau zurückgebracht und ausgeladen wurde, waren vierzehn Flüchtlinge – zumeist Kinder – tot.

Noch schlimmer erging es den Insassen jenes Güterzuges, der am Sonntagabend in Mohrungen, 25 Kilometer nördlich von

Osterode, auf dem Abfahrtsgleis stand. Eine der vielen Frauen, die sich mit Kindern und alten Leuten frierend in den Viehwagen drängten, war Dorothea Gerlitzki aus Marienfelde, Kreis Osterode. Sie hatte schon am Donnerstag ihr Haus versorgt und gepackt. Die NSV (NS Volkswohlfahrt) hatte bekanntgegeben, daß im benachbarten Marwalde ein Zug für Mutter und Kind bereitgestellt würde. Der versprochene Lastwagen, der sie und ihre drei Kinder im Alter von 4, 5 und 8 Jahren sowie ihre 53jährige Mutter zum Bahnhof hatte bringen sollen, war jedoch nicht gekommen. Und der Zug war am Samstagvormittag halbleer von Marwalde abgefahren.

Dorothea Gerlitzki versuchte auf einem Bauernwagen unterzukommen. Aber auch jene, die ihr noch Tage zuvor Platz angeboten hatten, waren angeblich überladen und hatten nicht einen einzigen Sitz übrig. Kurzentschlossen packte Dorothea Gerlitzki ihre beiden Jüngsten, zwei Mädels, auf einen Rodelschlitten, warf einen Rucksack mit den wichtigsten Kleinigkeiten und Lebensmitteln über die Schulter und spannte sich mit ihrer Mutter vor den Schlitten. Der achtjährige Sohn mußte schieben.

Sie mischten sich unter die Trecks. Hin und wieder gelang es ihnen, sich an einen fahrenden Wagen anzuhängen. Aber nach fünf Stunden Fußmarsch waren sie durch Kälte und Anstrengung erschöpft. Dorothea Gerlitzki war nahe daran umzukehren, als ein Militärauto neben ihr hielt. Der Fahrer konnte sie nur ein kurzes Stück mitnehmen, aber dann fanden sie gleich einen anderen Lastwagen. So gelangten sie am Sonntagabend gegen 22 Uhr nach Mohrungen. Dort warteten sie auf dem Bahnhof inmitten einer großen Menschenmasse bis zum Montagmorgen 7 Uhr, als ein Güterzug einfuhr, aus dem Volkssturm ausgeladen wurde. Ohne eine Aufforderung abzuwarten, stürmte die wartende Menge den Zug. Der Transport sollte nach Sachsen gehen. Es war ein sehr langer Zug. Die kleine Familie stieg in einen der letzten Wagen und wartete auf die Abfahrt.

Im Laufe des Tages wurden Stadt und Bahnhof Mohrungen geräumt, und in der herrschenden Aufregung bemerkten die Flüchtlinge in den hinteren Wagen des Zuges nicht, daß die vor-

dere Hälfte des Zuges den Bahnhof verließ. Der ganze Zug wäre für die vorgespannte Maschine zu lang gewesen, und so hatte man den Zug in der Mitte einfach auseinandergekoppelt und dem Lokführer unauffällig das Zeichen zur Abfahrt gegeben.
Am Abend fuhr dann eine mit vier Eisenbahnern besetzte Lokomotive ein. Sie hatten sich mit der Maschine im letzten Moment aus Zichenau gerettet und waren schon drei Tage ohne Verpflegung unterwegs und todmüde. Trotzdem waren sie bereit, den restlichen Zug nach Dirschau zu bringen. Kaum waren sie verpflegt, dampfte der Zug unter einem Funkenregen davon. Es war eine altersschwache Maschine, dazu die schlechte Braunkohle – sie mußten immer wieder halten, um Dampf zu machen. Bei einer dieser Gelegenheiten wurden sie über die schneebedeckten Felder von einem Waldrand her beschossen, ohne daß sich jedoch jemand den Wagen näherte. Dorothea Gerlitzki glaubte, Soldaten in Schneehemden zu sehen, einige der verängstigten Flüchtlinge wollten schleunigst auf der anderen Seite aussteigen. Doch dann fuhr der Zug an, und sie schienen der Gefahr entronnen.
Vorn auf dem Führerstand wechselten sich die vier Zichenauer Eisenbahner ab – zwei fuhren, zwei schliefen. Franz Koscyk, 62, stand auf dem Führerstand am Fenster und kämpfte gegen die übermächtige Müdigkeit. Immer wieder fielen ihm die Augen zu. Er merkte nicht, daß der Dampfdruck fiel und sie allmählich an Geschwindigkeit verloren. Karl Weitenbach, der Heizer, hatte die Schaufel im Arm und döste.
Franz Koscyk starrte auf die nächtliche Schneelandschaft, über der ein fahles Licht lag. Allmählich verwandelte sich der schwarze Schienenstrang vor ihm in eine breite, schnurgerade Allee. Es war ein Sommerabend, die Blätter der hohen Birken zu beiden Seiten hingen ganz still. Es war warm, und er trug nur Hemd und Hose. Plötzlich tauchte vor ihm dichtes, dunkles Gebüsch auf, in dem sich Glühwürmchen hin und her bewegten. Die Straße machte eine Kurve, aber so sehr er sich auch drehte, um der Biegung zu folgen, seine Füße trugen ihn geradewegs auf die Büsche zu. Dann schlug ihm etwas schwer gegen die Stirn.

Karl Weitenbach wachte durch einen furchtbaren Schmerz im Brustkorb auf – er hatte sich den Schaufelstiel von unten her gegen die Rippen gerannt. Einige Augenblicke lang bekam er keine Luft. Dann kroch er zu seinem Kollegen und rüttelte ihn. Draußen war Gebrüll, Hilfeschreie, Rufe nach Sanitätern. Vorsichtig schaute der Heizer nach draußen und ließ sich dann vor Schmerzen stöhnend auf den Bahndamm hinunter.
Sie waren auf einen haltenden Lazarettzug aufgefahren. Es war nicht viel zu sehen, nur daß die beiden letzten Wagen aus den Schienen gesprungen waren. Die verringerte Geschwindigkeit hatte ein größeres Unheil verhindert. Im vorletzten Wagen des Flüchtlingszuges hatte man nur einen sehr starken Ruck verspürt. Dorothea Gerlitzki war gegen die vor ihr Stehenden geschleudert worden, ohne sich dabei weh zu tun. Die meisten sprangen schleunigst aus den Waggons, weil sie meinten, der Iwan sei da. Langsam beruhigten sich alle und stiegen wieder ein, als Soldaten sagten, der Schaden werde bald behoben sein. Der Bahnhof Grünhagen, hieß es, sei nur ein paar hundert Meter entfernt. Sie warteten geduldig bis lange nach Mitternacht. Dann mußten alle aussteigen. Auf dem Bahnhof Grünhagen werde ein Bergungszug kommen und alle weiterbefördern. Müde und frierend zogen die Flüchtlinge mit ihrem schweren Gepäck den Bahndamm entlang und lagerten sich auf dem Bahnsteig. Ein Zug kam jedoch nicht. Stattdessen kamen am frühen Dienstagvormittag die Russen. Mit MGs und Panzerkanonen schossen sie in die wartende Menge, die schreiend auseinanderlief. Tote und Verwundete blieben zurück. Russische Soldaten trieben die Fliehenden wieder zusammen und ließen sie auf der Straße Aufstellung nehmen. Alle Männer in Uniform wurden abgeführt, nachdem man ihnen wie auch den Zivilisten sämtliche Wertsachen, vor allem Ringe und Uhren, abgenommen hatte. Zitternd harrten die Frauen der Dinge, die nun kommen würden.
Einige der russischen Soldaten schrien »Dawai – damoi, dawai – damoi« und scheuchten sie die Straße entlang nach Süden. Sie durften nach Hause zurückkehren. Für Dorothea Gerlitzki und ihre drei Kinder waren das 70–80 Kilometer Fußmarsch.

Sonntag, den 21. Januar 1945, gegen 7 Uhr früh in Allenstein. Die Russen sollen sieben Kilometer vor der Stadt stehen. In der Kreisleitung sind der Kreisleiter, der Oberbürgermeister und der Kreisamtsleiter der NSV versammelt. Sie besprechen das Ergebnis ihrer jüngsten Telefonrückfragen in Königsberg: Für Allenstein ist ein Abtransport nicht wichtig. Keiner weiß, was sie tun sollen außer warten.
Gegen 14 Uhr versucht es der Kreisleiter noch einmal und erhält diesmal einen weniger bestimmten Bescheid. Der Abtransport der Zivilbevölkerung könne beginnen. Transportmittel waren allerdings nicht vorhanden. Der Bahnhof stand leer. Sämtliche verfügbaren Lastwagen hatte der NSKK-Standartenführer Bilio schon vor Tagen nach Ortelsburg abkommandiert, angeblich um die dortige Bevölkerung zu evakuieren. Die Besitzer der wenigen Fuhrwerke hatten sich längst irgendwelchen Trecks angeschlossen und die Stadt verlassen.
Trotzdem gelang es, noch am frühen Nachmittag einen Güterzug nach Allenstein zu dirigieren. Der Bahnhof war schwarz vor Menschen, die schon seit dem Vormittag auf die eiskalten Bahnsteige drängten. Bepackt mit unförmigen Bettenbündeln, Koffern, Kasten und Rucksäcken stürmten sie den Zug und versperrten sich gegenseitig den Weg. Erst um 18 Uhr war der Zug beladen und konnte abfahren. Viel Gepäck blieb auf dem Bahnsteig zurück – vor allem leere Handwagen, Kinderwagen und Schlitten behinderten die Nachdrängenden.
Karl Becker stand mit seiner Frau und seinen beiden 10- und 13jährigen Töchtern auf dem Bahnsteig und sah enttäuscht dem abfahrenden Zug nach. Vor zwei Jahren hatte er in Rußland ein Bein und eine Hand verloren und war seit seiner Genesung wieder zu Hause, wo er ein kleines Tabakgeschäft betrieb. Sie waren erst am Nachmittag auf den Bahnhof gekommen und noch lange nicht bis zur Rampe vorgedrungen.
Als gegen 20 Uhr der nächste Zug einlief, setzte ein fürchterliches Gedränge ein. Becker war wütend, weil sich von der Seite eine ganze Horde von Neuankömmlingen vor sie geschoben hatte. Unter ihnen war die Verwaltungsangestellte Hildegard

Aminde mit ihrem 81jährigen Vater und ihrer 71jährigen Mutter. Sie waren erst am Nachmittag von ihrem Haus am Hangsee aufgebrochen; mit Koffern und einem Bettenbündel beladen waren sie die drei Kilometer nach Allenstein und dann quer durch die Stadt zum Bahnhof gezogen. Zwei Stunden hatten sie geduldig in der Kälte an der Verladerampe im Güterbahnhof ausgeharrt, als es plötzlich hieß: »Alles zum Hauptbahnhof!« In dem Gedränge mußten sie ihr Bettenpaket liegenlassen – und dann stellten die Frauen fest, daß der alte Vater verschwunden war.

Hildegard Aminde gelang es, ihre Mutter in einen Güterwagen zu schieben. In letzter Minute konnte sie sich selber in den nächsten Wagen drängen. Hinter ihr schob eine junge Frau drei kleine Kinder in den Waggon. Hildegard Aminde konnte das letzte gerade noch am Ärmel packen und zu sich hineinziehen, als der Zug anfuhr. Die junge Frau machte eine hilflose Geste, blieb im Gedränge stecken. »Ich komme nach!« rief sie ihren schreienden Kindern zu. Es war 22.30 Uhr.

Die Beckers standen jetzt ganz vorn an der Rampe. Mit dem nächsten Zug würden sie bestimmt mitkommen. Im ganzen sollten fünf Züge fahren. Aber es kam keiner mehr.

22.45 Uhr krachte es aus der Richtung des Stadtzentrums. Einige Stimmen schrieen hysterisch auf: »Fliegeralarm!« Becker sah zu seiner Frau: »Das sind Granatwerfer. In ein paar Stunden kann der Iwan hier sein. Wir müssen hier raus. Mit dem Zug kommen wir nicht mehr weg.«

Sie drückten sich zu Seite und kamen leicht voran, weil sie wenig Gepäck hatten. Der alte Soldat hatte darauf bestanden, daß sie nur Lebensmittel und Decken mitnahmen, weil alles andere doch nur Ballast war.

Ein Bahnpolizist lief aufgeregt auf den Gleisen hin und her und versuchte vergeblich, die Leute am Überqueren der Schienen zu hindern. Dann ging das Licht aus, und es erhob sich ein entsetzliches Gekreische, das sich aber bald wieder legte, als nichts weiter geschah.

Beckers lösten sich aus dem Menschenstrom, der in den Bahnhofsbunker drängte oder sich daran vorbei zu den Hallen des Güterbahnhofes schob, wo man wenigstens Schutz vor der schneidenden Kälte fand. Sie kamen an den Wartesälen vorbei. Durch die schmutzigen Fenster konnte man das Heerlager von Zivilisten und Soldaten sehen, die es sich zwischen Bergen von Gepäck bequem gemacht hatten. In einer Ecke bullerte gemütlich ein riesiger Eisenofen. An der Theke verteilten eine NSV-Schwester und ein Parteimann »Muckefuck«. Becker ließ sich von der vermeintlichen Geborgenheit nicht täuschen.

»Wir müssen hier raus. Auf die Straße nach Norden – und wenn wir zu Fuß bis Elbing gehen.«

Allenstein war Sitz der Regierung Südpreußen. Regierungspräsident Schmidt war zu diesem Zeitpunkt von seinem Regierungsbezirk praktisch nicht mehr übriggeblieben. Die Verbindung zu den anderen Städten war abgerissen. Den größten Teil des Sonntags hatte er mit Telefonaten nach Königsberg verbracht, die zu nichts führten. Zweimal wurde er aktiv: um 21 Uhr hinderte er den Kreisleiter daran, die Versorgungsbetriebe lahmzulegen, um die Verladungen am Bahnhof nicht zu stören. Gegen 23 Uhr hat er es dann selbst getan, weshalb auch am Bahnhof die Lichter ausgingen. Kurz zuvor hatte er zum letzten Mal den Gauleiter-Stellvertreter Dargel in Königsberg angerufen und ihm mitgeteilt, daß der Kreisleiter das Weite gesucht habe, als die ersten Granaten explodierten. Das Schicksal der Bevölkerung, die mit dem Oberbürgermeister noch in der Stadt war, berührte weder Schmidt noch Dargel sonderlich: »Es bleibt nur übrig, daß die Bevölkerung zu Fuß abmarschiert.« Wichtiger für Schmidt war Dargels Einverständnis, daß er nunmehr seinen Regierungssitz nach Seeburg, etwa 35 Kilometer nordöstlich von Allenstein, verlegen werde.

Zehn Minuten später saß Regierungspräsident Schmidt mit fünf seiner Beamten im Wagen und fuhr in Richtung Seeburg los. Die Flüchtlinge auf den Straßen machten gehorsam Platz. Am nächsten Morgen trafen die Herren in Braunsberg am Frischen Haff ein – 100 Kilometer nordwestlich von Allenstein.

Als einziger der Verantwortlichen war Oberbürgermeister

Schidat zurückgeblieben. Er setzte sich an die Spitze jenes langen Zuges von Einwohnern, die zu Fuß fliehen mußten. Mit Kinderwagen, Handkarren, Koffer schleppend zogen sie durch die eisige Nacht auf das 27 Kilometer nordöstlich liegende Guttstadt zu. Manche machten schon kurz hinter Allenstein schlapp und mußten wieder umkehren. Andere blieben in den Dörfern am Weg liegen oder mußten doch zumindest größere Pausen einlegen. Das Gros marschierte geduldig und schweigsam zwischen den in immer größerer Zahl auf die Hauptstraße einbiegenden Treckwagen.

Berta Rubenbauer war schon einige Stunden in der Schlange der Treckwagen gegangen. Sie spürte ihre Füße kaum noch. Hinter ihr ging ihre siebzehnjährige Haustochter, auf dem Leiterwagen eines Bauern hatten ihre 85jährige Mutter und das wenige Handgepäck notdürftig Platz gefunden. Während einer der zahlreichen Stockungen hielt ein fast leerer Wehrmachtslastwagen neben ihr. Die Soldaten ließen sich erweichen und sammelten so viele Fußgänger auf wie nur möglich. Die Rubenbauers gelangten so bis zum nächsten Bahnhof und von dort in einem Güterwagen bis Bartenstein.

Mehr Glück hatten die Beckers, die einen leeren Muniwagen erwischten, der sie bis nach Heiligenbeil ans Frische Haff mitnahm.

Doch auch die anderen, die sich weiterschleppen mußten, gelangten in relative Sicherheit. Am Wadangafluß passierten sie die deutsche Hauptkampflinie, die von der Panzerdivision »Großdeutschland« noch eine ganze Woche gehalten wurde. Unter den vielen Fußgängern, die sich zwischen den Militärfahrzeugen und Treckwagen von Allenstein nach Nordosten bewegten und verbissen und schweigsam ihre wenige Habe über die vereiste Landstraße schleppten, waren die Insassen des Frauengefängnisses Allenstein. Kleine Diebinnen, Schwarzschlächterinnen, Frauen, die ihren Mund zu weit aufgemacht hatten und einige, deren Angehörige in den Anschlag vom 20. Juli 1944 verwickelt waren.

Schon am Nachmittag hatten sie bemerkt, daß die Gefängnisbeamten das Interesse an ihren Schutzbefohlenen verloren. Es herrschte ein ständiges Kommen und Gehen, Koffer und Kisten wurden ins Gefängnis gebracht und in der Wachstube gestapelt. Gegen 7 Uhr abends mußten die Häftlinge auf dem Flur mit Decke und Kochgeschirr antreten. Eine Wachtmeisterin händigte ihnen ihre Zivilsachen aus – aber umziehen durften sie sich nicht. Die Frauen machten sich über die Nervosität der Wächter lustig. Jetzt, da die Russen kamen, würde es sowieso andersherum gehen. Zur Strafe gab es kein Abendessen. Gegen 11 Uhr wurden sie auf die Straße geführt – und plötzlich waren die Begleitbeamten verschwunden. Einige Frauen kehrten wieder um. Sie wollten sich lieber befreien lassen, als in der Nacht und Kälte draußen herumzulaufen und vielleicht noch aus Versehen erschossen zu werden.

Kurz nach Mitternacht tippelten drei Volkssturmmänner durch die inzwischen menschenleere Stadt: Alfred Springer, Hermann Koschinski und Paul Harder. Sie hatten die Masurensiedlung verteidigen sollen, aber dann war keine Munition da, und man hatte sie nach Hause geschickt. Sie wollten in ihren Häusern übernachten und sich am Morgen im Gasthof »Kronprinz« treffen, um zu beratschlagen, was man nun tun sollte.

Als Springer sich seiner Wohnung näherte, kam ihm eine Nachbarsfrau entgegen.

»Ihre Frau ist auf den Bahnhof gegangen. Ich weiß nicht, ob sie noch weggekommen ist. Ich gehe in meinen Keller – im Bahnhofsbunker erdrücken sich die Leute«, sagte sie und beeilte sich weiterzukommen.

Springers Haus lag in völliger Dunkelheit. Er hatte plötzlich keine Lust mehr zu übernachten. Im Schein seiner Taschenlampe sah er sich in der aufgeräumten Wohnung um. In der Speisekammer fand er noch eine Flasche Bier, Brot und Speck, und nach einer kurzen Mahlzeit machte er sich wieder auf den Weg. Am »Kronprinz« traf er die beiden anderen. Ihnen war es genauso ergangen.

Sie konnten sich nicht darüber einigen, was sie nun am besten unternehmen könnten, um aus dem Schlamassel herauszukommen, als sich ganz deutlich Maschinengewehrfeuer in das Krachen der Granatwerfer mischte. Erschreckt liefen sie in der entgegengesetzten Richtung davon, über Zäune und Mauern, durch Hinterhöfe, bis sie in der Kaiserstraße und am Arbeitsamt waren. Schnaufend polterten sie die Treppe zum Luftschutzkeller hinunter. Kurz danach kamen drei Soldaten vom Bahnhof her und bezogen an der Ecke Bahnhofs-/Kaiserstraße Stellung. Im Eingang der Commerzbank bauten sie ihr Maschinengewehr auf und starrten die Kaiserstraße hinunter. Springer wollte sich gerade zu ihnen gesellen, um etwas über die Lage zu erfahren, als er in einiger Entfernung Panzergeräusche hörte. Einer der drei Soldaten hob das MG auf und sagte kopfschüttelnd zu dem Volkssturmmann: »Das schaffen wir nie.« Langsam, ohne sich umzusehen, gingen sie durch die Bahnhofsstraße davon. Springer beneidete sie um ihre unförmigen gefütterten langen Mäntel – ihm war kalt in seiner kurzen Jacke. Als er mit der Nachricht in den Keller zurückkam, meinte Harder, daß es vielleicht deutsche Panzer wären. Koschinski glaubte wie Springer, daß es sicherer wäre, wenn sie türmten. Sie rafften ihre Aktentaschen und Rucksäcke auf und gingen am Bahnhof vorbei durch die verlassene Wardangerstraße in Richtung Jadden. Springer war nur hundert Meter an seiner Frau vorbeigegangen, als sie den Bahnhofsbunker passierten.

Frau Springer war, auf ihrem Koffer sitzend, eingeschlafen. Kurz nach 2 Uhr wurde sie unsanft geweckt: Dutzende von Leuten drängten in den sowieso schon überfüllten Keller. Einige Männer brüllten: »Draußen bleiben! Tür zu! Seht ihr nicht, daß hier alles voll ist?«

Die Rufe verstummten jedoch sofort, als von der Tür her russische Flüche und immer wieder das Wort »Dawai! Dawai!« zu hören war. Die Russen hatten die Stadt besetzt. Es war 2 Uhr morgens.

2.02 Uhr war der Zug aus Königsberg fällig. Fahrdienstleiter Kleinke hatte die Signale gerade auf Einfahrt gestellt – der Zug war pünktlich gemeldet worden –, als ihn die Kugeln aus einer russischen MP trafen. Ein Rotarmist hatte ihn für einen Soldaten gehalten.

2.15 Uhr fuhr der mit Flüchtlingen überfüllte Zug aus Königsberg ein, und noch ehe die Leute an den Fensterplätzen das Eis von den Scheiben gehaucht hatten, wurden die Türen von Sowjetsoldaten aufgerissen. Die Männer wurden zuerst herausgeholt und gesammelt. Zusammen mit aufgegriffenen deutschen Soldaten traten sie sofort den langen Weg in die Gefangenschaft an. Niemand hatte sie gefragt, ob sie Zivilisten oder Soldaten waren. Die Frauen wurden in den Bahnhofsbunker getrieben, wo sich niemand mehr um sie kümmerte.

Gegen 17 Uhr am Montagnachmittag hält es Frau Springer in dem Bunker nicht mehr aus. Allein der Gestank ist unerträglich. Es gibt kein Wasser und keine Kochgelegenheit. Einige Frauen haben sich mit ihren Kindern schon hinausgeschlichen, um in ihre Häuser zurückzukehren.

Sie hat sich einem älteren Ehepaar aus der Gymnasiumstraße angeschlossen, das die Flucht über die Felder wagen will. Unangefochten kommen sie aus dem Keller und schlendern unauffällig zu den Gleisübergängen. Ein Russe läuft ihnen entgegen, eine Maschinenpistole vor dem Bauch. Er scheint jedoch anderes im Sinn zu haben, als sich mit den armseligen Gestalten zu beschäftigen. Er spuckt ihnen im Vorbeigehen einen Sonnenblumenkern vor die Füße und sagt etwas, das wie eine Verwünschung klingt. Sie gehen weiter, übersteigen hinter einem Schuppen die Signalstränge und erreichen die Felder. Einmal kracht es ganz dicht bei ihnen, sie werfen sich in den Schnee, aber es geschieht weiter nichts. Sie gehen weiter und sind am nächsten Morgen in Guttstadt.

Andere versuchten dasselbe am nächsten Tag, wurden aber in einer nahen Ortschaft von den Russen aufgegriffen und mußten zu Fuß nach Allenstein zurück. Dort trennten die Russen die jüngeren arbeitsfähigen Frauen von den Alten und steckten sie ins Gefängnis, wo sie zu zehnt eine Einzelzelle teilen mußten, ehe sie in mehreren Tagesmärschen zu Fuß nach Zichenau getrieben wurden. Dort hat man sie zur Zwangsarbeit nach Rußland verladen. Die meisten von ihnen verbrachten Jahre in den Anthrazit-Kohlengruben im Donez-Kohlegebiet.

Die Falle schnappt zu – Elbing fällt

In der Woche vom 22. zum 29. Januar entschied sich das Schicksal Ostpreußens. Während es der deutschen 4. Armee gelang, den russischen Vormarsch an ihrer Südflanke zu verlangsamen, brach der Gegner in ihrem Rücken in Richtung Frisches Haff nach Norden durch. Über eine Woche lang waren Hauptmann Michail Djatschenko und seine Besatzungen nur jeweils wenige Stunden aus den Panzern herausgekommen. Sie merkten kaum noch, wie weh ihnen sämtliche Knochen taten. Sie siegten, und sie hatten Schnaps, soviel sie wollten. Die Stadt Osterode lag brennend hinter ihnen. Bis zum Frischen Haff im Norden waren es noch 70 Kilometer Luftlinie. Bei der Lagebesprechung am Abend des 22. Januar hörte sich Hauptmann Djatschenko sagen: »Den Stoßtrupp nach Norden möchte ich übernehmen, Genosse Kommandeur.«

Mit neun T-34 war er lange vor Sonnenaufgang am 23. Januar aufgebrochen. Sein Auftrag: so lange nach Norden zu fahren, bis er auf ernstlichen Widerstand stößt. Sie hatten das schon Dutzende Male gemacht, und selten hatte der Spaß länger als eine Stunde oder vielleicht auch zwei gedauert.

An diesem Morgen war es jedoch schon längst hell geworden, und sie hatten mindestens 20 Kilometer zurückgelegt, ohne daß die Faschisten auf sie geschossen hätten. Sie fuhren auf der Landstraße, auf der sich Hunderte von Fuhrwerken bewegten. Genosse Djatschenko war gewitzt: Er hatte seinen Besatzungen strikte Anweisung gegeben, vorsichtig zu fahren, nicht zu schießen und zu warten, bis man ihnen Platz machte. Ihre Geduld wurde auf eine harte Probe gestellt. Oft machten die Fuhrwerke nur widerwillig Platz. Manche fielen beim Ausweichen um, und die Fahrer, meistens Frauen, drohten mit den Fäusten hinter ihnen her. Es kam aber auch vor, daß ihnen die Weiber zuwinkten. Zweimal überholten sie auch deutsche Militärkolonnen. Die fuhren zur Seite und warteten, bis die Russen vorbei waren. Die Soldaten nahmen keine Notiz von ihnen. Waren die blind? Gegen Mittag fuhren sie durch Preußisch Holland. Hauptmann Djatschenko lief der Schweiß in Strömen über das Gesicht. Seit zwei Stunden hatte keiner im Panzer mehr ein Wort gesprochen. Vorsichtig bahnten sie sich ihren Weg durch die mit Fahrzeugen vollgestopfte Stadt. Selbst als ein Panzer einen zweirädrigen Karren zermalmte, fiel kein Schuß.

Sie waren schon ein paar hundert Meter aus der Stadt heraus, als Hauptmann Djatschenko seine Besatzungen abfragte. Alle antworteten bis auf zwei. Er öffnete die Luke und sah nach rückwärts – tatsächlich, zwei Panzer fehlten. Sie hatten sich wahrscheinlich im Gewühl der Stadt verfahren.

»Sollen wir umkehren, Genosse?« fragte ihn sein Fahrer.

»Unsinn, wir fahren weiter nach Norden.«

Im selben Augenblick krachte es: Rechts und links neben ihnen explodierten Geschosse auf den leicht verschneiten Feldern. Die Zivilisten auf den Fuhrwerken vor ihnen fingen an zu schreien und warfen sich in den Straßengraben. Das Feuer hörte auf. Wahrscheinlich war den Deutschen bewußt geworden, daß sie ihre eigenen Leute umbrachten. Der Hauptmann war versucht, einfach loszupreschen. Sie waren entdeckt, und irgendetwas mußte jetzt passieren. Es geschah aber nichts. Gegen 16 Uhr standen die sieben Panzer vor Grunau, 8 Kilometer vom Stadtzentrum Elbings entfernt. Sie waren eingekeilt in eine Menge anderer Fahrzeuge – es war der einzige südliche Übergang über die um Elbing gezogenen Panzergräben. Meter um Meter schoben sie sich vor, bis endlich Luft wurde und sie im Marschtempo in die Stadt fahren konnten.

Hauptmann Djatschenko wurde übel. Ihm war, als seien seine Nerven um den Magen geknotet. Das ging nicht mit rechten Dingen zu: vor ihm fuhr eine voll besetzte Straßenbahn. Die

Geschäfte am Straßenrand waren geöffnet. Überall Fußgänger und Zivilautos. Die kaum abgedunkelte Straßenbeleuchtung war eingeschaltet. War hier Niemandsland, saßen sie in einer Falle, war der Krieg schon gewonnen? Sie fuhren stur weiter in nördlicher Richtung. Sie kamen an einen großen Platz mit einem Gebäude, das aussah wie das Rathaus. Sie fuhren rechts daran vorbei und kamen auf einen noch größeren Platz. Hauptmann Djatschenko sah auf seinen Kompaß. Gegenüber führte eine breite Straße genau nach Norden.
»Wenn das so weitergeht, sind wir bald in Schweden«, sagte der Fahrer von Panzer drei. Im selben Augenblick krachte es mehrmals »Panzer sieben hat es erwischt«, kam eine Meldung von hinten. »Feuer frei«, schrie Hauptmann Djatschenko. Die Panzer ballerten aus sämtlichen Rohren ziellos in die Gegend. Die Straße war wie leergefegt. Mit Vollgas preschten sie los. Jetzt bekamen sie Feuer von allen Seiten. Ehe sie aus der Stadt heraus waren, blieb noch ein Panzer auf der Strecke. Etwa sieben Kilometer nördlich der Stadt erreichten sie eine riesige Fläche, die sich deutlich von der verschneiten Landschaft abhob: das zugefrorene Frische Haff. Die Sowjets bogen von der Straße ab und gingen bei einigen leerstehenden Gebäuden in Stellung. Sie blieben drei Tage stehen, bis ihre Genossen sie aufsammelten.
Die Heeresnachrichtenhelferin Alice Bendig war um diese Zeit im Begriff, ihr Haus zu verlassen und zum Dienst zu gehen. Im Hausflur begegnete ihr ein Wohnungsnachbar. Er hatte gerade Dienstschluß im Finanzamt gehabt und war an den grauen Ungetümen vorbeigerannt. Er war noch ganz außer Atem.
»Da haben wir den Salat. Und vor zwei Tagen haben Sie mir noch gesagt, daß überhaupt keine Gefahr besteht!«
Alice Bendig ließ den Mann stehen und lief zurück in ihre Wohnung. »Maria, pack ein paar Sachen und nimm die Kinder. Ihr geht zu meiner Mutter nach Vogelsang!« Dort auf der Frischen Nehrung würden sie sicher sein. Maria, die den Bendig-Haushalt führte, seit Frau Bendigs Mann eingezogen war, und die die beiden vier- und sechsjährigen Kinder betreute, war eine ältere, ein wenig einfältige Frau aus der Danziger Niederung. Sie nickte

nur und machte sich an die Arbeit. Alice Bendig lief auf die Straße zurück. Der Spuk schien vorbei zu sein. Sie bahnte sich einen Weg durch die mit hastenden Menschen und Fahrzeugen überfüllten Straßen und erreichte am Alten Markt eine vollbesetzte Straßenbahn, die gerade anfuhr. In ihrer Dienststelle, der Ersatzeinheit der Division »Feldherrnhalle« in der Ungerkaserne, herrschte ein aufgeregter Betrieb. Die Kollegin, die sie hätte ablösen sollen, war wie die anderen Zivilangestellten verschwunden, und am Klappenschrank brannten sämtliche Lichter wie an einem Christbaum. Alice Bendig kam drei Tage und drei Nächte nicht mehr vom Klappenschrank weg. Fieberhaft richtete man sich auf die Verteidigung der Stadt ein. Auf dem Papier waren dafür drei Divisionen vorgesehen. Tatsächlich standen Oberst Schöpffer, dem Kampfkommandanten der Stadt, nur die Ersatzeinheiten der Division »Feldherrnhalle« etwa in Regimentsstärke, ein Volkssturmbataillon, und eine Volkssturmbatterie mit 8,8 cm Geschützen aus den Schichauwerken zur Verfügung. Am Ende waren es jedoch insgesamt etwa 10000 Mann, weil sich verschiedene Regimenter und Kampfeinheiten von außerhalb auf die Stadt zurückgezogen hatten. Sie reichten aus, um den Kern der Stadt, weit innerhalb der Panzergräben, zu verteidigen. In leerstehenden Häusern wurden Panzerabwehrtrupps stationiert und Maschinengewehrnester eingerichtet, während die Artilleriebeobachter auf den Dachböden der Wohnhäuser und Kaserne Stellung bezogen.
An jenem entscheidenden 23. Januar war auch Oberbürgermeister Dr. Leser nicht mehr aus seinem Büro herausgekommen. Kurz nach dem Durchzug der Panzer ordnete die Kreisleitung Räumungsstufe 3 an (alle Zivilisten und nicht zur Verteidigung benötigten Personen hatten über ihre Ortsgruppensammelstellen sofort die Stadt zu verlassen). Dr. Leser sah sich um. Außer ein paar alten Amtsleitern, die sich die Strapazen einer Flucht nicht mehr zutrauten, war das Rathaus längst leer. Über den Friedrich-Wilhelm-Platz zogen Zivilisten scharenweise mit Handwagen, Koffern und Rucksäcken in Richtung Bahnhof und Elbingbrücke. Für die meisten gab es jetzt kein Halten mehr,

und niemand fragte nach einem Abmeldeschein.
Kurz vor Mitternacht rief der Kreisleiter wieder an. »Der Räumungsbefehl ist aufgehoben. Alles hat dazubleiben!«
Dr. Leser wandte vorsichtig ein, daß seine Leute schon längst fort seien.
»Gauleiter Forster hat mir gesagt, daß er jeden Behördenleiter erschießen läßt, der nicht auf seinem Posten bleibt!«
Am 24. Januar gelang es noch, die Krankenhäuser und das Gefängnis nach Danzig zu evakuieren. Aber im Lauf des Tages ging jede Ordnung verloren. Pausenlos strömten Flüchtlinge, zurückgehende Einheiten, Stäbe, versprengte Soldaten von Osten und Süden her und stauten sich an der einzigen über den Elbingfluß nach Westen führenden Brücke. Wahllos weggeworfenes Flüchtlingsgut – Koffer, Kisten, Betten, Schreibmaschinen, Kleinmöbel, Kleidungsstücke – säumte die Straßen. Es war ein Elendszug alter, total erschöpfter Leute, wimmernder Kinder, junger Frauen mit schreienden Säuglingen.
Vor der Ungerkaserne hielt eine Offiziersstreife jeden Wehrmacht-Lkw an, holte flüchtende Soldaten herunter und ließ dafür die am Straßenrand wartenden Mütter mit Kindern aufsitzen. Doch nur wenige kamen auf diese Weise noch aus der Stadt. Kälte und Hunger ließen viele Flüchtlinge verzagen. Sie quartierten sich in leerstehenden Häusern und Wohnungen ein, in der Hoffnung, daß alles bald vorüber sein werde.
Am Donnerstag, dem 25. Januar, erschienen zwei Oberfeldwebel der Marine beim Oberbürgermeister. Sie hatten den Auftrag, zwei Torpedobootneubauten der Schichauwerft abzuholen und über Pillau nach Eckernförde zu bringen. »Wir können jede Menge Flüchtlinge mitnehmen«, sagte der eine von ihnen, »aber wir legen in etwa drei Stunden ab.«
Die Nachricht sprach sich unter den Elbingern sofort herum. Tausende stürmten zum Elbing-Ufer, um vor der Torpedoboothelling auf den Abtransport zu warten. Zur gleichen Zeit begannen die Russen, sich mit Stalinorgeln auf die Stadt einzuschießen. Einige Geschosse schlugen in die wartende Menge. Mehrere Tote und Verletzte blieben liegen, während der Rest

schreiend auseinanderlief. Das Werftpersonal machte die Leinen los, aus Angst, die Boote kämen überhaupt nicht mehr weg. Etwa vierhundert Menschen gelang es noch, an Bord zu kommen. Dann schwammen die Schiffe den Elbingfluß hinunter in Richtung Frisches Haff.

Am 26. Januar hatten sich die Russen in breiter Linie im Osten Elbings schon bis an das Frische Haff bei Tolkemit vorgeschoben, womit Ostpreußen nur noch über die Frische Nehrung mit dem Westen verbunden blieb. Im Süden und im Westen standen die Russen zwischen Fichthorst und Zeyer. Die Stadt war von drei Seiten eingeschlossen. Am Drausensee – einem Naturschutzgebiet – war eine russische 17-cm-Batterie in Stellung gegangen und schoß pausenlos in die Stadt. Auch das freigebliebene Stück Weichselniederung im Nordwesten der Stadt lag unter feindlichem Beschuß. Der Flüchtlingszustrom hörte auf.

Mehrere Artillerieeinschläge hatten das Elektrizitätswerk außer Betrieb gesetzt. Mit den elektrischen Pumpen war auch die Wasserversorgung ausgefallen. Die immer zahlreicher werdenden Brände breiteten sich ungehindert aus.

Die Feuerwehr hatte sich samt Fahrzeugen abgesetzt: Als einige reichseigene Löschfahrzeuge nach Danzig zurückgebracht werden sollten, hatten sich die Braven mit ihren Löschzügen einfach angeschlossen. Mit Ausnahme des Luftschutzarztes gab es auch in der ganzen Stadt keinen einzigen zivilen Arzt mehr. Und seit der Abfahrt der Torpedoboote war auch die gesamte Kreisleitung verschwunden.

Am 28. Januar ließ der Artilleriebeschuß merklich nach. Die Sowjets mußten ihre Geschütze nach Osten und Westen statt nach Norden richten. Im Osten waren drei Divisionen der deutschen 4. Armee in die Zangenbewegung der Russen gestoßen, um den Rücken der Armee freizukämpfen und über Elbing die Verbindung nach Westen wieder herzustellen. Im Westen war die 7. deutsche Panzerdivision zum Gegenangriff angetreten.

Oberbürgermeister Dr. Leser und Oberst Schöpffer fuhren zusammen ans linke Elbingufer, um sich die Befreiung anzusehen. Sie trafen auf eine Vorhut von fünf Panzern. Nach einer kurzen

Begrüßung der Panzermänner fuhren Schöpffer und Dr. Leser zu einer kurzen Inspektionsfahrt nach Süden weiter. Nach wenigen Kilometern gerieten sie jedoch schon in feindliches Feuer und mußten sich über das Eis des Flusses in den Schutz der Häuser zurückziehen. Die Lage dort war alles andere als rosig. Fast überall hatten die Russen Gelände gewonnen und standen in den Vororten, aus denen sich die Verteidiger Haus um Haus zurückziehen mußten.

Vorbei an den Trümmern zerschossener Häuser bahnten sie sich ihren Weg zurück. Im Stadtgarten war noch immer die Volksküche der unermüdlichen NSV-Helfer in Betrieb. Vor der langen Baracke stand eine Schlange Soldaten, verstörter Frauen und Kinder, die sich in allen möglichen Behältern ihre Portion Kartoffelsuppe abholten. Die Kreissparkasse gegenüber dem Rathaus stand in hellen Flammen.

Als Dr. Leser auf den Rathaushof kam, standen dort zwei knallrote Doppeldecker-Busse, aus denen gerade eine Menge Leute, Zivilisten und Uniformierte, ausstiegen. Die Busse kamen aus Danzig und waren im Schutz der Panzer der 7. Panzerdivision an den Russen vorbeigefahren. Irgendein hundertprozentiger Endkämpfer in der Danziger Gauleitung hatte diesen Transport veranlaßt. Unter den Insassen befanden sich Elbings vollzählige Feuerwehr, drei Ärzte, mehrere Krankenschwestern, Polizisten, eine Gruppe Volkssturmmänner mit Panzerfäusten und eine Anzahl Parteileute, die man in Danzig offenbar loswerden wollte.

Wichtigster Mann unter den Ankömmlingen war der zurückgekehrte Direktor der Elbinger Elektrizitätswerke. Er machte sich sofort mit einigen Arbeitern auf den Weg zum E-Werk. Und kurz nach Einbruch der Dunkelheit geschah etwas, womit niemand gerechnet hatte: in der ganzen Stadt gingen die Lichter an. Die Russen reagierten sofort. Ein Feuerhagel ergoß sich über die Stadt, als sei Elbing eine hellerleuchtete Schießbude. Oberst Schöpffer mußte zwei Kradmelder ins E-Werk schicken, um den Strom wieder abstellen zu lassen.

Nachdem die Sowjets am 30. Januar den auf dem linken Elbingufer gelegenen Stadtteil Grubenhagen ein zweites Mal besetzt hatten, war Elbing hermetisch abgeriegelt. Drei Tage lang war die sowjetische 48. Armee in schwerer Bedrängnis gewesen und hatte unter den Angriffen der deutschen 4. Armee etwa 30 Kilometer zurückweichen müssen. Einen Tag lang sah es so aus, als könnten die deutschen Truppen südlich Elbing bis Marienburg vorstoßen und damit den Ring um Ostpreußen aufbrechen. Aber der deutsche Angriff blieb weit vor Elbing stecken, die Sowjets warfen mehrere Korps und fünf Panzerbrigaden in die gefährdete Front und drängten schließlich die deutschen Truppen zurück.

Alice Bendig saß unverdrossen an ihrem Klappenschrank und vermittelte die Gespräche zu den Gefechtsständen. Es waren nur noch wenige Leitungen offen, seit die Russen ihr Artilleriefeuer auf die Innenstadt konzentrierten. Von ihrem Fenster sah sie, wie ein Oberleutnant und ein paar Feldwebel von der Genesungskompanie im Garten zwischen der Kasernenmauer und dem Kasernengebäude ein Massengrab aushoben und dort 25 Gefallene beerdigten. Es war nicht viel mehr als eine Geste, denn überall in den Straßen lagen tote Soldaten und Zivilisten. Alice Bendig war nur noch einmal in ihrem Haus gewesen. Es war geplündert und der Keller war voller fremder Menschen. Sie war froh, daß sie ihre Kinder noch rechtzeitig fortgeschickt hatte.

In den Kellern Elbings lebten zu diesem Zeitpunkt noch etwa 20000 Flüchtlinge und Einheimische. Wer in den tiefen Brauereikellern oder in Bunkern Unterkunft gefunden hatte, war einigermaßen sicher, doch die anderen lebten in ständiger Angst, daß ihnen das Haus über dem Kopf zusammengeschossen wurde und sie sich einen anderen Keller suchen mußten.

Am schlimmsten quälte der Wassermangel. Sie kochten Schneewasser und das brackige Wasser aus den Feuerlöscheimern. Die Wagemutigsten bewaffneten sich mit Eimern und machten sich zu den Brauereien auf, deren tiefe Brunnen noch intakt waren, andere versuchten, zu den Wasserlöchern im Eis des Flusses durchzukommen.

Mütter mit ihren vor Hunger schreienden Kleinkindern kämpften sich todesmutig zu den Kasernen und Lazaretten durch, um Milch oder wenigstens Haferschleim zu ergattern.

Im Keller eines Privathauses gegenüber der Katholischen Kirche saßen Leute aus Baumgart, das dicht vor den Toren Elbings liegt.
»In der Stadt seid ihr sicher«, hatte man den drei alten Männern und den sieben Frauen gesagt, als die Wehrmacht den Ort von Zivilisten räumte. Sie hatten nicht gewagt, weiterzuziehen und sich dem Flüchtlingsstrom nach Westen anzuschließen. Bei Kerzenlicht und mitgebrachter Verpflegung saßen sie schon eine Woche in dem dumpfen Loch und warteten darauf, daß der Sturm vorbeizog. Die Kinder hielten es kaum noch aus. Dauernd wollten sie nach oben, wo man in den leeren Wohnungen die Stimmen deutscher Soldaten hörte. Wegen der Luftschutzblenden vor den Fenstern konnten sie nicht hinaussehen, hörten nur, wie der Gefechtslärm immer stärker wurde. Maschinengewehrfeuer und Granateinschläge lagen dicht beim Haus.
Eine Stimme schrie die Kellertreppe herunter: »Alles raus! Es brennt!«
Die Frauen fingen an zu jammern, die Kinder schrieen. Zwei der alten Männer gingen voraus, um nachzusehen. Dicker Qualm schlug ihnen an der Kellertreppe entgegen. Schwach konnten sie die Umrisse der offenen Haustür sehen. Schatten bewegten sich dort. Dann fielen Schüsse, und erdbraune Gestalten stiegen über die Leichen der beiden Alten.
»Germanski Soldat? Germanski Soldat?«, herrschten sie die Frauen an, hinter deren Röcken sich die Kinder und der übriggebliebene Alte verbargen. Sie stiegen wieder nach oben, wo noch ein paar Schüsse fielen. Dann war Stille.
Am Morgen des 4. Februar rissen den Oberbürgermeister Artillerieeinschläge am Rathaus aus dem Schlaf. Hastig kleidete er sich an. Seine braune Uniform hatte er schon vor Tagen in den Schrank gehängt und trug jetzt seine Offiziersuniform als Hauptmann der Reserve. Als er in den Keller des alten Gebäudes hinunterkam, saßen da einige Beamte der Stadtverwaltung und die Flüchtlinge; in den Kellern des Neubaues, in denen Kreisleitung, Polizei und die Luftschutzzentrale untergebracht waren, befand sich kein Mensch mehr. Niemand wußte etwas.

Auf einem der Schreibtische stand das Telefon mit der einzigen noch intakten Verbindung nach Danzig. Zögernd hob er den Telefonhörer ab. Am Danziger Ende meldete sich Kapitän z. S. Hartmann, der ihm in blumiger Umschreibung mitteilte, daß der neuernannte Befehlshaber der Heeresgruppe Weichsel, Heinrich Himmler, bei einer Besprechung in Marienburg ihnen auf einer großen Karte die Stoßrichtung jeder Menge neuer Panzerdivisionen gezeigt habe, und daß sich die Lage stabilisiere. Elbing werde auf jeden Fall als Brücke zwischen Ost- und Westpreußen gehalten. Dr. Leser sagte nur: »Das ist ja sehr schön«, und legte auf.

Daß Elbing verloren war, lag auf der Hand. Die Frage war nur, ob man überhaupt noch aus dem Schlamassel herauskommen würde. Gegen Mittag trat eine Feuerpause ein. Die Russen schickten einen gefangenen deutschen Unteroffizier mit der Aufforderung zur Übergabe in die Stadt. Oberst Schöpffer schrieb »Zur Kenntnis genommen. Schöpffer« auf das Papier und schickte den Mann wieder fort.

Die Feuerpause nutzte die Besatzung der Ungerkaserne in der Königsberger Straße zum Rückzug auf das Gymnasium, das etwa 600 Meter vom Ufer des Elbingflusses entfernt liegt. Alice Bendig machte die Fahrt in einem Panzerspähwagen, während die meisten Soldaten ihren Weg zu Fuß suchten. Später zogen auch die Besatzung des Rathauses und der Gefechtsstand des Kampfkommandanten in die Schule um.

Die Nachrichtenverbindung zu den kämpfenden Truppenteilen hielt ein Nachrichtenzug aufrecht, dessen Strippenzieher dauernd unterwegs waren, um die zerschossenen Leitungen zu reparieren. Einen Klappenschrank gab es nicht mehr. Die beherzte Nachrichtenhelferin half dem Regimentsarzt Dr. Kretzschmar, der vor Müdigkeit kaum noch auf den Beinen stehen konnte. Sie legte Verbände an, gab Spritzen, tröstete, drückte Augen zu, wo immer einer starb. Als sie das nicht mehr aushielt, schlich sie sich hinunter zu dem Seiteneingang an der Ziesestraße. Dort hatte früher in den Unterrichtspausen der Pedell gestanden und das große Schultor beobachtet, damit niemand während der

Pause in die Stadt entwich. Jetzt war da nur Dreck und Rauch: die Russen belegten die Straße mit Artillerie- und MG-Feuer.
Auf der Herfahrt hatte Alice Bendig Verwundete auf der Straße liegen sehen. Im Schutz der Hauswand kroch sie hinaus. Sie gelangte zum ersten, nahm ihr Koppel ab und hakte es bei ihm ein. Dann zog sie ihn Zentimeter um Zentimeter in die Schule. Kaum wußte sie ihn in der Obhut der Sanitäter, war sie schon wieder draußen, um den nächsten auf die gleiche Art in Sicherheit zu bringen. Alice Bendig arbeitete verbissen. Sie holte Mann um Mann herein – bis ein sowjetischer Scharfschütze sie entdeckte. Sie warf sich unter einen Treppenaufgang, während dicht über ihr Schuß um Schuß in die Türfüllung krachte. Der beißende Geruch der Explosivgeschosse stieg ihr in die Nase. Mit einem gewaltigen Satz rettete sie sich auf die andere Straßenseite und verschwand im Eingang eines Luftschutzkellers.
Der Keller war voller Menschen: alte Leute, Frauen und Kinder hockten apathisch an den Wänden im Kerzenschein. Auf einem Kohlenhaufen lagen mehrere verwundete Soldaten, die um Wasser bettelten. Einer flüsterte ihr zu: »Hau ab und laß uns hier krepieren. Es ist ja sowieso alles vorbei.«
Der Gestank war fürchterlich. Alice Bendig machte, daß sie zurückkam. Dabei sah sie, daß der Nordgiebel des Gymnasiums von einem schweren Geschoß weggerissen worden war. Die Oberleitung der Straßenbahn lag auf dem Pflaster. Überall Glassplitter und Gebäudetrümmer, Staubwolken und ohrenbetäubender Lärm. Die Russen schickten noch mehrmals Parlamentäre, die jedoch jedesmal unverrichteter Dinge wieder umkehren mußten. Einmal war es eine Gruppe von Einwohnern aus der von den Russen besetzten Nordstadt. Unter ihnen war eine Frau, die mehrmals von den Russen vergewaltigt worden war und die man wieder ziehen lassen mußte. Sie hatte sich später doch noch retten können und fuhr im März von Danzig mit einem Schiff nach Westen.
Am Vormittag des 9. Februar rief Generaloberst Weiß an und stellte es Oberst Schöpffer frei, nach Nordwesten auszubrechen. Himmler hatte angeordnet, auf dem westlichen Ufer des Elbing-

flusses in der Höhe des großen Schichaulagers einen Brückenkopf zu bilden, durch den Entsatzkräfte in die Stadt geführt werden sollten. Niemand in der Stadt glaubte an diese Möglichkeit.

Noch kämpften die Soldaten um jedes Haus, jeden Straßenzug. Aus der Heinrich-von-Plauen-Schule kam ein Hilferuf: die Russen hatten die umliegenden Häuser besetzt und schickten sich an, das Lazarett zu stürmen. Gegen 18 Uhr brach in der Schule eine wilde Schießerei aus. 2400 Verwundete und vier Ärzte mit ihren Sanitätern waren dem Geschoßhagel der angreifenden Russen ausgeliefert. Ihr Schicksal hat sich nie aufgeklärt.

Die Verteidiger Elbings hatten keine Wahl mehr, sie mußten die Schwerverwundeten und Tausende hilfloser Zivilisten zurücklassen. Mancher war dieser Belastung nicht gewachsen und erschoß sich – wie der Batteriechef einer Flakstellung in Lärchwalde. Andere drehten durch und liefen einfach den Russen ins Feuer.

Als Oberst Schöpffer um 18 Uhr mit seinem Stab aufbrach, sollten ein Panzer und zwei Panzerspähwagen den Weg an einer von den Russen besetzten großen Volksschule vorbei freischießen. Der Angriff blieb im Feuer der Sowjets liegen. Es gab nur noch den Weg durch Hinterhöfe und Schrebergärten. Einheit um Einheit sickerte durch das unübersichtliche Gelände. Auf allen Seiten verstärkte sich der Gefechtslärm, als sich die deutschen Truppenreste vom Gegner lösten und sich den Weg zum Ufer erkämpften. Der Russe hatte die Absicht der Deutschen noch nicht entdeckt, aber das Feuer war so stark, daß sie immer wieder für längere Zeit in Deckung gehen mußten.

Die Übergangsstelle am Fluß lag im Feuerschein eines brennenden Holzlagers. Nach einigen vergeblichen Versuchen, aus Brettern und Balken ein Floß herzustellen, kam ein Pionierfeldwebel auf den Gedanken, einen weiter unterhalb liegenden Kohlenkahn flottzumachen. Mit beängstigendem Lärm lichteten die Pioniere den Anker. Als Fährseil diente ein zerschossenes Überlandkabel, das Schwimmer ans andere Ufer brachten.

Alice Bendig hatte sich ihren Soldaten angeschlossen und war

1. Auf den vereisten Straßen hatten die Flüchtlinge alle Hände voll zu tun, um die Fuhrwerke voranzubringen

2. Viele Trecks waren wochenlang unterwegs und immer in Gefahr, vom Feind überrollt zu werden

3. Die »Tiger« kamen zu spät. Zusammengeschossener Treck in Ostpreußen

4. Fußgänger im Schneesturm, Januar 1945

5. Treckfahrer rasten und kochen ab

6. Keiner wußte, ob nicht vor ihm schon der Russe war

Kampflärm. Als sie sich am Morgen auf die Landsberger Chaussee wagen, wissen sie nicht recht, in welcher Richtung sie weiterkönnen. Aufgeregte Feldgendarmerie drängt die Flüchtlinge von der Straße weg nach Osten. Über eine Wiese geht es leicht bergan. Aus einer Senke hören sie deutsche Kommandorufe. Die Kutscher treiben die Zugpferde zur Eile an. Ausgerechnet jetzt löst sich am Wagen der Knieps eines der Gummiräder. Fieberhafte Suche nach einem Wagenheber. Während der Kutscher das Rad wieder befestigt, sehen sie den Feuerschein über Landsberg, der sich mit dem Morgendämmern mischt. Hinter ihnen steigen über der Chaussee Leuchtkugeln auf. Die Wagen kommen jetzt nur noch langsam voran – Drahtzäune und Gräben halten sie auf. Die meisten gehen jetzt neben ihren Wagen, Rucksäcke und Taschen in Reichweite, falls sie querfeldein sich davonmachen müssen.

Erst als die vorderen Wagen die Straße Landsberg – Pr. Eylau erreichten und davonpreschten, kam Bewegung in den Zug. Aber jetzt strömten auch die aus Landsberg Flüchtenden in dieser Richtung und bald war die Straße von ineinander verkeilten Wagen blockiert. Trotzdem: In wilder Flucht ging es wieder über die Felder weiter.

Auf den abgelegenen Wegen konnte man deutlich die einsamen Coupés aus den umliegenden Gütern ausmachen, die sich auf den ihnen bekannten Feldwegen abseits des großen Stromes in Richtung Haff voranarbeiteten. Graf Eulenburg-Wicken fuhr im Landauer mit seiner Frau Jeanne. Der alte Herr hatte bis zum letzten Moment vor der Flucht mit einer schweren Grippe im Bett gelegen.

Es war ein sehr kurzer Abschied gewesen, den er, in dicke Pelze verpackt, von seinem Besitz nahm. Im Schlafzimmer noch ein letzter Blick auf die beiden kostbaren Holztafeln mit den ersten Familienbildern von 1580. Draußen auf dem Gang setzte sich die Reihe mit den Bildern von 1640 und 1750 fort. Vorbei an dem riesigen Himmelbett aus dem Jahr 1604, dessen Rückwand ein so reich geschnitztes Triptychon bildete, daß es jedem Altar zur Ehre gereicht hätte. Die Geweihe an der Wand dahinter hatten keine tiefere Bedeutung: es waren Jagdtrophäen, wie sie an den Wänden aller ostpreußischer Gutshäuser hingen. Auch war das Himmelbett nicht das einzige kostbare Möbelstück im Hause Wicken. Als 1914 der erste russische Offizier das Haus betrat, rief er aus: »Mais, c'est un musée!«

So stolz die Ostpreußen auch auf ihren Besitz sein mögen, sentimental machte er sie nicht. Behutsam zog Graf Eulenburg das schwere Portal an der bronzenen Löwenklinke hinter sich ins Schloß. Und gleich darauf rollte der Wagen knirschend über die kreisrunde Auffahrt.

Auf dem Kutschbock saßen der Franzose Lecomte und der Belgier Oury. Lecomte war der Gärtner des Gutes und hatte den prachtvollen Park mit den elf Meter hohen Schnitthecken betreut. Für ihn und einige tausend seiner Landsleute bedeutete die Flucht das Ende der Kriegsgefangenschaft – und je schneller sie nach Westen kamen, desto besser.

In rascher Fahrt überquerten sie die hartgefrorene Oberfläche der Sumpfniederungen des Mühlenbaches. Im fünf Kilometer entfernten Lompf sollte sich der Gutstreck mit 14 Wagen und 35 Pferden sammeln. Dort überredete der Kämmerer seinen Herrn jedoch, nicht auf die anderen zu warten, sondern weiterzufahren. Mit dem Landauer an der Spitze würde der Treck auch nicht schneller vorankommen. Die Eulenburgs fuhren weiter.

Niemand hatte daran gedacht, daß das Gepäck des Gutsherrn, und sämtliche Lebensmittel auf den Treckwagen verstaut waren. Trotzdem litten die Eulenburgs und ihre Kutscher unterwegs keinen Hunger. Sie fuhren auf bekannten Wegen von Gut zu Gut, abseits des großen Stromes und fanden bei Freunden und Bekannten stets gute Aufnahme. Hätte nicht ringsum vollkommenes Chaos geherrscht, die Reise hätte genauso gut zu einem der Vorfahren des Grafen Eulenburg gepaßt.

Die beiden Kriegsgefangenen brachten die Eulenburgs fast geradewegs, ohne unliebsame Zwischenfälle und Aufenthalte, an die etwa 90 Kilometer entfernte Haffküste.

Wie eine Odyssee nimmt sich dagegen der Weg des Gutstrecks aus Garbnicken aus. Garbnicken liegt 12 Kilometer Luftlinie

nordwestlich von Gr. Wicken, dem Sitz des Grafen Eulenburg. Sie waren also nicht nur näher an der Küste, sondern auch einen ganzen Tag eher aufgebrochen. Elf Wagen waren es einschließlich des Jagdwagens der Besitzer Macketanz.
Die langen Leiterwagen der Deputanten fuhren dreispännig. Wegen der regen Fliegertätigkeit hatten sie beschlossen, nur möglichst nachts sich auf die Straße zu wagen. Doch es war sehr glatt, und die Wagen rutschten auf den schmalen Chausseen. Am 27. Januar kamen sie gegen 6 Uhr morgens in das große Dorf Schmoditten an der Straße Königsberg – Pr. Eylau. Bei fast 20 Grad Kälte fanden sie Aufnahme in einem überfüllten Bauernhaus.
Am Abend des 28. Januar brachen sie auf, in Richtung Nordwesten nach Kreuzberg. Von dort kamen ihnen Leute mit der Nachricht entgegen, daß russische Panzer durchgebrochen seien. Sie wandten sich daher nach Süden, gelangten mit Mühe durch das gesperrte Pr. Eylau. Von dort ging es weiter parallel zur Küste nach Landsberg. Sechs Stunden brauchten sie, um die Stadt zu durchqueren. Am Ausgang der Stadt wurden sie die ganze Nacht über auf freiem Feld festgehalten, weil Teile der Division »Großdeutschland« durchzogen. Bei all ihrer Fahrerei waren die Garbnicker der Küste um keinen Kilometer näher gekommen.
Zu diesem Zeitpunkt war der Landauer des Grafen Eulenburg schon in Labehnen eingetroffen – 30 Kilometer von Heiligenbeil und dem rettenden Frischen Haff entfernt. Die Schwiegermutter des Besitzers von Labehnen war noch nicht geflohen. Sie bewirtete die Eulenburgs wie in alten Tagen – und aus dem vorgesehenen einen Rasttag wurden fünf. Der sowjetische Vormarsch hatte sich in den ersten Februartagen verlangsamt und war an manchen Abschnitten der ostpreußischen Front sogar ganz zum Stillstand gekommen.
Die Trecks, die sich zu diesem Zeitpunkt im Zentrum des Kessels befanden, kamen zur Ruhe. Die Garbnicker erreichten Müngen und blieben dort sechs Tage. Zum ersten Mal konnten sie sich in einem verlassenen Bauernhaus ausschlafen und sich um die

Kranken kümmern. Blasenkatarrh, Ruhr, schwere Erkältungen – kaum einer war verschont geblieben. Verstohlen wurden die Toten in den nahen Wald getragen und dort mit Reisig zugedeckt, denn der Boden war noch immer tief gefroren.
Der Versuch General Hoßbachs, die Umklammerung der Russen nach Westen zu sprengen, war unter den Flüchtenden schnell bekannt geworden und hatte ihnen neue Hoffnung gegeben. Zumindest würde die unmittelbare Bedrohung durch die Iwans nachlassen. Doch als dieser Ausbruchsversuch scheiterte und die Russen zum Gegenstoß ansetzten, gerieten die Trecks im westlichen Gebiet des Kessels in die Kampfhandlungen.
Inmitten einer panikartig flüchtenden Menge nordwestlich Landsberg wurde der Treck aus Gr. Wisch auseinandergerissen. Für Annemarie Kniep und zwei andere Wagen aus Gr. Wisch endete die Fahrt in einem mit Fahrzeugen vollkommen verstopften Hohlweg.
Es gab kein vor und kein zurück. Der Russe sollte nicht nur hinter ihnen, sondern auch drei Kilometer vor ihnen in Eichen sein. Resigniert packten Annemarie Kniep und die ihr verbliebenen Leute einige Eßwaren zusammen und machten sich auf die Suche nach einem Haus, in dem sie auf das Ende warten wollten. Sie fanden ganz in der Nähe ein einzelnstehendes Gehöft, in dem sich schon Hunderte anderer aufhielten.
Die Zimmer und Flure des Wohnhauses waren alle überfüllt. Bei Kerzenlicht hatten sich die Menschen dicht aneinandergedrängt, als erwarteten sie jeden Augenblick eine unausweichliche Naturkatastrophe. Es herrschte eine merkwürdige Ruhe – kein Schimpfen, kein Schreien.
Annemarie Kniep findet mit ihrer Familie noch Platz in der Scheune. Hier herrscht mehr Leben. Die meisten haben sich in das stellenweise bis unter die Dachbalken gestapelte Stroh eingegraben. Überall stehen die offenen Hindenburglichter und Stallaternen herum und verbreiten ein gemütliches Licht … es wirft nicht so gespenstische Schatten wie in den engen Zimmern des Wohnhauses. Es wird geraucht – und das Stroh fängt nicht Feuer.

Es sind viele Soldaten da: »Versprengte« und Verwundete, schreiende Kinder. In der Einfahrt zwischen Bergen von Gepäck liegen die Kranken und Gebrechlichen, die nicht ins Stroh steigen können. Die Leute aus Gr. Wisch müssen lange kraxeln, ehe sie einen Platz finden. Weiter oben haben sich einige Frauen oder Mädchen mit Soldaten eingelassen. Unterdrücktes Lachen und Kichern, das Entstöpseln von Flaschen, später Schnaufen und Stöhnen. Nicht einmal der Gedanke daran, daß die Männer dieser Frauen, die Verlobten der Mädchen, wahrscheinlich im Feld stehen, bringt in Annemarie Kniep Entrüstung hervor. Sie ist, wie alle, viel zu müde. Und wer weiß, was morgen ist? Vielleicht wollen die da oben nur noch einmal leben, wenn man das leben nennen will.

Nicht weit entfernt deliriert ein Verwundeter. Zwei andere Soldaten versuchen, ihn zu beruhigen und geraten schließlich mit einigen Flüchtlingen in Streit darüber, ob man ihn bei der Kälte hinaustragen darf. Es dauert lange, bis die übermüdeten Treckfahrer Schlaf finden.

Als sie erwachen, ist es zehn Uhr morgens. Und die Russen sind noch nicht da, obwohl das Artilleriefeuer gefährlich nahe liegt. Annemarie kocht den letzten, für Notfälle aufgesparten Bohnenkaffee. Dazu gibt es Wurstbrote. Dann geht es weiter bis Bornehmen, wo sie in eine Ansammlung deutscher Truppen geraten. Sie können nicht weiter, auch am nächsten Tag nicht. Am 5. Februar werden sie durch Trommelfeuer geweckt. Die Front ist höchstens fünf Kilometer entfernt. Es herrscht klares Wetter. Gegen zehn Uhr tauchen russische Flugzeuge über dem kleinen Ort auf und beschießen mit ihren Bordwaffen die Gehöfte. Die Trecks brechen schleunigst auf, kommen aber nur drei Kilometer weit bis Quehen. Die Straße ist vollkommen verstopft. Und wie bei jedem Halt gehen einige los, um die Lage zu erkunden. Bei dieser Gelegenheit trifft Annemarie Kniep die versprengten Wagen ihres Trecks. Sie waren unter die Russen geraten und hatten drei Tage hinter der russischen Front auf eine günstige Gelegenheit gewartet. Sie waren auch weggekommen. Doch die Wagen waren leer – ausgeplündert. Und als

Zugpferde dienten unterwegs aufgelesene fremde Gäule. Aber sonst war ihnen nichts geschehen.
Der lange Zug der Trecks bewegt sich wieder weiter und ist am Abend in Angam. Die Wagen aus Gr. Wisch müssen die ganze Nacht über an einer unruhigen Straßenkreuzung mitten im Ort stehen. An einem Zaun in der Nähe läuft eine junge Frau auf und ab und schreit: »Laßt mich raus. Was ist hier los?« Niemand kümmert sich um sie. Nach einer Weile verschwindet sie in einem der Häuser. Die Treckfahrer hätten sich dort gern nach einem Quartier umgesehen, doch die Angst, die Weiterfahrt zu verpassen, hielt sie auf den Wagen fest. Viele hatten die Treckpsychose, die gewöhnlich um den neunten oder zehnten Tag der Flucht einsetzte: starke Angstgefühle, Kopfschmerzen, Schwindel und Schlaflosigkeit mit quälender Unrast. Es war wie ein toter Punkt, der, einmal überwunden, den einzelnen Flüchtling zum alten »Treckhasen« machte.
Emil Mischkes Treckwagen rollte in dem großen Mahlstrom mit, der sich erst in südwestlicher Richtung, dann nordwestlich am Rande des großen Kessels bewegte. Ortschaft um Ortschaft passierten sie, immer wieder umgeleitet und meist nur im Schritt-Tempo. Mischke hatte längst die Orientierung verloren und wußte nur, daß sie in Richtung Landsberg – Mehlsack unterwegs waren.
Wie viele andere glaubte er, daß die Wehrmacht den Brückenkopf halten würde, bis die Wunderwaffen zum Einsatz kämen, von denen Goebbels immer wieder gesprochen hatte. Niemand hatte eine Vorstellung von diesen Waffen. Die einen meinten, es seien Raketen, die anderen wußten von Wunderflugzeugen, neuen U-Booten, die den Feind irgendwie kurz und klein schlagen würden. Das würde alles in ein paar Tagen geschehen. Vor allem die Vereisungstheorie hatte viele Anhänger. Kohlensäure und flüssiger Sauerstoff würden, in den Feind geschossen, dort alles Leben erstarren lassen.
Als der Strom bei Landsberg auf die Sturzäcker geriet und überladene Wagen steckenblieben oder umstürzten, dämmerte es Mischke, daß sein Wagen nicht ganz frei von unnötigem Bal-

last war. Während seine Frau kutschierte – der Franzose hatte vor dem autoritären Mann in der Parteiuniform längst das Weite gesucht –, machte sich Mischke daran, den Wagen zu inspizieren. Er grollte seiner Frau sowieso, daß sie sich den eigentlichen Fluchtwagen hatte stehlen lassen und nur mit dem Versorgungswagen losgefahren war. Er fand zwölf Sack Hafer. Einen nach dem anderen schleppte er an die hintere Kante des Wagens und ließ den goldenen Inhalt in den schmutzigen Schnee rinnen. Nur drei Sack behielt er zurück. Als nächstes folgte ein Zentner Briketts und dann ein Sack mit glashart gefrorenen Kartoffeln. Der Wagen begann gewaltig zu holpern, aber die Pferde hatten es spürbar leichter. Bauer Klann auf dem nachfolgenden Wagen hatte Mischkes Aktivitäten interessiert verfolgt und tat es ihm nun nach. Er warf auch die große Chaiselongue über Bord, die ihnen als Lager gedient hatte. Erst am folgenden Abend mußte er feststellen, daß mit dem Möbelstück auch alle Räucherwaren – Würste und Speck – fort waren. Seine Frau hatte die kostbare Fracht sorgsam zwischen die Matratzenfedern gepackt – und dann vergessen.

Mit den erleichterten Wagen kommen sie auch in dem starken Schneetreiben des 30. Januar gut voran. Verbissen folgen die Kutscher den Spuren des Vorwagens, die zugeweht werden, sooft der Abstand zu groß wird. 30 Kilometer legen sie so zurück und sind am Abend in Frauenburg am Haff. Sie sind durch! Jenseits des gefrorenen Haffs liegt der schmale Landstreifen der Frischen Nehrung, auf der der Weg nach Danzig und Pommern führt – die einzige noch bestehende Landverbindung in die Freiheit.

Der Weg über das Eis des Frischen Haffs

Die über 70 Kilometer lange und etwa 10 Kilometer breite schneebedeckte Eisfläche des Frischen Haffs war der letzte mögliche Ausweg aus dem Kessel von Heiligenbeil. Die Flüchtlinge hatten kaum eine Vorstellung davon, was sie dort erwartete – die wenigsten hatten das Haff je gesehen, von dem sie glaubten, daß es nichts anderes sei als einer der vielen großen ostpreußischen Seen, die im Winter so sicher zu befahren waren wie das feste Land.

Die Bewohner des Küstenstreifens hatten mehr Respekt vor ihrem kleinen Meer. Selbst im Sommer, wenn die weißen Haff-Dampfer Scharen von Sommerfrischlern und Ausflüglern zum Baden, Segeln und Wandern auf die Nehrung brachten, konnten Nordoststürme und eiskalter Regen das tellerflache, spiegelglatte Haff in einen brodelnden Kessel verwandeln. Mancher Schwimmer war dabei schon ertrunken, und selbst die Fischer flüchteten dann in den nächsten Hafen.

Unheimlich wurde das Haff im Winter. Mit den ersten strengen Frösten fror das nur zwei bis vier Meter tiefe Gewässer schnell zu. In der Regel war das Eis gut einen halben, oft aber auch mehr als einen Meter dick. Und die Bewohner der Nehrung und des Küstenstreifens wußten nur zu gut, daß das Eis lebte. Je stärker der Frost war, desto größer wurden die Spannungen im Eis. Es drückte gegen die Ufer und schob unter Ächzen und Stöhnen große Blöcke übereinander. Risse taten sich auf, und zeitweise waren Dunst und Nebel auf dem Eis so dicht, daß man jede Orientierung verlor. Konnte man an einem schönen Sonnentag vom Karlsberg bei Frauenburg die Nehrung mit ihren kleinen

Hügeln und Wäldern sehr deutlich sehen und über den Baumkronen sogar noch einen Streifen der Ostsee ausmachen, war im Winter die Sicht oft gleich Null. Unter den Haff-Anwohnern liefen Geschichten um von Leuten, die sich beim Überqueren des Eises verirrt hatten und dann stundenlag – in der Fabulierlust der Ostpreußen sogar tage- und nächtelang – wie blind umhergetappt waren.

In den Ortschaften um Tolkemit und Frauenburg, in der Hügellandschaft der südlichen Haffküste waren deshalb die meisten Bewohner zu Hause geblieben, auch als die russischen Panzer schon ganz in der Nähe waren. Einer der wenigen, die um den 23. Januar aufbrachen, war Prinz Louis Ferdinand von Preußen, der in Cadinen am Haff sein Gut bewirtschaftete. Seine Leute wollten bleiben, und so fuhr er nur in Begleitung eines Kutschers mit dem Schlitten hinüber auf die Nehrung und gelangte von dort nach Danzig.

Auch der Fischer Jakob Klein hatte zuerst nicht die Absicht, Hals über Kopf davonzulaufen. Der Witwer, der mit seiner Tochter und zwei Enkeln zusammenlebte, hatte seit vierzehn Tagen einen Unteroffizier zur Einquartierung. Der Mann redete Tag für Tag auf ihn ein, wenigstens ein Fluchtgepäck herzurichten. Klein tat es nur um des lieben Friedens willen, denn er wußte, daß das Haff außer dem Nebel und den Rissen noch einen anderen Haken hatte: Über seine ganze Länge hatten zwei Eisbrecher eine Fahrrinne von Elbing nach Pillau aufgebrochen, die sie ständig eisfrei hielten. Das war weit draußen, mehr nach der Nehrung zu. Wie hätten sie da ein Boot zum Übersetzen hinbringen sollen?

Doch er wurde schwankend, als er hörte, daß der Prinz mit dem Schlitten hinübergekommen war. Und was dem Prinzen gelungen war, würde er auch schaffen. Kurz darauf brachte eine Nachbarin die Nachricht, daß die russischen Panzer schon vor dem nur drei Kilometer entfernten Cadinen standen und Tolkemit geräumt werden sollte.

Jakob Klein lief sofort auf die nachtdunkle Straße. Es war totenstill, und ein leichter Südostwind trieb ihm feinen Schnee ins

Gesicht. Das Thermometer war auf 18 Grad unter Null gesunken. Trotzdem waren überall vermummte Gestalten mit Rucksäcken und Koffern auf Schlitten und kleinen Wagen zum Haff unterwegs.
Der Fischer verlor keine Zeit. Zusammen mit seiner Tochter machte er das vorbereitete Fluchtgepäck fertig und schleppte es hinunter zum Strand, wo sein Segelschlitten lag. Das Abendessen blieb auf dem Tisch in der kleinen Wohnküche stehen, und in der Eile vergaß Klein seine sämtlichen Papiere, denn jetzt konnte auch er Geschützlärm hören. Hastig machte er das etwa sieben Meter lange Gefährt segelklar.
Kleins Vorbereitungen waren nicht unbemerkt geblieben: Ohne zu fragen, drängten sich andere Leute auf seinen Schlitten. Schließlich mußte er sich seinen Platz am Steuer erkämpfen, ehe die Fahrt losgehen konnte. Nach anfänglichem Flattern blähte eine auffrischende Brise das Segel, daß es wie ein Brett in den schwarzen Himmel schnitt. Erleichtert spürte Klein, wie der Schlitten trotz der Überlastung immer mehr in Fahrt kam. In einiger Entfernung sah er noch andere Segelschlitten und dazwischen in langen Reihen Fußgänger, die alle der Nehrung zustrebten.
Nach einer halben Stunde Fahrt sah Klein, was er insgeheim befürchtet hatte: Über das Eis vor ihnen zog sich ein dunkler, breiter Streifen offenen Wassers, und vor ihm die Silhouette der beiden Schlepper, die als Eisbrecher die Rinne offenhielten. Klein steuerte auf sie zu und ließ im letzten Moment das Segel fallen. Er konnte gerade noch verhindern, daß der Schlitten ins Wasser schoß. Klein ließ den Schlitten stehen, wo er war, und stieg mit Sack und Pack auf eines der beiden Schiffe um, das sie über die Rinne setzte. Nach etwa zwei Stunden Fußmarsch kam die Gruppe wohlbehalten auf der Nehrung an.
Wenige Tage später schon drängte auch die Masse der aus dem Inneren Ostpreußens Flüchtenden an das Haffufer. Die Sowjets hatten den Ring enger gezogen: Ende Januar hatten sie die südliche Haffküste zwischen Elbing und Frauenburg einschließlich Tolkemit fest in der Hand. Auch im Nordosten hatten die russi-

schen Truppen bei Brandenburg das Haff erreicht, so daß nur noch das etwa 30 Kilometer lange Mittelstück der Haffküste zwischen Balga und Frauenburg frei war.
In Sonnenstuhl bei Braunsberg, Dt. Bahnau und Leysuhnen waren Tausende aufgefahren und warteten geduldig darauf, daß es weiterging. Auf einigen Straßen stauten sich die Trecks bis zu 16 Kilometer ins Hinterland.
Am größten war die Zahl der Flüchtenden, die bei Heiligenbeil und dem kleinen Hafen Rosenberg das Ufer des Frischen Haffs erreichten. Hier lag das Oberkommando der 4. Armee. Nachschub und Verwundetentransporte mischten sich mit den Trecks zu einem unentwirrbaren Knäuel. Obwohl die Wehrmacht sich mühte, den Strom der Treckfahrer an Heiligenbeil vorbei nach Leysuhnen zu leiten, schoben sich die Zivilisten unter Drohungen, Beschimpfungen und Handgreiflichkeiten zwischen die Lastwagenkolonnen. Ganze Zugladungen mit Flüchtlingen kamen in den letzten Januartagen noch in die Stadt. Zu ihnen gehörten auch jene, die mit dem letzten Zug aus Allenstein davongekommen, aber aus dem Kessel Ostpreußen nicht mehr herausgekommen waren. Planlos war der Zug in dem noch freien Gebiet hin und her gefahren.
Hildegard Aminde saß mit ihrer alten Mutter und Hunderten von Leidensgefährten nun schon drei Tage und drei Nächte in dem eiskalten Güterwagen auf Papiersäcken. Die Innenwände waren zentimeterdick mit Rauhreif beschlagen, und es herrschte ein unbeschreiblicher Gestank. Es gab unaufhörlich Streitereien um die wenigen ergatterten Lebensmittel und das Trinkwasser – alle hatten Hunger und Durst.
Sie waren schon zweimal am Bahnhofsschild von Braunsberg vorbeigefahren, als der Zug an einem späten Nachmittag endgültig festsaß. Die Strecke vor ihnen war von einer unabsehbaren Reihe abgestellter Güterwagen blockiert. »Los! Los! Alles raus!« brüllten Soldaten und Eisenbahner, die am Zug entlangliefen. Nur widerwillig folgten die erschöpften, vor Kälte starren Menschen. Kinder schrien, einige der Alten stürzten beim Aussteigen auf den Bahndamm. Mutter Aminde brach sich dabei ein Hand-

gelenk, das ihr die Tochter mit einem Stück Pappkarton und Bindfaden hastig schiente.

Die wenigen Habseligkeiten wurden herausgezerrt, dann holte man die Toten und die Schwerkranken und legte sie jenseits der Signaldrähte am Bahndamm nieder. Wie von selbst formierte sich eine Marschkolonne, die sich stockend in Bewegung setzte. Ein eisiger Wind trieb messerscharfe Kristalle in die Gesichter der Flüchtenden. Heiligenbeil war etwa 3 Kilometer entfernt, und der Weg ging über die verschneiten Äcker und Weiden entlang der Gleise.

Die rostbraunen Waggons der Reichsbahn zeugten von der gleichen verbrecherischen Verbohrtheit, der auch die Zivilbevölkerung zum Opfer gefallen war. Zusammen mit der Evakuierung der Bevölkerung war im vorausgegangenen Herbst auch die »Rückführung der Wirtschaftsgüter ins Reichsgebiet« mit preußischer Gründlichkeit geplant worden. Als es jedoch ernst wurde, gab Gauleiter Koch nicht einmal den dringenden Bitten seines Bruders nach, der seine Holzschuhfabrik in Sicherheit bringen wollte.

Erst als die Russen Ostpreußen schon umfaßt hatten, gab Koch den nun völlig sinnlosen Räumungsbefehl. In aller Hast wurden wahllos Maschinen und andere Güter zusammengepackt und auf die kurze Reise geschickt. Jeder wußte, daß die Falle bei Elbing zu war. Am Ende waren sämtliche Gleise der Bahnlinie Brandenburg-Braunsberg parallel zur Haffküste mit Güterwagen belegt – fertig verpackte Beute für die Sowjets.

Die Allensteiner, die in der einbrechenden Dunkelheit auf Heiligenbeil zugehen, wissen von alledem nichts. Hildegard Aminde kann nur noch mühsam Fuß vor Fuß setzen. Ihre Mutter hält sich mit der gesunden Hand an der Schulter der Tochter fest. Niemand in der Kolonne spricht, selbst die Kinder sind still.

Gegen 8 Uhr abends erreichen sie die ersten Häuser von Heiligenbeil, die sich dunkel vom Schnee abheben. Im Schimmer der Winternacht sieht Hildegard Aminde Rinderherden, die sich auf der Suche nach Nahrung in die Gärten der Häuser gedrängt haben. Die Menschen, Flüchtlinge wie Soldaten, haben sich in die warmen Gebäude zurückgezogen. In den Straßen lungern ein paar Fremdarbeiter zwischen den Wagenkolonnen der Trecks herum. Sie haben es offenbar auf das Gepäck abgesehen. Um den Elendszug kümmert sich niemand.

Eine gute halbe Stunde irren die Allensteiner in der grimmigen Kälte noch umher, dann lotst sie ein Parteimann in eine dicht belegte, aber warme Schule.

Es gab entlang der Haffküste kein Gebäude mehr, in dem nicht flüchtende Fußgänger, aber auch Treckfahrer versuchten, sich aufzuwärmen. Die meisten aber trieb die Kälte und die Furcht vor den Russen weiter, ohne daß sie sich Ruhe gönnten. Viele wußten nicht, daß sie sich bereits Erfrierungen zugezogen hatten.

Mischke hatte von der Domhöhe in Frauenburg auf die scheinbar endlose Fläche des Haffs sehen können. Den graublauen Streifen der Nehrung konnte man nur ahnen – fast ohne Übergang dehnte sich die stumpfe weiße Fläche in den grauen Himmel. Dann rumpelten sie eingekeilt in Dreierreihe über einen Bahnübergang hinunter zum nahen Haffufer, wo sie in einem großen Stau zum Stehen kamen.

Der kleine Gerhard auf dem Wagen war neugierig geworden. Er wühlte sich aus seinem Bettenlager, kroch nach hinten und sprang vom Wagen. Mischke wurde erst aufmerksam, als er Gerhard kläglich rufen hörte. Wütend sprang er vom Bock – dauernd war etwas mit dem Jungen los: Einmal hatte er Durchfall, dann Durst, dann wollte er essen. Er fand seinen Sohn auf den Knien neben dem Hinterrad, an dem er sich vergeblich hochzuziehen versuchte.

»Was ist nun schon wieder los?« herrschte Mischke ihn an.

»Ich kann nicht stehen, meine Beine sind wie abgestorben.«

»Verdammter Mist! Auf alles muß man aufpassen. Das ist die Kälte. Was mußt du auch die Schuhe anbehalten, wenn du auf dem Wagen bist!« Er zog ihn hoch und schob ihn wieder auf den Wagen, wo Mutter Mischke ihm die Schuhe auszog und die eiskalten Füße rieb – es war sinnlos, aber wo sollte sie jetzt warmes Wasser hernehmen? So verpackte sie ihn wieder in den Betten und riet ihm, selber weiterzumassieren. Aber Gerhard schlief

kurz darauf ein und träumte vom Schlittschuhlaufen auf dem Dorfteich.
Mischke war inzwischen nach vorn gegangen, um die Lage zu peilen. Von einem fremden Treck rief ihn eine Frau an. Sie trug einen Militärmantel und ein schmuddeliges weißes Kopftuch. Es war die Pichalske, Frau eines Tagelöhners aus Böttchersdorf. Mischke trat näher.
»Alles in Ordnung?« fragte er.
Die Frau zuckte mit den Schultern. Sie war allein auf dem Wagen. Auf dem Kutschbock saß ein Franzose, der sich nur kurz nach Mischke umdrehte.
»Wo ist die Karin?«
Die Pichalske machte eine Handbewegung nach Frauenburg zu: »Bei den Leuten.«
Die fünfjährige Karin stammte von einem Polen. Die Pichalske war ein Luder, und niemand im Dorf wollte etwas mit ihr zu tun haben, aber die kleine Karin, um die sich die Mutter kaum gekümmert hatte, war von den Dörflern als Gemeingut aufgenommen worden. Möglich, daß man ihr das Kind einfach weggenommen hatte, vielleicht hatte sie es aber auch irgendwo sitzenlassen, um mit dem Franzosen weiterzufahren. Mischke tat die Frau leid, weil sie nirgendwo hingehörte – aber zeigen konnte er das nicht, denn er war ein ordentlicher Mensch. So sagte er nur: »Hoffentlich!«
Die Pichalske bot ihm aus einer zerknitterten Packung eine Zigarette an, die Mischke mit ungeschickter Bewegung in einer Blechschachtel verstaute. »Da vorne holen sie die Männer von den Wagen, wenn sie keinen Passierschein haben«, sagte sie mit einem Anflug eines Lächelns in dem spitzen Gesicht. Mischke hatte das Gefühl, daß sie eine Schuld abtragen wollte, aber er wußte nicht, was das sein konnte. Dankbar nickte er ihr zu. Eine Bestätigung brauchte er nicht mehr, denn im gleichen Augenblick sah er, wie Feldgendarmerie eine Gruppe von etwa zwanzig Mann seitwärts über die Anlegestelle in die Stadt zurückführte. Mischke lief so schnell er konnte den Weg zurück. Sich zwischen Wagen, Menschen und Gepäck durchdrängend erreichte er die

Standortkommandantur, die von Männern jeden Alters belagert wurde. Es dauerte eine ganze Stunde, bis Mischke dran war. Wortlos gab er dem Schreibstubenhengst seinen uralten Wehrpaß. Ohne eine Frage zu stellen, legte ihm der einen Schein zwischen die Seiten und winkte dem nächsten. Draußen las Mischke: »Zur Verwendung der Wehrmacht beim XX. Generalkommando Danzig«, darunter zwei Stempel und zwei Unterschriften. Mischke nickte zufrieden und verstaute das wichtige Dokument in seiner Tasche. Das Gedränge in der Stadt war in den letzten Stunden noch größer geworden, und der Artilleriebeschuß von Westen her lag bedenklich nahe.
Einige Häuser in der Frauenburger Weststadt waren schon in Brand geschossen. Als die Russen mit Granatwerfer- und MG-Feuer nachdrängten und die deutschen Verteidiger vorübergehend weichen mußten, entstand unter den aufgestauten Flüchtlingen in der Stadt eine Panik. Berta Rubenbauer stand am Domplatz neben dem mit Tornistern beladenen Panjewagen der Wehrmacht, der sie bis hierher gebracht hatte. Ratlos sah sie zu, wie der Fahrer und ein paar andere Männer versuchten, das eine der beiden Pferde wieder auf die Beine zu bekommen. Es war vor Erschöpfung zusammengebrochen und gab kaum noch Lebenszeichen. Auf dem Wagen saßen die 85jährige Mutter und die 17jährige Haustochter. Ihr Mann, den sie inzwischen getroffen hatte, war seit zwei Stunden spurlos verschwunden.
Sie wollte dem Fahrer vorschlagen, doch mit nur einem Pferd weiterzufahren, als eine Militärstreife dazwischentrat. Sie wollten wissen, zu welcher Einheit das Fuhrwerk gehörte und warum sich der Fahrer nicht gemeldet habe. Nichts Gutes ahnend holte Berta Rubenbauer ihre Mutter und das Mädchen vom Wagen und lud ihr eigenes Gepäck, zwei Rucksäcke, zwei Koffer und zwei Taschen ab. Dann mußte sie zusehen, wie das liegende Pferd ausgeschirrt und der Wagen weggefahren wurde. Die Luft war von Brandgeruch und Staub erfüllt. Die Geschoßeinschläge lagen bedenklich nahe, aber mit der alten Frau konnten sie sowieso keinen Fußmarsch riskieren.
Berta Rubenbauer landet mit ihren beiden Schützlingen in einem

Mehl- und Kornspeicher zwischen Verwundeten und anderen Flüchtlingen. Immer wieder wagt sie sich hinaus in das Chaos, das auf den Straßen herrscht, um nach ihrem Mann zu suchen. Stunden später beginnt eine Wehrmachteinheit, den Speicher zu räumen: Die Verwundeten werden abtransportiert, dann laden Kriegsgefangene Mehl- und Getreidesäcke auf Lastwagen. Einigen Flüchtlingen gelingt es, auf die Ladung zu steigen und in Richtung Osten mitgenommen zu werden. Unter ihnen sind auch die Rubenbauers.

Während die Rubenbauers sich bis Heiligenbeil mitnehmen lassen wollen, steigen die meisten der anderen Flüchtlinge schon in Braunsberg von den Lastwagen. Sie wollen um jeden Preis so schnell wie möglich über das Haff. Schließlich mochte es nur noch Stunden dauern, bis der Russe sie auf dieser Seite des Haffs einholen würde.

An fünf Stellen zogen jetzt die Flüchtenden in langen Kolonnen über das Eis. Die endlosen Ketten schwarzer Punkte aus Fuhrwerken und Fußgängern verloren sich weit draußen im Dunst, wo die ferne Fahrrinne inzwischen überbrückt worden war. Am 26. Januar hatten die Flüchtlinge aus dem Raum Heiligenbeil die Eisstraße I, die von den Pionieren der 4. Armee als Nachschubweg angelegt worden war, völlig verstopft. Generalleutnant Niebenführ vom Versorgungsstab Haff hatte daraufhin von Pionieren noch eine zweite Straße auf der Höhe von Dt. Bahnau abstecken und das offene Wasser der Fahrrinne auch dort überbrücken lassen.

Kurz darauf entstanden weitere Übergänge bei Leysuhnen, Alt Passarge und Frauenburg. Pioniere, Polizei und Feuerwehr schlugen entlang dieser Wege Löcher ins Eis und froren Tannenbäume und Markierungsstangen ein, so daß die Wege nicht zu verfehlen waren. Bauern fuhren Langhölzer aus den nahen Sägemühlen an die etwa fünfzehn Meter breite Rinne. Je drei der Hölzer wurden mit Bauklammern verbunden und in vier Meter Breite über das Hindernis gelegt. Querhölzer und Auffahrtrampen vervollständigten die Brücken, die bald festfroren.

Am diesseitigen Ufer sorgte Gendarmerie dafür, daß die Wagen

nur in Abständen von 50 bis 100 Metern auf das Eis fuhren, damit die Fläche nicht zu stark belastet wurde. Als Mischke diese Sperre passiert hatte, merkte er erst nach ein paar hundert Metern, daß sie auf dem Eis fuhren – unter dem festgefahrenen Schnee war der Übergang nicht zu spüren gewesen.
Die Fuhrwerke kamen so gut voran, daß Mischke aufsitzen mußte, um mitzuhalten. Schon zwei Stunden später waren sie an der Fahrrinne, von der viele glaubten, sie sei nur aufgebrochen worden, um die russischen Panzer aufzuhalten. Auf der anderen Seite der Rinne angekommen fühlten sie sich deshalb schon viel sicherer.
Danach fing es an zu schneien, erst in leichten Flocken, dann immer dichter. Starker Südwind kündigte einen Wetterumschwung an. Mischke starrte krampfhaft auf seinen Vordermann, um die Spur nicht zu verlieren. Endlich sieht er die Umrisse des Nehrungsufers, aber zugleich biegt auch die Treckspur nach links ab. Eine Postenkette versperrt den Zugang zum Land. Sie müssen nach Süden auf dem Eis weiter, in wenigen hundert Metern Abstand vom sicheren Ufer. Die Bauern schimpfen. Sie ahnen nicht, daß sie sich jetzt praktisch zwischen den Fronten befinden. Die Postenkette hatte die Aufgabe, feindliche Spähtrupps von der anderen Seite des Haffs abzuwehren.
Im Schneesturm, der ihnen jetzt voll ins Gesicht bläst, fahren die Flüchtlinge weiter. Mischke muß absteigen und die Pferde führen. Der verwehte Schnee liegt stellenweise bis zu 30 Zentimeter hoch. Die Schneewand schluckt das fahle Winterlicht, und Mischke sieht kaum noch, wohin er fährt. Vor ihm tauchen mehrere Gestalten in langen Militärmänteln auf, die Fahrräder schieben. Als er sie überholen will, werfen sie ihre Räder weg, die ihnen offensichtlich nur hinderlich waren. Einer trampelt wütend auf den Speichen herum, ehe er wie die anderen dem Fuhrwerk Platz macht. Es sind belgische oder französische Kriegsgefangene.
Als sie bei Bodenwinkel durch die Schilffelder auf das Nehrungsufer fahren, hört es auf zu schneien. Ein klarer Wintermorgen empfängt sie. Ängstlich sieht Mischke zur Haffküste hinüber:

Klar zeichnen sich die Umrisse der brennenden Häuser von Tolkemit vom rötlichen Horizont ab. Wie Wetterleuchten blitzen die Artillerieeinschläge auf, und die Salven hallen über das Eis zu ihm. Die ganze Haffküste schien in Flammen zu stehen, so weit er sehen konnte. Auch in Richtung Frauenburg, das nun schon weit hinter ihm lag, konnte er Brände ausmachen, und ihm taten die Leute leid, die jetzt in diesem Inferno festsitzen mußten.

Mischke war noch frühzeitig über das Haff entkommen. Den vollen Ansturm, und was danach kam, hat er nicht erlebt. Stunde um Stunde drängten sich immer mehr Trecks auf die Küste zu. In Viererreihen standen sie auf der Straße zwischen Alt Passarge und dem etwas landeinwärts liegenden Braunsberg; Braunsberg selbst wie auch die umliegenden Orte und Güter waren so dicht besetzt, daß kaum noch ein Wagen dazwischenpaßte. Die dünne Kolonne, die sich qualvoll langsam von Alt Passarge fort über die Eiswüste bewegte, schien nicht die geringste Erleichterung zu bringen: Nur schrittweise rückten die Fuhrwerke an der Übergangsstelle vor.

In Braunsberg hatte sich alle Ordnung aufgelöst. Die Behörden hatten die Stadt längst verlassen, und von der Kreisleitung war nur ein Flugblatt verblieben, das an allen Anschlagbrettern prangte: »Volksgenossen und Volksgenossinnen! Die militärische Lage ist nicht so, daß Grund zur Aufregung besteht. Bewahrt weiterhin Ruhe – hört nicht auf wilde Gerüchte! Packheiser. Kreisleiter. 22. Januar 1945.«

Das Rathaus stand leer. Vor der Tür der benachbarten Kirche lag eine Reihe von Leichen, deren Gesichter man mit Tüchern bedeckt hatte. Es gab niemanden mehr, der sie begraben hätte. Nur der Gendarmerie-Oberleutnant Otto Loppnow war mit seinen Leuten zurückgeblieben. Sie hielten die Sperre am Übergang besetzt, damit die Wagen im nötigen Abstand fuhren, sie erneuerten die Wegmarkierungen und halfen den Fuhrwerken voranzukommen. Tag um Tag verging, ohne daß die Masse der wartenden Trecks abzunehmen schien.

Der Gutstreck von Garbnicken erreicht Braunsberg Anfang

Februar bei leichtem Tauwetter, das seit Tagen den strengen Frost abgelöst hat. Es nieselt leicht. Frau Macketanz fährt im Jagdwagen voran, ihr folgen die zehn anderen Wagen, die von Polen und Zivilrussen kutschiert werden. Einen ganzen Tag waren auch sie nur schrittweise vorwärtsgekommen. Schließlich sitzen sie an einer Gastwirtschaft vor der Stadt fest.
Zwei Soldaten kommen aus dem Haus und gehen auf den Jagdwagen zu. Der eine stellt sich vor die Pferde und hält sie am Zaum, der andere, ein Unteroffizier, wendet sich an Frau Macketanz: »Sie müssen Verwundete mitnehmen!« Er macht einen abgehetzten, nervösen Eindruck. »Aber wir haben doch gar keinen Platz!« wendet die überraschte Gutsfrau ein. »Quatsch! Die müssen auf die Wagen!« Mit dem Daumen weist er nach hinten auf acht Verwundete, die von Sanitätern getragen oder gestützt aus dem Haus kommen. Hastig werden sie auf die Wagen gehoben – zwei auf den Gepäckwagen, die anderen sechs werden auf die restlichen Fuhrwerke verteilt. Sie liegen quer über Bettzeug und Gepäck – scheu rücken die Flüchtlinge zur Seite. Am Haff sollen die Verwundeten auf andere Fahrzeuge umgeladen werden, versichert der Unteroffizier.
Als es endlich weiter geht und die Gutsfrau wieder aufschließen will, sind die Kutscher verschwunden. Kein Herumschreien und Suchen hilft. Sie haben die Gelegenheit genutzt und sich nach Süden abgesetzt, um sich plündernd nach Polen durchzuschlagen. Auf dem Herweg waren den Trecks viele solcher Banden begegnet.
Sie findet nur Pjotr, einen Ukrainer, der an einer Hauswand lehnt und offenbar nicht recht weiß, wohin er sich wenden soll. »Ich nix fahren. Nix Wasser. Nix Soldaten.« Die Frauen sind ratlos, bis Frieda Macketanz ein Machtwort spricht. Sie teilt die 14- und 15jährigen Jungen und ein Mädchen im gleichen Alter als Kutscher ein. Einige Frauen protestieren. Sie wollen ihre Sprößlinge nicht auf andere Wagen lassen aus Angst, sie könnten ihnen abhanden kommen. Am Ende bleibt ihnen nichts anderes übrig, als klein beizugeben, damit es überhaupt weitergeht.

Der Treck nähert sich dem Haffufer bei dem kleinen Fischerdorf Alt Passarge. Hier gibt es kaum noch Militär – dafür stapfen Dutzende von »Goldfasane« im Dreck herum und nehmen sich wichtig. Einige regeln schnaubend den Verkehr, und wenn einer »Halt« schreit, brüllt ein anderer »Weiter!«.
Einer schnüffelt nur herum, ob »alles in Ordnung« ist. Einem alten Bauern nimmt er eine Axt und eine Säge vom Wagen, weil auch an dem nachfolgenden Wagen das gleiche Werkzeug festgebunden ist. »Gestohlen«, schreit der Parteimann und wirft beides an den Wegrand. Kaum hat er den Rücken gedreht, holt sich der Bauer ungerührt sein Eigentum zurück. Bleibt einer in einem ausgefahrenen Loch stecken, heißt es: »Fahr zu, du alter Dussel!« oder »Wenn du nicht weiterfährst, schieß ich dir die Pferde ab, dann kannst du zu Fuß weiterlaufen!«
Andere Parteibonzen unterstützen die Gendarmen, wenn es gilt, die schwersten Wagen zu erleichtern. »Ladet nur die Hälfte ab, ihr dicken Speckbauern. Jetzt könnt ihr auch merken, daß Krieg ist!«
Ein aufgeregter Parteimann geht auf den Gepäckwagen der Garbnicker zu und schreit: »Ich schmeiß euch alles herunter, wenn ihr nicht Frauen und Kinder mitnehmt!«
Er reißt die Plane auf und schiebt zwei der herumstehenden Frauen und drei Kinder zu den Verwundeten auf den Wagen. Dann gibt er zufrieden das Zeichen zur Weiterfahrt. Er stutzt, als er unter der Plane einen der beiden Verwundeten nach Wasser rufen hört, wendet sich aber gleich dem nächsten Wagen zu.
Am Wegrand häuft sich herausgeworfenes Flüchtlingsgut. Koffer, Kisten, Säcke, Großvateruhren, Nähmaschinen, Kinderwagen, Speckseiten und Wäschebündel. Hunderte von Einmachgläsern und erfrorene Kartoffeln – wochenlang mühsam durch Schnee und Eis gekarrt. Jetzt liegen die Dinge im Dreck, die im Zeitpunkt des überstürzten Aufbruchs am wichtigsten zum Überleben schienen. Nachts verschwindet dann ein Großteil davon.
Gegen 3 Uhr morgens rollt der Treck der Garbnicker über die Haffwiesen auf das Eis. Im Süden, auf dem Frauenburger Treck-

weg, zeichnen sich die Silhouetten umgestürzter und halbversunkener Wagen ab. Der Kutscher des Jagdwagens vertreibt sich die Zeit damit, die dort liegenden Pferdekadaver zu zählen, die nur als kleine schwarze Punkte auszumachen sind. Er kommt auf über 80 – an einer Stelle liegen sechs tote Pferde im Kreis vor einem stehengebliebenen Wagen.

Es ist ein klarer Tag, aber die Sonne hat noch keine Kraft. Schwer hängt die nasse Winterluft in ihren Kleidern. Sie haben schon fast den halben Weg hinter sich, als sie Flugzeuggeräusche hören. Entsetzt sehen sie nach oben, ohne jedoch etwas erkennen zu können. Zugleich hören sie vom Leysuhner Eisweg her Detonationen und Maschinengewehrfeuer, sehen mehrere Fontänen aufsteigen – die Sowjets greifen den Übergang aus der Luft an. Es dauert nur ein paar Minuten, dann ist der Spuk vorbei. Die Garbnicker treiben ihre Pferde zu größter Eile an und kommen schließlich unbehelligt auf die Nehrung.

Sowie es aufklarte, waren jetzt die russischen Flugzeuge da. Sie ließen sich weder von deutschen Jägern noch von der zahlreichen Flak vertreiben. Ständig waren Aufklärer in der Luft. Schlachtflieger stürzten sich auf die Ansammlungen an der Küste und bestrichen das Eis mit ihren Bordwaffen.

Die Sonne steht schon hoch am Himmel, als der Domnauer Postfahrer Krause aus einem leeren Bunker am Heiligenbeiler Haffufer hervorkriecht, in dem er die Nacht verbracht hat. Seinen Wagen hat er in Heiligenbeil stehengelassen – er will zu Fuß über das Eis. Vor ihm fallen die Dünen steil zum Ufer ab. Das Haff bietet ein trostloses Bild. Noch gleiten Segler über die glatte Fläche wie in alten Zeiten. Doch jetzt sammeln sie Tote und Verwundete längs der Treckwege, die sich wie schwarze Rinnsale über das Eis ziehen. Durch sein Fernglas kann er deutlich liegengebliebene Wagen, Pferde und Menschen ausmachen, sieht das überall herumliegende Gepäck und die kreisrunden Bombenlöcher im Eis.

Während Krause sich einen günstigen Weg zur Übergangsstelle aussucht, bellt hinter ihm Flakfeuer auf. Von Süden her kommen sechs Maschinen im Tiefflug genau auf ihn zu. Den Bunkereingang kann er schon nicht mehr erreichen, und so läßt er sich einfach über den Kamm der Düne den Hang hinunterfallen. Noch im Fallen hört er das Rattern der Bordwaffen und die Explosionen der Bomben.

Draußen auf dem Eis fahren die Kosches mit zwei Wagen im Herzogswalder Treck. Vater Paul Kosche kutschiert den vorderen der beiden Wagen, neben ihm sitzt seine Schwester. Den anderen führt der Franzose Charles, mit ihm waren Kosches Frau Anna und die beiden Kinder, die 15jährige Ilse und der 13jährige Klaus.

Beim Nahen der Flugzeuge dreht sich Anna Kosche erschreckt um. Sie sieht, wie ihre beiden Kinder vom Wagen springen und davonlaufen. Im gleichen Augenblick steigt neben dem vorderen Wagen eine hohe Wasserfontäne auf. Die Pferde scheuen und gehen quer über die Eisfläche durch. Im Wasser- und Schlammregen, der sich jetzt über sie ergießt, sieht sie noch, wie der Körper ihres Mannes nach hinten auf den Wagen zurückfällt, während ihre Schwägerin herunterstürzt und leblos auf der Eisfläche liegenbleibt. »Anhalten, Charles! Anhalten!« schreit sie dem Franzosen zu. »Nix halten!« brüllt der zurück. Er hat alle Hände voll zu tun, um die Pferde am Ausbrechen zu hindern und den Wagen an dem Bombenloch vorbeizusteuern. Im gleichen Augenblick tackern schon wieder Bordwaffen. Anna Kosche sieht, wie die MG-Garben spritzende Spuren in das Eis zeichnen. Der außen am Wagen angebundene Melkeimer scheppert unter den Geschossen, dann bricht das Handpferd getroffen zusammen. Das andere Pferd tänzelt und zerrt an der blockierten Deichsel. Charles springt ab, um es zu beruhigen.

Schwerfällig klettert Anna Kosche ihm nach und läuft über das Eis in der Richtung, in der sie ihre Kinder vermutet. Die Angreifer sind abgeflogen, aber noch immer liegen verängstigte Menschen schutzsuchend hinter Koffern und Bettenbündeln. Sanitäter kommen von der anderen Eisstraße herüber und kümmern sich um die Verwundeten. Anna Kosche findet ihre Tochter neben einem umgestürzten Wagen bewußtlos auf dem Eis liegend. Blut läuft ihr aus dem Mund.

Später stellten Sanitäter fest, daß sie einen Lungendurchschuß hatte. Sie starb am nächsten Tag auf der Nehrung. Der Sohn blieb verschwunden. Wahrscheinlich war er in ein Eisloch gestürzt und ertrunken. Ihr Mann und die Schwägerin überlebten diesen Tag ebenfalls nicht.
Von einem zerschossenen Gespann bekam Anna Kosche ein zweites Pferd und fuhr mit dem Franzosen allein weiter.
Robert Krause wagt sich an diesem Tag nicht mehr auf das Eis. Am Abend ziehen dichte Nebelschwaden auf. Das macht ihm Mut und langsam geht er hinüber zur Auffahrtsstelle, an der die Wagen jetzt in etwas dichterer Reihenfolge abgefertigt werden. Schneller ging es trotzdem nicht, weil die Polizisten und Parteibonzen wahllos von den Wagen holten, was ihnen zu schwer und unnütz erschien – Möbelstücke, Hafersäcke, Kisten und Kasten, die sich alle am Wegrand häuften.
Endlich auf dem Eis geht Robert Krause wortlos hinter einem kleinen Gespann her, das offenbar zu keinem Treck gehört. Großmutter, Mutter und ein etwa fünfjähriges Kind sitzen dicht vermummt auf ihrem spärlichen Gepäck. Als es ganz dunkel geworden ist, fragt Krause, ob er seinen Rucksack und seine Tasche auf den Wagen legen darf. Er muß austreten und hat es sich solange verkniffen. Die meisten warten damit schon längst nicht mehr, bis es dunkel geworden ist. Fast jeder ist erkältet und wird von Blasenkatarrh gequält.
Später nimmt Krause die Zügel und führt das Gespann vom Eis aus. Die Frauen versuchen zu schlafen. Es muß schon nach Mitternacht sein, als er vorn ein schauerliches Geheul vernimmt, das langsam näherkommt. Es kann nur wenige Meter neben der Treckstraße sein. Als sie auf gleicher Höhe sind, gibt Krause der Frau die Zügel in die Hand, um der Sache auf den Grund zu gehen. Er hat Mühe, in der Dunkelheit und im Nebel die Stelle zu finden. Eine jüngere Frau steht an einem Eisloch und stochert mit einer Stange im Wasser, ohne auch nur eine Sekunde in ihrem Geheul nachzulassen. Zwei Männer sind dabei, sie von dem Loch wegzuziehen. Aber sie schlägt mit der Stange nach ihnen und schreit nur noch lauter. Hoffnungslos. Krause geht

zurück. Als er an einem hinter ihnen fahrenden Wagen vorbeikommt, hört er einen alten Mann krächzen: »Stoßt sie doch hinein, damit die liebe Seele Ruh hat!«
Die Wagen sind viel zu dicht aufgefahren, aus Angst, den Vordermann zu verlieren. Vor Krause fährt der Schlußwagen des Bladiauer Dorftrecks, der aus 18 Fuhrwerken mit 40 Familien besteht. Ein krachendes Geräusch schreckt Krause aus seinem Dösen: Der Wagen vor ihm ist mit den Vorderrädern durch das Eis gebrochen. Krause kann sein Fuhrwerk gerade noch zum Stehen bringen, ehe seine Deichsel sich in den Vordermann bohrt.
Frauen und Kinder klettern schreiend über die Rückwand herunter. Langsam neigt sich der eingebrochene Wagen nach vorn. Eine große Scholle steigt unter dem rechten Hinterrad hoch. Das Gewicht des Wagens drückt die Pferde unter das Eis, bis die Hinterachse krachend nachrutscht. Krause legt sich in die Zügel und zieht sein Gespann mit aller Kraft zurück. Als der Wagen wieder zum Stehen kommt, sieht er zwei Meter vor sich nur noch ein riesiges Loch im Eis, in dem das Oberteil einer Plane gurgelnd versinkt.
Von vorn kommt das Kommando zum Halten. Sie müssen auf dem Eis übernachten. Die junge Frau steigt vom Wagen herunter. Sie hat sich Stroh in die Trainingshose gestopft, um sich gegen die Kälte zu schützen. Krause versucht eine Unterhaltung, aber sie sind beide zu müde und erschöpft. Er erfährt nur, daß sie aus der Gegend von Neidenburg kommen und schon drei Wochen unterwegs sind. Ihr Mann steht irgendwo an der Front.
Die meisten der Flüchtlinge halten sich neben ihren Wagen auf, versuchen sich hin und wieder an den Pferden zu wärmen. Manche legen sich mit einem Gepäckstück auf das Eis, um wenigstens eine halbe Stunde zu schlafen, aber die anderen sind wachsam und jagen sie immer wieder hoch. Trotzdem bleiben mehrere Tote zurück, als sie im ersten Morgendämmern wieder aufbrechen.
Gegen 9 Uhr morgens sind sie auf der Nehrung und haben wieder festen Boden unter den Füßen. Es ist ein klarer Morgen,

und zwei sowjetische Bomber überfliegen die Landungsstelle der Treckfahrer. Robert Krause verzichtet auf den Weitermarsch nach Pillau. Er legt sich in einen großen Wachholderbusch schlafen.
Tag um Tag, Nacht um Nacht krochen die schwarzen Schlangen über das Haff. Tauwetter und Frost wechselten einander ab und machten das Eis spiegelglatt. Zeitweise kamen Pferde ohne Stollen kaum noch voran, oder es mußten ihre Hufe mit Säcken umwickelt werden. Die Unbeständigkeit des Wetters hatte jedoch den Vorteil, daß die Russen ihre Luftwaffe nur vereinzelt einsetzen konnten. Ein konzentrierter Einsatz gegen die Flüchtlingszüge hätte das Eis bald unpassierbar gemacht. So gelangten in den sechs Wochen vom 26. Januar bis zum 4. März Hunderttausende der 2,3 Millionen in Ostpreußen ansässigen Menschen auf diesem Weg vorerst in Sicherheit.
Mitte Februar schon war in diesem Jahr die Macht des Winters gebrochen. Es sollte einen frühen und warmen Frühling geben. Unter der Nehrungsküste begann das Eis stellenweise brüchig zu werden. Die unermüdlichen Beamten der Gendarmerie leiteten Fuhrwerke wie Fußgänger an der Küste entlang zu neuen Landungsstellen.
Der Treck aus Kl. Wisch hat schon fast die Häuser von Neukrug auf der Nehrung erreicht, als er abbiegen muß. Er kommt nicht weit: Vor ihnen ist ein Halt entstanden. Eine Frau ruft den anderen zu, man möge ihr doch helfen, die Pferde zögen nicht an. Aber niemand rührt sich. Die Hände in den Hosentaschen sehen die Männer zu – ihnen ist die Pause recht. Und das Eis ist von Pionieren geprüft und wird halten. Der Wohnwagen der Kl. Wischer steht in einer großen Wasserlache.
Die Treckfahrer machen sich Abendessen. Speckspirgel und Grütze, wie schon dutzendmal vorher. Plötzlich erscheint der Kopf eines Gutsangestellten in der Tür: »Der Wagen steht bis zu den Achsen im Wasser! Sie müssen raus!«
Das Essen bleibt stehen. Mit Hilfe einiger Italiener und Polen wird der Wagen entladen. Fahrpelze, Mäntel, Decken, Schuhe und einen großen Koffer zuerst. Annemarie Kniep will nach dem

Silber greifen, erwischt noch ein paar Löffel – da rutscht der Wagen nach rechts ab. Zum Glück hatte der Kutscher die vier Pferde schon ausgespannt und umgelenkt. Sie wirft ein paar Eßwaren in die Arme der Draußenstehenden. Ihr Vater will noch die Petroleumlampe haben – ohne Petroleum ist das sowieso sinnlos, denkt die junge Frau und trinkt schnell noch einen tiefen Schluck Wein aus einer angebrochenen Flasche. Dann springt sie hinaus und steht bis zu den Knien im Wasser. Einige wollen zu Fuß die fünf Kilometer an Land gehen. Aber dann geben sie es auf – es ist zu glatt und alle sind durchnäßt. Zu allem Überfluß fällt auch noch die Laterne aus.

Annemarie Kniep kriecht auf einen Leiterwagen und legt sich schlafen. Der Treck soll erst gegen 3 Uhr morgens weitergeleitet werden. Als sie aufwacht, gilt ihre erste Frage dem Wohnwagen.

»Der ist abgesoffen«, erhält sie lakonisch zur Antwort. Das hieß, daß ihr letztes Hab und Gut hin war, auch die Lebensmittel. Sie frieren. Nasse Füße. Der Hunger setzt ein – für acht Mann ein Brot, sonst nichts. Warum haben sie den Wagen nicht richtig und schnell genug abgeladen?

Nach Kahlberg zu wird die Eisdecke dünner. Das Wasser steht höher, die Pferde weigern sich, stehenzubleiben. Trotzdem, der Treck aus Kl. Wisch hat Glück. Sie kommen noch in der nächsten Nacht bis Stutthof in die Weichselniederung – und zu einer warmen Suppe.

Der Treck aus Spittehnen wurde auf dem Eisweg parallel zur Nehrung auf der Höhe von Frauenburg von sowjetischer Artillerie beschossen. Meterhohe Fontänen stiegen neben und zwischen den Treckwagen hoch. Eine Panik brach aus, und alles drängte zum Ufer. Die Russen schossen noch zwei Salven dazwischen. Ein Wagen wurde in der Mitte getroffen und buchstäblich auseinandergerissen, einem anderen Fahrzeug wurden die Pferde weggeschossen. Menschen warfen die Arme in die Luft und stürzten ins Wasser. Dann war der Spuk vorbei. Weiter zog die Reihe der Treckwagen, einige zusammengeschossene Gespanne mehr auf dem Eis, oder halbversunken, zurücklassend.

Tage später kam Berta Rubenbauer an diese Stelle. Mit Hilfe

eines Soldaten war es ihr in Heiligenbeil gelungen, ein zweirädriges Wägelchen und ein Pferd dazu aufzutreiben. Das Pferd taufte sie »Rosi«. Während sie die Mutter auf dem Wagen verstaute, versuchte ihr der Soldat von einem Wehrmachtwagen Futter für die magere »Rosi« zu besorgen und wurde dabei von einem Feldwebel erwischt. Berta Rubenbauer zog das Gefährt schleunigst zwischen die vorbeifahrenden Trecks. Haustochter Trude schob an, damit es schneller ging. Hinter ihnen schrie der Feldwebel etwas von Kriegsgericht, am Wehrmachteigentum vergreifen, erschießen.

Die Fahrt über das Eis verlief glatt, bis zu jenem Punkt, an dem die Treckstraße nach Süden abbog und auf dem Eis parallel zur Küste weiterführte. »Rosi« wurde störrisch wie ein Esel und wollte geradewegs zum Ufer. Etwa hundert Meter trennten sie von dem Sandstrand. Das Eis stand hier mehr als einen halben Meter unter Wasser. Drüben herrschte ein dichtes Gewühl aufgefahrener Treckwagen. Soldaten winkten ihr zu, weiterzufahren. Unentschlossen stand Berta Rubenbauer neben dem Pferd. In das ferne Rumpeln der Artillerie mischte sich Flugzeuglärm. Da beschloß die Allensteinerin, alles zu riskieren. Sie gab »Rosi« den letzten Kanten Kommißbrot und rieb ihr die Nase. Dann rief sie »Halt dich fest, Muttchen!« und hieb mit dem Zügelende auf die verdutzte »Rosi« ein. »Rosi« machte einen Satz nach vorn und legte sich mit letzter Kraft ins Zeug. Wasser spritzte auf, der Wagen geriet ins Schleudern, Eisschollen hoben sich krachend – dann setzten die Räder mit einem dumpfen Ton auf dem Sand auf und bremsten die wilde Fahrt. Trude hing an der hinteren Runge und ließ sich an Land schleifen. Berta Rubenbauer hatte die Zügel fallen lassen und kämpfte sich im knietiefen Wasser ans Ufer, wo ihr einige Frauen mit ausgestreckten Armen über die letzten Meter halfen. Kaum waren sie auf dem Trockenen, rauschten Bomben über ihre Köpfe in den nahen Wald, und es regnete Dreck und Steine auf die Flüchtlinge.

Der Andrang auf die verbliebenen vier Übergangsstellen – Frauenburg war am 5. Februar gefallen – begann in der zweiten Februarhälfte merklich abzunehmen. An den Sperren gab es kaum noch Aufenthalt. In den ersten Märztagen waren nur noch einzelne Wagen zur Nehrung hin unterwegs. Das Eis stand schon tief unter Wasser. Am Morgen des 4. März war das Eis verschwunden und mit ihm alles, was von dem großen Elendszug zeugte: Zerschossene Wagen, tote Pferde und die vielen weggeworfenen Gepäckstücke. Die letzten Zivilisten brachten Pioniere mit Landungsbooten über das Wasser zur Nehrung oder nach Pillau.

Der Weg auf der Frischen Nehrung

Den Flüchtenden auf dem Eis war die nur wenige hundert Meter breite Frische Nehrung als Rettung erschienen. Mit Gedränge hatten sie nicht gerechnet. Auf der schlechten, etwa 75 Kilometer langen Straße zwischen Neutief und der Weichselmündung vereinigten sich jedoch die fünf Eiszüge der Fliehenden, und zugleich rollte hier der letzte Nachschub für die Heeresgruppe Nord.

Kaum hatten die Wagen wieder festen Boden unter den Rädern und den Schutz der schütteren Kieferwälder erreicht, galt es, Platz zu finden, um Mensch und Tier ein paar Stunden Ruhe zu gönnen. Durchnäßt und frierend standen die vielen Frauen und Kinder an qualmenden Holzfeuern oder lagen auf den Wagen herum. Die Strapazen des Weges, Durchfall und Erkältungen hatten sie so erschöpft, daß auch die Angst vor den russischen Fliegern sie nicht zum Weiterfahren bewegen konnte.

Wer trotzdem weitergefahren war, suchte in einem der wenigen Häuser Unterschlupf. Auf der Nehrung gab es keine Häfen, nur einige Fischerdörfer und verschlafene kleine Badeorte wie Kahlberg, Liep und die Zollstation Pröbbernau. Die bescheidenen Hotels und Pensionen dienten als Notlazarette oder waren von Wehrmachts- und Parteidienststellen beschlagnahmt. In den Fischerhütten und Wohnhäusern drängten sich die Zivilisten.

Mischke versuchte in einer kleinen Villa am Ortsausgang von Kahlberg, für seine Frau und seinen Sohn ein warmes Plätzchen zu finden. Aber schon an der Tür fing ihn ein »Goldfasan« ab. Mischke schlug eine starke Schnapsfahne ins Gesicht.

»Sehen Sie nicht, daß hier alles besetzt ist, Mann?!« brüllte ihn der andere an. Aus einem Zimmer hörte Mischke Frauenlachen, dann schlug ihm der Parteibonze die Tür vor der Nase zu.
Mischke zog wortlos weiter. Einen Augenblick lang ärgerte er sich, daß er seine Parteiuniform schon vor Frauenburg gegen Zivilkleider vertauscht hatte. Die Frauen auf den anderen Wagen hatten ihm eine Stiefelhose gegeben, eine Weste, in die zwei Emils hineingepaßt hätten, und eine sehr enge Ziviljacke. Unrasiert wie er war, fühlte er sich eher einem Russen ähnlich. An seine halbmilitärische Vergangenheit erinnerte nun nichts mehr als der Karabiner, der auf dem Wagen verstaut lag. Den wollte er um jeden Preis dem Vaterland retten.
Die Kirche von Kahlberg war ständig überfüllt. In den Bänken hockten Frauen und Kinder, zwischen ihnen Kriegsgefangene und Fremdarbeiter, und wärmten sich gegenseitig. Irgend jemand hatte Strohsäcke in die Seitenschiffe geworfen, wo Dutzende ausgestreckt schliefen. Trinkwasser gab es aus einem Tiefbrunnen im Ort. Freiwillige machten sich immer wieder auf den Weg, um die schmutzigen Eimer zu füllen. Es war ein ständiges Kommen und Gehen. Alle paar Stunden entstand am Eingang Gedränge um einige Soldaten, die aus einem großen Kübel heiße Erbsensuppe verteilten. Es bedurfte jedesmal harter Kommandoworte und kräftiger Ellenbogenhiebe, ehe die Meute wieder brav in ihren Bänken saß, und jeder wartete, bis er an der Reihe war.
Neben der Orgel hatte sich der klägliche Rest des Gutstrecks Groß Seythen – zwei Erwachsene und acht Kinder – eine Ecke ergattert. Nachdem sie bei Osterode von den Russen eingeholt worden waren, hatten sich der Gutsinspektor Romalm, die Gutsherrin und ihre Tochter nach Mohrungen durchgeschlagen, wo der zwölfjährige Sohn der Gutsherrin in einem Internat untergebracht war. Romalm hatte einen Jagdwagen organisiert und außer dem Jungen noch sechs andere Internatszöglinge aufgeladen. In halsbrecherischer Fahrt waren sie in Richtung Haff vor den Russen davongeprescht. Da der Wagen nicht alle faßte, mußten immer zwei der Jungen abwechselnd auf den Trittbrettern fahren. Lange vor Kahlberg schon hatte Romalm be-

merkt, daß bei einigen der Jungen die Nasenspitzen schneeweiß waren. Alle beklagten sich darüber, daß sie kein Gefühl mehr in den Füßen hatten.
Aus der offenen Sakristeitür kam ein Schwall Wärme und ein beißender Gestank. Dort standen neben dem großen eisernen Ofen zwei lange Tische, auf denen Mütter ihre Kleinkinder wickelten. Die Pfarrersfrau und eine NSV-Schwester halfen ihnen dabei. Die Gruppe ließ sich davon den Appetit nicht verderben: noch auf der Nehrungsstraße hatte ihnen ein Soldat gegen zwei Päckchen Tabak zwei Kommißbrote und für jeden eine kleine Knackwurst von einem Wehrmachtslastwagen gereicht. Und bald tat auch die heiße Erbsensuppe bei den Jungen ihre Wirkung. Grimassierend vor Schmerzen rieben sie sich ihre Hände und Füße, in die langsam das Blut wieder zurückfloß.
Nach einer Stunde sah Romalm nach den Pferden. Er hatte den Wagen zwischen die Stützpfeiler der Kirchhofmauer gefahren, um den Tieren vor Wind und Schnee Schutz zu geben. Die Tiere waren eingeschneit und ließen die Köpfe hängen. Während er ihnen den Schnee abklopfte und mit ihnen sprach, hörte er hinter der Friedhofsmauer Geräusche. Er stieg auf die Radnabe und sah hinüber: drei Männer hoben dort in der Dunkelheit mit Spitzhacken und Schaufeln Gräber aus. Es waren der Bürgermeister von Kahlberg und zwei Gehilfen. Sie würden in diesen Tagen und Wochen 378 Gestorbene und Gefallene beerdigen.
Romalm kümmerte sich nicht weiter um sie. Aus Furcht, die Pferde könnten krank werden, trieb er zum Aufbruch. Die kleine Gruppe erreichte die Weichselniederung am nächsten Morgen.
Der komplette Treck des Gutes Garbnicken war wenige Kilometer südlich von Kahlberg bei der Zollstation Pröbbernau an Land gekommen. Sie hatten Glück: Ein großer Treck aus der Gegend von Heilsberg war gerade aufgebrochen und hatte ihnen Platz gemacht. Zur rechten Zeit: Unter den Garbnickern befanden sich drei Hochschwangere, und bei einer von ihnen, der Oberschweizerin, hatten sich verfrühte Wehen eingestellt. Frau Macketanz brachte die jammernde Frau in einer nahen Sanitätsstelle unter, wo man ihr auch gleich die Verwundeten ab-

nahm, die man ihr bei Braunsberg auf die Wagen gepackt hatte. Sie waren die ganze Zeit über unversorgt geblieben. Die Verbände waren durchgeeitert, und unter den Planen der Wagen herrschte ein entsetzlicher Gestank.

Da sie auf dem Eis nicht hatten kochen können, hatten sich die Garbnicker von eingemachtem kalten Obst ernährt. Durchfall und quälender Durst waren die Folge gewesen. Deshalb waren sie heilfroh, daß sie in der Zollstation Pröbbernau nicht nur Schlafstellen, sondern auch Gelegenheit zum Kochen hatten. Frau Macketanz fand für sich und ihren Mann sogar ein Bett.

Während sich der Garbnicker Treck einigermaßen erholen konnte, fuhren draußen in endloser Reihe die anderen Trecks vorbei. Und am nächsten Tag hatten sie Schwierigkeiten, sich in den Zug einzuordnen. Niemand wollte halten, bis zehn andere Wagen vorbei waren. Erst nach Stunden, als ein Radbruch einen Stau verursachte, gelangten sie auf die Straße, die eher einer Mondlandschaft glich. Die Räder schlürften durch tiefe Furchen, rumpelten in riesige Schlaglöcher und die Wagen neigten sich oft so stark, daß die Aufbauten ächzten. Die Garbnicker warfen dabei einen Wagen um, der voller alter Leute und Kinder war. Die anderen Wagen mußten herausfahren, und bei Laternenbeleuchtung halfen alle mit, den Wagen wieder aufzurichten und zu beladen. Sie blieben die ganze Nacht im Wald neben der Straße stehen. Mit Schneewasser versuchten sie, Kaffee zu kochen und eingemachtes Fleisch zu wärmen – aber sie brachten kein Feuer in Gang, weil das Holz zu naß war. Und immer wieder mußte Frau Macketanz die Runde machen, um sich zu vergewissern, daß auch alle noch beim Treck waren.

Die meisten der Trecks hatten sich auf dem Weg aufgelöst. Wagen waren liegengeblieben, Leute hatten sich entfernt und nicht wieder zurückgefunden, oder sie waren einfach durch andere Fahrzeuge auseinandergerissen worden. Kinder, die ihre Mütter verloren hatten, irrten umher, bis sich irgend jemand ihrer erbarmte.

Da war auch die Gutsherrin, die zusammen mit ihren Beamten zu Fuß davongekommen war, als ihr Treck bei Mehlsack von den

Russen eingeholt worden war. Sie hatte sich dann allein bis zur Küste durchgeschlagen und war schließlich bei drei Franzosen gelandet, die sich eines herrenlosen Fahrzeuges bemächtigt hatten und über die Gesellschaft der attraktiven jungen Frau »très enchanté« waren.
Am meisten hatten die Fußgänger zu leiden, die vom Schleppen ihrer wenigen Habe ermattet, hungernd und ohne zureichende Bekleidung – viele Frauen trugen nur Halbschuhe – in der Kälte übernachten mußten. Mancher stand am nächsten Morgen einfach nicht mehr auf. An einen Baumstamm oder gegen eine Böschung gelehnt warteten sie apathisch auf ein Ende.
Bei einem Halt hatte sich ein älterer Mann müde gegen den Landauer des Grafen Eulenburg gelehnt. Graf Eulenburg war ausgestiegen. »Das Herz«, sagte der Mann. Dabei klopfte er sich auf die Brust und versuchte zu lächeln. Eulenburg nahm ihm den schweren Rucksack und die Aktentasche ab und hängte beides hinten an seinen Wagen. Als es weiterging, trottete der Mann neben ihnen her, aber noch bevor sie in das Gewühl der Übergangsstelle Narmeln gerieten, war er verschwunden. Vielleicht hatte ihn ein Wehrmachtsfahrzeug aufgelesen, oder er war irgendwo am Weg zusammengeklappt liegengeblieben.
Später wurde Graf Eulenburg Zeuge, wie ein völlig aufgelöster Mann einen Feldwebel mit Bitten und Drohungen zu bewegen suchte, ihm seine Pistole und acht Schuß Munition zu überlassen. Hinter einem aus Brettern errichteten Windschutz lag seine siebenköpfige Familie. Sie hatten alle hohes Fieber und konnten nicht weiter. Als der Feldwebel ihn anschnauzte und wegschickte, lief der Mann querfeldein davon.
Der Feldwebel war einer jener Verwundeten, die sich im letzten Augenblick aus den überrannten Lazaretten Süd-Ostpreußens hatten retten können. Die meisten schafften es, auf Wehrmachtlastwagen bis an die Haffküste mitgenommen zu werden. Dort standen sie vor der Wahl, in einem der überfüllten Lazarette der Haffuferstädte wieder auf die Russen zu warten oder sich auf eigene Faust in die Heimat durchzuschlagen. Mancher hatte dabei seine Kräfte überschätzt und sich dann irgendwo zwischen

den Dünen niederfallen lassen; andere wurden von Wehrmachtfahrzeugen aufgelesen, wieder andere versuchten, auf die Treckwagen zu kommen, was aber oft an der Sturheit – oder den mangelnden Deutschkenntnissen – der Kutscher scheiterte. Eine Frau aus Bartenstein bemerkte bitter: »Denen waren die Ausländer, die Polen und die Franzosen, auf den Wagen lieber. Sie sind an den bettelnden Verwundeten, die mit ihren blutenden Stümpfen am Weg standen, wortlos vorbeigefahren.«

Vielleicht war unter diesen Wagen auch jener, den ein Franzose lenkte und auf dem elf deutsche Kinder saßen. Die Mutter war schon vor dem Haff von einem Bombensplitter tödlich am Kopf getroffen worden, und einem der Kinder, einem Jungen, waren beide Füße zerschossen. Zwei Tage und eine Nacht stand diese traurige Fuhre auf dem Eis, ehe sie in Kahlberg an Land kamen. Dort starb der Kleine an der schweren Fußverletzung. Niemand weiß, was aus dem Franzosen und den anderen zehn Kindern geworden ist.

Viele Kinder sind der Kälte zum Opfer gefallen. Die Mütter glaubten sie warm eingepackt, ohne zu ahnen, daß selbst das dickste Bettzeug den menschlichen Körper nur für verhältnismäßig kurze Zeit vor der Kälte zu schützen vermag. Ohne dem Frost direkt ausgesetzt gewesen zu sein, starben sie an Unterkühlung. Die wenigsten dürften wirklich erfroren sein. Aber für Hunderte von Kleinkindern war das allmähliche Absinken der Körpertemperatur um wenige Grad verhängnisvoll geworden. Die Mütter sahen keine andere Möglichkeit, als die Bündel mit den toten Kindern am Wegrand oder in einem nahen Gebüsch abzulegen.

Das Gros der Flüchtlinge drängte nach Westen. Sie waren der festen Überzeugung, jenseits der Weichsel in Sicherheit zu sein. Berta Rubenbauer war nicht mit dem großen Strom gezogen. Feldgendarmerie hatte sie, wie viele andere auch, nach Norden gewiesen. Nach etwa 15 Kilometern kamen sie nach Neutief. Von hier aus konnte man Pillau sehen, auf der anderen Seite der Wasserstraße am Ende der Nehrung, der Einfahrt zum Frischen Haff.

Auf dem diesseitigen Ufer standen Hunderte von verlassenen Wagen. Ungezählte herrenlose, hungernde Pferde suchten ruhelos Schutz vor der Kälte – und vor den Tieffliegern, denen schon viele zum Opfer gefallen waren.
Für Berta Rubenbauer war die Ankunft in Neutief wie eine Erlösung von all den überstandenen Strapazen. Soldaten kümmerten sich um die Flüchtlinge. Sie schleppten ihr Gepäck in geheizte Baracken, es gab Essen und endlich auch warmes Wasser zum Waschen. Es hieß, sie würden mit der Fähre nach Pillau übergesetzt und von dort mit Schiffen weiterbefördert. Alles, was nicht getragen werden konnte, mußte zurückgelassen werden. Ein Gutsbesitzer nutzte die Gelegenheit und verteilte seine Schätze: Schmalz, Brot, Schinken, Honig, Würste – und mancher der hungernden Fußgänger warf Wäsche und Wertsachen weg, um in seinem Gepäck für die Nahrungsmittel Platz zu schaffen.
Am nächsten Morgen ging es zu der kleinen Dampffähre. Rücksichtsloses Gedränge setzte ein, und nur dem harten Einsatz der Soldaten – auf der Nehrung stationierte Pioniere – war es zu verdanken, daß niemand ins Wasser gestoßen wurde. Die Sicht war schlecht und es nieselte, als die Fähre nach Pillau ablegte.

Alles flieht nach Pillau

Die Seestadt Pillau hatte in Friedenszeiten 12400 Einwohner. Für Ostpreußen – und vor allem für Königsberg – war Pillau das Tor zur Ostsee. In dem geräumigen Hafen, einem Angelpunkt des Seebäderdienstes, war Platz für Überseedampfer, Bäderschiffe, eine Fischfangflotte und Zollboote. Der Hinterhafen war zu einem Marinestützpunkt ausgebaut worden. Hier lagen ungezählte kleinere Einheiten der Kriegsmarine: Minenleger und Minenräumboote, die zu einem riesigen Sperrwaffenarsenal gehörten, U-Boote, Torpedoboote und anderes. Der zivile Teil des Hafens wurde kurz Pillau I, der militärische Pillau II genannt.

1941, als der Seebäderdienst längst zum Erliegen gekommen war, wurde die 1. U-Boot-Lehrdivision von Kiel nach Pillau verlegt. Seither lagen die drei großen Wohnschiffe dieser Einheit – der 16662 BRT Überseedampfer PRETORIA, das 27288 BRT KDF-Schiff ROBERT LEY und der 9554 BRT Afrikadampfer UBENA – an der Pier des Seebäderdienstes. Das Zielschiff, die 5407 BRT VENUS, war zusammen mit 20 Ausbildungsbooten älterer Bauart im Hinterhafen vertäut.

Im Januar 1945 war der erste Schnee wie Zuckerguß auf den bleigrauen Winterschlaf der Stadt gefallen. Über das vereiste Kopfsteinpflaster ratterten hin und wieder Panjewagen, die Fischmehl aus der Fischfabrik zum Bahnhof brachten. Im Hinterhafen kreischte das Ladegeschirr eines kleinen Dampfers, der Munition löschte. In den Straßen war kaum Betrieb: ein paar einkaufende Frauen, Schulkinder – sonst nur Marinebeamte und U-Bootleute, die zwischen ihren Dienststellen hin und her hasteten.

Draußen im Seetief tuckerten die Eisbrecher, die Hafen und Fahrrinne des Seekanals freihielten. Hin und wieder liefen Minenräumer aus, denn in klaren Nächten kamen englische Seeflieger, um die Fahrwasser der Danziger Bucht zu verminen. Unter der schwarzen Silhouette des Lotsenturmes am Seetief, der plump und schwarz in den verhangenen Winterhimmel ragte, zog ein einsamer Frachter vorbei, der auf dem Weg von Königsberg nach Swinemünde war. Das Seetief ist der 550 Meter breite Durchbruch durch die Frische Nehrung und verbindet als Fortsetzung des Königsberger Seekanals das Frische Haff mit der Ostsee.
Auch die ersten Nachrichten vom Beginn der russischen Winteroffensive hatten Stadt und Hafen nicht aus ihrer Ruhe aufgestört. Noch am Montag, dem 15. Januar, deutete im äußeren Erscheinungsbild der Stadt nichts auf den Sturm hin, der in wenigen Tagen über die Stadt hereinbrechen sollte. Mit einer winzigen Ausnahme: aus den Schornsteinen der PRETORIA kräuselten dünne braune Rauchfahnen steil in den Himmel, und aus den Überdruckventilen zwischen den Aufbauten des riesigen Schiffes zischte hin und wieder ein weißer Dampfstrahl. Die PRETORIA hatte Dampf aufgemacht, und auch die Planken der ROBERT LEY vibrierten unter dem Stampfen der Dieselmotoren. Aus den Überflußrohren stürzte heißes Wasser und schmolz große schwarze Löcher in die Eisdecke des Hafens.
Auf der Brücke der PRETORIA drängten sich U-Boot-Offiziere. Hier herrschte Betrieb wie auf großer Fahrt. Navigationsoffiziere, Funker und Rudergänger waren auf ihrem Posten, der Maschinentelegraph rasselte, Kommandos ertönten. Die U-Boot-Männer wurden auf Handelsschiffahrt getrimmt. Im Maschinenraum und an den Ankerwinden schwitzten U-Boot-Schüler bei der ungewohnten Arbeit. Langsam bewegten sich die Ruder – aber die beiden großen Schrauben der PRETORIA blieben ausgekuppelt. Ähnlich ging es auf der ROBERT LEY, der UBENA und der VENUS zu. Das Stammpersonal der U-Boot-Lehrdivision bereitete sich auf einen plötzlich notwendig werdenden Abtransport der Wohnschiffe vor.

Seit die Sowjets im Sommer 1944 zum ersten Mal in Ostpreußen eingebrochen waren, lief das Umschulungsprogramm. Jede Woche einmal wurde Dampf aufgemacht und der Ernstfall geprobt. Im Januar waren die U-Bootleute mit den Schiffen durch und durch vertraut. Auch die Übung am Montag, dem 15. Januar, verlief glatt und ohne Aufregung. Es sollte die letzte sein, obwohl an diesem ruhigen Wintertag der Ernstfall so weit entfernt schien wie in den Wochen zuvor.

Am Freitag, dem 19. Januar, änderte sich die Situation mit einem Schlag. Mit Privatwagen, auf Lastwagen kamen die Flüchtlinge aus dem Samland und aus Königsberg in die Seestadt; samländische Trecks standen am Seetief und wollten auf die Nehrung übergesetzt werden. Die sonst nur spärlich besetzten Züge aus Fischhausen waren überfüllt. In den Gängen, auf den Plattformen, in den Gepäckwagen war jeder Zentimeter besetzt, selbst auf den Puffern und Trittbrettern hatten einige Platz gefunden. In den Abendstunden waren die Züge so lang, daß die Reichsbahn Schublokomotiven einsetzen mußte: Stunde um Stunde nahm der Flüchtlingsstrom zu.

Die Reichsbahnangestellten auf dem kleinen Bahnhof versuchten verzweifelt, sich in den Menschenmassen zu behaupten und ihren Dienst zu versehen. Verlorene Kinder, verlorenes Gepäck, gebrechliche Alte füllten bald nicht nur die Rotkreuzdienststelle, sondern auch die Diensträume. Am überfüllten Wartesaal vorbei drängten die Neuankömmlinge in die Stadt, um sich Quartier zu suchen. Viele standen in der Kälte ratlos an der Pier herum und warteten auf ein Schiff.

Der Ansturm traf auch die Parteidienststellen und die Stadtverwaltung vollkommen unvorbereitet. Die einen versuchten, die NSV zu organisieren, um die Leute wenigstens verpflegen zu können, die anderen schafften in Schulen und Gasthäusern Platz – aber das war nicht annähernd genug. Vor dem Rathaus sammelten sich Hunderte von Menschen und verlangten nach Unterkunft.

Im Wirtschaftsamt standen die Flüchtlinge dichtgedrängt auf den Korridoren bis ins Treppenhaus nach Lebensmittelkarten

an. Die Schlange rückte auch nach Stunden keinen Schritt voran. Die vorgesetzte Dienststelle im Landeswirtschaftsamt in Königsberg war sich noch immer nicht im klaren: Sollten die Flüchtlinge ordnungsgemäß Lebensmittelkarten für den Rest der Zuteilungsperiode 8. Januar bis 4. Februar erhalten, mit Urlaubermarken versehen oder in Gemeinschaftsverpflegung genommen werden. Bei der Zuteilungsperiode ging es um die wöchentliche Ration von 375 g Weißbrot, 1800 g Roggenbrot, 62,5 g Kaffee-Ersatz, 187,5 g Marmelade, 250 g Fleisch, 125 g Nährmittel, 125 g Butter oder Margarine, 125 g Quark, 62,5 g Käse, 50 g Stärkeerzeugnisse und 1/7 Liter Frischmilch pro Kopf.
Am Abend endlich rang sich Königsberg zu dem Entschluß durch: Gemeinschaftsverpflegung durch die NSV. Die Gauleitung wollte noch am nächsten Tag einen Güterzug mit Lebensmitteln nach Pillau schicken und zu Wochenbeginn eine Kahnladung aus den Beständen der Kriegsgemeinschaft des Lebensmittelhandels auf dem Seeweg folgen lassen – letzteres würde ein Dr. Ostermayer in Königsberg organisieren. Stadtbürodirektor Kaftan sagte dem NSV-Obmann Fischer Bescheid, der sofort das SA-Heim in der Hindenburgallee in eine Volksküche umfunktionierte und noch am gleichen Abend einige hundert Portionen Erbsen mit Speck ausgeben konnte. Später wurde auch die große Küche der Gastwirtschaft »Goldener Anker« an der Pier des Vorderhafens NSV-Gemeinschaftsküche.
Inzwischen war auch die Kriegsmarinekommandantur auf das Durcheinander aufmerksam geworden. Korvettenkapitän Dr. Schön bot Bürgermeister Scholz Marineunterkünfte als Notquartiere an. Die alte Fußartilleriekaserne in der Hindenburgallee stand sowieso fast leer, seit Kapitän z. See Poske, der Kommandeur der 1. U-Boot-Lehrdivision, auch den Rest seiner Leute auf die Wohnschiffe geholt hatte. Mehrere große Baracken im Lager Himmelreich und im Lager Schwalbenberg, in denen Marineartillerie und Marineflak untergebracht waren, wurden für die Flüchtlinge geräumt. Marinesoldaten führten die Flüchtlinge vom Bahnhof zu ihren Quartieren. Die Marine sorgte für Decken und Eßgeschirr, ließ aus der Umgebung Stroh heran-

fahren, und der Oberstabsintendant Paulusch öffnete seine übervollen Verpflegungslager für die Versorgung der Flüchtlinge.

Bürgermeister Scholz war glücklich, diese Sorge loszusein. Nach seinen Berechnungen war noch Platz für mehrere tausend Flüchtlinge – notfalls würde man die Lagerschuppen auf der Holzwiese auch noch benutzen können. Inzwischen würden die Bauern über die Nehrung weiterfahren und die anderen nach und nach auf Schiffen wegkommen. Von Kapitän z. See Poske hatte er schon seit langem die Zusage, daß die Wohnschiffe – sollten sie je auslaufen – auch jede Menge Zivilisten mitnehmen würden.

Doch am Sonntagabend erhielt Scholz einen Anruf von der Gauleitung Königsberg, der ihn in neue Sorgen stürzen sollte. Am Apparat war ein Adjutant des Reichsverteidigungskommissars namens Plautsch: »Gauleiter Koch verlangt, daß die Schiffe der 1. U-Boot-Lehrdivision sofort auslaufen. Sie dürfen auf keinen Fall Flüchtlinge mitnehmen. Der Reichsverteidigungskommissar hat die Sache mit Großadmiral Dönitz besprochen und handelt mit dessen Einverständnis.«

Scholz versuchte vergeblich, sich aus der Sache herauszuwinden – das sei doch eine militärische Angelegenheit, und wie könne er sich erlauben... Der andere schnitt ihm das Wort ab:

»Sie haften mit Ihrem Kopf!«

Dann war es still in der Leitung. Plautsch hatte aufgelegt. Dem Bürgermeister blieb nichts anderes übrig, als sich auf den Weg in die Zitadelle zu machen.

Der alte U-Bootfahrer behielt die Ruhe, als ihm da ein Zivilist den Befehl eines anderen Zivilisten überbrachte – und das ausgerechnet beim Abendessen. »Was soll der Quatsch, Scholz? Erstens hat mir der Gauleiter Koch gar nichts zu befehlen – mein Vorgesetzter ist der Kommandierende Admiral der U-Boote, Admiral v. Friedeburg, und zweitens halte ich es für völlig blödsinnig, jetzt auszulaufen.« Dann beruhigte Poske den völlig aufgelösten Bürgermeister: »Lassen Sie mich mal machen, und legen Sie sich schlafen.«

Fritz Poske ließ sich Zeit bis zum nächsten Morgen, ehe er ein Gespräch über das Seekabel nach Kiel anmeldete. Admiral v.

Friedeburg fragte vorsichtshalber beim »Löwen« zurück. Großadmiral Dönitz hatte nicht mit Koch gesprochen. Der Gauleiter wollte offenbar nur verhindern, daß die Frauen und Kinder Ostpreußen verließen. Poske und der Admiral kamen überein, daß die kleine Flotte Pillau nur auf ein Stichwort aus Kiel (»es ist soweit«) verlassen, dann aber so viele Flüchtlinge und Verwundete wie nur irgend möglich mitnehmen sollte. Poske konnte es sich nicht verkneifen, anschließend in Königsberg anzurufen und den Gauleiter persönlich über dieses »Mißverständnis« und über die Befehlsverhältnisse in der Kriegsmarine aufzuklären. Es dürfte einer der wenigen Fälle gewesen sein, in denen der »Henker der Ukraine« klein beigab.

Am Dienstag, dem 23. Januar, erließ die Gauleitung folgenden Befehl an die zuständigen zivilen Dienststellen:

1. Straße Königsberg–Fischhausen–Pillau muß unter allen Umständen für Wehrmacht und andere kriegswichtige Transporte freibleiben.
2. Sämtliche aus Königsberg kommenden Flüchtlinge werden in Pillau auf Schiffe verladen. In Pillau geht niemand an Bord, der nicht mit einem Sonderzug aus Königsberg gekommen ist.
3. Die Bevölkerung sowie die Trecks müssen im Samland verbleiben.

Die Perfidie dieses Befehls wird durch einen Anruf des Adjutanten Plautsch beim Bürgermeister am Abend des gleichen Tages noch deutlicher: »Im Lauf der Nacht treffen 500 Frauen und Kinder aus Metgethen ein, die sofort auf die Schiffe gebracht werden sollen. Frau Kümmel mit zwei Kindern ist besonders zu betreuen und auf der PRETORIA unterzubringen.«

Die bereits in Pillau befindlichen Flüchtlinge sollten lediglich »listenmäßig« erfaßt werden. Zum Abtransport bevorrechtigte Personen waren: werdende Mütter, Mütter mit Kleinkindern und Mütter mit drei und mehr Kindern unter zwölf Jahren.

Der angekündigte Zug kam zwar aus Metgethen, aber bei den Passagieren handelte es sich um Angehörige der Königsberger Parteiprominenz, die Adjutant Plautsch zusammengetrommelt hatte. Weil es sich als unmöglich erwiesen hatte, in dem von

Flüchtlingen belagerten Nordbahnhof einen Sonderzug zusammenzustellen, war man auf den nächsten Bahnhof Metgethen, in Richtung Pillau, ausgewichen und hatte die kostbare Fracht mit Lastwagen dorthin transportiert. Wer die Kümmels waren, wußte Scholz nicht. Der Zug aus Metgethen traf jedenfalls 1 Uhr morgens in Pillau ein. Die Passagiere wurden auf kürzestem Weg zur PRETORIA gebracht. Die Straßen waren um diese Zeit menschenleer. Die Verladung fiel niemandem auf.
Der letzte reguläre Zug war gegen 23 Uhr in Pillau eingelaufen. Mit ihm waren auch der frischgebackene Unterfeldarzt Peter Siegel und seine junge Frau angekommen. Sie schleppten ihre schweren Koffer durch das Gewühl im Bahnhof. In einer Gastwirtschaft gegenüber dem Bahnhofsgebäude fanden sie noch Platz – dicht neben der Tür auf ihren Koffern sitzend. Alle Tische und Stühle waren besetzt, an den Wänden war Gepäck gestapelt, und selbst hinter der Theke lagen Leute lang ausgestreckt und schliefen. Ausgeschenkt wurde nichts mehr, und auch die Küche war geschlossen. Aber aus dem Volksempfänger auf dem Flaschenregal hinter der Theke ertönte Kammermusik.
Die Siegels hatten erst am Sonnabend, dem 20. Januar, in Rauschen an der Nordküste des Samlandes geheiratet. Es war eine kleine Hochzeit mit fünf oder sechs Gästen im Haus seiner Eltern gewesen. Beim Kirchgang hatte die Sonne auf der verschneiten stillen Landschaft gelegen und heitere Feierlichkeit verbreitet. Auch noch nach dem Gänsebraten, bei Kaffee und Kuchen war die kleine Gesellschaft in bester Stimmung. Aber dann platzten die Fünfuhr-Nachrichten in die Idylle: Die Russen hatten Neidenburg genommen. Dort lag nicht nur die Lazaretteinheit des jungen Mediziners, dort lebten auch die Eltern der Braut. Die junge Frau Siegel riß sich den Schleier vom Kopf.
»Ich kann hier doch nicht als Braut sitzen, wenn die Russen bei uns zu Hause sind!«
Sie sprang auf, lief aus dem Zimmer und kam wenige Augenblicke später in einem Straßenkleid zurück. Man beschloß zu packen.
Am nächsten Tag – Sonntag, dem 21. Januar – packten sie immer

noch. Die Sowjets waren inzwischen in Osterode. Am Vormittag beobachteten die Siegels auf den Feldern, die sich hinter ihrem Haus bis zum Gut Cobjeiten erstreckten, eine Gruppe Volkssturmmänner bei Geländeübungen. Das sah wenig überzeugend aus, zumal ein leichter Ostwind den Kampflärm der Front bis zu ihnen trug.

Der alte Professor Siegel, früher Direktor der Landesfrauenklinik Insterburg, bis ihn die Nazis von dort verjagten, wollte trotzdem nicht mit. Er selber war nie Nazi gewesen und brauchte von den Russen keine Repressalien zu befürchten. Und es müßten deutsche Menschen im Osten bleiben – auch Ärzte. Das Hin und Her dauerte drei Tage. Inzwischen war Allenstein gefallen, und die Sowjets standen vor Elbing. Von See her schoß der schwere Kreuzer PRINZ EUGEN über das tiefverschneite Samland hinweg in die russischen Stellungen vor Neukuhren. Am Dienstag, dem 23. Januar gegen 17 Uhr, war dann das junge Paar allein mit dem fahrplanmäßigen Zug über Marienhof und Fischhausen nach Pillau gefahren.

Irgendwann waren sie in dem verräucherten Lokal in Pillau doch eingeschlafen. Erst das morgendliche Treiben der anderen weckte sie. Eine Waschgelegenheit gab es nicht. Sie aßen von den mitgebrachten Butterbroten. Gegen 7 Uhr brach die aufdringlich flotte Marschmusik aus dem Volksempfänger plötzlich ab.

»Achtung! Wir unterbrechen unser Programm für eine wichtige Durchsage des Gauleiters und Reichsverteidigungskommissars. Die militärische Lage hat sich stabilisiert. Es besteht kein Anlaß zur Beunruhigung mehr. Die Flüchtlingstrecks verbleiben im Samland. Einschiffungen finden nicht mehr statt. Ich wiederhole ...«

Die Flüchtlinge hatten der Durchsage schweigend gelauscht – auf den meisten Gesichtern zeigte sich Ratlosigkeit. Viele waren vor der sowjetischen Artillerie geflohen, und der Schreck saß ihnen noch jetzt in den Gliedern. Auf der anderen Seite war die Bekanntmachung genau das gewesen, was sie hatten hören wollen: Es war alles wieder gut, die Flucht war ein großer Irrtum, sie konnten wieder nach Hause.

Trotzdem machte sich nur ein verschwindend geringer Bruchteil der Flüchtlinge auf den Rückweg – sie waren schon einmal auf die Stillhalteparolen der Partei hereingefallen und dann von den Russen überrascht worden.

Peter Siegel drängte sich hinaus und ging hinüber zur Pier, um sich zu vergewissern. An einem der großen Wohnschiffe begegnete er einem jungen Marineoffizier, der offenbar zur Besatzung gehörte.

»Nein, wir laufen nicht aus – wir nehmen auch niemanden mit. Die Lage soll sich tatsächlich beruhigt haben«, antwortete er auf Siegels Frage. Und der junge Arzt glaubte dem Kameraden, der vielleicht nicht einmal wußte, daß sich schon 500 Königsberger Flüchtlinge an Bord der PRETORIA befanden.

Erleichtert ging Peter Siegel zu seiner Frau zurück. Warum sollten sie in Pillau bleiben, da sie in Rauschen jede Annehmlichkeit hatten? Gegen 8 Uhr bestiegen sie den Zug in Richtung Fischhausen. Er war nur schwach besetzt. Die meisten der Mitreisenden waren Königsberger, die wieder in die Stadt zurückwollten. Gegen Mittag waren die Siegels wieder in Rauschen.

An der Flüchtlingssituation in Pillau hatte sich jedoch nichts geändert. Sie war eher noch schlimmer geworden, denn der Zustrom hielt an. Bis zum 25. Januar dürften etwa 20000 Flüchtlinge in Pillau gewesen sein. Kapitän z. See Poske hatte 300 junge Leutnants und Fähnriche der 1. Ausbildungsabteilung (Offiziere) in die Fußartilleriekaserne geschickt – zur Flüchtlingsbetreuung. Sie sollten die Flüchtlinge in Gruppen einteilen, auf Listen erfassen und danach Schiffskarten verteilen, die in den Schreibstuben an Bord vorbereitet worden waren.

Der Zeitpunkt des Auslaufens sollte bis zur letzten Minute geheimgehalten werden, einmal, um die feindlichen U-Boote und Schnellboote nicht vorzuwarnen, zum anderen, um einen Sturm auf die Schiffe zu vermeiden. Schon am Dienstag hatte Kapitän z. See Poske die Stadtverwaltung wissen lassen, daß er jede Menge Hausrat mitnehmen könne. Die PRETORIA hatte riesige Laderäume, die für die Unterbringung von Flüchtlingen ungeeignet erschienen. Tatsächlich türmten sich bald darauf

große Mengen von Kisten und Gepäck an der Pier auf, die alle im Bauch des riesigen Schiffes verschwanden.
Inzwischen hielten die Eisbrecher BALDUR und HAFF den Hafen eisfrei, und die beiden Schlepper ERNST und SKIRWIEHT bezogen neben den großen Schiffen Position, um sie aus dem engen Hafen herauszubringen.
Am Dienstagvormittag passierte der havarierte Kreuzer EMDEN von Königsberg kommend den Seekanal. Er hatte außer 1300 Wehrmachtsangehörigen und Flüchtlingen auch die beiden Särge des ehemaligen Reichspräsidenten Hindenburg und dessen Frau an Bord, die er in einer gespenstischen Zeremonie im Hafen von Königsberg übernommen hatte. Kurz darauf folgten die U-Boot-Wohnschiffe DER DEUTSCHE (11435 BRT) und GENERAL SAN MARTIN (11250 BRT) und das 1200 BRT Flugsicherungsschiff GREIF mit Marineangehörigen, Nachrichtenhelferinnen, Wehrmachtgerät und einigen wenigen Zivilisten. DER DEUTSCHE hatte Patienten und Schwestern Königsberger Krankenhäuser an Bord – die dazugehörigen Ärzte hatte die SS kurz vor dem Auslaufen wieder heruntergeholt.
Am Dienstagnachmittag schlich sich der kleine Lotsendampfer DELPHIN mit 185 Flüchtlingen – hauptsächlich Familienangehörigen der Beamten des Wasserstraßenamtes – aus dem Bauhafen in Pillau und nahm Kurs auf Stolpmünde.
Die Verwundeten in den fünf am Seedienstbahnhof abgestellten Lazarettzügen mußten noch einen ganzen Tag frieren, bis der Verwundetentransporter GENERAL VON STEUBEN (14660 BRT) in Pillau einlief. Das Schiff nahm etwa 300 Schwer- und Leichtverwundete sowie eine Anzahl Flüchtlinge auf und brachte sie nach Swinemünde.
Am Morgen des 24. Januar waren in Pillau II die beiden Frachtschiffe DUALA 6133 BRT und HAUSSA 2819 BRT eingelaufen. Die DUALA löscht große Kisten mit Wehrmachtgut, das an der Pier gestapelt und nach und nach von Lkws des Heeres abgeholt wird. Die HAUSSA hat 3,7-cm-Flakmunition und Panzerfäuste geladen. Leichter gehen längsseits. Sie sollen die

Munition über das Haff nach Rosenberg bringen. Die Stauarbeit auf den Leichtern verrichten etwa 20 KZ-Häftlinge, bewacht von vier SS-Leuten.

Zwei der Häftlinge, der Tscheche Frantisek Wlcek und der Österreicher Joseph Traubner, stehen unter dem Ladebaum in der achteren Luke der HAUSSA und heben die Kisten mit je zwanzig Geschossen oder fünf Panzerfäusten nach hinten. Frantisek ist 25 und Joseph 63 Jahre alt. Ihre Bewegungen sind schleppend – sie haben nicht viel Kraft. Die gelegentlichen Anfeuerungsrufe ignorieren sie. Die Wachen tragen nur Maschinenpistolen und nicht die gefürchteten Ochsenziemer. Gegen Mittag reißt eine Trosse des Ladegeschirrs und muß gespleißt werden – das dauert eine gute halbe Stunde. Frantisek und Joseph verkriechen sich in eine windgeschützte Ecke, während ihre Wachen im Innern des Frachtschiffes verschwinden. Sie wissen, daß hier keiner abhauen kann.

Wlcek und Traubner gehören zum Arbeitskommando des Sprengwaffenarsenals, das in Fort Stiehle auf einer kleinen Anhöhe dicht am Hafen untergebracht ist. Ihr stacheldrahtumzäuntes Barackenlager liegt dicht unter der Festungsmauer – es ist eines der 90 Außenlager des Konzentrationslagers Stutthof. Frantisek Wlcek arbeitet gewöhnlich mit 50 anderen im Kraftfahrzeugdepot der Kriegsmarinekommandantur. Nur heute haben sie ihn falsch eingeteilt, und noch immer schmerzt ihn der Tritt ins Kreuz, den er für seinen Protest bekam. »Hast du die Menschen gesehen, Joseph? Die müssen alle abhauen. Einen Mann von der Marine habe ich sagen hören, daß die Russen durchgebrochen sind und daß Ostpreußen schon im Eimer ist.«

»Die werden sie auch wieder rausschmeißen«, sagte der Ältere. »Das ist immer so, das geht hin und her, hin und her. Die haben jetzt fünf Jahre Krieg. Da hat keiner mehr die Kraft, den anderen hinzumachen. Das haben wir ja im Ersten Weltkrieg gesehen.«

»Aber verloren haben sie ihn doch«, meinte Frantisek. »Was meinst du, was unsere Lastwagen machen? Die fahren Verwundete, Verwundete, Verwundete. Soviele Verwundete hast du

noch nicht auf einem Haufen gesehen. Und wenn du mich fragst, die haben mehr Verwundete als Kampfsoldaten.«
Frantisek zitterte vor Kälte. Er hatte nur zweimal Unterwäsche unter seinem blaugestreiften KZ-Drillich. Joseph war etwas wärmer angezogen: Er hatte sich aus einer Decke eine Art Poncho geschnitten, den er unter seiner Jacke trug: Das wärmte und schützte zugleich vor Schlägen.
»Minus zehn Grad«, sagte Frantisek, »das weiß ich genau, dann friert mir nämlich der Rotz in der Nase. Das habe ich als Kind schon gewußt. Wenn die Russen ganz nahe sind, mache ich fort. Quer durch Polen nach Hause – das ist der kürzeste Weg –, machst du mit?« »Du bist verrückt. Die kommen nicht. Und was soll's – ich komme hier nicht mehr heraus.«
Was nützte es, daß er nur noch zwei Jahre bis zur Pensionierung hatte: Seine Frau war auf dem Transport nach Treblinka gestorben, und von seinen beiden Töchtern hatte er nie mehr etwas gehört. Wer weiß, wer jetzt in seinem Häuschen in den Donauauen bei Melk wohnte.
»Hilfst du mir, wenn ich losgehe?« fragte Frantisek. »Das kommt darauf an«, sagte Joseph vorsichtig, denn was wußte er schon von Frantisek.
Frantisek kam nicht mehr dazu, seine Pläne weiterzuspinnen. Das Geschirr war repariert, und sie mußten weiterschuften. Kurz vor Einbruch der Dunkelheit waren sie fertig. Aber über das Schiff konnten sie nicht mehr an Land zurück, denn auf die Decks ergoß sich ein Strom von Flüchtlingen, noch während die Ladeluken dichtgemacht wurden. Ein Ruderboot brachte die Häftlinge um den Schiffsrumpf herum an die Pier. Dort standen dichte Menschentrauben um die Gangway, an der Feldgendarmen wehrpflichtige Männer aussortierten. Die mit Gepäck und Krimskrams beladenen Handwagen und Kinderwagen mußten zurückbleiben und versperrten überall den Weg.
Frantisek fiel die Stille auf, in der sich alles abspielte; selbst dort, wo sich die Frauen um die Plätze stritten, geschah das mit lautlosen Knüffen und rücksichtsloser, aber stummer Drängelei. Oben an Deck hockten sie an der Reling und sahen teilnahms-

los auf das Gewühl an der Pier. Niemand half, wenn von unten jemand bat, einen Koffer oder ein Kind hochzuheben.
Als sie sich dem Barackenlager näherten, kam das andere Arbeitskommando des KZ den steilen Weg vom Fort Stiehle herunter. Die mußten schon seit Tagen bei den Sprengvorbereitungen helfen. Immer wieder waren dabei die Seeminen und die Torpedosprengköpfe umzulagern, weil nicht genügend Zündkabel vorhanden waren und fast alles mit Uhrwerkzeitzündern in die Luft gejagt werden sollte. Von einem Mariner hatte Frantisek erfahren, daß die Uhrwerke sechs Tage liefen, woraus er den falschen Schluß zog, daß Pillau in spätestens sechs Tagen in die Luft fliegen würde.
Am Donnerstagmorgen gegen 8 Uhr – die HAUSSA und die DUALA waren schon seit sechs Stunden wieder auf See – erhielt Kapitän z. See Poske von Admiral v. Friedeburg das Stichwort für die Verlegung der Lehrdivision nach Hamburg. Etwa 20 Minuten später waren die Leutnants und die Fähnriche in der Kaserne und den anderen Unterkünften, um ihre Flüchtlingsgruppen auf die Beine und zu den Schiffen zu bringen. Zugleich wurden die Sanitätseinheiten benachrichtigt, damit die Verwundeten aus den Lazarettzügen und den Lazaretten an Bord gebracht wurden.
Die PRETORIA wie auch die ROBERT LEY lagen sehr hoch im Wasser und die Gangways waren entsprechend steil und lang. Hier gab es die einzige Schwierigkeit bei der Verladung: Alte und Kranke wie auch Kinder mußten hinaufgetragen werden, manchen wurde schwindelig und ab und zu brachen einige Frauen in entsetzlich schrilles Kreischen aus. Stunde um Stunde wälzte sich die Menschenmenge in Viererreihen auf die Schiffe zu und verschwand in deren Innerem. Nach Schiffskarten fragte keiner mehr. Die Einwohner und Flüchtlinge in Privatquartieren hatten sehr bald mitbekommen, was da vor sich ging, und sich einfach in den Zug eingeordnet.
In aller Ruhe spielte sich der erste große Abtransport von Flüchtlingen ab. Hier war noch nichts von dem zu spüren, was die Einschiffungen der kommenden Tage und Wochen für manchen

7. In Ostpreußen zusammengeschossener Treck

8. Ein Treck, der von russischen Tieffliegern auf der deckungslosen Eisfläche des Frischen Haffs zusammengeschossen wurde

9. Im Schutz der Dämmerung bringen Flüchtlinge Gepäck aus ihrem auf dem Eis zusammengeschossenen Treck auf die Frische Nehrung

10. Hunderte kostbarer Trakehner Pferde sind auf dem Eis des Frischen Haffs sowjetischen Tieffliegern zum Opfer gefallen

11. Nach der Überquerung des Frischen Haffs legen die Flüchtlingstrecks auf der Nehrung eine Ruhepause ein

12. Der Schwere Kreuzer »Prinz Eugen« beschießt russische Stellungen vor Neukuhren

zum lebenslangen Alptraum machen sollte. Nur als gegen 17 Uhr die Gangways eingezogen wurden, kam es zu sehr unersprießlichen Szenen, denn viele der Zurückgebliebenen benahmen sich, als fahre hier das letzte Schiff nach Westen und als hätten sie nur die Wahl zwischen Mitfahren oder Sterben.

An Bord der Schiffe war jeder Platz ausgenutzt. Die großen Doppelkabinen beherbergten bis zu zehn Personen, in den Gesellschaftsräumen, Speisesälen und Kinos saßen die Menschen so dicht beieinander, daß sich niemand lang hinlegen konnte. Trotzdem gab es für Mütter Gelegenheit, die Kleinkinder zu baden. Die Großküchen an Bord kochten rund um die Uhr, und es hat niemand auf der ganzen Fahrt bis Swinemünde Hunger leiden müssen. Doch die Toiletten reichten für diese Massen nicht aus. Die Besatzung war gezwungen, sie von Zeit zu Zeit einfach unter Wasser zu setzen. Mancher nahm sich nicht die Zeit, überhaupt dorthin zu gehen.

Die Schiffe konnten erst nach Einbruch der Dunkelheit auslaufen. Sie sollten mit höchster Fahrt Kurs auf Bornholm halten und dann auf einen Funkbefehl im Tiefwasser nach Westen abdrehen. Der Tiefwasserweg war deshalb von Bedeutung, weil dort keine Minen lagen. Seeminen sind bei einer Wassertiefe von über 20 Metern wirkungslos. Und die flachen Küstengewässer der Ostsee waren mit britischen Seeminen gespickt. Dagegen hatten auch die Räumboote einen schweren Stand, zumal manche der Minen bis zu 64 mal überfahren werden konnten, ehe sie hochgingen.

Im Tiefwasser mußte Poske jedoch mit sowjetischen U-Booten und Schnellbooten rechnen, die mit zunehmendem Erfolg in der östlichen Ostsee operierten. Diese Gefahr ließ sich nur dadurch verringern, daß man nachts und völlig abgeblendet fuhr. »Der Schönheit halber« hatte Poske angeordnet, daß jedes Schiff von zwei U-Booten begleitet werden sollte. Geleitsicherung war das nicht, denn die kleinen »Einbäume« machten nicht einmal halb soviel Fahrt wie die großen Schiffe.

Gegen 18 Uhr warf die PRETORIA die Leinen und wurde von zwei Schleppern auf den Haken genommen, die sie aus dem

Hafen in das Seetief brachten. Jeweils eine halbe Stunde später folgten die anderen Schiffe. Mit der kleinen Flotte verließen 22000 Menschen das gefährdete Pillau: Flüchtlinge, Verwundete und Marineangehörige. Am nächsten Tag schon liefen sie wohlbehalten in Swinemünde ein.

Kapitän z. See Poske war in Pillau zurückgeblieben: Er wollte am nächsten Tag auf seinem »Flaggschiff«, dem Hochseeschlepper WOGRAM, ebenfalls nach Westen dampfen und dabei im Küstengewässer fahrend seine Wohnschiffe überholen. Zunächst brachte er noch am gleichen Abend seine Familie, seine Frau und drei kleine Kinder sowie die Familien einiger guter Freunde auf den Schlepper, in dessen kleine Messe am Ende 23 Personen gequetscht waren. Dann ging Poske in seine Dienststelle in der Zitadelle, um Inventarlisten zu prüfen, Berichte zu schreiben und eine letzte Inspektionsrunde um den Hafen für den Donnerstag vorzubereiten.

Es hatte längst Mitternacht vom nahen Rathausturm geschlagen, als Poske sich erschöpft auf seinem Feldbett für ein paar Stunden ausstreckte. Er war jedoch kaum eingeschlafen, als ihn ein fürchterlicher Donnerschlag hochriß. Es regnete Putz, Steine, Glas auf sein Bett. Die Gardinenstange samt Verdunkelung hing quer über der leeren Fensterhöhle. Die Nacht draußen war tief schwarz. Poskes Armbanduhr zeigte 1.30 Uhr. Fluchend stand er auf. Draußen aufgeregte Stimmen. Er riß die Tür auf und brüllte in die Dunkelheit: »Was ist los hier!«

Ein Marinesoldat mit Stahlhelm kam über den Korridor geprescht:

»Herr Kapitän. Fort Stiehle ist in die Luft geflogen!« »In Ordnung, ich komme«, gab Poske zurück. Er rief zuerst Kapitän z. See Puhlmann, den Kommandanten des Sperrwaffenarsenals an, aber der wußte genauso wenig wie er selber. Was geschehen war und welche Wirkung es auf die Stadt gehabt hatte, konnte man erst am nächsten Tag sehen.

Die Altstadt war schwer in Mitleidenschaft gezogen worden, die Schneedecke vom Ziegelstaub rot gefärbt. Einige Dächer waren abgedeckt, fast sämtliche Fensterscheiben zerstört. Die

Gefangenenbaracken unterhalb des Forts waren wie weggewischt, selbst die Baracken der Marineflak auf dem Schwalbenberg waren zum großen Teil eingestürzt, andere waren durch herabstürzendes Gestein schwer beschädigt.
Es war ein Glück, daß am Abend zuvor so viele Flüchtlinge und die großen Schiffe Pillau verlassen hatten. Trotzdem registrierte Stadtdirektor Kaftan 300 tote Zivilisten, 600 zum Teil schwer Verwundete und über 2000 Obdachlose. Unter den Sachschäden wogen am schwersten die Zerstörung der elektrischen Freileitungen und Wasserrohrbrüche, die sofort zufroren und die Wasserversorgung stillegten. Unter den Toten war Joseph Traubner. Frantisek Wlcek war wie durch ein Wunder als einziger Häftling unversehrt davongekommen – er wurde vier Wochen später zusammen mit vierzig russischen Kriegsgefangenen der Marinekraftfahrzeugdepots in der Nähe von Lochstädt von der SS erschossen.
Die Ursache der Explosion wurde nie geklärt, denn im Fort selbst hat niemand überlebt. Sabotage schien unwahrscheinlich. Man nahm Nachlässigkeit bei den Sprengvorbereitungen an.
Während die Toten begraben, der Schutt beseitigt und die Fenster notdürftig abgedichtet wurden, holte das Chaos auch Pillau ein.
Teile der 43. sowjetischen Armee waren an Königsberg vorbeigestoßen und standen tief im Samland, von woher sich ein ständig wachsender Strom von Flüchtlingen nach Pillau ergoß. Der Festungskommandant, Kapitän z. See Jerchel, ließ die Trecks an der Kaserne »Großer Kurfürst« abfangen, weil sie sonst sämtliche Zufahrtswege zum Seetief blockiert hätten. In der Hafengegend war jetzt schon für Fußgänger kaum Platz, denn unter die Flüchtlinge mischten sich immer mehr Soldaten. Schon im ersten Ansturm der Russen waren viele deutsche Einheiten aufgerieben worden. Die Versprengten sollten jetzt auf den Holzwiesen gesammelt und zu neuen Einheiten zusammengestellt werden. In den Wehrmachtsunterkünften mußte für die vielen Verwundeten Platz geschaffen werden. So wurden die dort zusammengepferchten Flüchtlinge in Privathäuser gesteckt.

Bis zu 100 Personen drängten sich in einer Wohnung, andere hausten in eiskalten Kellern und Schuppen. Trotzdem reichte der Platz nicht aus, denn jetzt kamen die Flüchtlinge nicht nur aus dem Samland und aus Königsberg, sondern auch vom Haff her über das Seetief in die kleine Stadt.

Flucht aus Königsberg – Die Stadt wird zum erstenmal eingeschlossen

»So möchte ich gern in Königsberg begraben sein und leben«, hatte einst Joachim Ringelnatz gedichtet. Doch die alte Beschaulichkeit zwischen Schmand und Marzipan war durch die englischen Bombenangriffe im vergangenen August gründlich erschüttert worden. Das alte Schloß mit seinen wuchtigen Rundtürmen, der elegante Bau der Universität, der einem Schloß ähnlicher war als einem nüchternen Bildungsinstitut, hatten, wie viele andere Gebäude der Altstadt, schwer gelitten.

Wohl war die Stadt wieder aufgeräumt, aber man war jetzt auf alles gefaßt – nur nicht auf eine überstürzte Flucht. Nach den nicht gerade opulenten Weihnachtsfeiertagen waren die Königsberger wieder an ihre Arbeitsplätze zurückgekehrt, um weiter für den Endsieg zu schuften. Man war vollauf beschäftigt, und das um so mehr, als Mitte Januar die ersten Flüchtlingskolonnen in die Stadt kamen: Es wurde so viel einquartiert und umquartiert, eingeräumt und ausgeräumt, daß es nicht auffiel, wenn hier eine Dienststelle und dort eine Familie nach dem Westen verschwanden. Mancher der fast 400 000 Einwohner setzte sich so ab – Flucht konnte man das noch nicht nennen.

Mit der Zahl der aus der Provinz hereinströmenden Flüchtlinge nahm jedoch auch die Unruhe in der Stadt zu. Die Flüchtlinge wollten weiter, drängten nach Fischhausen und Pillau und stauten sich am Königsberger Hafen in der Hoffnung, von einem Schiff mitgenommen zu werden. Die schlechten Nachrichten häuften sich, und immer mehr Königsberger schlossen sich den Fliehenden an.

Als offenbar wurde, daß die Russen nicht nur im Osten und Süden der Stadt standen, sondern auch im Norden, gab es für Tausende in der von Flüchtlingen überfüllten Stadt kein Halten mehr. Weit über 100 000 Menschen verließen in den letzten Januartagen Königsberg. Auf dem Nordbahnhof schlugen sich die Leute um die Stehplätze in den immer noch fahrplanmäßig verkehrenden Zügen nach Fischhausen-Pillau.
Auf der Straße dorthin wälzte sich ein endloser Zug von Fußgängern, vermischt mit Wehrmacht-Lkws, die mitnahmen, wen sie nur konnten. Auf dem etwa 40 Kilometer langen Seekanal, der Königsberg mit Pillau und der Ostsee verbindet, herrschte Betrieb wie nie zuvor.
Eine Anzahl 2000-Tonnen-Frachter, Küstenmotorschiffe, Vorpostenboote, Hafenschlepper und ganze Schleppzüge waren von den Kriegsmarinedienststellen und Hafenkommandanturen für den Flüchtlingstransport freigegeben worden. Die kleineren Einheiten fuhren im Pendelverkehr zwischen Königsberg und Pillau, die größeren steuerten Gotenhafen, Danzig-Neufahrwasser, Swinemünde und andere Häfen der westlichen Ostsee an.
Der Dampfer CONSUL CORDS (900 BRT) lag am 25. Januar zur Reparatur in der Königsberger Schichauwerft. Eine gestauchte Propellerwelle war ersetzt worden, doch Risse im Wellentunnel mußten noch verschweißt werden. Spät abends erhielt der Kapitän von der Hafenkommandantur die Order, zum Hafenbecken I zu verholen, Flüchtlinge aufzunehmen und nach Kolberg auszulaufen. Der Kapitän protestierte, er konnte weder die Verantwortung für das Schiff noch für Passagiere übernehmen. Das half ihm nichts. Im Hafenbecken I hob ein Hafenkran mehrere Ladungen Stroh an Bord, mit denen die beiden Luken und der Kohlebunker ausgelegt wurden. Der Kapitän machte den Steuermann auf die Feuergefahr aufmerksam und verschwand dann in seiner Kajüte.
Etwa 1200 Menschen kamen an Bord, meist Frauen mit Kindern. Viele hatten eine von der NSV ausgestellte Schiffskarte, mit denen niemand an Bord etwas anzufangen wußte. Noch vor Einbruch der Dunkelheit am Freitag, dem 26. Januar, warf die CON-

SUL CORDS die Leinen. Mit langsamster Fahrt lief das Schiff in den Seekanal. Der Kapitän hatte achtern einen Ausguck mit Blinklaterne postiert, um nachfolgende Schiffe zu warnen. Sie wurden dauernd überholt. Und jedesmal krachten mit der Heckwelle des Überholers Dutzende schwerer Eisschollen gegen die Stahlwände der CONSUL CORDS. Der kleine Frachter erreichte das Seetief vor Pillau um Mitternacht. Gegen den Schnee konnte man die Silhouetten der vielen im Hafen liegenden Schiffe sehen. Die Flüchtlinge an Bord wurden unruhig, weil sie meinten, sie seien schon in Kolberg und wollten aussteigen.
Auf dem Stroh im Kohlenbunker hatte es sich eine kleine Gruppe beim gelben Schein einer Petroleumlampe bequem gemacht: Das Ehepaar von Weiß, vom Gut Gr. Plauen, zwei Gutsangestellte und Eva Kuckuk, eine Königsbergerin. Sie hatten drei Tage Treck hinter sich – weniger als mancher andere an Bord, aber vor allem Eva Kuckuk hatte es gereicht.
Für Eva Kuckuk hatte alles am Sonntag, dem 21. Januar, angefangen. Die Sachbearbeiterin im Amt des Beauftragten des Reichsschatzmeisters für Revisionsangelegenheiten der NSDAP Gau Ostpreußen war mit Frau von Weiß befreundet und für den Sonntag nach Gr. Plauen eingeladen gewesen. Ein Fuhrwerk hatte sie zum Mittagessen abgeholt. Es hatte Fasan gegeben, und Eva Kuckuk hatte sich darüber amüsiert, wie Emmi von Weiß die Schrotkörner fachmännisch der Größe nach auf ihrem Tellerrand sortierte – »Schrot 21! Schrot 28!«, als begrüße sie jedesmal liebe alte Bekannte.
Eva Kuckuk hatte am Abend mit dem Zug wieder zurückfahren wollen. Aber dazu war es nicht mehr gekommen. Kurz vor ihrem Aufbruch, gegen 18 Uhr, kam die Nachricht, daß das benachbarte Allenburg in einer Stunde von der Zivilbevölkerung geräumt werden müsse. Zugleich wurde bekannt, daß Züge nicht mehr verkehrten und daß jeder, der ohne Fahrzeug sei, zu Fuß nach Friedland gehen solle, wo für Weiterbeförderung gesorgt sei. Für Emmi von Weiß und ihren Mann, Oberst a. D. Otto von Weiß, war es selbstverständlich, daß sich Eva Kuckuk dem Gutstreck Gr. Plauen anschloß.

Die ganze Nacht wurde gepackt und vorbereitet. Unter anderem gab Emmi von Weiß ihrer Freundin eine Kapsel Zyankali: »Falls wir den Russen in die Hände fallen – absolut schmerzlos, ich hab's vom Apotheker.« Bei Tagesanbruch am 22. Januar brach der Treck Gr. Plauen auf. Es waren sechzehn Wagen mit der Kutsche des Gutsherrn an der Spitze.
Die Straße nach Friedland war vollkommen verstopft, so daß sie Nebenwege einschlagen mußten. Trotzdem kamen sie nur im Schrittempo voran und hatten nach zehn Stunden nur etwa elf Kilometer zurückgelegt. In Kl. Schönau übernachteten sie auf einem Gutshof, der, von seinen Eigentümern verlassen, mit Flüchtlingen überfüllt war. Nur abwechselnd konnten sich Eva Kuckuk und ihre Freundin auf einem Stuhl ausruhen.
Am Dienstag, dem 23. Januar, setzten sie ihren Weg im Morgengrauen fort. Soweit das Auge reichte: Flüchtlingswagen, wandernde Menschen, frei herumlaufende Tiere. Die Angst, zurückzubleiben, und der schneidende Frost trieben sie an. Das dumpfe Grollen der Artillerie erfüllte die Luft – es schien aus allen Himmelsrichtungen zu kommen. In der Nacht erreichten sie Lisettenfelde. Statt der erwarteten Ruhe empfing sie dort eine Wehrmachteinheit, deren Offiziere ihnen dringend nahelegten, den Treck aufzugeben und sich mit den Lkws der Einheit in Richtung Heiligenbeil-Zinten oder nach Königsberg bringen zu lassen – ohne Gepäck, versteht sich. Anfangs waren die Plauer Leute und Siedlerfrauen auch damit einverstanden, doch am Morgen gegen 5 Uhr erschien der Kämmerer und bat Otto von Weiß, weitertrecken zu dürfen. So wurden nur sechs der sechzehn Wagen der Wehrmacht übergeben und die Insassen stiegen auf die Militärfahrzeuge um. Der Rest der Gutsleute treckte weiter.
Auf dem Wagen nach Königsberg fanden etwa zwanzig Menschen mit Handgepäck Platz. Sie standen so eng, daß sie kaum beide Füße aufsetzen konnten. Aber sie kamen gut voran und waren gegen Mittag in Königsberg. Eva Kuckuk brachte ihre Freunde in ihrer Wohnung unter und ging dann zu ihrer Dienststelle. Dort war die nächste Überraschung fällig: In ihrer Abwesenheit hatte man zwei Sachbearbeiter und zwei Stenotypistin-

nen zwei Tage zuvor mit sämtlichen Akten auf einem Dampfer nach Güstrow in Mecklenburg »ausgelagert«. Der Rest des Personals saß vor leeren Schreibtischen, um das »Gesicht zu wahren«. Eva Kuckuk hatte deshalb keine Skrupel, als Otto von Weiß auftauchte und ihr berichtete, daß er einen Dampfer ausfindig gemacht habe. Um 2 Uhr morgens waren sie an Bord der CONSUL CORDS.

Die kleine Gruppe im Kohlenbunker war zuversichtlich. Im Bauch des Schiffes fühlten sie sich geborgen. Die Maschine stampfte gleichmäßig, an das Krachen der Eisschollen hatten sie sich gewöhnt – und von den anderen Gefahren, die auf See lauerten, hatten sie keine Ahnung. Eva Kuckuk schlief, als die nächste Überraschung sie heimsuchte.

»Eva! Eva! Wachen Sie auf!« Es dauerte lange, bis sie wach genug war, um die hastig geflüsterte Neuigkeit zu hören, die Otto von Weiß von der Brücke mitbrachte. Etwa zwei Stunden, nachdem sie den Ausgang des Seetiefs mit Kurs nördlich von Hela passiert hatten, hatte der Maschinist Wasser im Maschinenraum gemeldet. Die CONSUL CORDS hatte etwa zehn Grad Schlagseite. Der Kapitän schätzte, daß sich das Schiff nur noch wenige Stunden über Wasser halten konnte. Er hatte deshalb Gotenhafen angesteuert und versucht, Funkverbindung mit dem Hafen aufzunehmen. Nach einer halben Stunde noch immer ohne Antwort, änderte er den Kurs. Hela lag näher, wenngleich es dort nur die Kriegsmarine und U-Boote gab.

Zusammen mit dem Steuermann hielt Otto von Weiß die Leute in den Ladeluken wach: Sie sollten zum Ausschiffen fertig machen, weil man gleich in Hela einlaufen würde. Drei Stunden lang nahmen sie den Ärger der Flüchtlinge über die vermeintliche Verzögerung auf sich. Niemand merkte, in welcher Gefahr sich das Schiff befand. Dann hatten sie es geschafft. Mit letzter Kraft lief die CONSUL CORDS in den Kriegshafen von Hela ein.

Zwei Tage später hatten Marineingenieure den Schaden behoben und das Schiff konnte die Fahrt fortsetzen. In Kolberg verließ die Mehrzahl der Flüchtlinge den kleinen Dampfer, um einer Ladung Flugzeugmotore und Getreide Platz zu machen. Sie fuhren mit der Bahn weiter nach Sachsen. Als der Dampfer, diesmal ohne Geleit, mit Kurs auf Warnemünde wieder in See stach, hatte er noch 285 Menschen an Bord. Unter ihnen waren auch Eva Kuckuk und die Gr. Plauer.

Zwei Stunden vor dem Ziel, gegen zwölf Uhr mittags, hatte sich Eva Kuckuk zu einem Mittagsschläfchen in die Kajüte der Bordflak zurückgezogen, die ihr die Flaksoldaten großzügig eingeräumt hatten. Ruhig zog die CONSUL CORDS ihre Bahn. Sie machte etwa zehn Knoten Fahrt. Über Backbord konnte man in weiter Ferne die Umrisse der Küste sehen. Plötzlich bäumte sich das Schiff unter einer fürchterlichen Explosion auf. Sie waren auf eine Mine gelaufen.

Eva Kuckuk war in ihrer Koje hochgeschleudert worden. Mit unheimlichem Krach schien alles über ihr und neben ihr zusammenzubrechen. Und noch bevor sie recht begriffen hatte, war wieder Ruhe. Im nächsten Augenblick hörte sie Schreie. Eine Notglocke schrillte ununterbrochen durch das Schiff. Dicht neben ihr rief eine Stimme: »Schnell raus!«

Instinktiv griff sie nach ihrer Handtasche, die sie neben sich auf den Boden gestellt hatte. Die Tasche war fort, und der Fußboden zum größten Teil auch. Neben ihrer Koje hatte sich ein riesiges Loch aufgetan, in das irgendwelche Trümmer gerutscht waren. Die Reste des Bodens bildeten aufgebogene, zerschälte Eisenplatten, deren scharfe Kanten sich ihr wie Speerspitzen entgegenstreckten. Vorsichtig tastete Eva Kuckuk nach einem Halt. Von dem nur zwei Meter entfernten Aufenthaltsraum der Bordflak war nichts mehr vorhanden als ein Stück Bretterwand.

In den Trümmern zu ihren Füßen sah sie einen Fallschirmjäger, der sich mit beiden Armen rudernd bemühte, aus dem Gewirr von Holz und Eisen freizukommen. Eva Kuckuk beugte sich weit nach vorn und konnte eine Hand des Feldwebels gerade noch erreichen und ihm helfen, sich aus der gefährlichen Lage zu befreien. Etwa einen Meter tiefer erblickte sie – bis an den Hals in Trümmern – einen Heizer des Dampfers. Ihn konnte sie beim besten Willen nicht erreichen und mußte ihn seinem Schicksal überlassen.

So schnell sie konnte, arbeitete sich die Königsbergerin zur Kapitänskajüte vor, wo sich zur Zeit der Explosion das Ehepaar von Weiß, deren Wirtin mit ihrer achtjährigen Tochter und Eva Kukkuks Hausgehilfin aufgehalten hatten. Aber die Kajüte war leer. Sie eilte weiter an einer Bretterwand vorbei, an die eine Bekannte aus Insterburg gelehnt stand. Stumm und starr sah die Frau auf das Meer hinaus. An der Stirn hatte sie eine große, blutende Wunde. Eva Kuckuk war über ihren Anblick so erschrokken, daß sie ohne ein Wort zu sagen vorüberging. Die Tochter der Bekannten – eine Musikstudentin – konnte sich schwimmend retten.
Auf der Höhe der Luken war das Deck abgerissen. Das Schiff sank jetzt sehr schnell. Auf Strümpfen watete Eva Kuckuk in das hereinflutende Wasser und schwamm auf ein Rettungsboot zu, das noch mit einem Seil am Schiff festgemacht war. Sie schwang sich auf die Kante und sah, daß es leck war und einige tote Fische darin schwammen. Als sie ganz hinaufsteigen wollte, schlug das Boot um und drückte die Frau unter Wasser. Im gleichen Augenblick geriet sie in den Sog des sinkenden Schiffes, der wegen der geringen Wassertiefe jedoch nicht sehr stark war. Mehrmals konnte sich Eva Kuckuk nach oben arbeiten, stieß aber immer wieder mit dem Kopf gegen das Rettungsboot. Ihr wurde schon schwarz vor den Augen, als sie endlich doch an die Wasseroberfläche schoß und den blauen Himmel über sich sah.
Eva Kuckuk schwamm auf ein Gummifloß zu, an das sich bereits ein schwerverwundeter Oberfeldwebel der Fallschirmjäger geklammert hatte. Dem Mann gelang es noch mit letzter Kraft, sich auf das Boot zu ziehen. Er blutete stark aus einer Kopfwunde: Ihm war der glühende Eisenofen seiner Unterkunft an den Kopf geschleudert worden. Zusammen mit einer anderen Frau und deren fünfjährigem Jungen, den sie noch hinaufschieben konnten, hielt sich Eva Kuckuk an dem Gummifloß fest.
Etwa 200 Meter entfernt sah sie das Ehepaar Weiß, dessen Köpfe aus dem Wasser ragten, weil sie sich an einem Gegenstand festhielten. Von der Wirtin erfuhr sie später, daß es eine Tonne gewesen war. Wegen der herumschwimmenden Trümmer, Kisten,

Bretter, Koffer und Kleider wagte sie es nicht, hinüberzuschwimmen. Links von sich sah sie in einiger Entfernung einen großen Dampfer – es war die MARGARETE –, der Schiffbrüchige aufnahm. Aber auch der Weg dorthin war durch Trümmer versperrt.

Nach einer halben Stunde waren die Köpfe von Emmi und Otto von Weiß verschwunden. Eva Kuckuk spürte, wie ihre Kraft erlahmte. Den linken Arm konnte sie kaum noch hochhalten. Langsam näherte sich ein Rettungsboot der kleinen Gruppe. Eva Kuckuk sah es zuerst und sprach der Frau neben ihr Mut zu. Dann fiel ihr der Kopf vornüber und sie verlor das Bewußtsein.

Als sie die Augen wieder aufschlug, lag sie auf einem Vorpostenboot in Warnemünde. Vier Stunden waren vergangen. Ein Matrose stand über sie gebeugt und sagte immer wieder: »Sie sind gerettet! Sie sind gerettet!«

Er strahlte, weil die ärztlichen Wiederbelebungsversuche, bei denen er ausdauernd geholfen hatte, endlich von Erfolg gekrönt waren. Eva Kuckuk hatte vierzig Minuten in dem kalten Wasser verbracht. Von den 285 Menschen auf der CONSUL CORDS waren nur 30 gerettet worden. Einige der Überlebenden erlagen dann noch an Land ihren Verletzungen. Unter ihnen die kleine Haustochter Frau Kuckuks. Sie war bei der Explosion schwer verletzt worden und starb wenige Wochen später in einer Rostocker Klinik an einer Sepsis, die sich nach einer Beinamputation eingestellt hatte.

In Königsberg fragte niemand nach dem Schicksal der CONSUL CORDS. Wochen zuvor wäre die Zahl von 255 Toten Stadtgespräch gewesen – jetzt brachten die hereinströmenden Trecks und Verwundetentransporte jeden Tag Hunderte von Toten mit. Das Mitleid mit den Flüchtlingen schlug in die Sorge um das eigene Überleben um. Dabei war sich jeder selbst der Nächste, und viele waren bereit, ihr Leben zu riskieren, um noch aus der Stadt zu entkommen.

Die Lage Königsbergs war von Stunde zu Stunde bedrohlicher geworden. Am 26. Januar stand die 3. weißrussische Front mit starken Verbänden bereits acht Kilometer nördlich, östlich und

südlich vom Stadtzentrum. Der Ring der Königsberg umgebenden zwölf alten Forts und Bastionen begann zur Verteidigungslinie zu werden. Am nördlichen Fort Quednau – etwa sechs Kilometer vom Stadtzentrum – konnte die 367. deutsche Infanterie-Division einen starken sowjetischen Angriff abwehren und dabei 30 feindliche Panzer abschießen, am östlichen Fort Stein hielt die 561. Volksgrenadierdivision die Stellung gegen die anrennenden Russen.
Die ersten sowjetischen Tiefflieger tauchten über der Stadt auf und übertönten mit ihrem Motorenlärm das Dröhnen der Artillerie. Doch noch immer wurde in den Büros, Fabriken und Werften gearbeitet. Der gewaltige Genehmigungs- und Verteilungsapparat funktionierte weiter. Selbst die Bitte Pillaus um Lebensmittel für die dortigen Flüchtlinge wurde erfüllt. Den Auftrag hatte Dr. Ostermayer von der Kriegsgemeinschaft des Lebensmittelgroßhandels in Maraunenhof erhalten. In Tag- und Nachtschichten war ein großer Holzkahn mit Hülsenfrüchten, Mehl, Zucker, Speck und anderen Nahrungsmitteln beladen worden. Am Sonnabend, dem 27. Januar, verholte ein Hafenschlepper den Kahn aus dem Güterhafen nach Gr. Holstein an die Mündung des Pregel, von wo er am nächsten Tag nach Pillau geschleppt werden sollte.
Dr. Ostermayer hatte jedoch nicht nur an die Lebensmittel gedacht, sondern auch an sein eigenes Wohl und die Sicherheit seiner Angestellten. Auf Umwegen hatte er von der Parteileitung die schriftliche Genehmigung erhalten, zusammen mit seiner Belegschaft die Ladung zu begleiten. Kaum hatte er das kostbare Papier in der Hand, ließ er mit einem Rollwagen der Firma die Familienangehörigen der kleinen Belegschaft und einige Freunde in ganz Königsberg zusammenholen und zum Kahn bringen – seine eigene Familie hatte Tage zuvor mit einem der letzten Züge ins Reich die Stadt verlassen. Gegen 15.30 Uhr begann die sowjetische Artillerie, in die Stadt zu schießen. Der Rollwagenkutscher mußte jetzt lange Umwege machen, doch gegen Abend waren auch die letzten Leute am Kahn in Gr. Holstein. Die Nacht verbrachte die Gruppe in einem Fischerhaus nahe der Anlegestelle.

Am Sonntagmorgen hatte sich der Frost auf minus 20 Grad verschärft. Frierend trampelten sie zum Kahn – sie hatten es eilig, nun endlich fortzukommen. Doch der Schiffer machte ihre Hoffnung zunichte: Der Kahn war zu breit, um durch die enger gewordene Eisrinne geschleppt zu werden. Die scharfe Eiskante würde die Eichenplanken glatt durchschneiden und das Schiff nach wenigen hundert Metern sinken.
Nach einem längeren Palaver beschließen sie, die Waren vom Holzkahn auf einen nebenan liegenden Eisenkahn umzuladen. Sie schuften den ganzen Tag bis in die Nacht hinein. Mit Ausnahme von fünf Doppelzentnern Zucker bekommen sie den Holzkahn leer. Sie können kein Kilo mehr heben und beruhigen sich mit dem Gedanken, daß sie neben allem anderen nun 35 Doppelzentner Zucker im Eisenkahn haben. Doch der versprochene Schlepper bleibt aus. Enttäuscht kriechen sie auf ihre Lager in dem mollig warmen Fischerhaus.
Montag, der 29. Januar, bricht an. Im Morgengrauen sehen sie drei Schiffe auf dem Seekanal von Königsberg her kommen: Einen Eisbrecher, dahinter ein Minenräumboot und einen kleinen Frachter. Trotz der Kälte waren die Decks voller Menschen. Dr. Ostermayers Leute winken und schreien: »Nehmt uns mit! Nehmt uns mit!« Aber niemand schenkt ihnen Beachtung. Die Besatzungen der drei Schiffe hatten seit drei Tagen so gut wie nicht geschlafen. Fast ununterbrochen waren sie zwischen Königsberg und Pillau hin und her gefahren und hatten Flüchtlinge geholt.
Die Frauen und Kinder, die sie jetzt an Bord hatten, waren am 25. und 26. Januar aus den östlichen und nördlichen Teilen der Provinz nach Königsberg gekommen. Als die russische Artillerie das Feuer auf die Stadt eröffnete, wurden sie zum Abtransport per Schiff zur Schichau-Werft geschickt. Verstört hatten sie sich auf den Weg gemacht. In Gruppen von 50 bis 100 Leuten brauchten die Lötzener, die in einer Volksschule im Osten untergebracht gewesen waren, dafür etwa sechs Stunden. Unterwegs hatten sie immer wieder in Deckung gehen müssen und oft lange Zeit in irgendeinem Keller festgesessen.

Die Kaianlagen der Werft waren schon mit Wartenden angefüllt, als die Lötzener dort ankamen. Es war dunkel geworden und der Beschuß hatte nachgelassen. Kein Schiff war zu sehen. Erst gegen Mitternacht legten das Minenräumboot und das Frachtschiff an. Kaum waren die Landgänge ausgebracht, als die Menge auch schon beide Schiffe stürmte. Mitten im Gedränge zuckte ein Lichtblitz auf, dem eine schwere Detonation folgte. Es entstand eine Panik. Manche liefen schreiend in die Stadt zurück, andere warfen sich platt auf die Erde, andere stießen ihre Vordermänner auf die Schiffe zu, weil sie sich dort sicherer glaubten. Viele wurden niedergetrampelt und verletzt. Die Menge glaubte sich mitten in einem Bombenangriff.
In Wirklichkeit sprengten Pioniere die geheimen Anlagen der U-Boot-Werft Schichau. Der Kommandant des Minenräumers schien der einzige zu sein, der die Situation sofort erkannte. Von der Brücke herunter schrie er durch sein Megaphon: »Aufhören! Hier sind Menschen! Aufhören! Hier sind Menschen!« Langsam beruhigten sich die Leute am Kai und folgten willig den Anordnungen der Seeleute. Eine halbe Stunde später legten die Schiffe ab – voran der Eisbrecher, der die schnell zuwachsende Eisrinne aufbrach.
Als der Konvoi den Eisenkahn an der Anlegestelle Gr. Holstein passiert hatte, sank die Stimmung unter Dr. Ostermayers Leuten auf den Nullpunkt. Es kam zu Streitereien, weil einige den Krempel einfach liegenlassen und zu Fuß weiter wollten – entweder am Seekanal entlang nach Peyse oder querfeldein in Richtung Metgethen, wo man in weiter, weiter Ferne die weißen Rauchwolken der Züge nach Fischhausen sehen konnte. Doch jedesmal, wenn sich wieder ein mit Flüchtlingen beladenes Schiff oder ein Kahn von Königsberg her näherten, sprangen sie wie ein Mann auf den Holzkahn – der inzwischen vor dem Eisenkahn festgefroren war – und schrieen aus Leibeskräften. Vergebens. Am späten Nachmittag gaben sie es auf und zogen sich durchgefroren wieder in das Fischerhaus zurück.
Am Dienstag, dem 30. Januar, weckt sie am frühen Morgen Gefechtslärm. Deutlich hören sie das Bellen der Pak und das Rat-

tern der MGs, das von Norden her über die verschneiten Felder zu ihnen dringt. Die Russen scheinen ganz in der Nähe zu sein. Die Männer machen sich gegenseitig Vorwürfe, zu lange gezögert zu haben, und wissen nicht, ob eine Flucht zu Lande noch Sinn hat. Tatsächlich waren die Sowjets westlich Königsberg in Richtung Seekanal vorgestoßen und hatten schon die letzte noch freie Landverbindung der Stadt abgeschnitten: Königsberg war eingeschlossen. Allein über den Seekanal war jetzt noch eine Flucht zu bewerkstelligen.

Schiff um Schiff zog an den verzweifelt winkenden und schreienden Königsbergern vorbei. Gegen zehn Uhr kam ein Eisbrecher, an dessen Deck nur ein paar Mann herumstanden. Diesmal erhielten sie Antwort: Sie sollten an die Signalstation kommen, wo das Schiff anlegen würde. Vier Mann rasten auf dem alten Treidelpfad los und erreichten nach fünf Minuten die Station, kurz nach dem Eisbrecher.

Als sie dem Steuermann ihre Lage erklärt hatten, schüttelte der den Kopf: Abschleppen kommt nicht in Frage. Das Schiff hat nur den Auftrag, die Besatzungen der Signalstationen entlang des Seekanals zu evakuieren und nach Pillau zu bringen. Und mehr noch als die Schießerei an Land beunruhigt den Steuermann das Fliegerwetter, weil sein Schiff nur mit zwei MGs bestückt ist. Er hat es eilig, wieder nach Pillau zu kommen. Doch die Vier geben nicht auf. Einer von ihnen ist im Vorstand des Binnenschiffereiverbandes – ihm gelingt es schließlich, den Mann zu überreden.

Der Eisbrecher wendet und fährt zurück. Sie brauchen fast eine Stunde, um die vereisten Trossen des Kahns zu lösen und die Bordwand freizuhacken, ehe sie den festgefrorenen Kahn herausziehen können. In langsamer Schleppfahrt geht es durch den Seekanal entlang der Südküste des Samlandes, parallel zur Eisenbahnlinie Königsberg – Fischhausen – Pillau. Das Feuer der Sowjets in ihrem Rücken wird allmählich schwächer. Sie sind vorläufig in Sicherheit, Von dem, was sich in diesen Stunden im Innern des Samlandes abspielte, würden sie auch später nur Bruchstücke erfahren.

Der sowjetische Einbruch in das Samland

Vom Seekanal gesehen bot sich die Südküste des Samlands nur als eine weite Landschaft verschneiter Sümpfe und Wälder, die wie ausgestorben in der gleißenden Wintersonne lag. Dahinter dehnt sich jedoch eines der fruchtbarsten und damals am dichtesten besiedelten Gebiete Ostpreußens. Das zwischen Kurischem und Frischem Haff in die Ostsee vorspringende Rechteck fällt im Norden und Westen in einer Steilküste zum Meer ab. Badeorte und kleine Fischereihäfen prägen das Bild der Bernsteinküste, an der seit grauer Vorzeit das kostbare fossile Harz gewonnen wird. In Palmnicken, der bekanntesten Fundstelle, wurde der Bernstein im Tagebau mit riesigen Schürfbaggern aus der blauschwarzen Erde geholt.
Eine Kornkammer in der Kornkammer Ostpreußen, war das Samland vor allem ein Sommerparadies für Naturfreunde, Segelflieger, Sportsegler – und Kinder. Die langen Sandstrände hatten in Friedenszeiten Königsberger Ausflügler wie Besucher aus dem ganzen Reich angelockt. Im Krieg hatten die Einheimischen ihr Paradies für sich – bis im Januar 1945 die Russen kamen.
Seit Tagen sah es dort nicht anders aus als zuvor schon um Osterode und Allenstein, Bartenstein und Heilsberg: Tausende von Trecks aus den östlich Königsberg gelegenen Kreisen zogen in Richtung Westen an Königsberg vorbei zur Küste bei Palmnikken und dann südwestwärts über Fischhausen nach Pillau. Überholt von flüchtenden deutschen Wehrmachtskolonnen, die Russen dicht auf den Fersen, gönnten sich die Flüchtlinge keine Ruhepausen.

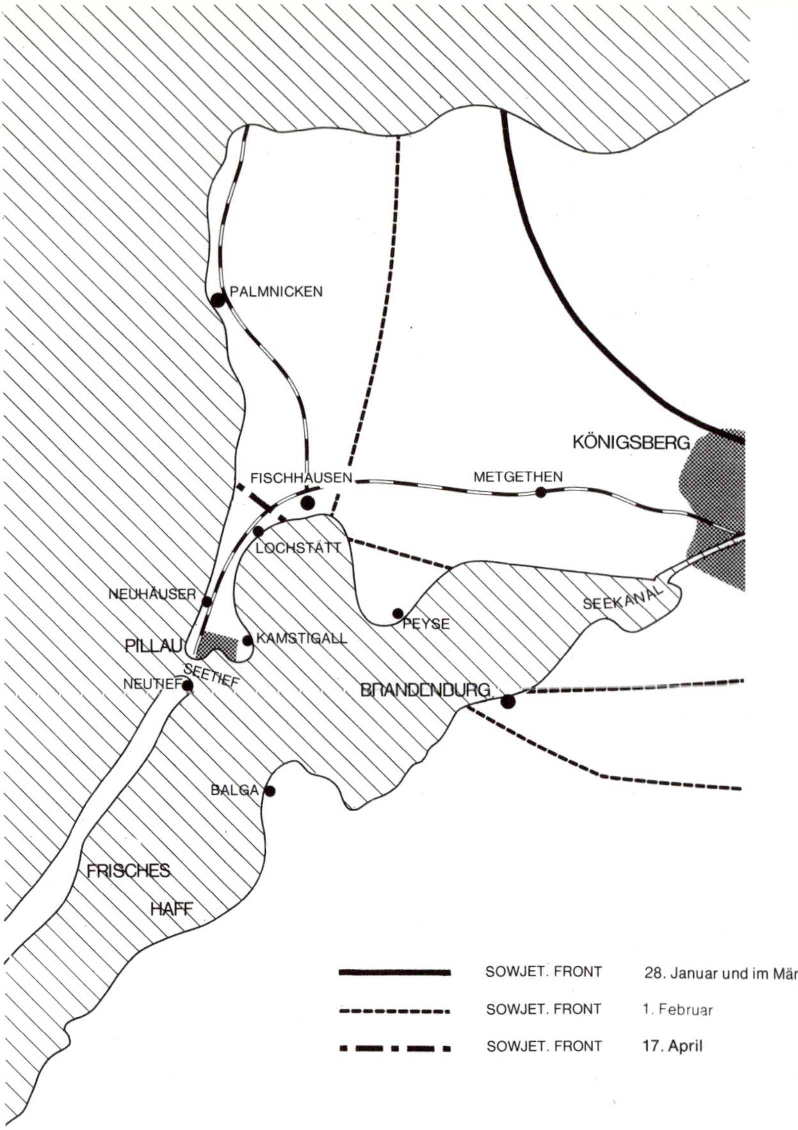

Abb. 2: Die sowjetischen Vorstöße im Samland

Mitten in dieses Gedränge war auch der Volkssturm vom Gut Cobjeiten geraten, dem das junge Ehepaar Siegel am 21. Januar auf den Feldern vor Rauschen bei seiner Übung zugesehen hatte. Noch am selben Nachmittag waren damals die Volkssturmleute von ihrer Übung weg zum Einsatz kommandiert worden: Als »Jagdkommando« sollten sie die nördlich von Königsberg nach Westen führende Straße für die zurückweichende Wehrmacht freihalten und vor Tieffliegern schützen. Zu diesem Kommando gehörte auch der Gutsherr von Tyrkehnen, Max Schneege, mit seinen Leuten und einigen Nachbarn. Einige von ihnen hatten im Ersten Weltkrieg als Offiziere gedient. Jetzt wurden sie von einem Molkereigehilfen, einem strammen SA-Mann, angeführt, der in seinem Leben noch kein Gewehr angefaßt hatte.
Auf Lastwagen fuhren sie an den Trecks entlang den Russen entgegen: An den Straßenrändern liegengebliebene Wehrmachtfahrzeuge, umgestürzte Treckwagen, verstreutes Flüchtlingsgepäck, verendete Pferde. Die Menschen waren so mit ihrem Fortkommen, ihrem Überleben beschäftigt, daß sie nicht zu merken schienen, was um sie herum vorging. Nur wenn sie unter Beschuß gerieten und alles auseinanderlief, änderte sich das Bild. Und während Mütter ihre Kinder, schreiende Kinder ihre Mütter suchten, blieben Wagen verlassen stehen – bis die Nachfolgenden sie einfach in den Straßengraben kippten, um Platz zu schaffen.
Leere Straßen, die sie hätten freihalten können, fanden die Volkssturmmänner nicht. Gegen den Strom anfahrend gerieten sie nur jeden Tag der Front näher und waren schon weit über Königsberg hinaus, ehe sie in einem kleinen Ort festsaßen.
Jemand brachte ihnen Zettel, die sie an Türen, Fenster und Zäune kleben mußten: »Lage hat sich gefestigt. Kein Grund zur Unruhe und zur Flucht. Der Kreisleiter.« Zivilisten waren keine mehr da. Die Molkerei des Ortes war geplündert: Überall lagen Käse und Butter zertreten im Schnee. Soldaten erschossen herumlaufende Schweine und warfen sie auf einen bespannten Munitionswagen – die Munition hatten sie vorher auf einen Dunghaufen abgeladen.
Die ratlosen Volkssturmmänner kamen nicht dazu, sich ein

Quartier zu suchen, so durchgefroren und müde sie auch waren: Ein Oberst schrie den Molkereigehilfen an, er solle sich gefälligst sofort nach Westen in Marsch setzen und den Trecks Flankenschutz geben. So kehrte der Trupp wieder um und setzte sich mit dem Flüchtlingsstrom Tag um Tag weiter nach Westen ab. Nachts bauten sie ihre MGs am Straßenrand auf. Helfen konnten sie nicht und schützen sicher auch nicht. Soldaten lachten sie aus, und Max Schneege kam sich in seinem Mantel aus parteibraunem Tuch, den er als Uniform über seinen Zivilkleidern trug, sehr fehl am Platz vor. Aber da gab es viele, denen es schlimmer ging. Einmal war ihm in dem vorbeiflutenden Verkehr eine große Gruppe nur dürftig bekleideter, verwahrlost aussehender Fußgänger aufgefallen. Es waren die Insassen der Heil- und Pflegeanstalt Tapiau, um die sich niemand kümmerte und die auch später nirgendwo mehr aufgetaucht sind.

Am Sonntag, dem 28. Januar, hatten sich die Tyrkehner wieder Königsberg genähert. In den letzten beiden Tagen war der Gefechtslärm in ihrem Rücken deutlich näher gekommen, und Max Schneege wurde es jetzt zu bunt. Früh am Morgen machte er sich zu Fuß allein nach Königsberg auf den Weg. In der Stadt herrschte ein aufgeregtes Treiben: Überall Wehrmacht, Volkssturm, Hitlerjugend und dazwischen mit Sack und Pack beladene Flüchtlinge. Max Schneege bahnte sich seinen Weg zum Büro des Geschäftsführers der Ostpreußischen Herdbuchgesellschaft, Dr. Schumann, mit dem er eng befreundet war. Schneege hatte Glück, denn Dr. Schumann harrte eisern auf seinem Posten aus. Nach ein paar Schnäpsen und einigen Telephongesprächen bekam Schneege einen neuen Einsatzbefehl: Er hatte umgehend mit den Leuten von Tyrkehnen nach Rauschen zurückzukehren, um dort eingesetzt zu werden.

Am Abend war Schneege wieder bei seinen Leuten. Sie waren jetzt nur noch zu sechst und hatten keine Schwierigkeiten, zwei Pferde und einen Schlitten aufzutreiben, mit denen sie sich auf den Weg nach Hause machen konnten. Aber schon im übernächsten Ort saßen sie hoffnungslos fest: Eine Menge bespannter Geschützprotzen hatte sich in die Trecks gedrängt und sie zum Still-

stand gebracht. Im Besitz seines Befehls fühlte sich Schneege sicher, und mit vorgehaltener Pistole erzwang er dem Schlitten einen Weg zwischen den fremden Fahrzeugen. Er wußte, daß sie an der Bahnlinie nach Rauschen angekommen waren. Trotzdem mußten sie noch einige Zäune umreißen und sich rücksichtslos durch die aufgefahrenen Trecks zwängen, ehe sie das Bahnhofsgelände erreichten. Dort zogen sie ihren Schlitten kurzerhand auf die Gleise und fuhren zwischen den Schienen der Samlandbahn bis Rauschen, von wo sie schließlich nach Tyrkehnen zurückkehrten.
An der Nordküste des Samlandes zwischen Rauschen und Brüsterort war es noch still – dank des einzigen noch funktionierenden deutschen Verteidigungsriegels östlich des Flugplatzes Neukuhren. Die von Pillau nach Rauschen zurückgekehrten Siegels genossen die friedliche Winterlandschaft und gaben sich der trügerischen Ruhe so sehr hin, daß sie an einem der Abende Muße fanden, sich bei einer Flasche Wein Homer im Original von einem Freund vorlesen zu lassen.
Die Nachrichten vom Vordringen der Russen, der Pessimismus der von der Front zurückkommenden Soldaten und der sich ständig nähernde Geschützdonner versetzten allmählich auch die Rauschener in größte Unruhe. Nach und nach brachen sie in Richtung Pillau auf oder versuchten, im Fischerhafen Neukuhren auf ein Schiff zu kommen. Jetzt wollten auch die Eltern Peter Siegels nicht mehr bleiben – und der Urlaubsschein des jungen Feldunterarztes war abgelaufen.
Am 28. Januar meldet sich Peter Siegel im Feldlazarett Rauschen. Dort ist man im Begriff zu packen: Innerhalb einer Stunde soll das Lazarett nach Pillau verlegt werden. Den älteren Stabsärzten kommt der Neuling gerade recht. Sie tragen ihm die Begleitung des Zuges auf, während sie in ihren Wagen vorausfahren. Zu viert, Handkoffer schleppend, ziehen die Siegels zum Bahnhof. Der Lazarettzug ist ein gewöhnlicher Personenzug. Die Verwundeten liegen auf den Bänken. Auf den Gängen drängen sich Zivilisten. Niemand hat das Herz, sie zu verjagen. Ein älteres Ehepaar steigt immer wieder ein und aus, weil sie sich nicht

entschließen können, die Gelegenheit zu nutzen oder nicht. Schließlich resignieren sie und gehen in den Ort zurück.

Der Zug fährt um Mitternacht ab und kommt fünf Stationen weit: Am Knotenpunkt Marienhof bleibt er liegen, denn die Russen haben zwischen Peyse und Fischhausen das Fischhausener Wieck erreicht. Die Belegschaft des Kraftwerks Peyse ist über das Eis nach Pillau geflüchtet, und die Teile des Samlandes, die sich noch in deutscher Hand befinden, sind ohne Elektrizität. Das heißt aber auch, daß die Pumpen der Bahnhöfe nicht mehr funktionieren und die Lokomotiven ohne Wasser sind.

Der Bahnhofsvorstand hörte, daß es in Palmnicken noch Wasser gibt – das sind hin und zurück 66 Bahnkilometer. Eine Lokomotive wird mit drei Tankwagen losgeschickt. Es ist schon lange dunkel, und die Front soll nur noch zwölf Kilometer entfernt sein. Würden die überhaupt noch zurückkommen? Die braven Eisenbahner kamen am nächsten Morgen wieder, und noch am Vormittag des 30. Januar fuhr der Zug weiter in Richtung Fischhausen. Stunden später waren die Sowjets in Marienhof. Und fast zur selben Zeit war es ihnen auch gelungen, die direkte Bahnlinie Königsberg–Pillau zwischen Seerappen und Metgethen zu durchbrechen.

Im letzten Zug, der noch durchkam, saß der Königsberger Heinz Kroll. Er hatte keine Ahnung, was nur einige hundert Meter hinter ihm geschehen war. Zusammen mit seiner alten Mutter war er am 28. Januar zu Fuß von Königsberg nach Pillau aufgebrochen – eine Strecke von etwa 45 Kilometern. Für den beinamputierten Angestellten des Finanzamtes war der Weg auf Schnee und Eis mehr als beschwerlich. Trotzdem erreichten sie in der Nacht noch Seerappen. 15 Kilometer hatten sie geschafft. Mutter und Sohn übernachteten im Haus eines Offiziers. Als sie am nächsten Morgen weiter wollten, war Krolls Beinstumpf so angeschwollen, daß seine Prothese nicht mehr paßte. Er behalf sich mit Bindfaden und schaffte den Weg zum Bahnhof Seerappen. Dort wollte er wieder umkehren. Aber seine Mutter stimmte ihn um.

Gegen 7 Uhr steigen sie in den Güterzug, in eine offene Lore, denn in den Viehwagen liegen Verwundete. Der Zug bleibt den ganzen Tag bei minus 20 Grad auf dem Bahnhof stehen. Etwa 30 inzwischen verstorbene Verwundete werden wieder ausgeladen und im Bahnhofsgebäude nebeneinandergelegt. Gegen 18 Uhr setzt sich der Zug endlich in Bewegung. In der Nähe hört Kroll die Abschüsse russischer Pak, dann MG-Feuer. Die Nacht verbringen sie im Bahnhofsgebäude der nächsten Station – Powayen. Erst am folgenden Nachmittag – es ist der 30. Januar – verlassen sie die Station mit einem Munitionszug, während hinter ihnen eine wilde Schießerei anhebt. Einige Minuten bangen sie um ihr Leben, dann wird der Lärm schwächer – sie sind aus der Gefahrenzone heraus.

Die Schießerei hatte einem Flüchtlingszug aus Königsberg gegolten, der in diesem Augenblick das Stellwerk Seerappen passierte. Mit durchlöchertem Kessel blieb die Maschine stehen. Eine dikke weiße Dampfwolke, die sich in der eisigen Winterluft lange hielt, legte sich wie ein Leichentuch um die Waggons. Schießend und schreiend stürmten die Russen den mit Frauen und Kindern besetzten Zug. Dasselbe Schicksal ereilte zwei nachfolgende Züge zwischen Seerappen und Metgethen. Hunderte von Zivilisten fanden dabei den Tod.

Die Sowjets hatten am 30. Januar nicht nur die Haffküste westlich von Königsberg erreicht und damit die Hauptstadt Ostpreußens eingeschlossen. Sie waren in ost-westlicher Richtung tief in das Samland hineingestoßen und hatten sich Fischhausen bald bis auf drei, Palmnicken bis auf zehn Kilometer genähert. Die deutsche Front befand sich in völliger Auflösung. Von der 3. Panzerarmee existierten nur noch klägliche Reste.

In wilder Flucht drängten Truppenteile der Wehrmacht und Tausende von Zivilisten in das westliche Samland. Die Öffnung am Südwestzipfel des sackähnlichen Gebildes war nicht groß genug, um einen merklichen Abfluß zuzulassen. Die Wege waren verstopft und die Aufnahmefähigkeit Pillaus begrenzt.

Der Treck aus der Gegend von Tapiau, knapp vierzig Kilometer östlich von Königsberg, war schon zehn Tage unterwegs. Erst hatten sie sich auf Königsberg zu, dann an Königsberg nördlich vorbei gequält, wo sie wahrscheinlich die Volkssturmeinheit des

Max Schneege passierten und, wie er, immer wieder in Knäueln von Wehrmachtfahrzeugen, Geschützen und Trecks festsaßen. Sie waren schließlich aus dem überfüllten Germau, wenige Kilometer südöstlich von Palmnicken, aufgebrochen, um in Sorgenau an der Küste Quartier zu machen. Noch auf der Fahrt erfuhren sie, daß die in Germau zurückgebliebenen Flüchtlinge in die Hände der Russen gefallen waren. Ihre Fuhrwerke waren geplündert und sie selbst in die Kirche und in einige Scheunen gesperrt worden.

Trotz des sich verstärkenden Artilleriefeuers fuhren die Tapiauer weiter. Ernst Damerau, Landwirt aus Moterau, führte den Treck, dem sich eine ganze Reihe von Verwandten, unter anderem auch Bruno Damerau, Standesbeamter von Tapiau, mit seiner Familie angeschlossen hatten. Sie wollten nur vorwärts, möglichst schnell in den nächsten Ort. Ein Dach über dem Kopf, ehe der Iwan über sie kam. Einige Männer gehen voraus, um nach einer Unterkunft zu suchen. Sie finden eine halbleere Schule, die von einem vierschrötigen Mann wie eine Burg verteidigt wird. Die Tapiauer lassen sich nicht einschüchtern. Sie fahren ihre Wagen auf den vereisten Schulhof und nehmen ein Klassenzimmer im Erdgeschoß in Besitz. Die Pferde finden Platz in einem großen Schuppen. Es gelingt ihnen, Stroh zu besorgen und Holz für den kleinen Eisenofen. Bald kocht eine Henne im Topf.

Gegen Mitternacht reißt sie Artilleriefeuer aus dem Schlaf. Die Männer rappeln sich auf und laufen hinaus. In Richtung Germau ist der Himmel tiefrot, und aus einem nahen Wald hören sie MG-Feuer. Es kann nicht mehr lange dauern, bis der Russe da ist. Bedrückt kehren sie in ihr Klassenzimmer zurück. Einige wollen einfach zu Fuß nach Süden oder Norden, und es kostet die anderen einige Mühe, ihnen den Unsinn auszureden. Mit großer Umständlichkeit ziehen sie ihre Ringe von den Fingern und verstecken sie mit den anderen Wertsachen im Stroh. Dann harren sie ergeben der Dinge, die nun kommen würden.

Aber in dieser Nacht kam nichts mehr. Das MG-Feuer verstummte, und bald darauf schliefen die Flüchtlinge auf ihren Strohlagern wieder ein. Das Tageslicht liegt schon bleigrau auf den verschneiten Feldern, als wieder Leben in die Schule kommt. Im Klassenzimmer neben den Tapiauern zieht eine Gruppe ein, die mit ihren Wagen in der Nacht in das Feuer der Russen geraten ist. Ein Bauer hat einen Streifschuß am Oberarm, und zwei Wagen haben sie verloren – sonst ist ihnen nichts passiert.

Auf der Straße ist es verdächtig still geworden. Bruno Damerau wühlt im Stroh herum, weil er seinen Ehering nicht wiederfinden kann. Plötzlich drängen sich alle Leute, die draußen auf dem Hof waren, hastig in die Stuben. Ein Schlitten mit lachenden und winkenden russischen Soldaten war vorbeigefahren. Wenige Minuten später kamen sie wieder zurück und fuhren auf den Schulhof. Es waren drei stramme Burschen, etwa 20 Jahre alt, die Fäuste fest um die Kolben ihrer Maschinenpistolen gelegt. Sie suchten »Germanski Soldat«. Ein Litauer unter den Flüchtlingen konnte sich mit ihnen verständigen und mußte sie vom Keller bis zum Dachboden durch das Schulhaus führen. Dann kam er mit ihnen zurück.

Die Russen waren recht freundlich und lächelten den Flüchtlingen zu.

»Wenn Hitler kaputt, sind wir alle Brüder«, übersetzte der Litauer. Die Russen kämen aus Smolensk und wollten wissen, warum die Leute alle ausreißen. Die siegreiche Rote Armee wäre doch nur hinter den Hitlerfaschisten her, gegenüber allen anderen fühlten sie sich als Befreier.

Auch nach einer halben Stunde mühsamer Unterhaltung blieb nichts als gegenseitiges Unverständnis zurück.

Die Russen waren kaum gegangen, als der Gefechtslärm wieder anhob. Die Tapiauer verkrochen sich in ihr Stroh und warteten darauf, daß die Russen am Abend wie versprochen wiederkommen würden. Für die Frauen und Mädchen hatten die Männer einen Fluchtweg in eine nahe Schlucht ausgekundschaftet. Aber die Russen kamen nicht wieder. Deutsche Gegenstöße hatten Luft geschaffen.

Am nächsten Tag beschlossen die verängstigten Tapiauer, nach Pillau zu ziehen. Für den Marsch stärkten sie sich mit einer gebratenen Gans, die lebend auf einem der Wagen mitgeführt worden war. Für die Pferde war nichts mehr da, und sie mußten eine Futterexpedition losschicken. Bruno Damerau und sein Bruder ziehen mit einem Handschlitten über einen vereisten, vollkommen zerfahrenen Weg zum nächsten Gutshof. Unterwegs treffen sie keine Menschenseele. Weitab hören sie Gewehrfeuer. Der Gutshof ist verlassen. Es sieht wüst aus: Kartoffeln, Getreide, Heu, Stroh, Erbsen, Peluschken, Wirtschaftsgerät liegen im Schnee verstreut, Türen sind eingeschlagen, und neben dem Misthaufen liegt ein totes Schwein. Ein scharfer Wind weht neuen Schnee über die Landschaft. Die beiden Männer beeilen sich aus Angst, durch die Russen abgeschnitten zu werden. Sie packen Kartoffeln, Heu und ein großes Bündel Klee auf ihren Schlitten und machen, daß sie in ihre Schule zurückkommen.

Der Gänsebraten war eine schwere Kost gewesen; die Stille draußen hat sie einigermaßen beruhigt. So brechen sie erst am nächsten Morgen auf. Der Gefechtslärm ist wieder aufgelebt, stärker als am Tag zuvor, aber auch weiter weg. Die Straße nach Pillau war der Wehrmacht vorbehalten. Die Heerschar der Zivilisten wälzte sich über die seewärts gelegenen Felder mit Wagen, Schlitten und zu Fuß auf die Hafenstadt zu.

Im Lochstädter Wald, etwa 15 Kilometer vor Pillau, wurde der Strom der Flüchtlinge immer dichter und kam dann ganz zum Stillstand. Die Tapiauer hatten Glück: Sie waren dicht an der Chaussee aufgefahren. Gegenüber, nur durch die vorbeiziehenden Militärkolonnen von ihnen getrennt, kochten Landser ab. Die Flüchtlinge schickten eine Abordnung zum Betteln hinüber und bald dampfte in ihren Töpfen, Kochgeschirren und anderen Gefäßen eine dicke Bohnensuppe mit viel, sehr viel Fleisch. Pferdefleisch – aber wen störte das schon. Die Landser gaben ihnen jedoch nicht nur zu essen, sondern erkundigten sich auch nach dem Woher und wie es ihnen unterwegs ergangen sei. Sie gehörten einer ostpreußischen Volksgrenadierdivision an und machten sich Sorgen um ihre eigenen Angehörigen. Die Flüchtlinge waren froh, endlich einmal teilnahmsvolle Worte zu hören und nicht nur herumgeschubst zu werden. An der Tatsache, daß sie nicht weiterkonnten, änderte das allerdings nichts. Ihren Weg kreuzte

ein anderer, noch stärkerer Flüchtlingsstrom, der sich aus Fischhausen heraus in Richtung Pillau ergoß.
Das Drama in Fischhausen hatte am Sonntag, dem 28. Januar, gegen 10 Uhr abends begonnen. Es war jene kalte Winternacht, in der Dr. Ostermayer in Gr. Holstein Säcke mit Lebensmitteln von einem Holzkahn auf einen Eisenkahn umlud, in der der milchbärtige Feldunterarzt Peter Siegel mit seinen Angehörigen in einem improvisierten Lazarettzug von Rauschen nach Marienhof unterwegs war, während Tausende über die Eisstraßen des Frischen Haffs zogen.
Im Rathaus Fischhausen hatte Landrat von der Gröben gerade daran gedacht, zu Bett zu gehen, als er einen Anruf von der Gauleitung Königsberg erhielt. Der Oberpräsident, Reichsverteidigungskommissar und Gauleiter Erich Koch gedenke am kommenden Vormittag eine Dienstbesprechung mit sämtlichen Behördenleitern des Gaues in Fischhausen abzuhalten.
Der Landrat kannte seine Pappenheimer, und er wußte, wie brenzlig die Lage in Königsberg war: Diese Einberufung war für die Spitzen das Zeichen zur Flucht. Und die Behördenleiter legten es auch richtig aus. Die meisten kamen noch in derselben Nacht. Die Königsberger Bevölkerung erfuhr davon nichts. Sie machte sich ihren eigenen Vers auf die Ereignisse, und die russische Artillerie sprach deutlicher zu ihnen als das Schweigen des Durchhaltegauleiters. In dieser unheimlichen Winternacht, in der vor Mitternacht die Temperatur rapide von 10 auf stellenweise 25 Grad unter Null gefallen war, verließen Tausende von Einheimischen und Flüchtlingen Hals über Kopf die Hauptstadt. Wer nicht mit einem Zug wegkam oder von einem Fuhrwerk oder Lastwagen nicht mitgenommen wurde, machte sich zu Fuß auf den langen Weg. Mit Schlitten, Karren, Kinderwagen, Schleifen ergoß sich ein düsterer Zug über die Pillauer Landstraße. Hunderte von Kraftfahrzeugen mit zivilen Würdenträgern, Wehrmachtsstäben oder sonstigen bevorzugten Sterblichen überholten die Fliehenden oder wurden in sie hineingedrängt, wenn Wehrmachtkolonnen und Panzer auftauchten.
Vor Fischhausen war in dieser Nacht der Weg vollkommen blok-

kiert. Zusammen mit dem Adjutanten des Generals der Kriegsgefangenen, Major Freiherr von Schrötter, den er zufällig getroffen hatte, machte sich Landrat von der Gröben daran, den Verkehrsknäuel aufzulösen. Einen Teil der Flüchtlinge schickten sie über das Eis des Fischhausener Wiecks direkt nach Pillau; Treckfahrer mußten ihre Fuhrwerke entweder auf den verschneiten Uferwiesen auffahren oder Fahrzeuge und Tiere stehen lassen und zu Fuß weitergehen. Die große Masse gelangte jedoch nach Fischhausen, wo jeder eine warme Unterkunft suchte.

Zwei Tage lang ließ der Zustrom nicht nach. Fischhausen war hoffnungslos überfüllt. Als am 30. Januar die Sowjets vor der Stadt auftauchten, stürzte alles in Richtung Pillau davon und blockierte den Flüchtlingen aus dem nördlichen und mittleren Samland den Weg.

Wie erwartet, hatte die Dienstbesprechung der Behördenleiter in Fischhausen nicht stattgefunden. Die Herren hatten sich nach Pillau abgesetzt. Gauleiter Koch flog am 31. Januar mit einem kleinen Stab aus dem eingeschlossenen Königsberg nach Heiligenbeil und dann weiter nach Neutief auf die Frische Nehrung, wo für ihn schon ein Befehlsbunker eingerichtet worden war. Von dort schickte er sein inzwischen berühmtes Telegramm an Hitler: »4. Armee auf der Flucht ins Reich. Versucht feige, sich nach Westen abzusetzen. Ich verteidige Ostpreußen mit dem Volkssturm weiter.«

Das Telegramm hatte übrigens zweierlei zur Folge: Der Befehlshaber der 4. Armee, General Hoßbach, wurde für den Versuch, südlich Elbing eine Verbindung zur westlich liegenden 2. Armee herzustellen, seines Kommandos enthoben und zur Führerreserve versetzt. Das Kommando erhielt General Müller. Und das großspurige Angebot der Verteidigung Ostpreußens mit dem Volkssturm führte zur Rekrutierung aller Männer unter 60 Jahren. Sie wurden auch aus den Trecks herausgeholt. Am Ablauf der Geschehnisse änderten sie nichts mehr, aber viele von ihnen fanden noch den Tod.

Alle wollen auf ein Schiff –
Die Versenkung der »Wilhelm Gustloff«

Spätabends am Dienstag, dem 30. Januar, war der improvisierte Lazarettzug aus Rauschen mit dem jungen Feldunterarzt und dessen Familie auf ein Abstellgleis am Seedienstbahnhof in Pillau rangiert worden. Ein Schneesturm hielt sie in den Waggons fest.

Erst am nächsten Morgen wagte sich Peter Siegel hinaus. Er stapfte über die verwehten Gleise zum Bahnhofsgebäude. Schon von weitem konnte er dahinter die Menschenmassen sehen, die bis zur Pier hinunter eine dichte Mauer bildeten. Er umging die Menge und näherte sich dem Russendamm, an dem die Umrisse großer Schiffe in den Winterhimmel ragten. In die METEOR, ein 3700 BRT Lazarettschiff, werden gerade Verwundete aus einem anderen Lazarettzug verladen. Zwei der Stabsärzte, die seinem Zug vorausgefahren waren, stehen dort herum.

»Wir sind die nächsten«, ruft ihm einer der beiden zu. »Sie werden sich jetzt wohl nach Ihrer Einheit umsehen müssen!« Siegel versteht, die beiden sind nicht gewillt, ihn herauszuschwindeln. Aber sie lassen sich dazu herbei, ihm wenigstens einen Marschbefehl nach Gotenhafen auszustellen, wohin wahrscheinlich sein Neidenburger Lazarett gelangt ist – wenn es dem Russen nach Norden davongekommen ist.

Siegel macht sich auf die Suche nach einem Schiff, das sie nach Gotenhafen mitnimmt. So weit er sehen kann, liegt Frachtschiff an Frachtschiff. Beide Häfen Pillaus sind bis auf den letzten Platz belegt. Die Seetransportabteilung der Kriegsmarine hatte sämtlichen verfügbaren Schiffsraum der Nachschubflotte in den kleinen Hafen in Marsch gesetzt. Außer dem 13 882 BRT Verwun-

detentransporter MONTE ROSA und dem Lazarettschiff METEOR lagen an diesem Tag in Pillau: die GÖTTINGEN (6200 BRT), MS GOTENLAND (5266 BRT), IRENE OLDENDORFF (1923 BRT), EBERHARD ESSBERGER (5064 BRT), FANGTURM (1923 BRT), das Schulschiff OKTANT (800 BRT), das Schulschiff NAUTIK (1127 BRT) und viele kleinere Einheiten. Peter Siegel bahnte sich seinen Weg durch die Menschenmassen. An der GÖTTINGEN drängten sich die Menschen nicht nur über die Landgänge auf das Schiff. Mit dem Ladegeschirr hatte der Steuermann Paletten heruntergelassen, mit denen Kinderwagen, alte Leute und Gepäck an Bord gehievt wurden. Daneben lag die GOTENLAND, an der es ähnlich zuging. Das Schiff hatte am Tag zuvor noch in der Schichau-Werft in Danzig zur Reparatur gelegen, weil ihm Bombentreffer vor Libau Teile des Decks weggerissen hatten. Die GOTENLAND war – gegen den Protest von Kapitän Vollmers – von der Kriegsmarinedienststelle Danzig ohne Ankergeschirr, ohne Winden auf dem Vordeck und ohne Back auf die Reise geschickt worden.
An der IRENE OLDENDORFF luden Hitlerjungen Artilleriemunition aus. Sie machten einen vollkommen erschöpften Eindruck. Peter Siegel erfuhr, daß sie in einem 10-Tagemarsch von einem Wehrertüchtigungslager in der Nähe Elbings über das Haffeis nach Pillau gekommen waren. Sie hatten sich auf dem Schiff schon Plätze reserviert – aber erst mußten sie die Munition löschen. Dann sollten sie den vielen Frauen und Kindern an Bord helfen, die hinter einer Absperrung geduldig und halberfroren warteten.
An einem anderen Schiff vorbeigehend sah er, wie ein Fallreep brach. Das Bild einer alten Frau prägte sich ihm für immer ein: Mit vollkommen ausdruckslosem Gesicht stürzte sie senkrecht ab; dabei blähten sich ihre vielen Röcke wie ein Ballon und bremsten den Fall. Ohne einen Laut schlug sie auf das Wasser. Im gleichen Augenblick sprang ihr ein Mann von der Besatzung nach und holte sie mit Hilfe seiner Kollegen an Bord wieder heraus. Es ging nicht immer so glimpflich ab. Vor allem nachts sind

bei dem rücksichtslosen Gedränge an der Vorderkante der Pier stehende Frauen und Kinder ins Wasser gestoßen worden und ertrunken, noch ehe ihnen jemand hätte helfen können.
Je weiter er sich vom Vorderhafen entfernte und dem Hinterhafen näherte, desto mehr lichteten sich die Menschenmassen. Nach einer halben Wegstunde waren es nur noch kleine Gruppen, und er sah, wie Omnibusse der Stadt Flüchtlinge heranbrachten. An einem Kriegsschiff mit sehr ungewöhnlichen Aufbauten und einem Antennenwald über der Brücke erwischte er den 1. Offizier und hatte Glück: Er konnte nach Gotenhafen, seine Familie von dort weiter nach Kiel mitfahren. Es war das bisher vor Norwegen stationierte Nachtjagdleitschiff TOGO (5042 BRT). Eine Stunde später waren Peter Siegel und seine Angehörigen an Bord. Sie bekamen eine Kajüte mit vier Kojen und einer Waschgelegenheit – außerdem konnten sie an der Bordverpflegung teilnehmen. Wenn auch aus der Weiterfahrt nach Kiel später nichts wurde, sie hatten es auf der Strecke Pillau–Gotenhafen besser als die meisten anderen.
Als die TOGO bei Einbruch der Dunkelheit ablegte, folgte ihr der Dampfer GÖTTINGEN, der über Hela nach Swinemünde laufen sollte. Die GÖTTINGEN trug etwa 5000 Menschen, meist Frauen und Kinder. In den tiefen Laderäumen, die nur spärlich mit Stroh ausgelegt waren, saßen und lagen die Menschen dicht aneinander, ohne Heizung, ohne Wasser. Als Toiletten dienten Eimer, die Matrosen hin und wieder an Tauen nach oben zogen. Der Gestank war fast noch schlimmer als der Hunger, der bald einsetzte. Außer den geringen Vorräten für die Besatzung befanden sich an Bord keinerlei Lebensmittel. Was sie entbehren konnten, verteilten die Seeleute an Schwangere und Mütter mit Kindern. Immer wieder wurden sie dabei von Soldaten bedrängt, die Gewehre, Pistolen, Tabak, Schmuck gegen Essen eintauschen wollten. Am schlimmsten erging es den Verwundeten, von denen einige Hundert mittschiffs in einem Behelfslazarett lagen. Ein Stabsarzt des Heeres mühte sich vergebens um ihre Betreuung und Versorgung. Er hatte nur einen kleinen Karton Pillen – keine medizinischen Bestecke, kein Verbandsmate-

rial, keine Desinfektionsmittel. Die Fahrt dauerte nur drei Tage, aber sie kostete einem Dutzend alter Leute und Säuglingen und zehn Verwundeten das Leben.

Den Platz der GÖTTINGEN am Russendamm und der TOGO im Hinterhafen nahmen innerhalb kurzer Zeit zwei andere Schiffe ein. Die Behörden vermuteten, daß zu diesem Zeitpunkt 60 000 Flüchtlinge auf den Abtransport warteten. Und wieviele die Schiffe auch mitnehmen mochten, wieviele auch mit den drei Fähren über das Seetief auf die Nehrung übersetzten, um zu Fuß weiterzugehen – der große Zustrom hielt die Zahl konstant. Die Fähren über das Seetief waren in beiden Richtungen überfüllt, seit die Leute vom Haffeis in Neutief eintrafen.

Im Pillauer Rathaus saß Stadtbürodirektor Hugo Kaftan an seinem Schreibtisch und zerriß die Anweisung, die er von Marineoberstabsintendant Plautsch erhalten hatte: »Mindestbelegung der Wohnungen mit Flüchtlingen: In 2 Zimmer 8 Personen, in 3 Zimmer 12 Personen, in 4 Zimmer 18 Personen und in 5 Zimmer 24 Personen.« Das war vor zwei Tagen vielleicht noch gut gewesen, jetzt schliefen die Leute schon auf den Korridoren und in den Kellern. In Kaftans 4-Zimmer-Wohnung hausten 50 fremde Leute, und er ging schon gar nicht mehr nach Hause. Vor einer Stunde hatte er die Insassen des Altersheims Fischhausen aufgelesen, die in der Stadt umhergeirrt waren. Sie warteten jetzt im Rathauskeller darauf, daß sie jemand ins Neuhäuser Altersheim bringen würde.

Das Feldtelefon schnarrte. Polizeigeneral und SS-Brigadeführer Hellwig meldete sich. Kaftan kannte ihn als einen von Kochs Busenfreunden. Er erwartete nichts Gutes, aber er wurde doch blaß, als die Stimme losbrüllte: »Ich scheiße Sie an, Sie verfluchter Scheißsack! Wenn Sie mir bis 14 Uhr kein anständiges Quartier besorgen, schmeiße ich Sie raus, verlassen Sie sich darauf! Sie sollen mich kennenlernen!«

Kaftan sagte nur: »Jawohl, Herr General«, und legte auf. Das hatte er nun davon: Am Vortag hatte er Himmel und Hölle in Bewegung gesetzt, um Quartier für die sieben Offiziere Hellwigs, ein Dienstzimmer, zwei Arbeitszimmer und ein Zimmer für die

Stenotypistinnen zu besorgen. Schließlich hatte er die Bagage im Gasthof Schiffler untergebracht. Sollten sie sich doch mal in den Flüchtlingsquartieren umsehen.
Kaftan kümmerte sich nicht um die Beschwerde. Seit einigen Tagen gab es in Pillau mehr Generale als Gefreite: Das Oberkommando der Heeresgruppe Nord, das Oberkommando der aus dem Samland verdrängten 3. Panzerarmee mit allen ihren Stäben, aus dem Kurland abgezogene Dienststellen, Auffangstäbe – und dazu die Königsberger Parteispitze. Letztere wagte sich nicht weiter, solange Gauleiter Koch noch wie die Katze vor dem Mauseloch in Neutief saß.
Es gab allein drei »Beauftragte des Reichsverteidigungskommissars« für Flüchtlingsfragen. Der wichtigste hatte im »Goldenen Anker« an der Pier des Vorderhafens seine Zelte aufgeschlagen: Dr. Dzubba, ein berüchtigter Intimus des Gauleiters, dem ein Gebietskommissar Bauer und eine Menge anderer »Goldfasane« zur Seite standen. Dzubba war das Sprachrohr des Gauleiters in Pillau. Über die Kreisleitung dirigierte er die Rekrutierung und den Einsatz des Volkssturms – und ließ Schiffskarten verteilen.
Fregattenkapitän Branneis von der Marinekommandantur gab sämtlichen Flüchtlingsdienststellen, einschließlich der Kreisleitung und der NSV, die Namen der einlaufenden Schiffe und ihre Ladekapazität bekannt. Jedes dieser Büros stellte daraufhin Schiffskarten aus, ohne sich mit den anderen abzusprechen. Die wenigsten Flüchtlinge stellten sich jedoch nach diesen Karten an – viele glaubten, sie müßten dafür bezahlen. Und im Gedränge an den Bollwerken war jeder froh, wenn er auf das nächstbeste Schiff kam. Dort fragte sowieso niemand nach diesen Eintrittskarten. Und bei der schnellen Schiffsfolge waren viele Schiffe beladen und schon wieder ausgelaufen, ehe die Schreibkräfte überhaupt Karten ausgestellt hatten.
Die einzigen Stellen, mit denen Kaftan Verbindung hielt, waren die Kreisleitung und die NSV. Kreisleiter Grau war sein Schutzschild vor der Wehrmacht. Als ein Oberst die Stadtverwaltung anrief und verlangte, daß in sämtlichen Privathäusern Latrinen ausgehoben werden sollten, gab Kaftan den Befehl an die Kreis-

leitung weiter, die ohnehin nicht wußte, was sie mit den ständig wachsenden Volkssturmeinheiten tun sollte.

Die Stadt war am 31. Januar schon wieder zwei Tage ohne Wasser. Kurz nachdem die durch die Explosion auf Fort Stiehle entstandenen Schäden beseitigt waren, war das E-Werk Peyse ausgefallen. Nicht nur die Pumpen im Wasserwerk, sondern auch die in der Abwasseranlage waren stehengeblieben. Die Abwasser stauten sich zurück, und in vielen Kellern – auch in denen einiger Lazarette – stand eine stinkende Brühe. Es gab in der ganzen Stadt kein funktionierendes Klosett mehr. Die Kothaufen in den Straßen wurden zur Plage. Zu Recht befürchtete die Wehrmacht den Ausbruch von Seuchen, sobald das Wetter wärmer würde. So wurden in den Gärten der Privathäuser und auf freien Plätzen einige Hundert Latrinen ausgehoben. Der Kot auf den Straßen wurde davon allerdings nicht weniger – es waren einfach zuviele Menschen in der Stadt.

Kaftan war gerade dabei, im Rathaus zwei Räume für »Mutter und Kind« als Entbindungsstation herzurichten, als ein angetrunkener Polizeioffizier auf ihn zutrat: »General Hellwig will sofort ein neues Quartier haben! Sonst wird es für Sie sehr ungemütlich!«

Er konnte sich kaum aufrecht halten. Kaftan behielt die Fassung: »Selbstverständlich, Herr Hauptmann. Ich bringe Sie selbst hin.«

Eine Stunde zuvor hatte der neue Heereskommandant der Festung Pillau, Generalleutnant Anset, ein Rundschreiben herausgegeben: »Der Herr Oberbefehlshaber der 3. Panzerarmee hat mich mit Quartierangelegenheiten innerhalb des Festungsbereiches Pillau beauftragt. Dazu habe ich eingesetzt: Oberst i. G. Pfeiffer als Leiter des Quartieramtes Pillau, Horst-Wessel-Allee 12...« Der Stadtbürodirektor führte den Abgesandten Hellwigs in die Horst-Wessel-Allee und bat eine Ordonnanz, den Herrn Hauptmann bei Oberst Pfeiffer anzumelden. Danach hörte Kaftan nichts mehr von Hellwig.

Der Oberbefehlshaber der 3. Panzerarmee, Generaloberst Rauss, erwies sich als ein Wohltäter, ohne daß Kaftan oder die vielen tausend Flüchtlinge je davon erfuhren. Als die Russen in den letzten Januartagen ans Haff und an das Fischhausener Wieck vorgestoßen waren, war auch im Sperrwaffenarsenal Peyse heftiges MG- und Gewehrfeuer zu hören. Kapitän z. S. Puhlmann rief den Seekommandanten Kapitän z. S. Jerchel an und wollte wissen, wie er sich verhalten solle. »Handeln Sie nach eigenem Ermessen«, trug ihm Kapitän Jerchel auf.

Kapitän Puhlmann beschloß, das Sperrwaffenarsenal in die Luft zu jagen. Nach dem Einrichten der Zündungen sollte sich das Personal nach Pillau absetzen. Die entsprechenden Befehle waren erteilt, als Kapitän Jerchel anrief: »Sprengen Sie noch nicht! Was die Sprengung angeht, unterstehen Sie ab sofort der 3. Panzerarmee und Generaloberst Rauss!«

Puhlmann ließ die Zünder wieder unterbrechen. Kurz darauf meldete sich Oberst i. G. Ludendorff und wollte wissen, welche Auswirkungen die Sprengung auf das benachbarte Kraftwerk Peyse, die Orte Fischhausen und Pillau sowie auf das Eis des Frischen Haffs haben würde. Bei der Kriegsmarine war niemand auf den Gedanken gekommen, diese naheliegenden Fragen zu stellen. Kapitän Puhlmann konnte keine klare Auskunft geben: »Ich und mein Personal haben keine Erfahrung mit der Sprengung so großer Bestände, zumal die Sprengauswirkung von vielen Faktoren – Wind, Lage, Bodenbeschaffenheit usw. – abhängt.«

Oberst Ludendorff befahl, die Sprengung auszusetzen und einen direkten Befehl von Generaloberst Rauss abzuwarten. Der General hat den Befehl nie gegeben. Ein Teil des Arsenals wurde geräumt und diente Flüchtlingen als Unterkunft. Der Rest an Minen und Torpedos fiel später den Russen in die Hände. Möglicherweise hätte die Druckwelle die Eisdecke nicht gebrochen, aber sicher hätten die herumfliegenden Trümmer auf die riesigen Menschenansammlungen in der Umgebung eine verheerende Wirkung gehabt.

Zur gleichen Zeit erging der Befehl eines anderen Generalobersten, den das Los der Flüchtlinge offenbar weniger kümmerte. Der neue Oberbefehlshaber der Heeresgruppe Nord, Generaloberst Rendulic, verfügte aus seinem Hauptquartier in Neuhäuser: »Kein Mann, der in irgendeiner Form zur Verteidigung Ost-

preußens beitragen kann, verläßt den Bereich der Heeresgruppe.«
Stadtbürodirektor Kaftan hatte schon angefangen, sich über seinen eigenen Rückzug Gedanken zu machen – aber nun saß er fest. Eine Ausreisegenehmigung würde er nicht bekommen, solange Gauleiter Koch noch sicher in seinem Bunker in Neutief saß und in Pillau die Parteiprominenz die Endverteidigung praktizierte. Hugo Kaftan spürte das Verlangen, in der »Ilskefalle« am Hinterhafen einen zu heben, aber bei den Menschenmassen war das unmöglich. So ging er zu Karl Fischer, der im »Goldenen Anker« seine NSV-Dienststelle hatte, und der nun ebenfalls in der Klemme saß. Und wo Karl Fischer war, da war auch Korn.
Den Korn bekam er, aber der NSV-Mann war nicht zum Trübsalblasen aufgelegt. Nicht nur, weil er Hugo Kaftan um eine halbe Flasche Schnaps voraus war, sondern auch weil er gute Nachricht hatte: Ein ganzer Kahn voller Lebensmittel für seine NSV-Küchen war eingetroffen. Seine einzige Sorge war, wie er die Schätze vom Anlegeplatz an der »Ostsee« in sein Lager bekommen könnte.
»Ihr habt doch jede Menge Fahrzeuge in eurem Fuhrpark, Hugo?«
Hugo machte ein bedenkliches Gesicht: »Wenn dir das Wasserstraßenamt einen Schlepper gibt, kannst du es direkt herüberbringen.«
»Und mit dem Handwagen durch die vielen Leute ziehen? Da brauchen wir ja gar nicht erst anzufangen.«
Kaftan sah das ein, aber zierte sich noch immer: »Der Kauka-Wagen hat einen Riß im Zylinderblock. Höchstens die Zugmaschine...«
Eine Stunde später waren sechs Volkssturmleute mit dem Traktor und einem gummibereiften Anhänger zum Hinterhafen unterwegs, um Dr. Ostermayers Kahn zu entladen.
Im Grund war der Königsberger Lebensmittelhändler froh gewesen, den Kahn in der Fischfabrik »Ostsee« endlich loszuwerden. Der Eisbrecher, der sie durch den Seekanal geschleppt hatte, hatte sie im Vorderhafen einfach abgehängt. Hilflos hatten sie an

der Anlegestelle der Dickschiffe getrieben, und es war schon fast dunkel geworden, als sich ihnen eine riesige Bordwand näherte. Von der Brücke des Dampfers war der Kahn offenbar nicht zu sehen. An der Pier erhob sich ein Riesengeschrei und machte die Besatzung im letzten Moment auf den Kahn aufmerksam. Ostermayer und seine Leute starrten noch immer wie gelähmt auf die Eisenwand, die fast über ihnen war, als an der Reling ein Kopf auftauchte: »Was wollt ihr da mit eurem Äppelkahn?« Dann ergoß sich eine fürchterliche Schimpfkanonade über sie, ehe ein Schlepper sie auf den Haken nahm und auf die andere Seite des Hafens brachte.

Am nächsten Morgen erlebte der Lebensmittelhändler seine nächste Enttäuschung. Er hatte erwartet, die Lebensmittel zur »Sicherstellung« nach Gotenhafen bringen zu dürfen, aber die Beamten der Kreisbauernschaft waren anderer Ansicht und vereinnahmten die Ladung für die Verpflegung der Flüchtlinge. Mit einem Bündel Warenbegleitpapiere stapfte Ostermayer durch den Schnee zur Fischkonservenfabrik »Ostsee«. Dort traf er zwei Oberlandwirtschaftsräte, die zur Dienststelle Dzubba gehörten und für die Verpflegung innerhalb des Festungsbereichs zuständig waren. Die Herren saßen bei einem opulenten Frühstück und waren sehr freundlich. Nein, mit der Flüchtlingsverpflegung hatten sie nichts zu tun, das machte der Herr Fischer von der NSV. Aber die Übergabe der Waren würden sie ihm für das Landwirtschaftsamt Königsberg gern bescheinigen.

Deprimiert kam Dr. Ostermayer abends an seinen Kahn zurück, nachdem er sämtliche weiteren Formalitäten erledigt und erfahren hatte, daß es sinnlos war, sich nach Schiffskarten anzustellen. Genauso sinnlos schien es ihm, sich in diesen wahnwitzigen Menschenstrom einzureihen und vielleicht Tage zu warten, bis man auf ein Schiff kam.

Zu siebt saßen sie in der Kajüte des Kahns zusammen und berieten, was zu tun sei. Sie wollten nicht wie die anderen auf gut Glück drauflosgehen. Aber warten, bis der Kahn leer war, und sich dann nach Gotenhafen schleppen lassen, den Kahn stillschweigend irgendwo anhängen? Wenn es nicht so kalt wäre,

wäre alles viel einfacher. Mitten in ihre Beratung platzte Herr Sonnabend von einer Königsberger Konkurrenzfirma. Dr. Ostermayer hatte ihn aus reiner Menschenfreundlichkeit von Gr. Holstein mitgenommen. Dafür ist Herr Sonnabend so dankbar, daß er extra herübergekommen ist, um ihnen zu sagen, daß am nächsten Vormittag vom Russendamm eine Flottille Minenräumboote ablegt und noch Platz ist. Dr. Ostermayer glaubt das nicht so recht, denn er denkt an die vielen Flüchtlinge an der Pier.

Die Sorge war unbegründet, denn die Boote lagen hinter einer Absperrung. Obersteuermann Heckel, Kommandant des Bootes »02«, nimmt nicht nur die sieben der Gruppe, sondern noch sechs andere, die sich ihnen unterwegs angeschlossen haben, auf. Und er sagt auch nicht nein, als ihn die Königsberger zum Abendessen auf den Kahn einladen.

Die Minenräumboote waren umgebaute 80-t-Motorfischkutter mit je 16 Mann Besatzung. Sie hatten Anweisung, je 50 bis 70 Flüchtlinge mitzunehmen. Als Obersteuermann Heckel am nächsten Vormittag von der Hafenkommandantur zurücklief, kam er an einer Gruppe von vier bildhübschen jungen Mädchen vorbei. Eine von ihnen, eine kesse Blondine, sprach ihn an: »Herr Kapitän, könnten Sie uns nicht helfen, von hier wegzukommen? Wenn wir uns vordrängen, lynchen die anderen uns doch.«

Heckel sagte schnell: »Kommen Sie einzeln, im Abstand von 10 bis 15 Minuten dort zu dem grauen Schuppen. Stellen Sie sich nicht zu viert zusammen, das fällt auf. Einzeln hole ich Sie dann über verschiedene Wege an Bord.«

Dann ging er weiter, als hätten sie ihn nur nach der Uhrzeit gefragt. Eine Stunde später waren die vier Mädchen an Bord der »02« – sehr zur Freude der Besatzung.

13.25 Uhr laufen die Minenräumer – es sind neun Boote – durch das Seetief aus. Im schweren Seegang kommen sie nur langsam voran. Die Landratten an Bord sind fast alle seekrank.

21.35 Uhr machen die Boote im Hafenbecken I in Gotenhafen fest.

In den letzten beiden Tagen des Januar machte der Seegang vor allem den kleineren Schiffen schwer zu schaffen, sobald sie das offene Wasser erreichten.

Ein Prahm, der 3,7-cm-Geschützrohre geladen hatte, auf denen Hunderte von Flüchtlingen saßen, passierte gerade den Leuchtturm an der Nordermole, als jemand schrie: »Hier kommt ja Wasser rein!«

Der Kahn hatte ein Leck, und der Raum zwischen den Geschützrohren begann sich allmählich mit Wasser zu füllen. Im Laderaum brach eine Panik aus. Die Menschen schrien und trampelten aufeinander herum, während sie versuchten, den Deckel der Ladeluke von innen aufzustoßen. Die Seeleute zögerten, den Deckel von außen zu öffnen, weil das Schiff zu tief im Wasser lag und ständig Wasser übernahm. Endlich hoben sie mehrere der Planken heraus und ließen die Leute auf das Deck. Mehrere gingen dabei über Bord. Zwei konnten schwimmend gerettet werden, die anderen versanken.

Im Laderaum saß noch Frau Pfeifer, die vor einigen Tagen aus der Gegend von Heiligenberg mit ihren beiden Kindern aufgebrochen war. Über das Haffeis und das Seetief hatten sie Pillau erreicht. Sie hatten sehr lange angestanden, und es war ihr in letzter Minute gelungen, das Gepäck und die beiden Kinder auf einen ablegenden Dampfer zu schieben. Dann erhielt sie von einem Matrosen einen Stoß vor die Brust, daß sie in die Menge zurückfiel, während das Schiff sich Meter um Meter mit ihren brüllenden Kindern von der Pier entfernte. Ihr war es gleichgültig, ob der Kahn unterging. Sie glaubte, daß sie ihre Kinder nie wiedersehen würde.

Automatisch erhob sie sich, als das Wasser ihre Schenkel erreichte und hielt sich an einem Leitungsrohr fest. Dann zog sie ein Mann auf das Deck. Die Matrosen spannten vom Bug zum Heck Taue, damit nicht noch mehr Leute von den ständig überkommenden Wellen über Bord gerissen wurden. Ein vom Kapitän herbeigerufenes Rettungsboot konnte wegen des Seeganges nicht anlegen. Dem Kapitän blieb nichts anderes übrig als zu versuchen, wieder nach Pillau zurückzukehren. Im ruhigen Wasser des Seetiefs kurz vor dem Hafen konnte dann ein Rettungsboot

die Flüchtlinge übernehmen. Der Kahn verholte an der Mole und wurde dort leergepumpt.
Seeleute brachten zwei ertrunkene Frauen, die man noch aufgefischt hatte, an Land. Sie wurden auf dem Friedhof Pillau I beigesetzt. Dort wurde der Platz schon knapp, seit auch die Opfer der Explosion auf Fort Stiehle in Pillau I bestattet worden waren. Stadtbürodirektor Kaftan hatte sich mit dem Heeresgräberoffizier in Verbindung gesetzt und mit ihm vereinbart, einen Platz für einen neuen großen Friedhof zu suchen. Aus den Verwundetentransporten wurden ständig Soldaten ausgeladen, die ihren Verletzungen erlegen waren, und jeden Tag starb ein Dutzend Flüchtlinge. Allein für die Zeit vom 1. Januar 1945 bis 31. März 1945 wurden im Personenstandsregister der Seestadt Pillau 1563 Sterbefälle von Zivilpersonen beurkundet.
Am 31. Januar hörte Hugo Kaftan, daß vor Gotenhafen das KDF-Schiff WILHELM GUSTLOFF von vier Torpedos getroffen worden und gesunken sei. Am 2. Februar brachten Einheiten der Kriegsmarine 123 Opfer der Katastrophe nach Pillau. Das Gerücht vom Untergang des Schiffes machte unter den Flüchtlingen die Runde. Trotzdem ließ der Sturm auf die noch immer zahlreich einlaufenden Schiffe nicht nach, wenn auch manche, die eine gute Unterkunft gefunden hatten, es daraufhin vorzogen, Pillau nicht zu verlassen.
Das tatsächliche Ausmaß der Katastrophe wurde damals nicht bekannt, und bald verstummten auch die Gerüchte.
Wie in Pillau hatten auch in den Häfen Danzig-Neufahrwasser und Gotenhafen Tausende von Flüchtlingen auf ein Schiff gewartet. Wie in Pillau hatten in Gotenhafen die Wohnschiffe der U-Boot-Leute den Anfang gemacht: Das ehemalige KdF-Schiff WILHELM GUSTLOFF (25484 BRT) und die HANSA (21 232 BRT). Die Beladung der HANSA verzögerte sich, und später brach auch noch das Hauptdampfrohr, so daß sie der WILHELM GUSTLOFF erst mit einem Tag Verspätung folgen konnte.
Am frühen Nachmittag des 30. Januar warf die WILHELM GUSTLOFF die Leinen. An Bord befanden sich die Angehöri-

13. Der Schock der überstürzten Flucht und die Ratlosigkeit über den weiteren Weg steht den Fliehenden ins Gesicht geschrieben

14. Flüchtlinge auf dem Königsberger Seekanal

15. Schiffe im Hafen von Pillau am 26. Januar 1945

16. Ein Kriegsschiff übernimmt in Pillau Flüchtlinge

17. Bei der Ausfahrt aus Königsberg – viele fanden unter Deck keinen Platz mehr und mußten die Fahrt in dem eisigen Wind an Deck verbringen

18. Anfangs gab es beim Einschiffen noch geordnete Schlangen

19. An Bord der »Hans Albrecht Wedel« in Pillau

gen der 2. U-Boot-Lehrdivision, Marinehelferinnen und eine große Zahl von Flüchtlingen aus Gotenhafen und Danzig. Anders als in Pillau war die Aktivierung der Schiffe nicht von langer Hand vorbereitet gewesen – dazu hatte man sich in Gotenhafen zu sicher gefühlt. Auch war das Einvernehmen zwischen der zivilen und der militärischen Schiffsführung nicht das beste. Schon beim Auslaufen gab es Unstimmigkeiten darüber, ob die Rettungsboote in den Davits ausgeschwenkt werden sollten oder nicht. Die zivile Besatzung machte nicht mit, und die Boote blieben in ihren Halterungen. Gegen 19 Uhr umrundete die WILHELM GUSTLOFF die Spitze der Halbinsel Hela. Einziger Geleitschutz war das Torpedoboot LÖWE. Bei Windstärke 5 und Seegang 4 trieben Schneeschauer über die See. Wegen der starken achterlichen See und zunehmender Vereisung der Aufbauten konnte die LÖWE nicht auf Zickzack-Kurs gehen, wie es eigentlich vorgeschrieben war. Auch die WILHELM GUSTLOFF behielt einen geradlinigen Kurs bei, weil Kapitän Petersen dem bombengeschädigten, maschinenschwachen Schiff diese Belastung nicht zutraute. Deshalb wollte er auch nicht schneller als 12 Knoten fahren.

Feindliche U-Boote waren in diesem Seeraum nicht gemeldet. Aber sie waren da. Gegen 19 Uhr hatte sich das sowjetische U-Boot S-13 dem Bereich des Leuchtturms Hela von Osten genähert. Sein Kommandant, Korvettenkapitän Alexander Marinesko fluchte: Es war ihm wegen der starken See unmöglich, das Boot auf Sehrohrtiefe zu halten. Entweder nahm ihm der Wellengang die Sicht oder der Turm schoß aus dem Wasser – die Faschisten konnten sich keine bessere Zielscheibe wünschen. Marinesko beschloß, alles auf eine Karte zu setzen.

»Vorfluten!« befahl er. Langsam hob sich der Turm aus dem Wasser. Zusammen mit seinem Signalgast stieg Marinesko durch das Turmluk nach draußen. Die Wellenkämme reichten bis dicht unter das Schanzkleid und immer wieder spritzte Gischt über sie hinweg. Allmählich bildete sich auf der Brüstung und ihrer Kleidung eine feine Eisschicht. Lange würden sie so nicht fahren können, ohne abzusaufen.

Marinesko war einer der sowjetischen U-Boot-Kommandanten, die schon seit Kriegsbeginn ein Boot befehligten. 1942 und 1943 hatte er vor der baltischen Küste die deutschen Frachter SIEGFRIED und HELENE versenkt. Verbissen starrten die beiden Männer in das fahle Dunkel. Und dann sahen sie, worauf sie gewartet hatten: Steuerbord voraus der plumpe Umriß eines großen Passagierschiffes.
Marinesko änderte seinen Kurs und näherte sich dem Schiff mit erhöhter Geschwindigkeit. Er mußte parallel und etwas voraus zu seiner Beute sein, ehe er angreifen konnte. Tauchen durften sie erst, wenn sie in Schußposition waren. Die nächsten beiden Stunden wechselten sich die zwei Männer auf dem Turm ab: Alle zwanzig Minuten stieg einer hinunter, um sich aufzuwärmen.
21.08 Uhr hatten sie den Angriffspunkt erreicht. Der Bug der WILHELM GUSTLOFF schob sich langsam in den Vorhaltewinkel des Torpedozielgerätes. Zischend verließen die Torpedos in einem Viererfächer die Rohre. Dann drei dumpfe Explosionen. Sie hatten getroffen! Zugleich kam von vorn der Ruf: Torpedo vier noch im Rohr! Marinesko tauchte weg und war die nächste halbe Stunde damit beschäftigt, den verklemmten Torpedo ins Boot zu ziehen, ehe er krepierte.
Auf der WILHELM GUSTLOFF hatten die Explosionen eine Panik ausgelöst. Das Schiff hatte sofort fünf Grad Backbordschlagseite und neigte sich langsam weiter auf 15 Grad, wo es etwa zwanzig Minuten verharrte. Die Boote auf der Steuerbordseite konnten nicht zu Wasser gelassen werden. Auf der Backbordseite waren einige Davits festgefroren. Einige Boote wurden zu früh ausgeklinkt und stürzten ins Meer, andere schlugen beim Aufsetzen auf das Wasser um, weil sie überladen waren. Auf dem Oberdeck wurde um die Rettungsflöße gekämpft, an sämtlichen Aufgängen gab es Schlägereien, Schüsse fielen.
Als das Schiff nach zwanzig Minuten nicht weiter zu sinken schien, klang die Panik ab. Über die Schiffslautsprecher beschworen die Offiziere die Leute, Ruhe zu bewahren, es seien Schiffe unterwegs zu ihrer Hilfe. Mancher verkroch sich daraufhin wieder im Inneren des Schiffes, schon um wenigstens der bei-

ßenden Kälte zu entgehen. Andere suchten sich Absprungplätze auf der Steuerbordseite, wieder andere lagen ganz gottergeben auf dem Promenadendeck herum, und ab und zu platschte einer ins eisige Wasser.

Gegen 22 Uhr durchlief die WILHELM GUSTLOFF plötzlich ein starkes Zittern. Der Rumpf legte sich ganz zur Seite, so daß die Decks senkrecht ins Wasser tauchten. Überall drang Wasser ein und gurgelnd versank das Schiff innerhalb weniger Minuten. Hunderten gelang es noch, ins Wasser zu springen. Aber es dauerte nicht lange, bis sie erfroren und untergingen. Die herbeigeeilten Marineeinheiten retteten 937 Schiffbrüchige. Über 4000 kamen um.

Unerklärlich bleibt, wie einige der Geretteten überleben konnten. Der Dampfer GÖTTINGEN passierte von Pillau kommend die Unglücksstelle kurz vor Mitternacht und nahm noch 27 Überlebende auf, die über zweieinhalb Stunden bei minus 15 Grad und Seegang 3 bis 4 im Wasser verbracht hatten. Gegen 1 Uhr morgens passierte die GOTENLAND die von Trümmern übersäte Stelle und fischte aus Hunderten treibender Leichen eine Frau und einen Obermaat, die unter nassen Decken auf einem Floß überlebt hatten.

Das Leben in Pillau – Der Untergang der »Steuben« – Schiffsverkehr über die Danziger Bucht

Am 5. Februar hatte Pillau bei schönem Wetter Temperaturen um null Grad. Die Pillauer nutzten den Sonnenschein, um vor dem Rathaus nach ihren Lebensmittelmarken für die nächste Zuteilungsperiode anzustehen. Monatsrationen gab es jetzt allerdings nicht mehr, sondern nur Urlaubsmarken für sieben Tage: 2230 g Brot, davon 1000 g Roggenbrot, 250 g Fleisch, 150 g Butter, 70 g Margarine, 175 g Marmelade, 200 g Zucker, 150 g Nährmittel, 50 g Kaffee-Ersatz und 60 g Käse. Flüchtlinge erhielten keine Marken, sondern blieben auf die Gemeinschaftsverpflegung angewiesen. Sie standen in langen Schlangen vor den Verpflegungsstellen der NSV.

An diesem Tag war auch Berta Rubenbauer mit Mutter und Haustochter über das Seetief in die Stadt gekommen. Sie hatte ihre Mutter samt Gepäck am Hafen abgesetzt und war dann auf Quartiersuche drei Stunden lang durch die Stadt gewandert, ehe sie im Büro einer Speditionsfirma zwischen leeren Schreibtischen einen Platz fand. Dort aßen sie auch die Nudelsuppe, die sie sich von der NSV-Küche im »Goldenen Anker« geholt hatten. Schon beim Essen fielen ihnen dauernd die Augen vor Müdigkeit zu. Der Weg über das Eis und die Nehrung waren zuviel gewesen.

Die Dameraus aus Tapiau waren fast zur gleichen Zeit wie die Rubenbauers in Pillau eingetroffen. Aber sie waren schon eher wie eine Besatzungsmacht aufgetreten und fanden auf Anhieb bei einem Beamten der Marinewaschanstalt Unterkunft. Wenn sie auch in der Nähe von Palmnicken ihre letzte Gans gegessen hatten – da waren noch so viel Speck, Butter, Eier, Mehl und

Wurst, daß der Beamte sich nicht lumpen ließ, als er gewahr wurde, welch ein Verpflegungssegen da über ihn hereinbrach. Er räumte ihnen Betten, Bad und sogar seine Küche ein.
Die Rubenbauers standen jeden Tag treu und brav nach ihrer Erbsensuppe, den zwei Scheiben Brot und der Marmelade an. Die Dameraus ignorierten die Gemeinschaftsverpflegung. Und wie es so geht: die Tapiauer trafen eine Bekannte von zu Hause, die jetzt in einer Pillauer Bäckerei Brot verkaufte. Natürlich verkaufte sie auch an ihre Tapiauer, während die Rubenbauers vergeblich versuchten, ihre längst ungültigen Marken aus Allenstein doch noch umzusetzen. Und das waren diese kleinen Ungerechtigkeiten schon unter 60 bis 70 000 Flüchtlingen, deren einzige Sorge es war, lebend aus Pillau herauszukommen!
Es war vierzehn Uhr, als von Neutief der schwache Ton einer Sirene herüberwehte, den in Pillau nur wenige hörten. Seit der Strom ausgefallen war, gab es in der Stadt auch keinen Fliegeralarm mehr. Zwei Minuten später waren die russischen Bomber da. An der mit Menschen vollgepackten Pier brach eine Panik aus. Alles lief und fiel übereinander bei dem Versuch, an einer Hauswand Deckung zu suchen oder gar einen Keller zu erreichen. Das Geschrei der Kinder ging in dem Motorengeräusch der tieffliegenden Bomber und dem einsetzenden heftigen Flakfeuer vom Schwalbenberg und von den Schiffen unter. Mit 60 Maschinen kamen die Sowjets in mehreren Wellen.
Der Angriff ging zum großen Teil ins Wasser. Ein Beobachter meinte, die Sowjets hätten etwa 120 Bomben geworfen. Von den Menschen an der Pier wurden nur wenige getroffen. Insgesamt gab es 54 Tote, darunter drei Wehrmachtsangehörige, und unter den Zivilisten 41 Männer, 8 Frauen und zwei Kinder. 82 Verletzte wurden gezählt. Der Dampfer DELPHIN sank, auch ein Eisfahrer, ein Prahm und zwei Minensuchboote verschwanden von der Wasseroberfläche. Die Pump- und Kläranlage des Wasserwerkes, 28 Lastwagen sowie eine Anzahl städtischer Gebäude in der Nähe des Hinterhafens hatten die Russen in Trümmerhaufen verwandelt. Durch Treffer am Quergraben war die Holzwiese vollständig überflutet, und die dort untergebrachten Leute ver-

suchten in aller Hast, ihre Habe in Sicherheit zu bringen. Einige Bomben hatten das Sägewerk Pillau getroffen, das sofort in Flammen aufging und restlos niederbrannte. Es war ein großes Feuer, denn Pioniere des Heeres hatten vorher tagelang frisch geschlagene Baumstämme dorthin transportiert, um sie zu Balken und Brettern für eine provisorische Anlegebrücke in der Nähe von Fischhausen zuschneiden zu lassen. Man hatte gehofft, von dort Tausende von Flüchtlingen über See abtransportieren und so den Druck auf Pillau verringern zu können. Das war nun illusorisch.

Die Zahl der Flüchtlinge nahm mit der Abschnürung Königsbergs langsam, wenn auch kaum merklich ab. Die Nervosität und die Spannung dagegen steigerten sich, und es verging kaum ein Tag ohne eine besondere Aufregung. Kurz nach Mitternacht am 19. 2. wurden Flüchtlinge in den Massenquartieren und in Privatunterkünften von Soldaten und Volkssturmmännern aus dem Schlaf gescheucht: »Fenster und Türen auf! Alles raustreten! Zieht euch warm an!«

Und gehorsam krochen sie von ihren Strohsäcken, strumpflos in Stiefeln traten sie hinaus in den Schnee – schimpfend und ratlos. Dann fing es vom Frischen Haff her an zu krachen. Fenster klirrten. Putz rieselte von den Wänden, doch sonst geschah nichts. »Sprengungen!« sagten die einen verächtlich, »die Russen«, sagten die anderen und fingen wieder an zu packen.

Tatsächlich war es schwere deutsche Schiffsartillerie, die sie so beunruhigte. Der Admiral östliche Ostsee hatte den schweren Kreuzer HIPPER nach Pillau beordert, um von dort aus die sowjetischen Batterien zu beiden Seiten des Seekanals zum Schweigen zu bringen. Das sollte den Versuch des Heeres unterstützen, die Landverbindung nach Königsberg wieder herzustellen. Die HIPPER war südöstlich vom Vorhafen Pillaus in der erweiterten Kanaleinfahrt vor Anker gegangen. Ein Schlepper hielt sie achtern in Position, und dann feuerten ihre schweren Geschütze eine Stunde lang ununterbrochen in Richtung Metgethen. Danach lief der Kreuzer nach See aus, wo er weit draußen vor Anker ging.

Am nächsten Tag ging er Anker auf und legte sich an den Pillauer »Friedensanleger«, von wo aus er das andere Ufer des Seekanals bei Galtgarben unter Beschuß nahm. Für die deutschen Divisionen im Samland, die sich langsam auf Königsberg zubewegten, war dieser Beschuß eine entscheidende Hilfe: Der Widerstand der Russen wurde gebrochen.
Inzwischen wurde in Pillau eifrig für den Volkssturm rekrutiert. Auch die Brüder Bruno und Ernst Damerau hatte es erwischt. Bruno Damerau war 55, Ernst Damerau 58. Beide waren krank und schon immer untauglich für alles gewesen. Auf der Kreisleitung hatte man ihnen jedoch einen Zettel in die Hand gedrückt: An den Vertrauensarzt. Zu fünft standen sie im Untersuchungszimmer, splitternacktes Preußentum, leicht angejahrt, mit Hängeschultern und Bauch. Schon als aktiver Soldat im Ersten Weltkrieg hatte man einiges über sich ergehen lassen müssen, aber was hier geschah, war der reinste Hohn. Nur ein paar süffisante Worte des jungen Militärarztes, und sie waren alle 100 % felddiensttauglich. Natürlich konnte man dem jungen Springer keinen Vorwurf machen, der tat auch nur seine Pflicht, und wenn er sie für untauglich erklärt hätte, hätte er vielleicht selber an die Front gemußt.
So meldeten sich Bruno und Ernst Damerau am nächsten Morgen 6.30 Uhr in Kamstigall. Dort geriet Bruno in eine Gruppe von etwa 40 Mann, die so krank und hinfällig waren, daß selbst der übereifrige Militärarzt ihre Untauglichkeit zugestehen mußte. Und wie immer im Leben: Man muß nur in der richtigen Schlange stehen. Bruno Damerau durfte zurück in sein Quartier beim Beamten der Waschanstalt und wurde dort begrüßt wie ein heimgekehrter Krieger. Mit der Beschaulichkeit war es jedoch vorbei. Jetzt mußte um jeden Preis ein Schiff gefunden werden, ehe der Heldenklau noch einmal zugriff.
Sie nehmen sich nicht die Zeit für ein Mittagessen. Das Gepäck wird auf den kleinen Wagen aufgeladen, und wieder geht es hinüber zur Pier. Nach zwei Stunden Anstehen ist das Schiff 50 Meter vor ihnen »voll«. Zusammen mit den anderen laufen sie die Pier entlang zur nächsten Anlegestelle. Im Vorbeigehen sehen

sie den Namen HEKTOR hoch oben am Bug. Doch vor diesem Schiff stehen Posten. Männer dürfen nicht mit – nur Frauen und Kinder. Bruno Damerau sieht, wie ein Mann nach links herausgehen muß und seine Frau sich ihm anschließt – nachdem sie vergeblich versucht hatte, den Posten mit Bitten und Jammern zu erweichen.

Die Frauen der Dameraus wollen ohne die Männer auch nicht auf das Schiff. Bruno redet nicht lange. Er faßt den kranken Franz, der sich wegen seiner offenen Beine kaum noch fortbewegen kann, greift mit der freien Hand das Gepäck, und, umringt von den Frauen und Kindern, kommt er unbehelligt an den Posten vorbei an Bord des Hilfskreuzers HEKTOR. Wenige Stunden später landen sie wohlbehalten in Gotenhafen.

Bruno Damerau konnte von Glück reden, daß er nicht in den Sog des Volkssturmes geraten war. Seinen Bruder Ernst sollte er nie wiedersehen.

Der Volkssturm war im Grunde nur eine letzte leere Äußerung des Machtanspruches der Partei. Mit der Aufstellung von Bataillonen von Jugendlichen und alten Männern versuchte sie zu demonstrieren, daß sie noch Herr im Staat war, obwohl ihre Organisation längst aufgehört hatte zu existieren. Der Volkssturm blieb auch noch, als sich die Parteioberen längst abgesetzt hatten. Schlecht bewaffnet, ohne Ausbildung, zum großen Teil in Zivilkleidung oder in Parteiuniformen, waren sie einem Feind ausgeliefert, der keinen Pardon gab. Die Wehrmacht konnte oder wollte ihnen nicht helfen. Nur wenige der Pillauer Volkssturmleute überlebten.

Die Angst spielte bei diesem Opfergang eine große Rolle. Standrechtliche Erschießungen waren an der Tagesordnung. Immer wieder tauchen in den Flüchtlingsberichten die Bilder von erhängten Zivilisten und Soldaten auf, die oft tagelang an Laternenpfählen und Bäumen hingen und Schilder um den Hals trugen: »Ich bin desertiert.« »Ich habe geplündert.« »Wehrkraftzersetzer.«

An der Nordmole hatte Stadtbürodirektor Kaftan inzwischen den Platz für einen neuen Friedhof gefunden. Der reichte von den Dünen bis fast an die Strandhalle, einen halben Kilometer, und sollte im Lauf der Zeit über 8000 Soldaten und Zivilisten aufnehmen. Der Friedhof wurde nach dem Schema Heldenhain zwischen lockerer Kiefernbewaldung angelegt. Ein großes Holzkreuz zierte den Appellplatz in der Mitte. Die Inschrift ist nicht überliefert, aber sie wird kaum jener Tausende Frauen, Kinder und Alter gedacht haben, die in jenen Tagen an den Straßenrändern Ostpreußens starben.

Aber in diesen Tagen war vieles sinnlos geworden. Am Sonnabend, dem 10. 2., war nachts die MONTE ROSA mit Verwundeten und Flüchtlingen von Pillau nach Gotenhafen unterwegs: Auf dem Geleitschiff M204 befand sich der stellvertretende Leiter der Sparkasse Pillau, Gegner, mit mehreren Kisten der wichtigsten Unterlagen der Bank. Darunter auch die Konten von über 21 Millionen Reichsmark an Spareinlagen. Ihm war gesagt worden, die Fahrt ginge nach Swinemünde.

Fünf Tage später erhielt Hugo Kaftan einen Brief aus Gotenhafen. Absender war Gegner: »...sicherlich werden Sie annehmen, daß wir schon lange in Swinemünde oder Wollgast sind. Leider hatte das Schicksal es anders mit uns im Sinne. Unterwegs bekam unser Boot M204 einen anderen Einsatzbefehl. So kamen wir nur bis Gotenhafen. Die Kisten stehen nun am Hafen und sind zudem noch der Witterung ausgesetzt. Da der Bürgermeister von Gotenhafen schon getürmt ist, können wir von da auch keine Hilfe erwarten. Die einzige Stelle ist die Partei. Die Marinekommandantur hilft uns auch nicht.« Gegner kam schließlich samt Kisten noch auf ein Schiff. Aber Hugo Kaftan mußte ausharren.

Das Leben in Pillau war etwas erträglicher geworden, seit es wieder, wenn auch nur sporadisch, elektrischen Strom gab. Nachdem die Sowjets aus Neplecken und der Umgebung Peyses vertrieben worden waren, war im E-Werk das Marinebauamt und eine technische Kompanie des Heeres eingezogen. Gemeinsam versuchten sie, den Schaden zu beheben. Einige zurückgekehrte Belegschaftsangehörige halfen ihnen dabei. Es lief alles glatt bis zu dem Punkt, an dem das Werk wieder in Betrieb genommen wer-

den sollte. Dazu brauchte man Fremdstrom. Einer der Marinebeamten schlug vor, den Generator eines U-Bootes zu benutzen. Es dauerte lange, bis alle Beteiligten von dieser Möglichkeit überzeugt waren und zwei U-Boote an der Anlegestelle des E-Werkes lagen. Die Marinebauräte Weiß und Bombe und der Oberingenieur des Kraftwerks Peyse, Auerbach, fanden jedoch bald heraus, daß sie wegen der fehlenden Synchronisierung nur *ein* U-Boot anschließen konnten. Und wegen der großen Stromverluste im nur behelfsmäßig geflickten Netz reichte dieses Boot nicht aus. Der Oberingenieur benötigte einen ganzen Tag, um diese Stromverluste so weit herunterzudrücken, daß die Heizanlage ansprang. Nicht nur ein Teil Pillaus hatte von da ab wieder Strom, sondern auch weite Teile des Samlands, das deutsche Truppen im »Gegenstoß zu bereinigen« im Begriff waren. Dort konnten jetzt Mühlen und Molkereien wieder in Betrieb genommen werden, um zur Verpflegung der Bevölkerung und der Wehrmacht beizutragen.
Auch in Pillau hatte sich die Versorgung mit Lebensmitteln einigermaßen eingespielt. Die Gemeinschaftsküchen arbeiteten auf Hochtouren, und am Hafen verteilte der Volkssturm Brot und Wurst oder Räucherspeck als Wegzehrung für die Schiffsreise. Viele kamen in dem Gedränge nicht zu ihrer Portion, andere verzichteten darauf, weil sie ihren Platz nicht verlieren wollten. Und die Bäcker, die den Dameraus aus Tapiau geholfen hatten, tauschten noch immer Brot gegen Fleisch. In den OSTSEE-Fischläden am Graben und in der Langgasse hat die NSV Fischverkaufsstellen eingerichtet. Zwei verwegene Fischer waren trotz aller Verbote auf Fang gefahren und hatten zwei Bootsladungen Dorsch angelandet. Innerhalb weniger Stunden war der Fisch verkauft, ohne daß das Angebot vorher bekanntgemacht worden wäre.
Inzwischen verließ Schiff um Schiff, mit Flüchtlingen beladen, den Hafen. Bis Mitte Februar hatten auf diesem Wege 204 000 Menschen Pillau verlassen. 50 000 waren zu Fuß oder mit Treck auf die Nehrung übergesetzt und dort zu Fuß in Richtung Danzig geflohen. Ihnen entgegen kamen die Flüchtlinge, die die beiden

nördlichen Eisstraßen benutzt hatten, so daß die drei kleinen Fährdampfer in beiden Richtungen ständig überfüllt waren.
Wer von der Nehrung nach Pillau kam, hatte kaum noch die Kraft, sich am Hafen anzustellen. Nach zwei, drei Wochen Flucht durch Schnee und Eis, immer in Angst und oft unter Beschuß, krank und hungrig – da war der erste Gedanke, Quartier zum Ausruhen zu finden. Kaftan vermerkt dazu ein wenig böse: »Die Flüchtlinge fühlen sich in Pillau wohl und denken nicht daran, ins Reich zu fahren.« Zugleich hilft er aber, in der Breiten Straße und in der Predigerstraße Schuhmacherwerkstätten für die Flüchtlinge einzurichten, denn das Schuhwerk der meisten hat sich spätestens im Eiswasser des Haffs aufgelöst.
Zusammen mit Bürgermeister Scholz und einem Polizeihauptmann besichtigte Kaftan das in den Lagerhallen des Seedienstes gestapelte herrenlose Flüchtlingsgut. Volkssturmmänner sollen es sortieren: Spinnstoffe (Wäsche und Bekleidung) für das »Volksopfer«, Lebensmittel für die NSV zur Verwertung, Papiere und Wertsachen erhält die Ortspolizeibehörde zur Verwahrung. Kaftan macht sich gerade Gedanken darüber, wieviele Jahre die paar Leute wohl brauchen werden, um sich durch den riesigen Berg durchzuwühlen, als ein Marinesoldat durch das offene Tor hereinbrüllt: »Die STEUBEN hat es hinter Stolpmünde erwischt. Mine! Alle abgesoffen!«
Der 14660 BRT-Verwundetentransporter und frühere Nordamerikadampfer GENERAL VON STEUBEN war am 9. Februar gegen 15.30 Uhr ausgelaufen. Es war seine dritte Fahrt von Pillau nach Swinemünde. Er hatte 1467 Schwerverwundete und 1213 gehfähige Verwundete an Bord, sowie mehr als 900 Flüchtlinge und eine größere Zahl von Ärzten und DRK-Schwestern. Mit der Besatzung waren es etwa viertausend Menschen.
Das Schiff hatte Hela und die Stolpe Bank unbehelligt passiert. Unermüdlich umkreiste das Torpedoboot »T196« den großen Dampfer als einziger Geleitschutz. Auf beiden Schiffen ahnte man nichts von der Gegenwart eines Dritten: S-13, das sowjetische U-Boot unter dem Kommando des Korvettenkapitäns Alexander Marinesko. Schon gegen acht Uhr abends, lange vor

Stolpe Bank, hatte er einen Angriff gefahren, war aber von dem auf ihn zukommenden Torpedoboot gestört worden. Jetzt war es 0.50 Uhr, und Marinesko lag zum zweiten Mal in Schußposition. Zwei Torpedos verließen die Heckrohre und zogen geräuschlos durch die nachtschwarze, ruhige See auf ihr Ziel zu. Das milchige Mondlicht ließ ihre gekräuselten Bahnen verräterisch aufleuchten.

Im ehemaligen Schiffshospital auf dem Bootsdeck legte eine Schwester einer jungen Frau ihr wenige Minuten zuvor geborenes Kind in den Arm und rollte das Bett hinaus zur Koje der Mutter. Der Militärarzt und ein Sanitätsmaat, der ihm als Hebamme assistiert hatte, waren mit dem Händewaschen fertig und schickten sich an, ihre Quartiere aufzusuchen. Sie waren an der Tür angekommen, und der junge Arzt erklärte mehr für sich selbst als dem höflich zuhörenden Maat, worauf man nach einer Geburt zu achten habe, als zwei schwere Schläge das Schiff erschütterten. Ein greller Lichtblitz flammte hinter der Brücke auf, der sich sofort in ein loderndes Feuer verwandelte. Die Flammen beleuchteten die Wirkung des zweiten Einschlags: Zwischen den beiden Schornsteinen stand eine riesige schwarze Rauchwolke. Zu weiteren Beobachtungen kamen die beiden Geburtshelfer nicht. Eine schreiende Menschenmenge drängte sich durch die Tür nach draußen und riß sie mit auf das Deck, das sich schon bedrohlich zu neigen begann. In starker Schräglage schnitt zuerst das Vorschiff mit den Unterkünften der Besatzung unter. Die lose an Deck gestapelte Ausrüstung eines ganzen Feldlazaretts ging krachend und klirrend über Bord und nahm Dutzende von Frauen und Kindern, die an Deck gestanden hatten, mit ins Wasser.

Im Innern des Schiffes entstand eine Panik. Die Verwundeten versuchten, sich durch Türen und Bullaugen vor dem schnell eindringenden Wasser zu retten. Rücksichtslos stiegen und fielen sie übereinander. Schmerzensschreie gellten auf. Schüsse fielen. Wie Ameisen kletterten die Leichtverwundeten überall an den Aufbauten hoch, versuchten in die ausgeschwenkten Boote zu gelangen oder auf das immer höher aufsteigende Heck des

Schiffes zu gelangen, während aus dem Innern Hilfeschreie der Schwerverletzten tönten.
Die STEUBEN hielt sich nur wenige Minuten über Wasser, dann versank sie gurgelnd und nahm die meisten der Verwundeten und Flüchtlinge mit sich. Die Scheinwerfer des Torpedobootes T196 und des herbeigeeilten TS1 tasteten über die Wasseroberfläche, die von Trümmern, Toten und Schwimmenden bedeckt war. Stundenlang fischten die ausgebrachten Boote der beiden Kriegsschiffe die Überlebenden aus dem Wasser: 630 konnten gerettet werden, darunter zwei DRK-Schwestern. Sie wurden nach Kolberg gebracht.
4.50 Uhr morgens erhält ein in der Nähe befindliches Geleit den Befehl, zur Untergangsstelle der STEUBEN zu dampfen. Obwohl die Schiffe sofort beidrehen und mit Höchstgeschwindigkeit im Zickzackkurs auf die Untergangsstelle zufahren, erreichen sie sie erst gegen 9 Uhr. Kapitän Burmeister vom Eisenbahnfährschiff DEUTSCHLAND kann nur noch leere, zum Teil gekenterte Rettungsboote und Flöße feststellen. Dazwischen schwimmen im graugrünen Wasser Wrackteile und einige Kleiderbündel, die er für Tote hält. Fast eine Stunde fahren die Schiffe auf und ab, dann gehen sie wieder auf ihren alten Kurs und setzen die Fahrt fort, ohne noch jemanden gerettet zu haben.
Die GENERAL VON STEUBEN wurde allgemein als Lazarettschiff bezeichnet, und sowohl bei der Marine als auch bei der Wehrmacht war man darüber verbittert, daß die Sowjets auf Verwundetentransporte keine Rücksicht nahmen. Diese Tatsache hatte sich jedoch die deutsche Kriegsführung selber zuzuschreiben. Am 19. Juli 1941 und am 27. Februar 1942 hatte der sowjetische Außenminister Wjatscheslaw Molotow den diplomatischen Vertretungen Schwedens, Großbritanniens, Japans und Bulgariens in Moskau mitgeteilt, daß Rußland, obwohl nicht Signatarstaat der Haager Landkriegsordnung, diese Vereinbarung für sein Territorium für verbindlich erklären würde, wenn Deutschland dies seinerseits täte. Auf beide Ansuchen hat Deutschland ablehnend geantwortet.
Die Sowjets hatten sich dann nicht an diese Abmachungen ge-

bunden gefühlt und entsprechend gehandelt. Im Sommer 1944 wurden bei dem Rückzug aus dem Baltikum auch gekennzeichnete und unbewaffnete Lazarettschiffe angegriffen. Daraufhin rüstete die deutsche Kriegsmarine Frachter und Passagierschiffe in Verwundetentransporter um: Sie trugen Tarnanstrich und waren mit einer Anzahl 2-cm-Vierlings- und 3,7-cm-Solo-Geschützen bewaffnet.
Trotzdem wurden im März 1945 mehrere Verwundetentransporter (VTS) in Lazarettschiffe zurückverwandelt, wie die PRETORIA und die GENERAL SAN MARTIN, d. h. die Geschütze wurden wieder entfernt und die Aufbauten mit einem weißen Anstrich und dem großen roten Kreuz an den Schornsteinen versehen. Wer immer diesen Befehl gegeben hat, er wußte um die Situation. Trotzdem: Als die PRETORIA vor Gotenhafen von sowjetischen Fliegern angegriffen und schwer beschädigt wurde – wobei Verwundete und Flüchtlinge starben –, kabelte die Marine an das Außenministerium, mit der unausgesprochenen Forderung nach einem internationalen Protest.
Die STEUBEN gehörte zu einer Armada von Schiffen der Kriegsmarine, die von ihren Liegeplätzen in den Ost- und Nordseehäfen nach Pillau beordert worden waren: Schulschiffe wie die NAUTIK, OKTANT, OSTMARK, HERKULES, Zielschiffe wie die VENUS und später die glücklose GOYA, kleine Lazarettschiffe wie die GLÜCKAUF, METEOR, REGINA, RÜGEN, OBERHAUSEN und die Flugsicherungsschiffe GREIF, BOELCKE, HANS-ALBRECHT-WEDEL.
Pillau hatte noch nie so viele Schiffe gesehen. Der Frachterverkehr mit dem Nachschub für die Heeresgruppe Nord hatte sich seit der Unterbrechung der Eisenbahnverbindungen nach dem Reich mehr als verdreifacht. Truppentransporter wie die LOTHRINGEN, LICENTIA, FANGTURM, HESTIA, brachten aus Kurland abgezogene Verbände von Libau und nahmen dafür Verwundete und Flüchtlinge an Bord, ehe sie nach Swinemünde oder Kiel weiterfuhren.
In der Danziger Bucht spielte sich der Hauptverkehr zwischen Pillau und den Häfen von Neufahrwasser und Gotenhafen ab.

Zu Tausenden wurden Verwundete und Flüchtlinge im Pendelverkehr von der östlichen Seite der Bucht auf die westliche gebracht. Die Schiffe und ihre Besatzungen kamen nicht zur Ruhe. Das Flugsicherungsboot GREIF lag nur zum Laden und Löschen still. Seine eigentliche Aufgabe war der Transport von Nachschub für den Fliegerhorst Neutief und das dort stationierte Jagdgeschwader. Nach zwei Reisen mit Flüchtlingen aus Königsberg machte die GREIF am 6. 2. um 8.45 Uhr an der Anlegestelle Neutief – gegenüber Pillau auf der Nehrungsspitze – fest. Sie nahm dort etwa 2000 Flüchtlinge auf und lief gegen Mitternacht nach Neufahrwasser. Vierundzwanzig Stunden später liegt sie schon wieder vor Pillau und macht diesmal im Vorderhafen fest. Vier Stunden später geht es mit 1800 Flüchtlingen wieder zurück. Die Flüchtlinge gehen in Neufahrwasser an Land, und die GREIF übernimmt die Munition für den Fliegerhorst. So geht es Tag um Tag. Die Ladung nach Osten besteht aus Bomben, Munition, Flakgeschützen, einmal sogar vier neuen Me 109-Jagdflugzeugen, dann wieder nur Öl, Koks und Verpflegung für die Flieger; die Ladung nach Westen sind Menschen.
Zwischen dem Nehrungsort Kahlberg und Neufahrwasser wurde ein Pendelverkehr eingerichtet, um zumindest die vielen Verwundeten von der überfüllten Nehrung abzutransportieren. Die Lazarettschiffe GLÜCKAUF, REGINA und METEOR konnten sich dem Prahmanleger am flachen Ufer nur auf etwa 500 Meter nähern und mußten deshalb auf der Reede ankern. Artillerieträger, Fischkutter und Fährprähme brachten die Verwundeten, unter denen sich auch die Opfer der Tieffliegerangriffe auf die Eisstraßen befanden, zu den wartenden Schiffen.

Über die Weichselmündung nach Westen

Die Flucht über das Eis war noch in vollem Gange. Über die ausgefahrene Nehrungsstraße holperten die Fuhrwerke mit klapperndem Geschirr, die Pferde hatten weiße Bärte und bliesen kleine Dampfwolken aus den Nüstern. An der Seeseite bei Kahlberg und Steegen übernahmen kleinere Schiffseinheiten auch Flüchtlinge. Doch nur die Wagemutigsten, zumeist Fußgänger mit wenig Gepäck, nutzten diese Gelegenheit. Die Masse zog weiter – wie die Mischkes, Romalm und seine Gruppe, die Knieps und die Macketanz'. Noch war die Weichselniederung sicher und der Weg durch Pommern offen.

Mischke hatte die Weichselniederung in den ersten Februartagen erreicht und in Steegen einen Stall für seine Pferde und für die Familie ein Zimmer gefunden. Seit vielen Tagen hatten sie sich endlich einmal langstrecken und ausschlafen können – ohne Furcht, daß ihnen Pferd und Wagen gestohlen werden.

Am nächsten Tag standen sie an der Weichsel. Das Wetter war naßkalt und neblig. Fröstelnd schlossen sie sich der über einen Kilometer langen Schlange von Fuhrwerken an, die auf die Fähre wollten. Etwa alle zehn Minuten rückten sie um zwanzig Meter vor und waren im Morgengrauen des nächsten Tages endlich am Wasser, das schwarz und träge zwischen den an den Ufern aufgefrorenen Eisschollen zur nahen See floß.

Die Fährleute hatten schon wochenlang Flüchtlinge und Militär über den Fluß gesetzt, Tag und Nacht, ohne Unterbrechung. Und sie würden den Betrieb auch noch bis zum bitteren Ende aufrechterhalten, ehe sie selbst unter eigenem Dampf die gefahrvolle Reise über die Ostsee bis nach Kiel wagten, obwohl die

Fähre nicht seetüchtig war und praktisch nur aus zwei Schwimmtanks bestand, über die Bohlen gelegt waren.
Mischke verschwendete keine Gedanken an die Fähre. Er war froh, daß seine Pferde, ohne Schwierigkeiten zu machen, nach dem Anlegen die Überleghölzer bewältigten und auf der Straße zügig ausgriffen. Er hatte eine zweite Schlange vor der nächsten Fähre erwartet. Aber sie überwanden den zweiten Weichselarm ohne Aufenthalt, weil beide Fähren im Takt arbeiteten.
Am Abend darauf erreichte Mischke den Eisenbahnknotenpunkt Praust. Hier war alles noch friedlich – und von der Partei organisiert. Pferde und Menschen wurden in den Ställen eines Gutes untergebracht. Mischke ärgerte sich: »Der Herr Gutsbesitzer sitzt in seinem hellerleuchteten Schloß – und sicher hat er es warm!«
Mischke war mit der Richtung, in die man ihn geleitet hatte, nicht einverstanden. Er hatte über Danzig fahren wollen und nicht so weit südlich. Er ahnt nicht, daß er doppeltes Glück hat und sich genau dort befindet, wo er am schnellsten und sichersten durchkommt.
Wäre er nördlicher oder nur einen Tag später gefahren, hätten ihn die Volkssturmsammler erwischt, die sich Stunden nach seiner Durchfahrt an der zweiten Weichselfähre postiert hatten. Wer immer durch die Sperre am Haffufer gekommen war, den holte man hier von den Wagen.
Auf Krüppel und Kranke nahmen die Posten keine Rücksicht. Der Bauer Motzkus, der aus dem Ersten Weltkrieg eine schwere Beinverletzung heimgebracht hatte, wollte wissen, wie er denn in der Kolonne mitmarschieren sollte. »Wir werden dich schon hinfahren – heraus kommst du sowieso nicht mehr«, antwortete ihm lachend ein Parteimann, so als hätte er einen Witz gemacht. Sie fragten jeden nach Alter, Beruf und letzter Tätigkeit, wohl aus Furcht, einmal den Falschen zu erwischen. Aber große Tiere befanden sich bei den Trecks nicht. Graf Eulenberg durfte offenbar wegen seines hohen Alters passieren. Auch Pfarrer Mantze aus Widminen durfte als »bis zuletzt im Amt gewesener Geistlicher« seinen Weg fortsetzen und bei seiner Familie bleiben.

Mischke wäre genauso wenig durchgekommen wie der Lehrer Otto Lippke aus Allenburg. Lippke war am 21. Januar mit seiner Frau aus der Heimatstadt aufgebrochen. Schon in Friedland fand sich für Frau Lippke eine Gelegenheit, mit der Eisenbahn weiterzukommen. Lehrer Lippke war dann allein nach Allenburg zurückgegangen, um dort Frauen mit Kindern beim Abtransport zu helfen – bis die Masse der fliehenden deutschen Soldaten auch ihn aus der Stadt vertrieb. Mit dem Fahrrad auf der verschneiten Straße holte er die Allenburger Fuhrwerke in Bartenstein ein. Die Leute hatten sich in den leerstehenden Wohnungen der Einheimischen einquartiert und blieben dort vier Tage. Sie hofften noch immer, daß die Wehrmacht dem Ansturm der Russen standhalten würde. Dann ging es weiter. Aber trotz aller guten Vorsätze gelang es Lippke nicht, einen Treck zusammenzuhalten. Am Ende fuhr jeder auf eigene Faust weiter.
Bei Habichtswalde überquerte er die Weichsel. Vom Aufenthalt seiner Frau hatte er keine Ahnung, obwohl sie nur wenige hundert Meter hinter ihm bei einem fremden Treck mitfuhr.
Einer der Feldgendarmen faßte nach der Lenkstange von Lippkes Fahrrad, an der zwei Aktentaschen des Lehrers hingen. »Ihren Ausweis!« Sie sagten niemals bitte, und die Aufforderung klang wie ein Urteilsspruch. Mit zitternden Händen klaubte der Lehrer seinen Ausweis aus der abgewetzten Brieftasche. Den großen Haufen anderer Männer, die vor ihm kassiert worden waren, hatte er schon von der Fähre aus gesehen. Sie standen bedrückt vor einem Schuppen und traten frierend von einem Bein auf das andere. »Dorthin!« sagte der Posten, und gehorsam schob der Lehrer sein Rad zum Schuppen.
In Dreierreihen marschierten sie zwischen den flüchtenden Fußgängern nach Danzig. Auf der Meldestelle in der Nähe des Hauptbahnhofs erhielt jeder eine Meldekarte. Auf Lippkes Karte stand: 15. 2. – Leibhusarenkaserne, Danzig-Langfuhr. Das waren noch drei Tage. Lippke nutzte sie, um nach seiner Frau zu suchen. Ziellos wanderte er durch die Straßen, klapperte Schulen und Kinos ab. In letzter Minute entdeckte er sie in einem Omnibus, der mit Frauen und Kindern ins Reich fahren sollte. Die Zeit

reichte gerade noch zu einem kurzen Abschied, und dann war der Lehrer mit sich und dem Volkssturm allein.
Er gehörte jetzt zum Bau-Bataillon XXX(V). Der Chef, Oberleutnant Greitsch, war ein Regierungsinspektor aus Allenburg. Ihre Aufgabe: Im Süden Danzigs Schützengräben ausheben. Am 17. 2. gegen 5 Uhr morgens ging es in einem Güterzug – mit einem Kommißbrot und einem Spaten ausgerüstet – nach Praust. Er kam an dem großen Gut vorbei, in dem der Böttchersdorfer Emil Mischke übernachtet hatte. Aber zu dieser Zeit war nicht nur der Gutsbesitzer fort, sondern auch Mischke war längst in Sicherheit.
Graf Eulenburg wollte nach der Weichselüberquerung weiter nach Danzig. Doch hinter Gottswalde versperrte ein Gendarmerieposten den Weg: Die Stadt Danzig war für Trecks und alle zivilen Fuhrwerke gesperrt. Wohl oder übel mußte Eulenburg den anderen Fuhrwerken nach Praust folgen. Erst von dort gelang es ihm nach einem Telefongespräch mit einem nahen Verwandten, der eine hohe Position beim Generalkommando innehatte, die Sperre zu umgehen. Ein Wehrmachts-Pkw geleitete den Wagen in die Stadt.
Graf Eulenburg wollte für seine Frau, deren Gesundheitszustand immer bedenklicher wurde, eine bessere Transportmöglichkeit finden. Mit Hilfe seiner Verwandten konnte er auch einen Platz im Schwesternabteil eines Lazarettzuges besorgen.
In Danzig herrschte große Unruhe. Von Eulenburgs Bekannten war kaum noch jemand da. Denn wer es sich leisten konnte, hatte sich mit dem Zug oder einem Schiff nach Westen abgesetzt. Die Technische Hochschule war schon Anfang Februar evakuiert worden. Die meisten Behörden hatten einen Teil ihrer Beamten und ihre Akten nach Westen geschickt. Doch noch immer funktionierte das öffentliche Leben. Die Zeitungen erschienen regelmäßig, Geschäfte waren geöffnet.
Der Gutsherr hatte schon immer eine Schwäche für Danzig gehabt. Als seine Vorfahren Gr. Wicken bauten, hatte Danzig seinen Zenit schon überschritten. St. Petersburg, Riga und Odessa machten ihm damals den russischen Handel streitig, der Getrei-

dehandel mit Polen kam fast zum Erliegen, weil das Land seine Kornkammer um Smolensk an Österreich verlor. 1540 waren noch sechzig Prozent aller Schiffe, die durch den Sund die Ostsee verließen, Danziger Herkunft gewesen. Danziger Schiffe mit Getreideladungen konnten damals Kriege entscheiden, ganze Provinzen vor einer Hungersnot retten – und Beute machen. Im Krieg der Hanse gegen England landete der Danziger Kapitän Paul Benecke 1473 einen Coup, auf den die Danziger Bürger besonders stolz waren. Dem Preußen Eulenburg war die Sache allerdings etwas anrüchig: Benecke kaperte vor Sluys, dem Seehafen von Brügge, einen englischen Segler. Das Schiff hatte das Triptychon »Das Jüngste Gericht« des Hans Memling an Bord. Das Kunstwerk war im Auftrag der Medici entstanden und für das Hospital Santa Maria Nuova in Florenz bestimmt. Trotz einer Intervention des Papstes behielten die Danziger das Bild und stellten es in ihrer Marienkirche auf. (Heute steht es im Pommernmuseum der Ulica Torunska, die Danziger Marienkirche ziert eine Kopie.)

Der Reichtum Danzigs blieb in seinen Häusern erhalten. Die schmalen hohen Fassaden waren eine Mischung aus bayerischem Barock, westfälischer Sparsamkeit, niederländischer Backstein-Gotik und kaschubischer Gewalttätigkeit. Die Lebendigkeit dieser Mischung war es, die Eulenburg faszinierte – wie der vergangene Reichtum, mit dem man etwas zu laut kokettierte. Es war nicht der Untergang des Dritten Reiches, es war der Aufstieg Preußens, der diese Stadt ruiniert hatte.

In der ersten Hälfte des 19. Jahrhunderts hatte es so ausgesehen, als sollte die allmählich absterbende Handelsstadt ohne Hinterland durch ein gewaltiges Naturschauspiel noch einmal eine Chance erhalten. Wohl waren in Danzig immer Schiffe gebaut worden, aber der Hafen und die Werftanlagen waren den Launen der ungestümen Weichsel ausgeliefert. Im Frühjahr 1840 aber brach sich der Eis und Hochwasser führende Strom vor Danzig ein neues Bett in die Danziger Bucht. Der Weichselarm, der Danzig mit dem Meer verbindet, wurde zur Toten Weichsel mit gleichbleibendem Wasserstand. Dieser Umstand erlaubte die

Ansiedlung von Werften im großen Stil. Die Schiffswerft Klawitter baute das erste Dampfschiff der preußischen Kriegsmarine. Die Schichauwerft und die Danziger Werft erwarben sich in der Folgezeit Weltruhm.
Über die Speicherinsel mit den uralten Lagerhäusern, die am Hauptarm der Mottlau der Langen Brücke und dem Krantor gegenüberliegen, gelangt man durch eines der zahlreichen schönen Tore in die Stadt Danzig. Diese an Schmuckstücken reiche Stadt ist so eng und winklig gebaut, daß man am besten mit einem Fahrrad vorankommt.
Eulenburg hielt sich nur einen Tag in der Stadt auf. Am 14. Februar, einem klaren Frosttag, fuhr er mit seinem Belgier und seinem Franzosen weiter. Von Gut zu Gut ging die Reise. Überall fand er liebevolle Aufnahme bei Freunden und Verwandten. Zwischen Köslin und Stettin änderte er seine Marschrichtung nach Nordwesten auf Swinemünde-Wollin zu. Der vorherige Weg war nicht nur mit Flüchtlingen verstopft, sondern er wurde auch zusehends gefährlich. Die Russen waren bedenklich nahe gekommen.
Eulenburg hatte es leicht, sich auf dem laufenden zu halten: Auf den Gütern waren oft Wehrmachtstäbe einquartiert, und die Offiziere waren meistens gute Bekannte, die ihn Tag für Tag über die Lage informierten.
Nach über 40 Kilometern Fahrt kamen sie nach Schwiersen, wo sie in einem Wartenslebenschen Gut übernachten wollten. Das Dorf war voller Trecks. Wenige hundert Meter vor dem Schloß verweigerte ein Ortsgewaltiger – ein schmächtiges Männlein – die Durchfahrt. Sie mußten wieder umkehren und in der verkehrten Richtung noch fast 20 Kilometer fahren, ehe sie auf Benz, einem Gut des Grafen Flemming, eintrafen und dort auf den Freiherrn Siegfried von Schrötter trafen, der vier Wochen zuvor mit dem Landrat von der Gröben in Fischhausen den Königsberger Flüchtlingsstrom reguliert hatte. Am 22. 2. fuhr der Landauer über die Wolliner Brücke. Sie waren damit vorerst – ohne es zu wissen – in Sicherheit.
Graf Eulenburg gehörte zu den letzten, die noch auf dem Land-

weg entkamen. Viele andere, die zur gleichen Zeit wie er und ganz in seiner Nähe aufgebrochen waren, schafften es nicht mehr.

Von Pillau nach Gotenhafen – Lagerleben – Luftangriff auf die rettenden Schiffe

Schlimm war es für die von Pillau über See angelandeten Menschen. Sie saßen in Neufahrwasser oder Gotenhafen in großen, eiskalten Lagerschuppen fest und warteten darauf, daß irgend jemand sie auf irgendeines der Schiffe holen würde, die an den Piers vor Anker lagen. Auch Bruno Damerau und die anderen Tapiauer waren in Gotenhafen in einem solchen Schuppen untergekommen.

Als sie die HEKTOR in Pillau bestiegen hatten, kam es ihnen vor, als seien nun die Flucht und all ihre Beschwernisse ein für allemal vorüber. Jeder hatte eine Koje für sich gehabt. Es hatte Speck, Brot, Wurst und Kaffee gegeben – zu flotter Marschmusik aus den Bordlautsprechern. Frau Petereit aus Pr. Eylau brachte an Bord einen Sohn zur Welt. Mutter und Kind waren wohlauf, verkündete stolz der Steuermann. Die Besatzung spendete für den neuen »Seebürger« 3000 Reichsmark, während die Flüchtlinge die reichlich vorhandenen Schnapsflaschen kreisen ließen. Wegen der Flieger- und Minengefahr bat die katholische Mutter den Kapitän um eine Nottaufe. Eingehend erklärte sie ihm die Riten, und mit reichlich fließendem Wasser taufte der alte Seebär den kleinen Ostpreußen »Im Namen des Vaters, des Sohnes und des Heiligen Geistes« auf den Namen Franz Arno.

Die nüchterne großdeutsche Wirklichkeit hatte die Tapiauer jedoch schon in Gotenhafen wieder eingeholt. Der Boden des Güterschuppens an der Pier war nur zur Hälfte betoniert, an einer Seite klaffte ein großes Loch in der Wand, daneben stand ein in Segeltuch gehülltes Monstrum von Maschine. Sonst war

der Schuppen leer, nichts hemmte den eisigen Luftzug. Die Masse der Flüchtlinge strömte hinein, rannte wild durcheinander, weil jeder sich einen guten Platz ergattern wollte. Schließlich kämpften sie um jeden halben Quadratmeter für sich und ihr Gepäck, bis etwa 2000 Menschen in die Halle gepfercht waren.
Niemand wußte, wie es weitergehen sollte. Sie fanden auch niemanden, der ihnen Auskunft hätte geben können. Hungrig, frierend und müde rollten sie sich auf einer dünnen Unterlage von zusammengesuchtem Stroh zum Schlaf. Viele blieben auf ihrem Gepäck sitzen und schliefen aneinandergelehnt.
Kaum war der Morgen angebrochen, machten sie ihrem Unmut Luft. Ein alter Mann, dem das offenbar zuviel wurde, rief mit hochrotem Kopf in die Menge: »Nu habt ihr so lange ‚Häil' jebrillt, nu kennt ihr jätzt ‚Unhäil' schräjen!«
Im gleichen Augenblick tauchte ein Amtsleiter der Partei auf. Seine hellbraune, goldbestickte Uniform mit dem glänzenden braunen Lederzeug – Schaftstiefel, Koppel mit goldener Schließe – stand in einem seltsamen Kontrast zu der schwarzen oder braunen, abgetragenen, zerknitterten und verschmutzten Bekleidung der Flüchtlinge. Er stieg auf einen Vorsprung an der abgedeckten Maschine und sagte laut und deutlich: »Heil Hitler! Alles mal herhören!« Er übermittelte eine persönliche Botschaft des Führers an seine lieben, tapferen Ostpreußen und forderte sie dann auf, mit Kochgeschirr und Eßbesteck draußen anzutreten, weil er sie zum Essen führen werde.
Die Flüchtlinge taten wie geheißen. Sie standen noch eine gute Stunde vor der Halle herum, ehe es losging. Ein Parteigenosse in einer weniger bedeutenden Uniform führte sie. »Es ist nur zehn Minuten zu gehen«, versicherte er. Der alte Franz Böhm konnte nicht mit. Die große Wunde an seinem Fuß war schlimmer geworden, und vor Schmerzen liefen ihm die Tränen über die gelben, faltigen Wangen. Die anderen versprachen, ihm eine gute Portion mitzubringen.
Die Portionen-Ausgabe war jedoch weiter entfernt als sie angenommen hatten: Nach einer Stunde Fußmarsch kamen sie auf dem Festplatz des Schützenhauses an. Essen? Für 2000 Leute?

Davon wußte hier niemand etwas. So kehrten die Tapiauer murrend und hungrig wieder um. Später halfen ihnen die Besatzungen der im Hafen liegenden Schiffe. Sie schleppten kübelweise Erbsen- und Graupensuppe, Brot und Wurst in den Schuppen. Doch niemand konnte den Flüchtlingen sagen, mit welchem Schiff und wann es weitergehen sollte.
Auch die Familie Siegel aus Rauschen war in Gotenhafen gelandet. Peter Siegel, seine junge Frau und seine Eltern hatten auf der TOGO eine ähnlich angenehme Fahrt erlebt wie die Tapiauer auf der HEKTOR. Doch bei der Ankunft in Gotenhafen hatten sie sich nicht mit der Aussicht auf ein Massenquartier begnügt. Peter Siegel war auf eigene Faust losgezogen, um Quartier zu machen, und brachte seine Familie in der Wohnung des Milchhändlers Gustav Traube unter.
Der junge Hilfsarzt meldete sich beim Hauptverbandsplatz und stand kurz darauf im weißen Kittel in der großen Halle der Torpedomontierwerkstatt am Molenkopf, die jetzt als Umschlagplatz für Verwundete diente. Kleinere Marineeinheiten brachten sie aus Kurland, dem Samland und aus dem Kessel der 4. Armee auf die eine Seite der Mole. Auf der anderen legten die großen Musikdampfer an, um sie ins Reich zu bringen. Doch es gab lange Wartezeiten, denn in der Montierhalle lagen Hunderte von Schwerverwundeten, meist Amputierte und solche mit großen Wunden, die vor dem Weitertransport eigentlich zweimal am Tag hätten verbunden werden sollen.
Zusammen mit einem approbierten Arzt und vier Helfern versuchte der junge Feldunterarzt, das Schlimmste zu verhüten. Es gelang nicht immer, vor allem nicht, wenn sich die bedrohlichen Nachblutungen einstellten. Für den jungen Mediziner wurde die Situation zum Alptraum – vom Arztberuf hatte er eine andere Vorstellung gehabt.
Inzwischen machten sich die beiden Frauen im Milchgeschäft des verwitweten Händlers nützlich. Die alte Dame stellte sich hinter die Theke und schöpfte Milch aus, ihre Schwiegertochter klebte in dem kleinen Hinterstübchen Milchmarken für das Wirtschaftsamt auf große Bögen Packpapier. Der alte Professor Siegel führ-

te unterdes lange Gespräche mit Gustav Traube, der in Todesängsten schwebte: er war Parteimitglied und Obmann und hatte sogar einmal an einem Reichsparteitag teilgenommen.
Die Siegels blieben über eine Woche bei dem Milchhändler, der seine Heimat nicht verlassen wollte. Dann fand Peter Siegel über den Standortarzt eine Mitfahrgelegenheit für die Familie: Professor Siegel sollte noch am gleichen Tag als Schiffsbegleitarzt mit der LAPPLAND fahren.
Der Abschied der jungen Eheleute war kurz. Dann standen die drei allein vor dem großen Schiff. Die LAPPLAND hatte 7644 BRT und war erst 1942 gebaut worden, aber an ihren grauen Flanken krochen breite Roststreifen hoch. Stahltrossen und Taue hingen über die verbeulte Reling wie Lametta an einem toten Christbaum. Der riesige Frachter hatte nie bessere Tage gesehen. Er hatte in seinem grauen Kriegshemd die Werft verlassen, und seither war nicht ein einziger Eimer Farbe an ihn verschwendet worden. Der hohe Aufbau des Brückendecks, der unvermittelt über dem vorderen Schiffsdrittel aufragte, sah aus wie ein verwohntes Mietshaus. Über die Schiffsmitte streckte sich ein flaches Deck mit einem klobigen Schornstein, und hinter dem achteren Laderaum wölbte sich das Heck hoch wie ein Holzschuh.
Ein belgischer Seemann führte die Siegels mittschiffs. Dort lag zwischen den Kammern mit den Schwerverwundeten das allen zugängliche Revier. Hier sollte Professor Siegel die nächsten Tage arbeiten, während die beiden Frauen in einer angrenzenden Kabine Quartier bezogen. Wie aus weiter Ferne hörten sie das Trampeln der an Bord kommenden anderen Flüchtlinge, die nach und nach in den Laderäumen verschwanden.
Die Besatzung hielt sich zurück und versuchte gar nicht erst, den Frauen und Kindern mit dem Gepäck oder beim Abstieg auf den steilen Leitern behilflich zu sein. Sie hatten noch von der ersten Reise aus Pillau genug, als die Massen das Schiff stürmten und mehrere Besatzungsmitglieder die Niedergänge hinuntergerissen worden waren. Auch dem Matrosen Schmidtke war die Hilfsbereitschaft vergangen. Er hatte in Pillau mit seinen Bärenkräften am längsten unter den Flüchtlingen ausgehalten und immer wie-

der alte Frauen oder zwei Kinder auf einmal einhändig die Eisenleitern hinuntergetragen – bis ihm jemand von oben einen riesigen Koffer auf den Kopf geworfen hatte.
Das Schiff war als Truppentransporter für 1000 Mann eingerichtet. Mehr als 2000 Frauen und Kinder und über 1500 Verwundete mußten sich jetzt den Platz teilen.
Die Verpflegung der Menge war das größte Problem. Die Männer der LAPPLAND erinnern sich der ersten Fahrt von Pillau nach Swinemünde nur mit Schaudern. Es war zu Schlägereien um einen an Bord gebrachten großen Suppenkessel gekommen, und im Hafen von Swinemünde hatten Frauen dicht an ihnen vorbeifahrende Schiffe um Brot angebettelt. Von einem Kriegsschiff wurden ihnen ein paar Dutzend Laibe zugeworfen. Hinterher sah das Deck der LAPPLAND wie ein Schlachtfeld aus, weil sich die Leute beim Kampf darum niedergetrampelt hatten.
Anfang Februar war die Verpflegungssituation der Flüchtlinge bei der Führerlagebesprechung des Oberbefehlshabers der Marine zur Sprache gekommen. Hitler selbst hatte angeordnet, daß sofort ein Schiff mit Lebensmitteln nach dem Osten zu schicken sei und machte die Gauleiter für ausreichenden Nachschub verantwortlich. Gauleiter Koch ließ daraufhin Lebensmittel aus Königsberg herausholen, die der Bevölkerung dort später so sehr fehlten, daß es nach der endgültigen Besetzung durch die Russen zu Fällen von Kannibalismus kam. In Danzig ließ Gauleiter Forster Treckfuhrwerke requirieren, die für die Kreisbauernschaften aus den Raiffeisensilos und den Gütern der Umgebung Getreide und Nahrungsmittel heranfuhren. An Fleisch herrschte hier kaum Mangel. Nur die Organisation der NSV war zu schwach, um dem Hunger der Heerscharen an der Küste gerecht zu werden.
So handelten die Handelsschiffskapitäne auf eigene Faust. In Gotenhafen hatte der Kapitän der LAPPLAND, Franz Appel, seinen 1. Offizier Karl Hillman losgeschickt, um irgendwo etwas Eßbares aufzutreiben. Hillman geriet durch eine NSV-Küche auf die richtige Fährte und fand ein volles Lagerhaus in der Nähe des Bahnhofs. Mit einer Wagenladung Kommißbrot, einigen Säcken

Erbsenpulver, Bohnen und Zucker kam er zurück. So konnten wenigstens die Kinder und die Kranken mit Zuckerbrot und Suppe ernährt werden.
Im Revier der LAPPLAND merkte man von diesen Schwierigkeiten nichts, denn die Bordverpflegung funktionierte unter der Hand. Die junge Frau Siegel und ihre Schwiegermutter hatten eine Art Ambulanz eingerichtet. Sie verteilten Zellstoff an die Frauen, Kohletabletten und Aspirin, sie maßen die Temperatur bei kranken Kindern und gaben gute Ratschläge, die zwar kaum praktischen, dafür aber umso größeren moralischen Wert hatten. Professor Siegel war als Gynäkologe genau am richtigen Platz. Schon in der zweiten Stunde der Reise kam es an Bord zu einer Sturzgeburt; die junge Frau hatte nicht einmal Zeit gehabt, sich ihrer Unterkleider zu entledigen.
Fünf weitere Geburten verliefen ohne Komplikationen. Mehrere alte Menschen und zwei Säuglinge starben. Sie wurden zusammen mit den gestorbenen Verwundeten auf dem Bootsdeck niedergelegt.
Die LAPPLAND fuhr in einem Geleit von zehn Schiffen, die sich auf der Reede von Hela gesammelt hatten. Das allein erforderte die ganze Aufmerksamkeit der Brückenwache, die keine Geleiterfahrung hatte. Hinzu kam noch die Gefahr, sich in einem Eisfeld festzufahren oder in einer der immer wieder auftauchenden dichten Nebelbänke den Geleitzug zu verlieren. Vor Fliegern hatten sie weniger Angst, denn Frachter wie Begleitschiffe waren mit 3,7 cm und 2 cm Flak reichlich bestückt. Die LAPPLAND hatte allein 40 Mann Flakbesatzung an Bord. Doch jeder war sich bewußt, daß ein U-Boot oder eine Mine sie jederzeit hochgehen lassen konnten.
Kurz nach Mitternacht riß ein Matrose die Tür zur Brücke auf und schrie »Mann über Bord!« Ein Kind war am Heck über Bord gegangen, und die Mutter war blindlings hinterher gesprungen. Zwei Mann wurden zum Heck beordert, aber bis die sich dorthin durchgedrängelt hatten, war ein Geleitboot längsseits gekommen und fragte, was los wäre. »Fahren Sie weiter«, schrie der Kommandant zum Frachter hinauf, »wir übernehmen die Suche!« So

fuhr die LAPPLAND weiter – niemand weiß, ob die beiden aufgefischt wurden.
Vor Swinemünde gab es diesmal keinen Aufenthalt. Das Geleit machte fest und Stunde um Stunde tappten die Menschen über die Landgänge auf die Pier, hinüber zu den bereitstehenden Zügen. Ein Kutter übernahm die Leichen der unterwegs Gestorbenen vom Bootsdeck. Die LAPPLAND lud wieder mehrere Wagenladungen Kommißbrot und fuhr dann in den Hexenkessel der Danziger Bucht zurück. Unterwegs fing die erste Ladung Brot an zu schimmeln und mußte über Bord geworfen werden – etwa ein halber Eisenbahnwaggon. Die Siegels waren unterdessen per Bahn auf dem Weg nach Berlin.
Der Königsberger Lebensmittelhändler Dr. Ostermayer und ein paar Leute seiner Belegschaft saßen um diese Zeit noch in Gotenhafen fest, obwohl sie zur gleichen Zeit wie die Siegels aus Pillau weggekommen waren. Irgendwann hatte Dr. Ostermayer den eigenen Antrieb verloren und sich in dem zähflüssigen Strom der Flüchtlinge mittreiben lassen. Schließlich war er im Gotenhafener Stern-Kino gelandet: 1. Rang Mitte, Reihe 4.
Spät erst besann er sich, daß er ja auch auf dieser Seite der Danziger Bucht eine ganze Menge einflußreicher Leute kannte, die ihm weiterzuhelfen vermochten. Er schüttelte seine Lethargie ab und machte sich auf den Weg. Mehrere Anlaufstellen erwiesen sich als Nieten, weil sich seine Bekannten rechtzeitig abgesetzt hatten. Nur Bankdirektor Nouvel war noch da und nahm den Freund aus Königsberg bei sich auf.
Herr Nouvel kannte den Stabs-Obersignalmeister Wiebeck, der im Signalturm am Hafenbecken IV wohnte und um die Ankunft und Abfahrt sämtlicher Schiffe wußte. Wiebeck war eine gemütliche Natur und bester Laune. Er hatte eine sehr hübsche Königsberger Flüchtlingsfrau und deren fünfjährigen Sohn bei sich. Sie sollten auf dem Zerstörer CASTOR mitfahren.
In Wiebecks kleiner Bude spielen sie den ganzen Abend Skat. Die Frau kocht Makkaroni mit Speck. Ehe sie sich schlafen legen, verabschiedet sich Nouvel – er ist sicher, daß alles klappen wird. Am nächsten Morgen ziehen die vier fröstelnd zum Boll-

werk, wo der Zerstörer liegt. Eine Menschenmenge staut sich vor dem Landgang. Alle haben sie Schiffskarten und deshalb Vorrang. Noch mehr Vorrang haben allerdings die Schwerverwundeten, die gerade eingeladen werden – und die 90 Krankenschwestern, die ein großes Lazarett nach Gotenhafen begleitet hatten. Es durften immer nur zehn Personen an Bord, von denen erst einmal die Personalien aufgenommen wurden. Dann hielt eine Ärztin den ganzen Betrieb auf, weil sie verlangte, daß die Kinder-Isolierstation des Gotenhafener Krankenhauses mitgenommen werden sollte. Der Kommandant wurde böse, als er von Diphterie und Masern hörte und fragte, ob sie 1200 Menschen anstecken wolle. Es ging noch eine Weile hin und her, bis die Ärztin aufgab.
Dr. Ostermayer hatte das alles etwa eine Stunde lang verfolgt. Vor allem die Sache mit den Personalien gefiel ihm nicht. Er verdrückte sich in Richtung auf den weiter vorn liegenden Dampfer MEMELLAND. Zu seiner Überraschung brauchte man dort keine Schiffskarten. Die MEMELLAND, ein Havarist mit Maschinenschaden, sollte von zwei Schleppern in eine Nordseewerft geschleppt werden. Deshalb konnte der 6234 BRT große Benzintanker auch nur 350 Menschen mitnehmen. Bei Ostermayer hatten sich inzwischen wieder drei Mann aus seiner Gruppe eingefunden. Sie bekamen die Kammer des Heizers mit vier Kojen und einem kleinen Tisch.
Von den Schleppern gezogen glitt die MEMELLAND bald aus dem Hafen. Sie fuhren ohne Geleit. Die Besatzung war guter Dinge, denn der Tanker war praktisch unsinkbar – er bestand aus 36 hermetisch abgeschlossenen Tankzellen. Verpflegung hatte die NSV in Gotenhafen an Bord gebracht. Mittags gab es dicke Suppe (Erbsen, Nudeln, Kartoffeln) mit Speck oder Fleisch, nachmittags Kaffee, abends je 6 Mann ein Brot, je Mann 50 g Butter, Marmelade, Wurst und die übrige Tagessuppe.
Es wurde eine lange Reise. Zwölf Seemeilen nordöstlich von Kolberg lagen sie fast zwei Tage bewegungslos auf offener See, weil die Minenwege nicht geräumt waren. Die Männer spielten die meiste Zeit Skat, die Frauen wuschen Oberhemden, brieten

Kartoffeln und schnitten sich gegenseitig die Haare. Auf der Außenreede von Swinemünde verloren sie noch einen Tag mit der Aufnahme von Proviant und Wasser. Nach sechs Tagen erreichten sie in Kiel den Eingang des Kaiser-Wilhelm-Kanals und damit das Ende ihrer Reise.

In Gotenhafen war inzwischen die Situation beängstigend geworden. Zehntausende drängten sich in allen möglichen Behelfsquartieren – und jeden Tag wurden es mehr. Der Lärm der Front wurde deutlicher, und in den Quartieren machte sich Unruhe breit. Jeder wollte so schnell wie möglich heraus aus dieser Falle.

Auch die Tapiauer saßen noch in Gotenhafen. Sie waren inzwischen in ein Massenquartier in der Schule VI in Gotenhafen-Grabau verlegt worden, etwa eine Stunde Fußweg vom Hafen. In den drei Flügeln des Gebäudes waren 3000 bis 4000 Flüchtlinge untergebracht. Für Verpflegung sorgte die Wehrmacht. In den Schulräumen herrschte eine gereizte Stimmung. Die Flüchtlinge rüpeln sich gegenseitig an, bestehlen sich, denunzieren – und feiern Feste. Am 23. Februar hat die Frau von Franz Böhm, dessen Heilung übrigens große Fortschritte gemacht hat, ihren 69. Geburtstag. Auf der Stube wird der Jubilarin ein Festessen gestiftet, für das jemand seinen geräucherten Schweineschinken, ein anderer den letzten Rest Malzkaffee opfert.

Inzwischen wurde den Dameraus ein Koffer gestohlen, dessen Inhalt am nächsten Tag ein paar Zimmer weiter wieder auftauchte. Die Diebinnen hatten nichts dabei gefunden, die gestohlenen Kleider anzuziehen. Einige schrien: »Hängt die Plünderer auf!« Andere wollten sie vor den Volksgerichtshof bringen. Die Aufregung legte sich erst, als die drei Sünderinnen von der Polizei abgeführt wurden.

In all dem Durcheinander hatte Bruno Damerau noch die Muße, für die beiden Krankenschwestern, die den alten Franz Böhm betreuten, zwei Aquarelle vom Kurischen Haff und der Nehrung zu malen. Aber ihrem Abtransport bringt sie das nicht näher.

Allmählich dämmert den Tapiauern, daß sie übergangen werden. Leute, die lange nach ihnen gekommen waren, erhielten Schiffskarten und verschwanden zum Hafen. »Wer got schmert, de got fährt«, hatte schon die Mutter Damerau immer gesagt. Eine der Frauen steckt dem Lagerleiter eine Flasche Kognak zu. Am nächsten Morgen hatten sie 24 Schiffskarten für die DEUTSCHLAND.

Die DEUTSCHLAND, 21046 BRT, hatte den ganzen Krieg über als Wohnschiff für U-Bootschüler in Danzig vertäut gelegen. Seit dem 30. Januar hatte sie jedoch schon drei Reisen mit jeweils 8000 Flüchtlingen und Verwundeten gemacht. Die Mannschaft unter Kapitän Bruno Feindt war bei der ersten Landung in Kiel aufgefüllt worden: Ein Gemisch aus Deutschen und Kroaten, von denen keiner den anderen kannte.

Kapitän Feindt hatte genügend Proviant an Bord, unter anderem 15000 Brote und 8000 Kilo Speck. Sein größter Laderaum war mit einer Ladung Holz und U-Bootbatterien blockiert, die er nun schon zum vierten Mal nach Westen mitschleppte, weil sie ihm niemand abnehmen wollte.

Die wenigsten Flüchtlinge, die mit den Tapiauern in Gotenhafen an Bord gingen, hatten jemals ein so großes Schiff gesehen und waren gehörig beeindruckt. Im Inneren, im Labyrinth der Treppen und Gänge, Schotts und Türen schien das Schiff nach größer als von außen.

Ein Matrose bedeutete ihnen, sich in einem Betriebsgang rechts und links niederzulassen und auf keinen Fall die Passage in der Mitte zu versperren.

Sie machten es sich so bequem sie konnten. Platz zum Liegen gab es nicht. Große Gepäckstücke mußten sie in einem Baderaum verstauen, um überhaupt sitzen zu können. Sie merkten bald, was »Betriebsgang« hieß: Man hatte sie mitten unter der geschäftigen Besatzung einquartiert, und auf dem Gang herrschte ein ständiges Kommen und Gehen. Immer wieder mußten sie ihre Füße einziehen.

Ein angetrunkener Seemann stolperte über das in den Gang ragende steife Bein eines Schwerkriegsbeschädigten. Mit einer wüsten Schimpfkanonade machte er Anstalten, über den am Boden sitzenden älteren Mann herzufallen, versuchte ihn am Ärmel hochzuziehen. Im letzten Augenblick, ehe er wirklich auf ihn einschlug, kamen zwei andere Seeleute dazwischen und zogen ihn fort. Keiner der eingeschüchterten Flüchtlinge hatte sich gerührt – ihre körperliche Kraft war so erschöpft wie ihre moralische. Auch als derselbe Matrose später unflätige Bemerkungen machte, weil einige der Flüchtlinge noch immer von ihren mitgebrachten Speckvorräten zehrten, warf man ihm nur entrüstete Blicke zu.

Zwei Tage lag die DEUTSCHLAND in Gotenhafen: Ein Nordoststurm mit Windstärke 8 bis 9 machte die Passage der Minenfelder unmöglich. Dann warf sie die Leinen los, begleitet von zwei Zerstörern und zwei Torpedobooten.

Außer den sechs- bis siebentausend Flüchtlingen hatte die DEUTSCHLAND auf dieser Reise 1400 Verwundete an Bord, für die nur drei Ärzte und eine kleine Anzahl von Helfern zur Verfügung standen. Verbandsmaterial war nicht vorhanden. Die Mehrzahl der Verwundeten war seit vielen Tagen nicht mehr verbunden worden. Die Verbände waren durchgeeitert, und mehr als einmal fand Marinestabsarzt Dr. Hans Pilz unter den alten Bandagen Würmer. Trotzdem mußten sie die alten Verbände wieder benutzen.

An Medikamenten, besonders an schmerzstillenden Drogen und Opiaten, fehlte es ebenfalls. Wann immer ein chirurgischer Eingriff unumgänglich war, spritzte Dr. Pilz ein Mischpräparat von Scopolamin, Eukodal und Ephetonin, um eine Narkose herbeizuführen. Er kannte das Mittel aus der Psychiatrie, wo es als Sedativum bei äußerst unruhigen Patienten angewendet wurde. Was immer er tat, er wußte: Es lag letzten Endes nicht mehr in seiner Hand, ob die Patienten überlebten.

Den Flüchtlingen blieben trotz der räumlichen Nähe die Leiden der Verwundeten verborgen. Einige wurden jedoch Zeugen eines tragischen Mißgeschicks. Dr. Pilz hatte bei einem Verwundeten einen stark durchfeuchteten Verband in der Leistengegend zu lösen versucht. Dabei hatte die Wunde stark zu bluten begonnen. Der Versuch, die Beinschlagader abzuklemmen, mißlang. Dr. Pilz bemühte sich, das Gefäß zu komprimieren und ließ zu-

gleich den Patienten in das Revier zur Operation transportieren. Am Niedergang mußte der Arzt unter die Trage kriechen. Er stolperte, seine Hand rutschte ab, und Dr. Pilz hörte das Blut aus dem Gefäß rauschen. Als er sich wieder aufgerafft hatte, konnte er nur noch den Tod des Patienten durch Verbluten feststellen.
Mehrere Zivilisten hatten im Durchgang gestanden und die Szene stumm mit angesehen. Doch nur eine Frau stieß einen kleinen Schrei aus, als sie den Mann stürzen sah und das Blut bemerkte. Die anderen waren zu sehr mit ihren eigenen Angelegenheiten beschäftigt. Sie warteten vor dem Eingang zum Revier auf Nachrichten von ihren Angehörigen, die von einer Kinderärztin aus Gerdauen und einem Zivilarzt aus Elbing betreut wurden. Diese beiden Ärzte standen auf verlorenem Posten, nicht anders als Dr. Pilz. Eine ganze Reihe alter Menschen dämmerte auf zerlegenen Strohsäcken untererernährt und erschöpft am Rande des Todes dahin. In einem kleinen Nebenraum, der früher die Höhensonne und andere Bestrahlungsgeräte beherbergt hatte, lagen sechs Kinder mit Diphterie und Scharlach. Nur der Kapitän und das Sanitätspersonal wußten von diesem Gefahrenherd. So mangelhaft die Mittel auch waren, gelang es doch, diese Fälle isoliert zu halten.
Auf dieser Reise gab es unter den Verwundeten und Zivilisten über 100 Todesfälle. Sie wurden in Papiersäcke verpackt und auf dem Bootsdeck unter einer Persenning abgelegt. Der Zahlmeister schrieb die Totenscheine aus und packte die Wertsachen und Ausweise der Toten in braune Umschläge, die später dem Roten Kreuz übergeben wurden, soweit keine Angehörigen an Bord waren.
Nach zwanzig Stunden Fahrt warf das Schiff bei strahlendem Sonnenschein Anker auf der Reede von Saßnitz. An Deck drängten sich die Flüchtlinge und bewunderten das Bild, das sich ihnen bot: Ein halbes Dutzend Geleitzüge und einzelne Schiffe jeder Art und Größe beleben die Bucht. Neben ihnen liegt die 22 117 BRT große HAMBURG, ein Schwesterschiff der DEUTSCHLAND. Im Hintergrund leuchten die malerischen Kreidefelsen der Insel Rügen. Auf den Decks der HAMBURG ist kein

Mensch zu sehen – sie hat sich ihrer Last schon entledigt. Aber zur DEUTSCHLAND kommt kein Leichter, keine Fähre. Saßnitz ist überfüllt.
Am Nachmittag dürfen mehrere hundert Frauen mit kleinen Kindern das Schiff verlassen. Für die anderen sind noch immer keine Eisenbahnzüge da. Mit gepackten Rucksäcken stehen sie bis zum späten Abend und in die Nacht hinein auf den Gängen herum, drängen sich an den Schotts zu den Aufgängen, um im Fall des Falles die ersten zu sein. Gegen 22 Uhr richten sich die Flüchtlinge mißmutig zum Schlafen ein. Der Gestank, der von den verschmutzten Toiletten durch die Gänge zieht, ist fast unerträglich geworden.
Bruno Damerau begibt sich auf Wanderschaft. Ihm fällt eine eigenartige Unruhe unter den Besatzungsmitgliedern auf. Sie hasten über Gänge, Schotts werden geschlossen, er hört halblaute Kommandos – und dann sieht er die ersten Matrosen mit Schwimmwesten. Er fragt mehrere von ihnen vergeblich, was denn los sei. Auch einige der »Matrosenliebchen«, Flüchtlingsmädchen, die bei der Besatzung Unterschlupf gesucht haben, tragen Schwimmwesten. Damerau hastet zurück zu seiner Familie. Von der Besatzung ist unter Deck niemand mehr zu sehen.
Es ist 22.30 Uhr. An Land heulen die Luftschutzsirenen auf. Die Schiffsleitung gibt durch die Lautsprecher den Befehl, daß jeder an seinem Platz zu bleiben habe und die Gänge freizuhalten seien. 23 Uhr werden deutlich Flugzeuggeräusche hörbar. Pfadfinder werfen Leuchtfallschirme ab, in deren bläulich-weißem Licht die schwarzen Silhouetten der vielen Schiffe sich gespenstisch abheben.
Bei den anfliegenden Maschinen handelt es sich um die 5. Gruppe des Alliierten Bomberkommandos. 150 Lancaster Bomber sind auf den Hafen und seine Einrichtungen angesetzt, 41 Lancaster greifen die auf der Reede liegenden Schiffe an. 7 Mosquitos geben Jagdschutz. Auf den Hafen, den Bahnhof und das Stadtgebiet fallen in dem einstündigen Angriff 491,3 Tonnen Bomben, über den auf der Reede liegenden Schiffen laden die britischen Flugzeuge 173,7 Tonnen Bomben ab, darunter 4,8 Tonnen

Brandbomben und 19 Luftminen. Zur gleichen Zeit spicken andere Maschinen die Gewässer vor Saßnitz mit Seeminen. Die starke deutsche Flakabwehr erzielt keine Erfolge. Das Flakschiff SOFIA und der Verwundetentransporter ROBERT MÖHRING gehen an der Pier in Flammen auf. Auf der ROBERT MÖHRING kommen 350 Verwundete um.
Zehn Lancaster konzentrieren sich auf die DEUTSCHLAND und die HAMBURG. In Todesangst hocken die Flüchtlinge auf der DEUTSCHLAND an ihren Plätzen. Die Wände und der Boden unter ihnen zittern unter dem Getöse der Bordflak, die aus allen 28 Rohren schießt, obwohl die 2 cm Vierlinge kaum Aussicht haben, die hochfliegenden Ziele zu erreichen. Deutlich hören sie das dumpfe Rumpeln der Bombenexplosionen näherkommen. Das Schiff schwankt unter den Druckwellen der näherliegenden Treffer. Kapitän Feindt hat alle Mann an Deck befohlen und nur einige Offiziere zu den Flüchtlingen beordert, um eine Panik zu verhindern. Doch die Zivilisten sind vor Angst wie gelähmt, nur einige Kinder schreien ängstlich auf. Die Erwachsenen warten auf den großen Schlag, der ihr Ende sein würde.
Dr. Pilz steht im Eingang des großen, mit Verwundeten dicht belegten Speisesaals des A- und B-Decks, so daß ihn jeder sehen kann, und er harrt der Dinge, die da kommen sollen. Durch die Bullaugen sieht er Explosionsblitze. Dann gibt es ganz in der Nähe einen fürchterlichen Knall: Volltreffer auf Z28, einem der beiden Zerstörer, die sie hierher begleitet hatten.
Die Besatzung der DEUTSCHLAND läßt mehrere Boote zu Wasser und fischt die im Öl schwimmenden Überlebenden der Zerstörerbesatzung auf. Einer nach dem anderen werden sie an Deck gebracht, wo Dr. Pilz und seine Helfer mit Wasser und Seife den Verätzungen an Augen und Nase zu Leibe rücken. Inzwischen sind die Feindflugzeuge abgeflogen. Der DEUTSCHLAND ist nichts geschehen, doch Saßnitz steht in Flammen.
Drei Tage mußten die Tapiauer mit Tausenden anderer noch auf dem Schiff ausharren. Nur 58 Schwangere und einige Notfälle wurden mit einem Rettungsboot an Land gebracht. Das Trinkwasser wurde knapp und mußte rationiert werden.

Am Tag nach der Bombennacht verlegte die HAMBURG ihren Ankerplatz seewärts und zog hinter dem Heck der DEUTSCHLAND vorbei. Neugierig standen viele Flüchtlinge in der Sonne an Deck und beobachteten das Manöver. Plötzlich riß eine gewaltige Detonation eine Wasserfontäne unter der HAMBURG hoch. Der Bug des riesigen Schiffes hob sich und sackte dann langsam weg. Die Explosion war so stark, daß auch der Rumpf der DEUTSCHLAND zitterte. Die HAMBURG war auf eine der vielen, in der Nacht zuvor abgeworfenen Minen gelaufen. Die Flüchtlinge glaubten jedoch an einen neuen Bombenangriff und wandten sich in Panik den Niedergängen zu, um im Innern des Schiffes Schutz zu suchen. Hals über Kopf fielen sie die steilen Treppen hinunter. Zum Glück gab es nur einige leichte Verletzungen. Die HAMBURG sank binnen einer Stunde. Ihre Besatzung kam unversehrt an Bord der DEUTSCHLAND.
Zwei Tage später konnte Kapitän Feindt die ersten 1600 Flüchtlinge und 80 der Toten an Land bringen lassen. Am Tag darauf waren es 1800 Flüchtlinge, dann 1400, dann Verwundete. Es kam unter den Flüchtlingen zu unerfreulichen Szenen, weil keiner mehr an Bord des Schiffes bleiben wollte. Bruno Damerau und sein Gefolge schafften es am dritten Tag, mit Hilfe eines freundlichen Bootsmannes, dem er ein Päckchen Tabak zugesteckt hatte.
Der Bahnhof von Saßnitz war zerbombt. Waggons waren durcheinander geworfen, Gleise aufgebogen und schwerer, beißender Brandgeruch hing in der Luft. Auf einem Notgleis hatte man für die Flüchtlinge einen langen Zug bereit gestellt. Eine Stunde später waren sie in Richtung Stralsund unterwegs.
Kapitän Feindt und die DEUTSCHLAND lagen nach der Ausschiffung ihrer Passagiere noch fünf ganze Tage auf der Saßnitz Reede, bis die Minen geräumt waren. Dann dampfte sie mit derselben Besatzung, denselben Ärzten und Sanitätern wieder in Richtung Gotenhafen. Unterwegs erfuhren sie, daß der Russe die Stadt und den Hafen schon mit Artillerie belegte und höchste Eile geboten war.

Danzig wird abgeschnitten – Die letzten zehn Tage in der Hansestadt

Die russische Dampfwalze war am Rand der Tucheler Heide vorbei in Richtung Oder und Berlin weitergerollt. In der kleinen Kreisstadt Tuchel hatte man sich anfangs noch hinter den Weichselbefestigungen sicher geglaubt. Die Kaserne war mit Waffen-SS belegt. Treu und brav übten die Männer des Volkssturmes Landesverteidigung, gingen die Polizeibeamten der Stadt- und der Landwacht ihre Streifen. Ab und zu überflogen sowjetische Flugzeuge die Stadt, es gab Fliegeralarm, aber Bomben fielen nicht.

Viel näher als die Russen waren den Tuchelern die polnischen Partisanen. In dem Maße, in dem sich eine deutsche Niederlage abzuzeichnen begann, nahm die Aktivität der Partisanen im ehemaligen polnischen »Korridor« zu. In den letzten Monaten des Krieges häuften sich Überfälle auf entlegene deutsche Gehöfte. Die Partisanen raubten in der Hauptsache Lebensmittel, schlachteten Schweine und zwangen die Bauern, vor dem Hitlerbild niederzuknien, um sie anschließend zu verprügeln. Später wagten sie sich sogar in die Dörfer, nahmen die Dorfkasse mit und steckten Gebäude in Brand. Vereinzelt überfielen sie auch Trecks und nahmen ihnen Lebensmittel und Wertsachen ab. Die von einem SS-Einsatzstab dirigierten Vergeltungsmaßnahmen, in deren Verlauf es zu heftigen und oft verlustreichen Waldgefechten zwischen SS-Einheiten und den Polen kam, fruchteten nichts. Sogar reichsdeutsche Deserteure kämpften auf seiten der Polen. Sie besaßen »Eindeutschungspapiere«, wie sie etwa 80 % der einheimischen Polen besaßen. Die Papiere waren in London gefälscht worden.

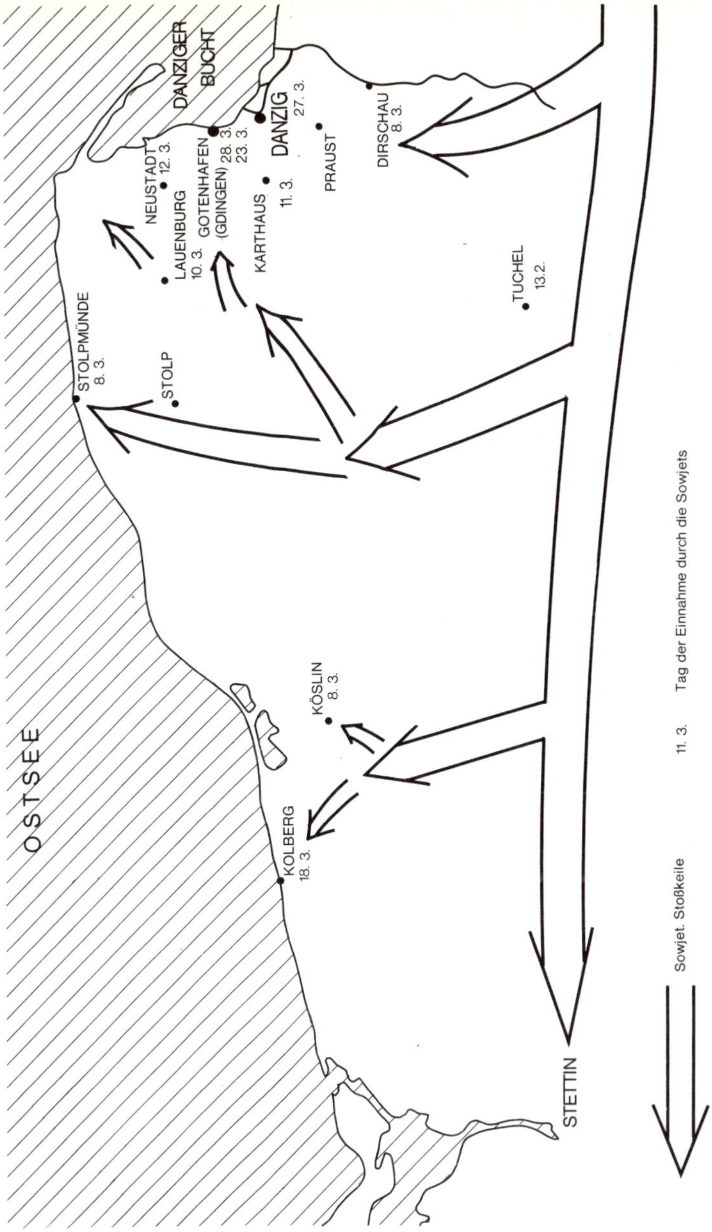

Abb. 3: Die Zangenbewegung der 2. weißrussischen Front in Pommern.

Wann immer er nachts Flugzeuggeräusche hörte, stieg Stadtinspektor Werner Fritsche in das Dach des Rathauses ein, um die in den umliegenden Wäldern aufblitzenden Lichtsignale zu beobachten, mit denen die Partisanen den britischen Piloten die Abwurfzonen anzeigten. Sie wurden von England aus der Luft mit Funkgeräten, Waffen und Munition versorgt.
In den letzten Januartagen erreichten die ersten sich absetzenden deutschen Einheiten die Stadt. Erst in einzelnen Trupps, dann in ununterbrochener Folge. Für den Stadtinspektor Fritsche war diese Schlange, die da durch den schmutzigen Schnee zog, ein gespenstischer Anblick: Deutsche Soldaten auf dem Rückzug! Abgerissen, unrasiert und waffenlos kamen sie daher. In der Stadt gab es Plünderungen, bis SS und Feldgendarmerie Sperren errichteten und die Fliehenden auf Sammelplätze leiteten.
Am 9. Februar nimmt der Kanonendonner in südöstlicher Richtung zu. Bei Schwetz toben schwere Kämpfe. Aber noch immer will die Gauleitung Danzig die offizielle Räumung der Stadt nicht zulassen. Die Stadtverwaltung erläßt einen Aufruf an alle polnischen Mädchen und Frauen: Sie haben sich vor dem Rathaus einzufinden, um bei Schanzarbeiten eingesetzt zu werden. Tuchel soll zur »Rundumverteidigung« vorbereitet werden. Am Nachmittag greift ein einzelner sowjetischer Schlachtflieger die Stadt mit Bomben und Bordwaffen an. Am nächsten Tag ließ der Kommandeur der 4. Panzerdivision, General Betzel, die Stadt von Zivilisten räumen – aus Gründen der militärischen Sicherheit, wie es hieß. In Wirklichkeit standen die Russen weniger als 20 Kilometer südöstlich der Stadt und rückten schnell näher. Die Gegenstöße der deutschen Panzer konnten diesen Vormarsch nur verlangsamen, aber nicht aufhalten. Statt selbst einen nach Süden gerichteten Keil in die Flanke des Gegners zu treiben, mußten sie sich vor den nun nach Norden weisenden Angriffsspitzen der russischen Panzer zurückziehen. Soweit sie nicht noch mit der Bahn nach Westen entkommen waren, flohen die Bewohner Tuchels und der Kreise südwestlich Danzigs zusammen mit den Treckfahrern in die Hansestadt.
Die Sowjets schickten sich an, Ostpommern und Westpreußen

ebenso abzuschneiden wie zuvor Ostpreußen. Infanterie und Panzerverbände der 1. weißrussischen Front waren vor der Oder nach Norden geschwenkt und stießen in schweren Gefechten in Richtung Kolberg und Ostsee vor. Zugleich marschierten die Armeen des linken Flügels der 2. weißrussischen Front nach Norden auf Köslin zu und splitterten damit die deutschen Truppen auf. Die Hauptkräfte dieser Front – die 65. Armee, die 49. Armee und die 5. Panzerarmee – schwenkten im weiteren Verlauf nach Nordosten auf Danzig zu.

In den ersten Märztagen erreichten die Sowjets die pommersche Ostseeküste. Köslin fiel am 5. März, das eingeschlossene Kolberg konnte sich noch zwei Wochen länger halten. Die Sowjets waren mitten durch die Fluchtbewegung der Trecks gestoßen. Schwerfällig wandten sich die Abgeschnittenen zurück nach Osten in Richtung auf die Danziger Bucht. Flüchtlings- und Verwundetenzüge blieben auf der Strecke liegen. Trecks, die zwischen die Stoßkeile der Sowjets geraten waren, konnten weder vor noch zurück und mußten darauf warten, von den Russen überrollt zu werden.

Tag um Tag drängten die Sowjets den Kessel um die Westseite der Danziger Bucht und die Städte Gotenhafen, Zoppot und Danzig mehr zusammen. Marschall Rokossowski wollte die Einnahme Danzigs beschleunigen, um Truppen für die Entscheidungsschlacht um Berlin freizubekommen. Auf keinen Fall wollte er seine Kräfte vor Danzig binden lassen, wie es mit der 3. weißrussischen Front in Ostpreußen geschehen war. Auf deutscher Seite hatte man nur unklare Vorstellungen von der derzeitigen Kampfkraft der Russen. Die Feindaufklärung funktionierte nicht mehr, denn Gefangene wurden kaum noch gemacht. Ganze russische Armeen schienen vom Himmel zu fallen. Auf der anderen Seite wußte die deutsche Führung aber, daß der stellenweise sehr hartnäckige Widerstand der deutschen Verbände die Sowjets geschwächt hatte. »Wir erhielten keinen Ersatz«, sagte Armeegeneral P. I. Batow, Befehlshaber der 65. Armee. »Unsere Divisionen verfügten höchstens noch über 40% ihrer zahlenmäßigen Stärke. Wir mußten das rückwärtige

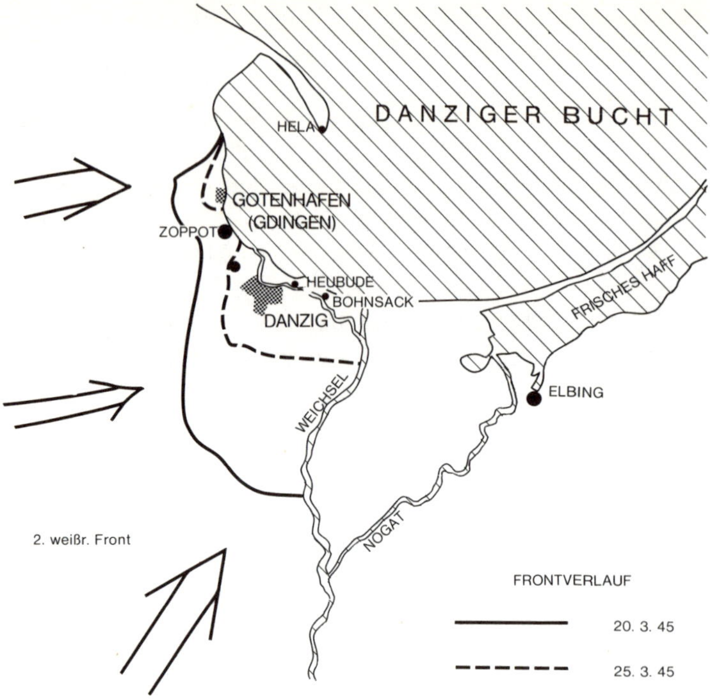

Abb. 4: Der Ring um Danzig.

Gebiet durchkämmen.« Politinstrukteure gingen in die Lazarette und überredeten die Leichtverwundeten, zur Front zurückzukehren. Sie reduzierten die Zahl der Melder und griffen jeden Mann im Troß auf, dessen sie habhaft werden konnten. Die Russen kamen gut voran. Generaloberst Weiß blieb nichts anderes übrig, als die Reste der 2. deutschen Armee in den Danziger Raum zurückzunehmen. Dabei mußten viele schwere Waffen, Panzer und Sturmgeschütze wegen Treibstoffmangels stehenbleiben und gesprengt werden. An den Feldbefestigungen des äußeren Verteidigungsringes wurde inzwischen mit Hochdruck gearbeitet.

Es waren die Schanzarbeiten, für die auch der Lehrer Lippke

seinen Spaten erhalten hatte, nachdem seine Flucht durch die Volkssturmsammler unterbrochen worden war. Anfangs lag Lippkes Kompanie in Gr. Gabeln. 5 Uhr morgens zogen sie hinaus und schaufelten Meter um Meter ihre Gräben, bis sie gegen 6 Uhr abends durchnäßt und verfroren wieder zurückkehrten. Das ging eine ganze Weile gut. Aber eines Tages im März tauchte ein Rudel Panzer auf. Soldaten, die bei ihnen waren, hielten sie für zurückgehende deutsche Panzer – bis es krachte. Die alten Männer waren froh, daß sie ihre Gräben schon geschaufelt hatten und darin verschwinden konnten. Die Russen waren längst fort, als endlich die überrollten deutschen Einheiten auftauchten, die bis dahin die Front gebildet hatten.
Von da an war der Krieg auch für die Volkssturmmänner nur noch Rückzug. Kaum hatten sie ein paar Spatenstiche getan, rief jemand: »Stellung sofort räumen! Wir haben Feindeinsicht.« Die Männer schulterten ihre Spaten und machten, daß sie davonkamen. Sie marschierten geradewegs auf Danzig zu. Dann gruben sie wieder. Im Artilleriefeuer blieben drei Tote liegen. Lippke hatte genug. Nach einem längeren Fußmarsch erreichte er den Dorfeingang Gute Herberge. Entlang der Dorfstraße stand eine lange Reihe mächtiger Linden. Vor Tieffliegern suchte Lippke hinter einem der Stämme Schutz. Als er wieder hervortrat, krepierte dicht neben ihm eine Granate. Ein schwerer Schlag traf sein linkes Bein. Otto Lippke fiel um.
Zum Glück war im nächsten Haus eine Sanitätswache einquartiert. Der Lehrer bekam erste Hilfe, einen Notverband und eine Spritze. Das Bein war bis zum Knie vollkommen zerschmettert. Eine Stunde später lag er in Danzig im Lazarett Viktoriaschule auf dem Operationstisch – das Bein wurde 15 Zentimeter über dem Knie amputiert. Aus der Narkose erwacht stellte er fest, daß seine Kleidung säuberlich gebündelt neben ihm lag. Nur die Hose fehlte – in der hatte sein Geldbeutel mit 360 Reichsmark gesteckt.
Während der Lehrer seiner Barschaft nachtrauerte, liefen und fuhren im Raum westlich Danzigs Tausende um ihr Leben. Irma Neuber war mit dem Gutstreck Mehleden, Kr. Gerdauen, quer

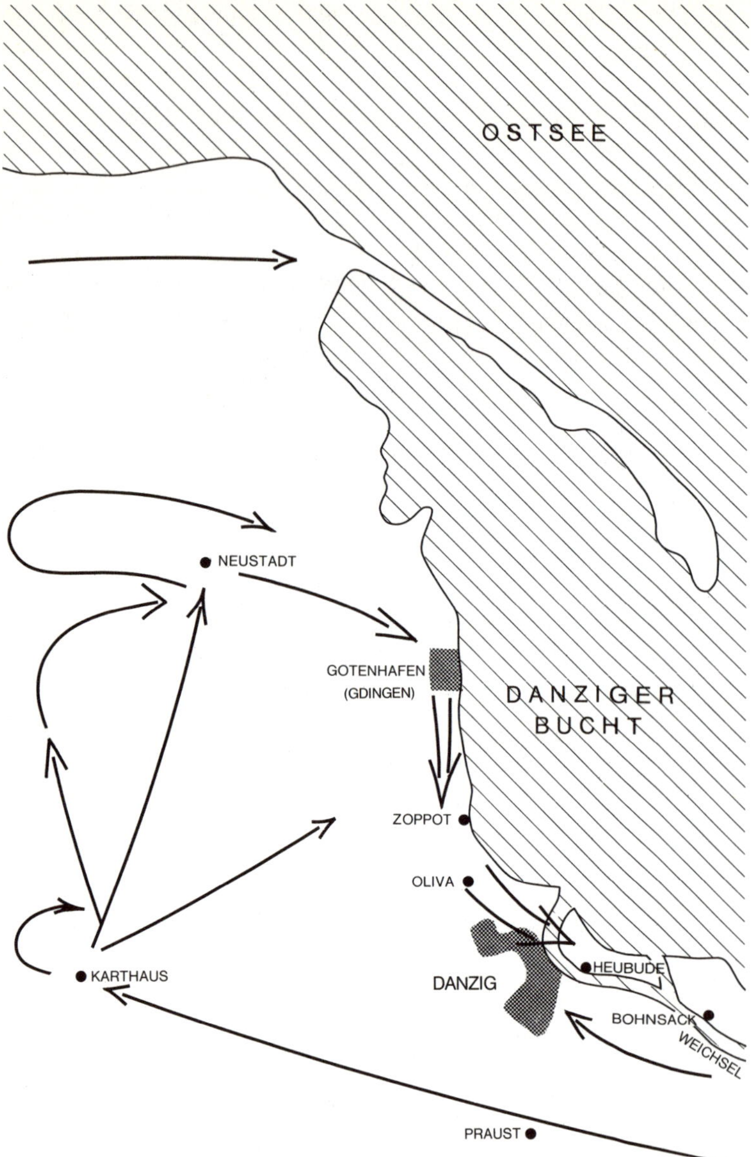

Abb. 5: Flüchtlingsbewegung nach dem Durchbruch der sowjetischen Armeen zur Ostsee.

durch Ostpreußen, über das Haff und an Danzig vorbei nach Nordwesten getreckt und hatte Anfang März erst Neustadt in Westpreußen, etwa 45 Kilometer nordwestlich von Danzig, erreicht. Die kleine Stadt bot ein friedliches Bild, wenngleich viele Soldaten die Szene belebten. Einkaufende Frauen, spielende Kinder; an ein paar Ständen verkauften Bauern Kartoffeln und Eier. In Nanitz, 2 Kilometer hinter Neustadt, machte der Treck halt, um sich endlich wieder einmal auszuruhen.
Über Nacht veränderte sich das vordem so friedliche Bild: Von Westen her fluteten ohne Unterlaß Flüchtlinge und Truppen in die Stadt. Von Soldaten erfuhren die Mehleder, daß der Russe durchgebrochen war und ihnen den Weg nach Westen abgeschnitten hatte. So blieb auch ihnen nichts anderes übrig, als zu packen und sich wieder auf den Rückweg zu machen.
Mit Mühe reihten sie sich in die zur Küste drängende Kolonne ein. Hinter Neustadt ging es kaum noch voran. Militär drängte sie auf eine schmale Chaussee, auf der sie in Dreierreihen fuhren, dann auf Feldwege ab. Viele Leute kamen zu Fuß aus Neustadt gelaufen und überholten die langsamen Fuhrwerke. Frauen mit Kindern auf dem Arm, alte Leute fast ohne Gepäck, junge Leute kamen auf Fahrrädern querfeldein. Ein Trupp weiblicher KZ-Häftlinge taucht am Straßenrand auf, einige schwingen sich auf die Wagen, können sich dort aber nicht lange halten und verschwinden wieder. In Rameln an der Oxhöfter Kämpe holt den Treck Artilleriefeuer ein. Soldaten raten ihnen, nach Gotenhafen zu fahren, weil der Kessel bestimmt gehalten werde. Nur langsam kommen sie in dem hügeligen Gelände voran. Immer wieder müssen sie vorspannen und selbst noch mitschieben. Gegen Abend erreichen sie einen großen Forst, in dem mehrere Batterien Marineartillerie Stellung bezogen haben und Schuß um Schuß nach Westen feuern. Die Pferde vor den Fuhrwerken tänzeln nervös, und der Wagen der Neubers kippt um: Das rechte Hinterrad ist gebrochen. SS-Leute helfen ihnen, den Wagen zur Seite zu drücken. Von einer liegengebliebenen Gulaschkanone montieren sie ein Rad ab und befestigen es provisorisch an ihrer Achse. Sie brauchen die halbe Nacht, ehe sie fahrbereit sind.

Im Morgengrauen nähern sie sich den Vororten von Gotenhafen. Die Stadt liegt wie ausgestorben. Die Straßen zeigen die Spuren von Tieffliegerangriffen – tote Pferde, zerfetzte Wagen. Aber die Neubers haben kein Auge dafür. Ihr Behelfsrad eiert, und sie rechnen jeden Augenblick damit, daß es ihnen davonrollt. Sie geben ihren Plan auf, bis Danzig durchzufahren. Kurz vor Zoppot scheren die Mehleder aus der Kolonne aus und suchen sich in einer Seitenstraße von Steinfließ vor Zoppot Quartier in einem leeren Privathaus. Als erstes fragen sie beim Ortsgruppenleiter nach Pferdefutter. »Erschießt doch die Gäule und zerhackt die Wagen, dann braucht ihr auch kein Futter mehr«, war dessen Antwort. Beim Kreisbauernführer haben sie mehr Erfolg. Gegen Futter verdingen sie ihre Fuhrwerke der Stadt. Unter dem Donnern der Artillerie bergen die Flüchtlinge aus den Mieten in den Feldern weit vor Danzig Kartoffeln und Rüben. Irma Neuber bekommt Arbeit in der Geschäftsstelle der Bauernschaft, und für alle gibt es Lebensmittelmarken. Es sieht so aus, als hätten die Mehleder endlich Ruhe gefunden, könnten hier wieder zu Kräften kommen und in aller Ruhe auf die Rückkehr nach Hause warten.

Doch die Sowjets hatten sich der Stadt stellenweise schon auf 10 Kilometer genähert. Auf den Höhen vor der Küste versuchten deutsche Marineflak, Panzer und Infanterie mit allen Mitteln, den Vormarsch der Russen aufzuhalten. Von See her griffen Einheiten der Kriegsmarine in den Kampf ein. Die Kriegsschiffe PRINZ EUGEN, SCHLESIEN und LEIPZIG verschossen an einem Tag auf den Abschnitt Danzig-Dohnasberg über 700 Schuß 28 cm und 20,3 cm Munition sowie mehrere hundert Schuß aus ihren 10,5 cm Geschützen. Ein einziges Flakregiment feuerte 245 000 12,8 und 10,5 cm Granaten gegen diesen Teil der heißumkämpften Front.

Eine dieser Granaten landete als Volltreffer in der Beobachtungsstelle der sowjetischen 37. Gardedivision und tötete dabei den Divisionskommandeur General S. U. Rachimow und den Leiter der Politabteilung Oberst A. A. Smirow neben einer Reihe anderer Offiziere.

Die auf immer weniger Raum zusammengedrängten deutschen Einheiten verwickelten die von ihrem zu schnellen Vormarsch geschwächten Russen in erbitterte Einzelkämpfe. Im Gefechtsstand des 340. Regiments der 46. Lugaer Schützendivision sahen sich die Sowjets plötzlich fünf angreifenden deutschen Panzern und einer Kompanie Infanterie gegenüber. Sie eröffneten aus ihren drei Geschützen das Feuer, schossen einen Panzer in Brand und einen zweiten bewegungsunfähig. Doch die restlichen drei Panzer der deutschen 4. Panzerdivision machten mit den drei Sowjet-Geschützen kurzen Prozeß, und die Infanteriekompanie war gerade dabei, den Gefechtsstand auszuräumen, als im letzten Moment mehrere Stalinpanzer auftauchten und sie zum Rückzug zwangen. Es gab keinen Zweifel mehr, wer in diesem Kampf siegen würde.
Für die deutsche Seite ging es jetzt nur noch um das Überleben. Die Soldaten wußten, daß mit jedem Tag, mit jeder Stunde länger, die sie ihre Stellungen hielten, soviel mehr Verwundete, Frauen und Kinder in Sicherheit gebracht werden konnten. Dabei hatte es noch im Januar in Danzig – wie in Königsberg, Pillau, Marienburg – so ausgesehen, als hätte der Krieg jahrelang weitergehen können.
Im Januar war die Sachbearbeiterin Alix Forstreuter noch Tag für Tag zu ihrem Arbeitsplatz im Landesforstamt Oliva gegangen. Die meisten Beamten waren zur Wehrmacht oder zum Volkssturm eingezogen, doch die weiblichen Angestellten schafften die Arbeit auch so. Beängstigend war nur, daß in den Revieren polnische Partisanen Jagd auf die Forstleute machten: Einige waren verschwunden, andere hatte man tot aufgefunden.
Alix Forstreuter war früh dem Aufruf gefolgt, sich in Erster Hilfe und als DRK-Schwesternhelferin ausbilden zu lassen. Die ganzen Jahre war sie zwei- bis dreimal in der Woche beim Bahnhofsdienst tätig: Im Wartesaal hatte sie aus riesigen Kesseln Erbsensuppe für die Soldaten geschöpft oder »Muckefuck« in blechernen Milchkannen auf die Bahnsteige geschleppt, um an den Zügen die Feldflaschen zu füllen.
Ende Januar 1945 waren immer mehr Militärtransporte und

Verwundetenzüge und schließlich ein Flüchtlingszug nach dem anderen eingelaufen. Die Helferinnen kamen mit der Erbsensuppe und dem »Muckefuck« nicht mehr nach. Die Stadt füllte sich mit Flüchtlingen, und überall wurden Lager eingerichtet, für die Hilfskräfte gebraucht wurden. So kam Alix Forstreuter im Februar in das Hotel und Tanzlokal »Sonne« in Oliva, etwa 10 Minuten Fußweg von ihrer Wohnung entfernt, zur Flüchtlingsbetreuung.

Oliva ist ein Kurort zwischen Danzig und dem Seebad Zoppot und mehr auf das bewaldete Hinterland ausgerichtet als auf die See. Eng an die Hügel des Olivaer Forstes geschmiegt gab es dort ein Kurhaus und eine ganze Reihe Hotels. Die »Sonne« war nicht eines der besten, aber geräumig. Etwa 500 Flüchtlinge hatten darin Platz gefunden. In allen Räumen hatte man Stroh aufgeschüttet, die wenigen Betten mit Kranken belegt. Die Mehrzahl war zu Fuß über das Haffeis gekommen, und es gab keinen, der ganz gesund gewesen wäre.

Unter den jüngeren Frauen und den Kindern stellte man Erfrierungen und Darminfektionen am häufigsten fest. Die Toiletten waren verschmutzt, und mit der Zeit verbreitete sich im ganzen Haus ein stechender Gestank, der sich auch durch zwangsweises Lüften nicht entfernen ließ. Zwischen dem Hausmeister und den Helferinnen kam es zum Streit, wer für die Beseitigung des Unrats in Ecken und Marmeladeneimern zuständig war. Vielen der ganz alten Leute hatten die Strapazen der bisherigen Flucht die letzte körperliche und geistige Kraft genommen. Sie waren so verschmutzt, daß die Helferinnen nur mit dem Waschen dieser Bedauernswerten ihre ganze Zeit hätten verbringen können. Alix Forstreuter kam einmal dazu, wie ein über 80jähriger auf seinem Lager betete: »Liebes Gottche, laß mir doch sterben.« Ein anderer hatte eine schwere Wunde am Kopf, die den von ihm ausgehenden Geruch fast unerträglich machte. Kleidung zum Wechseln besaß er nicht. Niemand wollte ihn in seiner Nähe dulden. Alix Forstreuter setzte alle Hebel in Bewegung, um wenigstens ihn in einem Krankenhaus unterzubringen. Nach vielen Telefonaten und Betteleien konnte sie endlich eine

Schwester in einem Danziger Krankenhaus erweichen: »Na, dann schicken Sie man schon den alten Stänker!« Vier Hitlerjungen luden den Alten auf eine Bahre und trugen ihn durch den Schnee nach Danzig. Sie rutschten mehrmals und ließen den alten Mann fallen. Nach anderthalb Stunden erreichten sie schwitzend ihr Ziel. Kurz darauf rief die Krankenhausschwester im Flüchtlingslager an: »Können Sie uns seinen Namen sagen? Er hatte keine Papiere bei sich und ist uns schon in der Badewanne gestorben.« Aber niemand kannte ihn, und im Lager fanden sich von ihm weder Papiere noch irgendein Gepäckstück. Lungenentzündungen und Frostbrand waren die häufigsten Todesursachen. Es waren so viele Erfrierungen zu behandeln, daß die Helferinnen Frostsalbe pfundweise verbrauchten. Waren sie selbst nicht gerade besonders sachkundig, so hatten die Flüchtlinge keine Ahnung, wie sie sich bei Erfrierungen zu verhalten hatten. Die Ostpreußen sind Kälte gewohnt, und bei Erfrierungen ersten Grades mochte die übliche Schneemassage auch helfen. Auf der Flucht waren die Ostpreußen dem Frost jedoch viel länger ausgesetzt als sie es gewohnt waren. Sie hatten zumeist keine Ahnung von der Gefahr, die ihnen dadurch entstand. Und der Winter 1944/45 war ein nasser Winter mit unverhältnismäßig viel Schnee, wozu noch die Nässe des Haffeises kam. Nasse Kälte verursacht Erfrierungen bedeutend schneller als trockene Kälte. Viele, vor allem die Älteren und die Armen, waren nicht warm genug angezogen. In dünnen Mäntelchen, Halbschuhen, kurzen Joppen, oft ohne Handschuhe waren sie losgezogen. Die Strapazen des Weges, die schlaflosen Nächte, die Angst und die unterwegs nur sehr mangelhafte Ernährung hatten sie entkräftet. Mancher suchte unterwegs Trost im Schnaps, auch in der Hoffnung, den erlahmenden Kreislauf aufzumöbeln. Wohl tritt dabei ein augenblickliches Wärmegefühl ein, aber durch die alkoholbedingte Gefäßerweiterung wird dem Körper sehr schnell noch mehr Wärme entzogen. Der tödliche Frostbrand setzt ein: Der Körper vergiftet sich mit dem abgestorbenen Gewebe. Mancher, der tot am Wegrand lag, mag auf diese Weise gestorben sein.

Viele ignorierten den Schaden, bis sie in irgendeinem Lager Halt machten und die Schmerzen einsetzten. Alix Forstreuter bestrich unermüdlich erfrorene Zehen- und Fingerspitzen und legte Verbände an. Dr. Schneider, ein längst pensionierter Arzt vom Gesundheitsamt, kam mehrmals in der Woche, kümmerte sich um die Schwerkranken und gab Tetanusspritzen. Viele hatten offene Wunden, vor allem von Venenleiden geplagte Frauen, die wochenlang im Schmutz gelebt hatten.
Trotz aller Mißlichkeiten war die Stimmung im Hotel »Sonne« im Lager Oliva nicht schlecht. Der Ortsgruppenleiter von Oliva versorgte die Küche der verschiedenen Lager mit Graupen, Nudeln, Erbsen, Zucker und Kaffee-Ersatz. Mit wiedererwachenden Lebensgeistern kam sogar so etwas wie Stimmung auf: BDM und HJ, die im Lager halfen, animierten ihre Altersgenossen unter den Flüchtlingen zum abendlichen Singen und Tanzen. Für die Kinder wurde Kasperletheater gespielt.
Der Ring der Sowjets um den Raum Danzig–Gotenhafen zog sich inzwischen enger. Mitte März waren sie an keiner Stelle mehr als 20 Kilometer von Danzig entfernt und drängten mit starken Verbänden im Norden der Stadt an die Küste, während ihre Luftwaffe immer häufiger die Städte und die in den Häfen liegenden Schiffe mit Bomben und Bordwaffen angriffen.
Am 21. März erteilte die Gauleitung Danzig den Räumbefehl für Zoppot. Einwohner und Flüchtlinge machten sich auf den Weg nach Danzig. Ein Ortsgruppenleiter der Partei brachte Frauen und Kinder zum Seesteg des einst mondänen Seebades. Im Pavillon am Kopfende des 600 m langen Seesteges – dem längsten an der Ostsee – war früher der Seedienst abgefertigt worden. Jetzt lagen hier Kutter und Boote aller Art, die Frauen und Kinder im Pendelverkehr ins nahe Hela brachten. Auch das Flüchtlingslager im Hotel »Sonne« in Oliva wurde geräumt. Alix Forstreuter half, die Leute auf Fuhrwerken zu verstauen. Manches Gepäckstück und viel Bettzeug blieben zurück. Jüngere Frauen mit ihren Kindern machten sich auf eigene Faust auf den Weg, manche suchten sich gleich einen Keller, um dort den Sturm zu überdauern. Ein Parteifunktionär, der sich bis zu-

letzt um das Wohl der Flüchtlinge gekümmert hatte, brachte die Fuhrwerke nach Neufahrwasser. Sie kamen mit dem Dampfer HOHEWEG, 1087 BRT, nach Westen. Beim Verladen hatte es noch Aufregung gegeben: Feldgendarmerie bahnte mit gezogener Pistole etwa 70 Hitlerjungen den Weg auf das Schiff – sie sollten im Emsland ausgebildet und einer Hitler-Jugend-Division zugeführt werden.
Alix Forstreuter war kaum nach Hause gekommen, als eine im Nachbarhaus wohnende Freundin sie aufforderte, schnell zu packen. Die Freundin hatte den Fahrer eines Kübelwagens überredet, sie nach Neufähr oder Bohnsack mitzunehmen. Alix Forstreuter hatte sich noch nicht entschieden, als ein Mann von der Ortsgruppe vorbeikam: »Ist hier noch Zivil? Alle sofort zum Sammelplatz Langfuhr Markt. In der Ludolphinenstraße wird schon gekämpft!«
Keiner der Hausbewohner – es waren mit den dort untergekommenen Flüchtlingen siebzehn – rührte sich. Doch als Alix Forstreuter sah, wie ihre Freundin einen Koffer und eine Handtasche in den eben vorgefahrenen Kübelwagen warf, nahm sie ihr Gepäck und rannte aus dem Haus. Um Trümmer kurvend, unter brennenden Häusern vorbei kamen sie ans Grüne Tor, das von Wagenresten nach einem Artillerietreffer blockiert war. Sie mußten zum Frauentor fahren, ehe sie die Stadt in Richtung Neufähr verlassen konnten, von wo sie mit einem Zollboot wegzukommen hofften.
Viele andere hatten eine weniger klare Vorstellung ihres Fluchtzieles. Am Morgen des 23. März zog der Mehleder Treck als einer der letzten durch die fast leeren Straßen Zoppots südwärts in Richtung Danzig. Nur wenige Soldaten mit übernächtigten, bleichen Gesichtern waren noch unterwegs. Erst hinter Zoppot wurde der Verkehr dichter, und in Oliva wurden sie zur Küste nach Brösen geleitet, einem kleinen Küstenort auf der Höhe von Neufahrwasser. Dort fanden sie Unterkunft in einer von der Wehrmacht aufgegebenen Baracke. Sie waren froh, außerhalb Danzigs zu sein, wo die ersten Brände über den Staubwolken der Artillerieeinschläge loderten. Draußen auf See sahen sie die

großen Schiffe. Bei ihrem Anblick waren sich alle Mehleder einig: Nie würde sie einer aufs Wasser bringen. Lieber wollten sie noch ein paar Wochen fahren – irgendwohin. Und daß sie bald weiter mußten, konnten sie sich an den fünf Fingern einer Hand abzählen. Am Nachmittag kamen die letzten Flüchtlinge aus Zoppot am Strand entlang gelaufen, zusammen mit vielen Verwundeten und sich absetzenden Soldaten.

Diesen Weg wäre beinahe auch der junge Unterarzt Peter Siegel gegangen. Am 22. März hatte er noch im Verbandsplatz auf der Mole im Hafenbecken IV von Gotenhafen ausgeharrt. Die Tieffliegerangriffe störten ihn weniger, weil er in einer gemauerten Halle arbeitete und so vor Splittern und MG-Garben geschützt war. Doch der Gedanke, auf diesem Außenposten abgeschnitten zu sein und auf die sichere Gefangenschaft zu warten, hatte ihm keine Ruhe gelassen. Nach vielen Telefonaten hatte er herausgefunden, daß sein Neidenburger Lazarett jetzt in Danzig-Langfuhr lag und daher um seine Anforderung gebeten. Am späten Nachmittag kam sein Marschbefehl, und noch vor Einbruch der Dunkelheit war Peter Siegel vom Hauptverbandsplatz Gotenhafen in Richtung Süden unterwegs. Er ging zu Fuß und war sicher, bald ein Fahrzeug zu finden, das ihn die 16 Kilometer mitnehmen würde. Aber er kam nicht weit. Am Ortsausgang von Gotenhafen war eine Straßensperre errichtet. Feldgendarmerie und Panzersoldaten hatten den Weg mit Pkw und Lkw verstellt. In der Sperre stand auch ein elektrischer Oberleitungsbus aus Insterburg – einer jener Busse, mit denen Peter Siegel früher täglich zur Schule gefahren war. Auf der anderen Seite standen vier deutsche Panzer. Sie hatten keinen Treibstoff mehr, aber sie schossen Runde um Runde gegen die Höhen im Westen, auf denen sich die Russen zum Stoß auf die Danziger Bucht vorbereiteten.

Peter Siegel blieb nichts anderes übrig, als umzukehren. Bei der Standortkommandantur erfuhr er, daß jeden Morgen ein Fischkutter die Feldpost von Gotenhafen nach Danzig brachte. Am nächsten Morgen erwischte er tatsächlich das Boot, das ihn auch ohne weiteres mitnahm. Draußen auf See wurde er zum

ersten Mal gewahr, welch gewaltiger Verkehr sich in der Danziger Bucht abspielte. Auf seiner Mole war er nie recht dazugekommen, nach draußen zu sehen, zumal ihm meistens die Verwundetenschiffe die Sicht nahmen. Hier auf dem Wasser konnte man die lange Reihe von Schiffen jeder Größe sehen, die sich zwischen Hela und Danzig bewegten. Eine Serie von Detonationen ließ ihn herumblicken: Am Strand – sie befanden sich etwa auf halber Höhe zwischen Adlershorst und Zoppot – stiegen haushohe Fontänen auf. Die russischen Batterien schossen sich auf den Küstenstreifen ein. Es würde nicht lange dauern, und die ersten Panzer würden an der Küste auftauchen. Peter Siegel war sich nicht mehr so ganz sicher, ob es klug gewesen war, Gotenhafen zu verlassen. Eine halbe Stunde später stieg er in Danzig-Neufahrwasser an Land und bahnte sich seinen Weg zwischen den wartenden Menschen nach Langfuhr.
Am Hafen drängten sich trotz Beschusses noch immer einige tausend Flüchtlinge. Die Seetransportabteilung der KMD Danzig dirigierte allen verfügbaren Schiffsraum nach Gotenhafen und Danzig. Am 23. März verlassen die 6370 BRT MITTELMEER, die 5064 BRT EBERHARD ESSBERGER und zwei weitere Handelsschiffe gegen 22 Uhr mit abgeblendeten Lichtern den Danziger Kaiserhafen. Sie haben einige tausend Flüchtlinge an Bord. Unter ihnen ist auch Berta Rubenbauer mit Mutter und Trudl, die von Pillau nach Danzig gekommen waren.
Am nächsten Tag laufen einige kleinere Einheiten und die 5791 BRT URUNDI ein. Letztere nimmt 3500 Flüchtlinge und 1000 Verwundete an Bord und legt noch am gleichen Abend wieder ab. Die Reihen der Flüchtlinge im Hafen beginnen sich zu lichten: Die Tieffliegerangriffe und der Artilleriebeschuß haben viele bewogen, entlang der Küste zu Fuß in Richtung Neufähr und Bohnsack zu gehen.
Der Weg wäre manchem erspart geblieben, wenn die Militärbürokratie und andere Verwaltungsstellen nicht darauf versessen gewesen wären, »Wertvolles Gut« statt Menschen in den Westen zu retten. Ein großer Dampfer wurde in Gotenhafen randvoll mit teurem Artilleriemeßgerät beladen, so daß nur 76

Flüchtlinge Platz hatten. In Neufahrwasser wurde ein 2000-Tonnen-Frachter mit Melasse beladen, die niemanden mehr etwas nutzen konnte. Und noch am 24. März bestand die Reichsbahndirektion Danzig darauf, eine 40 Tonnen schwere Maschine auf den alten Dampfer SAMLAND zu bringen. Stunden vergingen über dem Verladen, und über 100 Menschen mußten auf einen Platz verzichten (siehe Karte S. 210).
Palmsonntag, der 25. März. Über Zoppot steht eine hohe schwarze Rauchwolke. Die ersten Stalinorgeln schicken ihre heulenden Geschosse vom Zigankenberg und von Oliva her in die Stadt. Die Kriegsmarinedienststelle Danzig schließt ihr Büro und setzt sich in zwei Kuttern nach Hela ab. Der Hafeneinfahrt nähert sich die 1293 BRT große OTTERBERG und kurz darauf der 6000 BRT Frachter FANGTURM. Ein Schnellboot der Kriegsmarine, das damit beschäftigt war, die Ansteuerungstonne zu löschen, schickt beide Schiffe wieder zurück. Doch niemand warnt die 9555 BRT UBENA. Sie hatte zusammen mit der DEUTSCHLAND, HERKULES, LICENTIA und einer Reihe anderer Schiffe Flüchtlinge und Verwundete von Gotenhafen aufnehmen sollen. Wegen des starken Artilleriebeschusses hatten sich die Schiffe während des Tages in Richtung Hela abgesetzt, um Gotenhafen erst wieder bei Nacht anzusteuern. Kapitän Lankau hatte keine Lust, sein Schiff zusammenschießen zu lassen und fuhr nach Neufahrwasser weiter; er lief ein, obwohl keine Leuchtfeuer brannten. Beim Drehen in dem nicht sehr breiten Weichselarm kam er mit dem Heck auf Grund fest. Die halbe Nacht lavierten sie und kamen schließlich aus eigener Kraft frei. Als der Tag anbrach, hatte es sich unter den verbliebenen Flüchtlingen längst herumgesprochen, daß da ein großer Dampfer lag. Wieder war der Kai mit einer stummen Menge angefüllt. Die Besatzung beeilte sich, die Leute über die Fallreeps an Bord zu holen. Kapitän Lankau hatte Ladenetze über die Bordwand hängen lassen, über die nun Jungen und Mädchen und einige Männer wie Katzen hochkletterten. Mitten in der Verladung setzte wieder Artilleriebeschuß ein. Salve auf Salve rauschte heran. Zum Glück schlugen die meisten Granaten auf der gegenüberliegen-

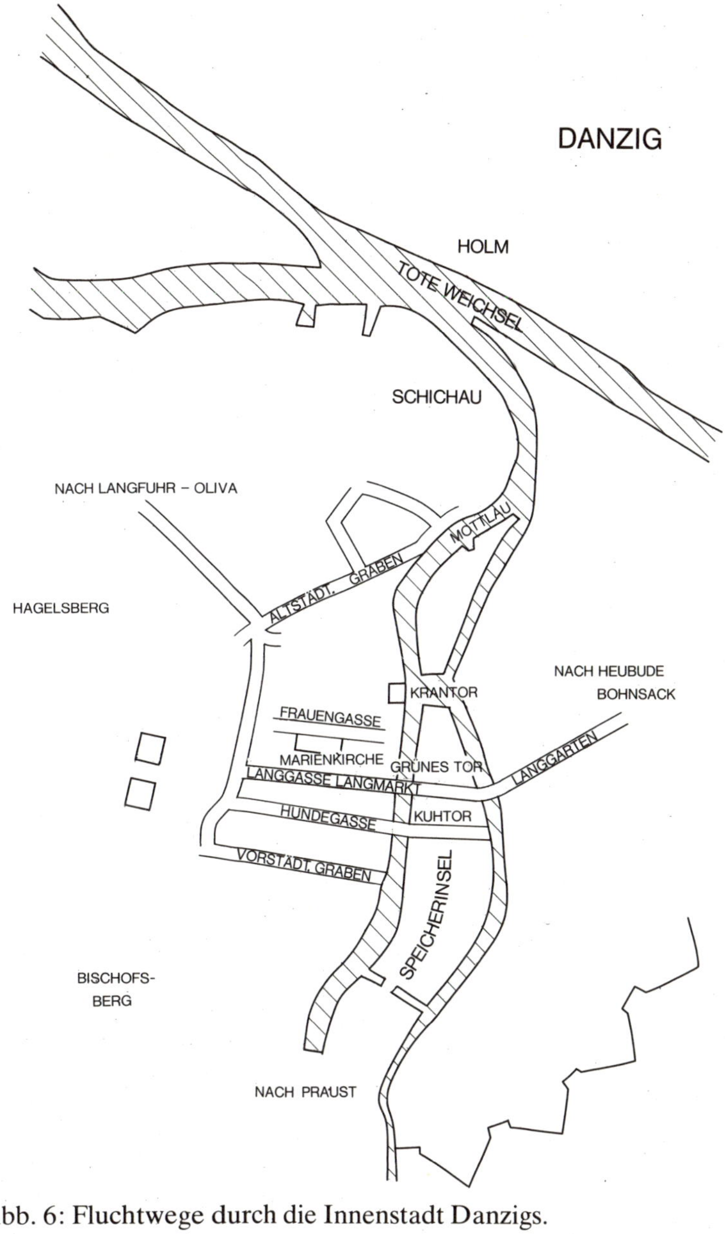

Abb. 6: Fluchtwege durch die Innenstadt Danzigs.

den Böschung ein. Splitter durchschlugen die Wände des Promenadendecks, ohne jemanden zu verletzen. Kapitän Lankau und seine Besatzung standen wie auf Kohlen. Ihnen hatte es allmählich gedämmert, daß sie Nachzügler waren und die Kriegsmarine ihren Transportdienst in Danzig eingestellt hatte. Nach vier Stunden waren endlich alle an Bord und die UBENA konnte ablegen. Sie dampfte mit voller Kraft nach Gotenhafen zurück, wo sie im Schutz der Nacht weitere Flüchtlinge und Verwundete aufnahm.

Kurz nach der Abfahrt der UBENA flogen in Neufahrwasser die beiden Munitionsschiffe BILLE und WESER in die Luft. Danach verließ kein Schiff mehr den Hafen, in dem 30 zurückgelassene deutsche U-Boote darauf warteten, von den Sowjets in Besitz genommen zu werden.

Mit 36 pferdebespannten Sankas verlegte jetzt auch das Neidenburger Feldlazarett in Richtung Weichselniederung. In der Breitgasse gerieten sie in einen Bombenangriff. Die Pferde gingen durch, und als sie endlich die brennenden Häuser der Speicherinsel hinter sich hatten, waren es nur noch 16 Wagen. Peter Siegel sah links, ein Stück die Mottlau hinab, den imposanten Holzteil des Krantors in hellen Flammen. Aus den Fensteröffnungen der barocken Fassaden an der Langen Brücke drang dichter Qualm. Auf dem Wasser der Mottlau fuhr ein Zollboot in Richtung Weichsel – der Motor stotterte, die würden es nicht weit schaffen. Das Feldlazarett wurde von Militäreinheiten und Flüchtlingswagen über die Brücke von Heubude und über die Weichselübergänge bis Steegen in der Elbinger Weichselniederung mitgeschleppt.

Jetzt war in Danzig fast nur noch Militär auf den Straßen. Am 25. März warfen die Sowjets Flugblätter über der Stadt ab: Der Marschall der Sowjetunion Rokossowski forderte die Generale, Offiziere und Soldaten der 2. deutschen Armee auf, unverzüglich den Widerstand einzustellen. Wer sich gefangen gab, dem garantiere er das Leben und die Belassung des persönlichen Eigentums.

Die Flugblätter hatten keinen Erfolg. Waffen-SS kämpfte vor

Oliva, und auf den Höhen vor Danzig wehrten sich Volksgrenadier-Divisionen und Einheiten der Marineflak bis zur letzten Patrone. Die 4. Panzerdivision hatte ihren Gefechtsstand in die Schichauwerft verlegt – ihr Kommandeur General Betzel war in den Straßen Danzigs gefallen. Die Sowjets kamen nur schrittweise voran. Sie verstärkten ihren Artillerieeinsatz, und pausenlos waren die Maschinen der roten Luftflotten über der Stadt. Trotzdem war Alix Forstreuter noch einmal zurückgekommen. Die Zollboote waren schon fortgewesen. Jetzt brauchte sie zwei Schiffskarten – und die, hatte man ihr gesagt, gab es nur in Danzig. Ihr Weg führte sie geradewegs in das Ausweichquartier des Landesforstamtes in der Nähe des Zeughauses. Im erstbesten Büro zog sie sich ein Telefon unter einen Tisch und versuchte, jede ihr bekannte höhere Dienststelle zu erreichen. Es war vergebens, niemand antwortete mehr. Doch unverdrossen wählte sie weiter und war sich schließlich nicht ganz sicher, ob sie immer die richtigen Nummern wählte, denn neben ihr stand inzwischen schon die zweite Tasse Likör. Jemand hatte im Keller ein ganzes Lager davon entdeckt, und es gab im ganzen Haus niemanden mehr, der noch nüchtern gewesen wäre.
Kurz darauf brachten Luftschutzwarte zwei Frauen, offenbar Mutter und Tochter, ins Haus. Die beiden waren halb bewußtlos, ihre Haare und Pelze trieften vor Nässe. Die Männer hatten sie im letzten Augenblick aus der Mottlau gefischt, wo sie sich aus Angst vor den Russen hatten ertränken wollen.
Auf der Suche nach Handtüchern und Kleidern für die beiden durchnäßten Frauen geriet Alix Forstreuter in das Obergeschoß. Dort saßen in einem leeren Zimmer drei alte Männer um einen Tisch zwischen einer Batterie Flaschen und spielten Skat. Das Krachen der Einschläge störte sie nicht im geringsten, und als die junge Frau einen von ihnen fragte, ob sie nicht verschwinden wollten, würdigte er sie keiner Antwort.
Alix Forstreuter fand weder Kleider noch Handtücher. Dafür kam sie an einer Küche vorbei, in der eine Gruppe von Sanitätssoldaten auf irgendeinen Einsatz wartete. Sie boten ihr eine Flasche Schnaps an und forderten sie auf, sich zu ihnen zu setzen.

Doch sie ergriff bald wieder die Flucht, denn die Soldaten waren gerade vom »Flüchtlingsglashaus« gekommen, einem ehemaligen BDM-Heim, in dem Flüchtlinge untergebracht waren. Dort hatten Spreng- und Brandbomben eine verheerende Wirkung gehabt. Die Sanitäter überboten sich in der Schilderung grausiger Einzelheiten – da war die Rede von abgerissenen Köpfen und Gliedmaßen, die zwischen den Gitterstäben von Betten eingeklemmt waren, verbrannten und verstümmelten Kindern, hysterisch schreienden Müttern. Alix Forstreuter wurde schlecht, und sie machte, daß sie weiterkam, zurück zu ihrer Freundin im Zollgebäude Neufähr.

Wie im Landesforstamt warteten auch in einer ganzen Reihe anderer Dienststellen die zurückgebliebenen Beamten auf einen Räumungsbefehl. Im Oberfinanzpräsidium am Horst-Hoffmann-Wall harrte Regierungsdirektor Dr. Kappes aus und versuchte, die Beamten der ihm untergeordneten Hauptzollämter und anderer Finanzdienststellen hinzuhalten. Er hatte schon am Freitag, dem 23. März, bei Regierungspräsident Dr. Huth telefonisch um einen Ausweich- und Fahrbefehl gebeten. Dr. Huth hatte einen schriftlichen Antrag verlangt, den er noch in den Mittagsstunden desselben Tages erhielt. Am Freitagabend bekam er Bescheid, daß die Angelegenheit bearbeitet würde.

Am Sonnabend nahm im Büro des Reichsverteidigungskommissars niemand die Telefonhörer ab. Am Nachmittag schickte Dr. Kappes den Zollsekretär Kämmler hinüber. Der kam mit der Nachricht zurück, daß zwar vor dem Gebäude eine Menge Leute auf Ausreisegenehmigungen warten, daß aber im Gebäude niemand anwesend sei. Auch am Sonntag, dem 25. März, war niemand zu errreichen. Dr. Kappes hat die Genehmigung nie erhalten.

Gauleiter Forster, Regierungspräsident Huth und ihr engerer Stab waren am Sonnabendvormittag mit dem in der Weichselmündung für sie bereitliegenden kleinen Dampfer ZOPPOT nach Hela gefahren, um sich von dort bei passender Gelegenheit nach Westen abzusetzen.

Die zurückgebliebenen Beamten waren ratlos. Ohne Befehl wagten sie sich nicht fort. Einige meldeten sich beim Volkssturm, andere schickten wenigstens ihre Frauen und Kinder in Richtung Bohnsack. Aber der an Stärke zunehmende Artilleriebeschuß, die Brände und die einstürzenden Häuser machten einen Fluchtversuch immer schwieriger.

Am Montag, dem 26. März, versuchte Dr. Kappes, das Hauptzollamt Auslandsverkehr in der Schäferei 11 zu Fuß zu erreichen, um sich über den Verbleib seiner Beamten zu informieren. Er kam nur bis zur Breitgasse, wo in Höhe der Grünen Brücke Brände und eingestürzte Häuser den Weg versperrten. Er kehrte zurück und informierte einen Kollegen, daß der Dienstbetrieb praktisch erloschen sei. Die Oberfinanzkasse hatte einen Bombenvolltreffer erhalten.

Im Gebäude des Oberfinanzpräsidiums am Horst-Hoffmann-Wall hatte inzwischen Zollsekretär Kämmler die Organisation übernommen. Im ersten Stock hatten eine Kompanie Feldgendarmerie und die Geheime Feldpolizei sämtliche Räume belegt. Darüber war der Stab eines Artillerieregiments eingezogen. Im Keller befanden sich weitere Wehrmachtsstäbe und Dutzende von Zivilisten, meist Beamte mit ihren Frauen und Kindern. Unter ihnen war auch die Frau des Zollsekretärs. Sie war infolge einer schweren Diphterie vollkommen gelähmt.

Am Dienstag standen die Russen am Olivaer Tor. Volksgrenadiere hielten sie mit den reichlich vorhandenen Panzerfäusten zurück, konnten aber nicht verhindern, daß die Sowjets am Steffenspark durchbrachen und durch die Schichaugasse zum Bahnhof gelangten. Aus den Fenstern des Oberfinanzpräsidiums eröffneten Volksgrenadiere und Waffen-SS das Feuer in Richtung Bahnhof. Die Russen schossen mit erbeuteten Panzerfäusten zurück. Das Gebäude bebte bis in die Grundmauern. Dann räumten die deutschen Truppen das Feld. Die Gelähmte im Keller, die nur ihre Augen bewegen konnte, wartete darauf, daß die Russen über sie herfielen. Dann hörte sie, wie ein Offizier zu ihrem Mann sagte: »Wir werden Ihre Frau nicht im Stich lassen!« Kurz darauf hoben Soldaten die Gelähmte und ihren achtjährigen Sohn in einen Pkw. Andere Zivilisten bestiegen die leeren

Munitionswagen einer vorbeikommenden Pak-Abteilung. Sie waren kaum am Danziger Hof vorbei, als sie in ein Feuergefecht gerieten. Die Russen drängten zu den Mottlau-Brücken. Vom Zigankenberg her ertönten starke Lautsprecher, über die Angehörige des Nationalkomitees Freies Deutschland ihre einstigen Kameraden zur Kapitulation aufforderten. Nach jeder dieser Aufforderungen legten sie Schallplatten auf: Mozarts »Kleine Nachtmusik« und »In der Nacht ist der Mensch nicht gern alleine«.

Am Montag abend stand das Krankenhausviertel zwischen Fischmarkt und Altstädtischem Graben in hellen Flammen. Im Kanzlerhaus bildeten die Schwestern eine Eimerkette zu dem nicht weit entfernten kleinen Bach und versuchten zu retten, was zu retten war. Doch immer, wenn es ihnen gelang, den Brand an einer Stelle einzudämmen, wehte der Wind die Funken von den lodernden Gebäuden im Norden zu ihnen herüber. Die Garagen und das Inspektorhaus brannten lichterloh – die Insassen des Luftschutzkellers waren im letzten Moment herausgekommen.

Im Morgengrauen machten sich dann einige Mutige auf, doch noch die brennende Stadt zu verlassen. Ihre Spur sollte sich in Tieffliegerangriffen und Artilleriebeschuß verlieren. Nur von dem Inspektor weiß man, daß er mit seinen beiden Töchtern in der Weichsel ertrank, als der Luftdruck einer Bombe sie ins Wasser warf.

Die zurückgebliebenen Danziger und die Flüchtlinge hockten in den Kellern und warteten voller Angst auf das Ende, von dem sie nicht die geringste Vorstellung hatten. Sie waren froh um jeden Fremden – Soldaten oder Zivilisten –, der mit Neuigkeiten von draußen hereinkam; auch weil er Zuwachs bedeutete, als ob man dem erwarteten Unheil mit einer größeren Zahl besser widerstehen könnte. Im Altstädter Graben saß der Pfarrer der nahen ev. Kirche mit seiner Frau und dreißig Flüchtlingen im Keller des Pfarrhauses. Die Nachbarn und die anderen Bewohner des Hauses hatten sich längst abgesetzt. Bis vor einigen Tagen hatten sie noch Beerdigungen gemacht. Oft mußten sie dabei das angefangene Gebet hinter dem nächsten Grabstein beenden, weil Tiefflieger sie störten. Aber dann waren keine Leichenträger mehr da, dafür um so mehr Tote. Da gaben sie es auf. Die Pfarrersfrau hatte eine hochschwangere Elbingerin mit drei Kindern von der Straße aufgelesen und in den Keller gebracht. Nach und nach waren die anderen dazugekommen. Darunter war auch ein österreichischer Unteroffizier mit acht Mann, die zuerst noch in den großen Zimmern im Erdgeschoß kampiert und den Zivilisten im Keller ein Gefühl von Sicherheit gegeben hatten: Aus den Fensteröffnungen im Erdgeschoß ragten jetzt Maschinengewehrläufe. Aber am Palmsonntag kamen auch sie in den Keller. Draußen zogen deutsche Truppen in Richtung Heubude, und nur noch wenige Zivilisten schlossen sich ihnen an.

Auf einem der Wehrmacht-Lkws hockten Alix Forstreuter und ihre Freundin, die ihren Dackel Benno schützend im Arm hielt. Der Lkw gehörte zur 4. Panzerdivision, die sich in Richtung Frische Nehrung zurückzog. Sie kamen heil aus dem brennenden Danzig heraus, doch an der Brücke von Heubude, vor der Toten Weichsel, schien es, als hätte die wilde Flucht ein Ende. Panzer, Lastwagen, Fuhrwerke und Fußgänger bildeten ein unentwirrbares Knäuel. Tiefflieger hatten reiche Ernte gehalten, und immer wieder versuchten sie in neuen Anflügen, die Brücke zu treffen. Rechts und links der Anfahrt lagen zerschossene Fahrzeuge und Fuhrwerke. Alix Forstreuter sah in einem brennenden Sanka die Leiche des Fahrers über dem Lenkrad liegen. Auf der einen Seite der Brücke war das Geländer weggerissen und Pioniere waren damit beschäftigt, die hölzernen Pfeiler zu verstärken.

Bei jedem Tieffliegeranflug warfen sich die Soldaten nieder, wo sie gerade standen, doch die Flüchtlinge liefen aufgeregt und schreiend durcheinander und machten alles noch schlimmer. Der Lkw mit Alix Forstreuter und ihrer Freundin brauchte fast eine Stunde, um über die Brücke zu kommen.

In Heubude setzte der Fahrer die beiden Frauen auf die Straße, weil er sich irgendwo melden mußte. Sie fanden eine andere Einheit, die fahrbereit auf den Marschbefehl nach Pillau wartete. Ein Unteroffizier erlaubte ihnen, ihr spärliches Gepäck auf einen Wagen zu werfen. Bis zur Abfahrt ließen sich die beiden Frauen in Sichtweite ihres Gepäcks an einer sonnenbeschienenen Hauswand nieder und holten ihr Strickzeug hervor. Alix Forstreuter

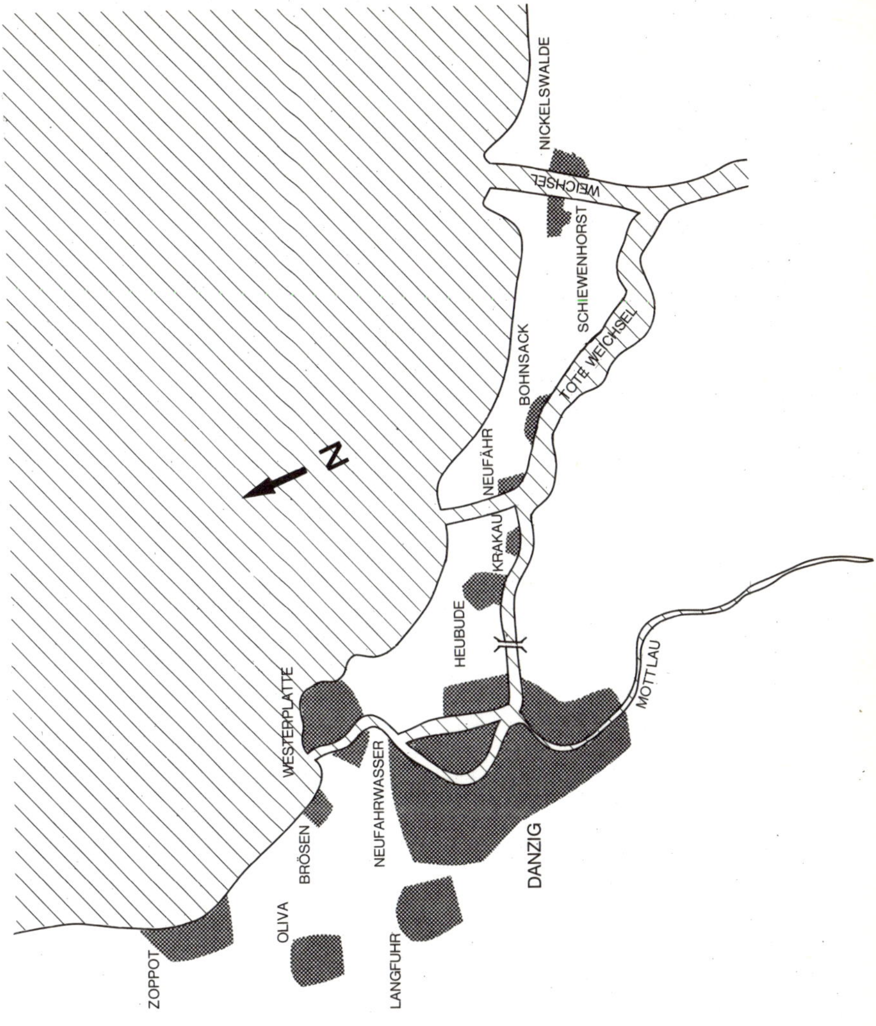

Abb. 7: Weichselniederung zwischen Danzig und Nickelswalde.

hatte Mühe, sich auf ihre Arbeit zu konzentrieren: Der reichlich getrunkene Likör war ihr nicht bekommen und dazu knurrte ihr Magen.

Immer wieder gingen ihre Blicke nach oben in den strahlend blauen Himmel, der sich nach dem Meer hin in einem dünnen Dunstschleier verlor. Sie hatte den tieffliegenden russischen Schlachtflieger nicht kommen sehen. Erst als sein Maschinengewehrfeuer und das Motorengeräusch den Höllenlärm, der von Danzig zu ihnen drang, übertönte, wandte sie den Kopf und sprang auf. Flakfeuer bellte auf, zwei Bomben fielen weiter draußen – und dann war der Spuk vorbei. Ein Soldat scheuchte sie von ihrem sonnigen Plätzchen, an dem sie sich schon wieder niedergelassen hatten: »Haut ab! Schnell! Der kommt wieder!« Sie stürzten die Straße hinunter in Richtung des nächsten Steingebäudes. Es war die Post. Der kleine Schalterraum war gerammelt voll mit Zivilisten. Sie mußten ihre Ellenbogen benutzen, um noch hineinzukommen. Benno war das Gedränge zu groß, er hatte sich schon vorher in die Büsche geschlagen. Das fiel aber erst auf, als der Tiefflieger im zweiten Anflug einige Holzhäuser in Brand geschossen und wieder abgedreht hatte.

Sie verloren fast eine Stunde mit der Suche nach dem Hund, der am anderen Ende des Dorfes einem Schäferhund beweisen wollte, was eine Harke ist und sich nur widerwillig von den beiden schimpfenden Frauen von seiner Beute wegzerren ließ. Als sie zu ihrem Sitzplatz zurückkamen, war die Lastwagenkolonne schon über alle Berge. Ihr Gepäck lag auf der Straße. Während sie noch überlegten, ob sie zu Fuß die Straße entlang weitergehen oder erst einmal im Heubuder Wald Schutz suchen sollten, flog schon wieder ein Tiefflieger an. Sie liefen von den Häusern weg und warfen sich auf freiem Feld nieder. Sekunden zu spät: Ein Schauer von Sand und Erdbrocken erwischte sie von der Seite, wo eine Bombe gefallen war. Beide glaubten sich schwer getroffen und blieben erstarrt liegen. Dann regten sie vorsichtig die Füße und die Arme, tasteten sich ab und standen zögernd auf. Alix Forstreuter hatte starke Schmerzen in der Hüftgegend, offenbar eine Prellung. Sie klopften sich den Dreck

20. An den Kais häufte sich zurückgelassenes Flüchtlingsgut

21. Rückzugstraße im Samland im April 1945

22. Nach einem örtlichen Gegenstoß durch deutsche Panzer haben deutsche Soldaten die Reste eines von russischen Panzern überrollten Flüchtlingstrecks vorgefunden und suchen nach Überlebenden

23. Flucht mit »KFKs« der Kriegsmarine über die Ostsee

24. Die mit Flüchtlingen beladene »Pretoria« wird in den Hafen von Kopenhagen geschleppt

25. Die »Wilhelm Gustloff« als Lazarettschiff

aus den Mänteln und wollten weitergehen, als Alix Forstreuter an der Wade ihrer Freundin einen breiten Streifen Blut sah, der über den Knöchel in den Schuh lief. Ein Splitter war dicht unterhalb des Knies in die Wade der Frau gedrungen. Nein, Schmerzen hatte sie keine. In einigem Abstand von Benno gefolgt, machten sie sich auf dem Weg zum Verbandsplatz Heubude, wo beide eine Tetanusspritze bekamen und die Freundin verbunden wurde. Da schon die Dunkelheit hereinbrach, suchten sie Unterschlupf in einem Wehrmachtbunker, wo sie endlich auch Suppe, Wurst und Brot bekamen. Der Hund war noch bei ihnen, aber Alix Forstreuter hatte irgendwo – wahrscheinlich auf dem Feld – ihre Handtasche mit sämtlichen Papieren verloren.
In den frühen Abendstunden kam auch Irma Neuber mit dem Mehleder Treck durch Heubude. Sie fuhren ohne Aufenthalt im Strom der Wehrmachtsfahrzeuge weiter und hofften, in dem großen Waldgebiet zwischen Heubude und Bohnsack auffahren und Pause machen zu können. Sie schliefen abwechselnd auf den Wagen, und es war eigentlich nur der Pferde wegen, daß sie die Fahrt unterbrechen wollten. Doch wo immer sie ein Plätzchen fanden, an dem ihre Wagen zusammen halten konnten, trieben Soldaten sie weiter. Überall hatten Wehrmachteinheiten zwischen den Bäumen Stellung bezogen, Geschütze und Fahrzeuge standen herum, Erdlöcher und Gräben wurden ausgehoben.
Auf halbem Weg nach Bohnsack durften sie endlich auf einer Lichtung auffahren. Erst am Morgen sahen sie, daß hier eine Kuhherde weidete, die von einer Nachschubeinheit betreut wurde. Für alle gab es genügend Milch, und Trinkwasser konnten sie sich aus der weiter entfernten Robinsonhütte holen, in der sich einige Soldaten mit ihren Mädchen eingenistet hatten. Die Suche nach Pferdefutter verlief erfolgreich: Von den uniformierten Kuhhütern stahlen sie Heu, und ein Wehrmachtkoch überließ ihnen ein paar Eimer Kartoffelschalen. Stunk gab es nur, als ein Feldwebel verlangte, daß sie ihre Wagen mit Kiefernzweigen tarnten.
An eine Weiterfahrt auf der zerfahrenen, überfüllten Straße war nicht zu denken. Auch quer durch den Wald wären sie nicht weit

gekommen: Stunde um Stunde kamen mehr Flüchtlinge von Heubude her, um zwischen den Bäumen Schutz zu suchen.
Am nächsten Vormittag machte Irma Neuber sich mit einem der Belgier zu einem Erkundungsgang an den Strand auf, wo eine Reihe von Leichen säuberlich nebeneinander lagen. Einen Weg durch die Tausende von Menschen fanden sie nicht. »Wo wollen Sie hin? Hier geht es nicht weiter!« war alles, was sie zu hören bekamen. Desiré, der Belgier, schlug vor, daß sie sich durch die russischen Linien schleichen sollten, um dann in aller Ruhe nach Mehleden zurückzufahren – den halben Weg zurück hätten sie sowieso schon hinter sich. Doch Irma Neuber hatte keine Lust, den Russen zu begegnen. Sie irrten noch eine Weile in den Wäldern herum, ehe sie wieder bei den Wagen anlangten. Ein paar Minuten zu früh. Denn kaum waren sie dort, rauschten Bomben durch die Gipfel der Kiefern. Sie kamen nicht dazu, in Deckung zu gehen, und als eine der Bomben dicht neben einem der Mehleder Wagen explodierte, gab es einen Toten und fünf Verletzte. Ein polnischer Schweizergehilfe hatte einen Splitter in den Bauch bekommen und Desiré eine schwere Beinverletzung. Ganz in der Nähe ertönten fürchterliche Schreie. Dort waren Soldaten des Kuhkommandos dabei gewesen, einen Bunker auszuheben, als sie ein Volltreffer erwischte: Acht Tote und eine Menge Verletzte. Sanitäter kümmern sich um die Soldaten, doch die Flüchtlinge müssen sich selber auf die Suche nach einem Arzt machen. Zu sechst tragen sie den Polen in einer Wolldecke in das nahe Dorf Krakau – Desiré kommt auf einem Pferd hinterher, das Irma Neuber am Zügel führt. Das dortige Lazarett, eine riesige Baracke, ist nur noch ein Haufen schwelender Bretter und Balken. Ein Sanitäter führt sie zu einem kleinen Bauernhof am Ortsrand, in dessen Scheune jetzt die Verwundeten untergebracht sind. Ärzte sind nicht mehr da, aber bei dem großen Andrang gibt es sowieso nur Spritzen und Verbände. Die Mehleder lassen ihre fünf Verwundeten in der Obhut der Sanitäter. Am nächsten Tag müssen sie sie, wie versprochen, bis auf den nicht mehr transportfähigen Polen, wieder abholen. Der Russe rückt immer näher und soll schon vor Heubude stehen.

Der kleine Trupp Mehleder verließ Krakau in der falschen Richtung. Statt den Ort nach Nordosten zu verlassen, gingen sie nach Süden und standen nach etwa zehn Minuten an der Toten Weichsel. Von der Krone des Deiches konnten sie über das träge dahinfließende Wasser und den jenseitigen Deich weit nach Süden sehen. Auf den Straßen der Niederung bewegten sich lange Kolonnen nach Osten, Fuhrwerk an Fuhrwerk, nicht größer als Ameisen. Enttäuscht wandte sich Irma Neuber ab, denn insgeheim hatte sie gehofft, einen Ausweg aus ihrer Lage zu entdecken.

Tatsächlich waren die Mehleder besser daran als die Flüchtlinge auf der anderen Seite. Besonders an einem dieser Trecks zeigte sich die Sinn- und Ziellosigkeit ihrer Wege: Nach zehnwöchiger Flucht, in der er eine fast zweihundert Kilometer lange Schleife zurückgelegt hatte, befand er sich jetzt nur etwa 20 Kilometer nordwestlich seines Heimatortes Neuteichhinterfeld im Großen Werder. Heinrich Ellers war mit seiner fünfköpfigen Familie und den übrigen Dorfbewohnern schon am 24. Januar in einem geordneten Treck aufgebrochen, weil ein vernünftiger Kreisleiter in Tiegenort rechtzeitig die Räumung befohlen hatte. Aber nachdem sie etwa über 40 Kilometer durch Schnee und Eis getreckt waren, wurden sie in Prangenau aufgehalten und in Privatquartiere eingewiesen. Dort blieben sie bis Mitte Februar.

Ihr Aufbruch von dort fiel zeitlich mit dem sowjetischen Vorstoß aus dem Raum Tuchel in Richtung Danzig zusammen. Die Neuteichhinterfelder kamen nur bis Karthaus und mußten dann im Eiltempo unter Fliegerbeschuß und, zwischen deutsche Wehrmacht eingekeilt, nach Nordosten davon. In Danzig-Zigankenberg kamen sie für ein paar Tage zur Ruhe. Am Palmsonntag waren die Russen wieder heran. In wilder Flucht ging es mit dem ganzen Treck durch Danzig. Eine Strecke fuhren sie dieselbe Straße wie die Mehleder, aber vor der Brücke von Heubude drängte sie die Wehrmacht nach Südosten ab – sie fuhren jetzt südlich der Toten Weichsel genau auf ihren Heimatort zu. Doch kurz bevor sich der Kreis schloß, wurden Heinrich Eller und einige andere Männer vom Wagen geholt und in den Volkssturm

gesteckt – zum Ausheben von Schützenlöchern entlang des Flusses. Der Treck wurde bei Herzberg von der Wehrmacht aufgelöst, die Frauen und Kinder und ganz alte Leute wurden mit Handgepäck in Richtung Weichseldurchstich zum 15 Kilometer entfernten Schiewenhorst geschickt. Von dort lief ein fast ununterbrochener Fährbetrieb nach Hela.
Die Mehleder waren ihrem Ziel zu diesem Zeitpunkt schon entschieden näher – von ihren Wagen bis zur Hela-Fähre in Bohnsack waren es nur drei Kilometer.
Die Angst der Flüchtlinge steigert sich, als die Wehrmacht den Wald von Zivilisten zu räumen beginnt. »Hier wird jetzt gekämpft! Haut ab!« Sie sollen alles stehen und liegen lassen und zu Fuß nach Bohnsack gehen. Die Mehleder packen das Notwendigste auf je ein Pferd und gehen im Schutz der Bäume auf die Weichselfähre zu. Nach einigen hundert Metern gibt es jedoch schon die erste Stockung.
Zwischen verlassenen Treckfuhrwerken, eilig ausgehobenen MG-Nestern und abgestellten Geschützen drängen sich ihnen Infanterieeinheiten entgegen, die »nach vorn« wollen. Irma Neuber nutzt die Gelegenheit, um schnell zurückzugehen und von ihren stehengebliebenen Wagen noch einiges Brauchbare zu raffen, wie die Aktentasche mit den Fotos, die braune Wolljacke für kalte Abende. Sie braucht lange, muß suchen, bis sie an die Lichtung kommt, auf der noch immer die Kühe grasen. Aber die Wagen sind schon geplündert. Ihre Sachen sind auf dem Waldboden verstreut. Die Aktentasche sieht sie nirgends, die braune Jacke hängt zwischen Bettwäsche und einem leeren fremden Koffer in einem Brombeerstrauch. Sie mag nichts mehr davon nehmen, ihr ist, als gehöre ihr das alles nicht mehr. Zum erstenmal seit der Flucht hat sie das Gefühl, etwas wirklich verloren zu haben. Sie wendet sich ab und geht langsam zurück.
Nach Stunden kommt die Fähre in Sicht, die sie schon einmal – nur in der anderen Richtung – über die Weichsel gebracht hat. Die sowjetischen Flieger sind wieder aktiv, doch niemand sucht jetzt noch Deckung, aus Furcht, den Anschluß zu verpassen. Am Spätnachmittag sind sie an der Reihe: Eingepfercht in den Mili-

tärverkehr dürfen sie auf die Fähre – ohne die Pferde. Das heißt, daß sie ihr Gepäck, oder was sie davontragen können, jetzt selber schleppen müssen. Auch Desiré müssen sie abwechselnd tragen. Er hat starke Schmerzen, die er tapfer zu verbeißen sucht. In Bohnsack kommen sie in einer Räucherkammer unter und verbringen die Nacht auf Salzsäcken. Sie haben keine Ahnung, wie es weitergehen soll: Wahrscheinlich über die Nehrung nach Pillau, wo Schiffe warten.

In einem nur wenige Schritte von ihr entfernten Behelfslazarett lagen an diesem Abend der Lehrer Otto Lippke, die Danzigerin Alix Forstreuter und ihre Freundin mit dem Dackel Benno. Otto Lippke war am Palmsonntag noch in Danzig im Flur eines Versicherungsgebäudes gewesen, in das man eine große Zahl Verwundeter gebracht hatte, weil sonst nirgendmehr Platz war. Lippke hörte einige vor Schmerzen schreien, andere waren noch in Narkose und phantasierten. Zu seiner eigenen Verwunderung und der der Sanitäter, die ihm ständig Morphiumtabletten aufdrängen wollten, verspürte er nicht den geringsten Schmerz – jetzt nicht und später auch nicht. Er hatte nur eine Sorge: Werde ich noch vor den Russen aus dieser verdammten Stadt herauskommen? Niemand schien sich um die Verwundeten zu kümmern, die einmal versorgt waren. Verpflegung gab es nicht. Ständig wurden neue Verwundete an ihm vorbei in das Innere des Hauses getragen – und wenn die Russen kamen, war er als erster dran: Er lag neben der Tür.

Spät am Nachmittag tauchten zwei Sanitäter auf und riefen in den Flur: »Los geht's! Wo sollen wir anfangen?«

Ein paar junge Kerle im hinteren Teil, dicht neben der Toilettentür, schrien am lautesten und wurden prompt zuerst in den draußen wartenden Sanka hinausgetragen. Einer nach dem anderen folgte, alle an Otto Lippke vorbei, der vor lauter Enttäuschung und Wut keinen Ton hervorbrachte. Er mußte auf den zweiten Schub warten.

In den graugrünen Kasten-Aufbau des Sankas eingeschlossen fühlte sich Lehrer Lippke nicht lange geborgen. Der Wagen fuhr, stand, fuhr – seiner Berechnung nach mußten sie schon in Elbing sein –, und da waren die Russen. Lippke wußte nicht, daß sie nach Neufahrwasser gefahren waren und die UBENA nur um Minuten verpaßt hatten. Der Fahrer hatte Stunden gebraucht, um sie über die Brücke nach Heubude zu bringen. Aber auch dort war er seine Fracht nicht losgeworden und deshalb weiter in Richtung Bohnsack gefahren. Unterwegs gerieten sie in einen Fliegerangriff. In ihrem dunklen Kasten hörten die Verwundeten die Explosionen der Bomben, irgend etwas schlug dumpf gegen die Außenwand. Zwei von ihnen fingen an, nach dem Fahrer zu schreien, doch der war längst aus dem Wagen gesprungen und in Deckung gegangen. Er wurde bei seiner Rückkehr mit einer Schimpfkanonade empfangen, die er achselzuckend über sich ergehen ließ. Er brachte Lippke und seine Leidensgenossen in Bohnsack über die Fähre und lieferte sie am Verbandsplatz ab. Zum Abschied sagte er ihnen noch, daß er die Schnauze voll habe und sie von ihm aus jetzt krepieren könnten – ganze achtzehn Stunden waren sie unterwegs gewesen.

Der alte Lehrer lag auf einem Sandsack im Keller, den Stumpf hochgebettet. Es war alles so unwirklich, daß er keinen klaren Gedanken fassen konnte. Nur die Tatsache, daß er den Russen wieder ein Stück voraus war, stand einigermaßen fest. Auch als man ihm erzählte, daß am Morgen eine benachbarte Scheune abgebrannt war und dabei eine Schwester und achtzig Verwundete den Tod gefunden hatten, machte das auf ihn keinen Eindruck. In dieser Scheune hatten Alix Forstreuter und ihre Freundin mit dem Hund Benno zuerst gelegen, aber sie waren kurz vor dem Brand wegen Überfüllung hinausgeworfen worden – zumal ihre Freundin ganz gut zu Fuß war. Die Verletzung war nur eine harmlose Fleischwunde. Sie schafften es, im Behelfslazarett aufgenommen zu werden und lagen jetzt warm und sicher auf Strohsäcken neben dem OP. Bennos wegen zog Alix Forstreuter in die Futterküche des Bauernhofes um, denn der süßliche Geruch gekochter Rüben und Kartoffeln faszinierte den Dackel, der sich nicht abbringen ließ, hinter Trögen, Futterkesseln und Eimern herumzujagen. Alix Forstreuter hatte keine Zeit, sich um das Tier zu kümmern. Sie hatte in einem Nebengebäude eine Kin-

derstation entdeckt, deren Betreuer froh waren, in ihr eine zusätzliche Hilfskraft zu erhalten. Zwei Tage lang fütterte die Danzigerin kranke Kleinkinder, wechselte Verbände und machte Wadenwickel.
Ein Militärpfarrer tauchte mehrmals auf und versprach, sich um den Abtransport zu kümmern. Die meisten hielten das für faule Trostworte und machten entsprechend hämische Bemerkungen. Doch sie hatten sich getäuscht. Der Pfarrer hatte tatsächlich mit den Kommandanten zweier Torpedofangboote verabredet, daß sie auf der nächsten Fahrt die Verwundeten des Lazaretts mitnehmen würden. Es ging schließlich auch nicht darum, die jetzigen Insassen um jeden Preis zu retten, sondern einfach darum, Platz zu schaffen für Hunderte von neuen Verwundeten, die in Privathäusern und zum Teil auch im Freien ohne jede Betreuung herumlagen.
Am dritten Morgen, es mochte eine Woche seit ihrer Flucht aus Danzig vergangen sein, stiegen Alix Forstreuter und ihre Freundin mit Benno auf einen Marinefährprahm, auf dem auch Irma Neuber und eine kleine Gruppe vom Mehledener Treck einen Platz gefunden hatten. Otto Lippke kam auf eines der beiden graugestrichenen kleinen Kriegsschiffe. Er lag in Wolldecken gehüllt an Deck. Es regnete und Gischt sprühte über ihn, als das Boot Fahrt aufnahm. Gierig sogen die Decken die Pfützen auf, die sich bald um ihn herum bildeten. Er spürte, wie die Nässe langsam durch seine Kleidung kroch. Er mußte daran denken, wie die Allenburger Frauen schon in Bartenstein gejammert hatten: »O Gottsche, wären wir doch zu Hause geblieben.« Dann hätte er sein Bein noch, und seine Frau wäre wahrscheinlich auch noch bei ihm – oder sie wären alle schon tot. Es war alles sinnlos. Man mußte nur sehen, daß man das bißchen Leben, das in einem war, über die nächste Runde brachte. Vier Stunden dauerte die Fahrt über die Danziger Bucht. Nach dem Ausladen kehrten die Schiffe wieder um. Sie fuhren in etwa acht Seemeilen Entfernung an den von Russen besetzten Städten Gotenhafen und Danzig vorbei.
Über Danzig stand eine riesige Rauchwolke. Die Stadt war seit

dem 30. März endgültig in sowjetischer Hand. Zwei Tage feierten die Sieger ihren Erfolg und stießen dann in Richtung Weichselniederung vor. Sie begnügten sich mit der Einnahme von Heubude und Krakau, kamen bis zum Weichseldurchbruch und machten so den Fährverkehr von Neufähr aus unmöglich. Dann zog Marschall Rokossowski seine Hauptmacht ab. Er sollte damit Marschall Schukow beim Stoß über die Oder in Richtung Berlin verstärken. Die Menschen in der Weichselniederung erhielten eine Frist von gut fünf Wochen. Auch Heinrich Ellers, der noch immer Schützenlöcher schippte, hatte damit eine Chance bekommen.

Von Hela nach Westen

Anni Grigo, Angestellte bei der Energieverwaltung Westpreußen im Bleihof, war eine der letzten, die mit einem Schiff aus Danzig herausgekommen war. Sie hatte nur noch die Wahl gehabt zwischen einem offenen Kohlenkahn und einem besegelten Fischkutter, die zwischen Neufahrwasser und Neufähr lagen. Vor der hohen Kante des Kohlenpotts hatte sie Angst gehabt und sich deshalb auf den Fischkutter helfen lassen. Auf der unruhigen See hatte das kleine Schiff wie verrückt getanzt, und bis auf wenige Ausnahmen waren alle seekrank geworden.

Nach drei Stunden waren sie im Fischereihafen Hela eingelaufen. Die Reede war voller Schiffe, und links nach dem Festland zu lagen zwei große Kriegsschiffe und schossen auf die Höhen hinter Oxhöft. In dem kleinen Hafen befanden sich unabsehbare Menschenmassen, die sich nach der von Marineinfanterie abgesperrten Pier drängten. Dort legten Prähme und Landungsboote an, um Frauen, Kinder und alte Leute zu den auf der Reede liegenden großen Schiffen zu bringen.

Im Kriegshafen, der sich an den Fischereihafen anschloß, hatten Flüchtlinge nichts zu suchen. Dort waren noch Marineeinheiten, unter anderem die 9. Sicherungsdivision, deren Stab auf dem vertäuten Schiff RUGARD damit beschäftigt war, die Sicherungsboote für die Geleite zusammenzustellen. An diesem Tag hatte die RUGARD Besuch erhalten: Gauleiter Koch hatte sich von Neutief abgesetzt, als er sehen mußte, daß der Kessel von Heiligenbeil am Ende war. Koch war jedoch nicht der Mann, der sich wie sein Kollege Forster einfach verkriechen konnte. Er mußte die erste Geige spielen.

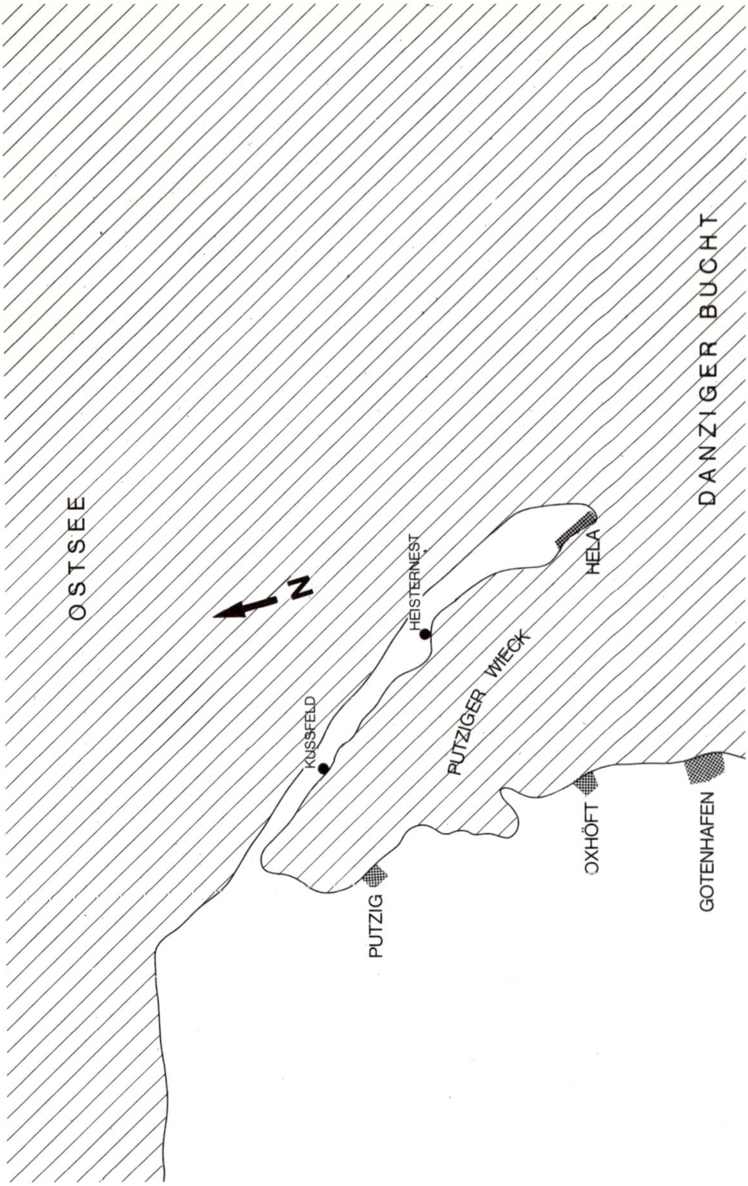

Abb. 8: Hela – letzter Hafen in der westlichen Danziger Bucht.

Während Forster sich zwei Tage zuvor in einem ehemaligen polnischen Kommandozug, der zwischen Heisternest und Hela auf den Gleisen der Kleinbahn abgestellt war, häuslich eingerichtet hatte und nur beim Anflug russischer Flieger im nächsten Bunker verschwand, um sich »nach der Lage zu erkundigen«, ansonsten aber arbeitslos war, hatte Koch sich nach der Ankunft im Fieseler Storch sofort zum Kommandanten der Sicherungsdivision Fregattenkapitän Adalbert von Blanc auf die RUGARD begeben, um dem Führerhauptquartier seinen Stellungswechsel bekanntzugeben.

Kurz darauf blinkte die RUGARD zu der auf der Reede liegenden POTSDAM hinüber, daß sie einen Offizier zur RUGARD schicken sollte. Ein junger Reserveleutnant und Stabsverwaltungsoffizier kommt der Aufforderung nach. Koch führt die Unterhaltung. Er meint, die POTSDAM habe nicht genügend Proviant für die vielen Verwundeten und die Flüchtlinge an Bord, und er wollte das alles schnellstens organisieren. Der Leutnant widersprach: Die POTSDAM hatte für acht bis zehn Tage Verpflegung in ihren Stores. Koch gab sich erfreut und hatte auch schon im selben Augenblick ein neues Betätigungsgebiet gefunden: Personalmangel. Es endete damit, daß sich der Leutnant in Begleitung zweier Marinesoldaten unter die Flüchtlinge begeben mußte, um zweihundert Frauen und Mädchen für die Verwundetenbetreuung auf dem 17528 BRT großen Dampfer herauszusuchen. Er hatte Zweifel, aber später stellte es sich heraus, daß sie gar nichts Besseres hatten tun können, denn die Frauen erwiesen sich als eine Mischung von Engel und Schwerarbeiter und sorgten Tag um Tag, Nacht um Nacht für die Verwundeten.

Anni Grigo hatte die POTSDAM längst ins Auge gefaßt, denn sie meinte, das größte Schiff sei auch das sicherste. Als sie sich an der Pier endlich ganz nach vorn gedrängt hatte, lag da unter ihr an der Kaimauer ein U-Boot. Ehe sie es sich versehen hatte, war sie auch schon an Bord – mit etwa zwanzig anderen –, und das Boot nahm Kurs auf die POTSDAM. Anni Grigo saß auf einer Proviantkiste, aus der ihr ein Matrose eine handvoll Kekse hervorholte. Die Fahrt dauerte nur Minuten. Die Bordwand der

POTSDAM schien unendlich hoch, aber es waren mehrere Fallreeps heruntergelassen, an denen Prähme festgemacht hatten. Die Flüchtlinge vom U-Boot wurden in einem Netz über einen Ladebaum nach oben gezogen, immer vier auf einmal.
Abends gegen 19.30 Uhr ging die POTSDAM Anker auf. Es war ihre fünfte Fahrt und das dritte Mal, daß sie Kopenhagen anlaufen würde. Kapitän Schill und seine Besatzung hatten auf diesen Fahrten schon einiges erlebt. Sie waren am 30. Januar kurz hinter der WILHELM GUSTLOFF hergelaufen und schleunigst wieder umgekehrt, als das Unglück bekannt wurde. Noch bevor sie die Fahrt wieder aufgenommen hatten, meldete der Arzt Scharlach und Masern unter den Kindern. Später glaubte er bei einigen Soldaten Anzeichen von Typhus festgestellt zu haben. Auf einer der Fahrten streikten die Kessel und das große Schiff trieb steuerlos in ein Minenfeld.
Anni Grigo hatte sich ihre Seefahrt anders vorgestellt. An Bord herrschte unbeschreiblicher Dreck, und die Menschen lagen an Deck wie die Sardinen nebeneinander auf plattgedrücktem Stroh. Zu essen gab es nur dünne Suppe, obwohl es hieß, daß die Besatzung genug zu essen hätte – und auch jene Flüchtlinge, die es sich leisten konnten. Für letztere sollte es sogar Kabinen geben. Doch das waren Nichtigkeiten im Vergleich zu dem, was sie nach dem Ausladen in Kopenhagen erwartete. Viele von ihnen sollten jahrelang wie Kriegsgefangene in dänischen Lagern leben.
Den Liegeplatz der POTSDAM auf der Reede von Hela hatten die URUNDI und die HERKULES eingenommen. Die URUNDI war ein ehemaliger Bananendampfer von 5791 BRT und als Truppentransporter für 1000 Mann und mit Unterkünften für 105 Flaksoldaten ausgerüstet. Jetzt nahm sie auf jeder Fahrt 4000 bis 4500 Flüchtlinge und Verwundete mit. Die HERKULES, 2369 BRT, hatte zuletzt im Dienst der Schiffsartillerieschule Saßnitz gestanden, war für 400 Mann eingerichtet und trug jetzt jeweils etwa 2000 bis 2500 Menschen in die Sicherheit.
Irma Neuber und ihre kleine Gruppe, die noch vor ein paar Tagen eine Schiffsreise mit so viel Bestimmtheit abgelehnt hatten,

näherten sich in einem Landungsboot der URUNDI. Sie waren so erschöpft, daß sie nicht einmal mehr seekrank wurden. Als das Boot längsseits ging, senkte sich von oben eine hölzerne Plattform neben das Bootsdeck. Mehrere Matrosen, die mit heruntergekommen waren, mußten das gebrechliche Gebilde erst am Landungsboot festmachen, ehe sich ein Dutzend Menschen auf die Planken setzen konnte. Dann ging die Fahrt nach oben. Die Plattform schwankte gefährlich an dem Ladebaum, der sie über die Luken schwenkte und in einem der fünf Unterräume absetzte.

Irma Neuber schloß einfach die Augen und wartete, bis sie nach dem Absetzen ein Matrose am Handgelenk hochzog.

Auf dem Schiff herrschte eine qualvolle Enge, und wieder war es das Fehlen der Toiletteneinrichtungen, das die Zustände um vieles schlimmer machte. Die 55 Mann Besatzung und die 105 Flaksoldaten verzichteten zum Teil auf ihre Rationen, um den Flüchtlingen, vor allem den kleinen Kindern, wenigstens etwas Eßbares zukommen zu lassen. Proviant hatte die URUNDI nicht an Bord. Die Kinder verhielten sich erstaunlich diszipliniert. Es waren die Erwachsenen, denen der Hunger die letzte Nervenkraft nahm, und das wurde Anlaß für sehr unerfreuliche Szenen. Ein Mann wurde wegen einer versteckten Wurst beinahe gelyncht. Drei Tage waren sie auf See und lagen dann einen ganzen Tag auf der Reede von Kopenhagen. Erst am Morgen darauf wurden sie in den Hafen geholt, doch niemand durfte vom Schiff. Dicht neben der URUNDI lag der Kreuzer NÜRNBERG vor Anker. Kapitän Wiencken ließ sich bei dem Adjutanten, Korvettenkapitän von Müller, melden. Er bat, dessen Telefon benutzen zu dürfen, was von Müller ihm nach einigem Zögern erlaubte. Kapitän Wiencken rief sämtliche ihm bekannten Partei- und Marinedienststellen an, schilderte die Notlage auf seinem Schiff und bat dringend um Verpflegung. Man vertröstete ihn mit Versprechungen, von denen er wußte, daß sie nicht erfüllt werden würden. Korvettenkapitän von Müller, der schweigend neben ihm gestanden und zugehört hatte, bestand darauf, den Kapitän zu begleiten und sich selbst davon zu überzeugen, daß die Men-

schen auf dem Schiff Hunger litten. Von Müller war über den Anblick, der sich ihm bot, entsetzt.
Eine Stunde später fuhren Matrosen der NÜRNBERG mit großen Kesseln warmer Milchsuppe zur URUNDI, und kaum waren die ersten leer, kamen auch schon die nächsten. Stunden später – die Flüchtlinge hatten längst wieder Hunger – wurde auch aus einer Wehrmachtküche in der Stadt kalte und warme Verpflegung herangebracht. Die Matrosen der NÜRNBERG wollten sich nicht ausstechen lassen und veranstalteten am Nachmittag ein Wunschkonzert, bei dem ein erklecklicher Spendenbetrag zusammenkam, der an Mütter mit Kindern verteilt wurde.
Im selben Geleit wie die URUNDI hatte die HERKULES Hela verlassen. Hinter ihnen fuhr der Kreuzer LEIPZIG, der sich verschossen, kaum noch Brennstoff und obendrein Maschinenschaden hatte. Mit nur sechs Knoten Fahrt blieb er bald weit hinter dem Geleit zurück.
Für die HERKULES war es die fünfte von neun Fahrten mit Flüchtlingen und Verwundeten. Als letztem Schiff im Geleit machten ihm auf dieser Reise U-Boote und Flieger das Leben schwer. Tagsüber waren sie meist in Alarmzustand, und die Flakbesatzungen hatten alle Hände voll zu tun, die immer wieder anfliegenden Sowjetflugzeuge abzuwehren.
Im Zwischendeck hinter der Brücke hatte Alix Forstreuter für sich und ihre Freundin eine Lagerstatt, etwas abseits von den Verwundeten, gefunden. Benno war so verschüchtert, daß er sich aus seiner halben Wolldecke nicht hervorwagte. Die Verwundeten riefen ständig nach dem Sani, doch die Sanitäter waren meist irgendwo mit einem schweren Fall beschäftigt und hatten nur wenig Zeit, Sonderwünsche zu erfüllen. Alix Forstreuter blieb nichts anderes übrig, als dem einen oder anderen zur Hand zu gehen. Bald rief man überall nur nach dem »Frollein«. Mit knurrendem Magen und weichen Knien holte die Danzigerin Wasser, verteilte leere Konservenbüchsen, die sie in der Kombüse organisiert hatte, legte hier und da einem Fiebernden die Hand auf die Stirn und redete ihm gut zu.
Der Gestank von Eiter, Urin und Schweiß war entsetzlich. Mehr-

mals mußte sie an Deck, um Luft zu schöpfen, und jedesmal fiel ihr der Abstieg in die Niederung schwerer. Sie besorgte ihrer Freundin eine Schlaftablette, nahm das Bündel Benno auf den Arm und machte sich auf den Weg in die Kombüse. Benno hatte seit zwei Tagen nichts Richtiges zu fressen bekommen.
Oberkoch Schierholtz, ein großer Tierfreund, packte Benno auf eine Bank hinter seinem Arbeitstisch und schob ihm ein Brett mit saftigem Pferdefleisch unter die Nase. Der Koch freute sich so sehr über den Hund, daß er auch Alix Forstreuter aus Dankbarkeit einen Teller Gulasch hinstellte, den sie heißhungrig verzehrte. Dabei beobachtete sie, wie der Koch am Herd ein Ei in eine Bouillon rührte.
»Ihr lebt nicht schlecht hier, sogar mit Eierstich«, bemerkte sie.
»Das ist für unsere Patientin, die muß bei Kräften gehalten werden«, sagte Schierholtz ernst. Die Danzigerin erfuhr, daß die Patientin ein dreijähriges Flüchtlingskind war, Roswitha hieß und in der Kammer des Maschinisten gepflegt wurde. Sie hatte seit Wochen hohes Fieber, das endlich ganz allmählich zurückging.
Alix Forstreuter bot sich an, die Suppe in die Kammer zu bringen und erfuhr so die Geschichte von Frau Voß und ihrer Tochter, die sie beide in der Kammer antraf. Frau Voß war eine Kriegerwitwe aus Rosenberg. Sie hatte mit ihrem Töchterchen am 18. Januar mit der Bahn aus Rosenberg die Flucht gewagt. Es war der letzte Zug gewesen, und sie waren nicht weiter als bis Marienburg gekommen. Dann waren sie zu Fuß, mit Militärlastwagen und mit Trecks weitergeflohen – erst nach Karthaus, dann nach Stolp, zurück nach Lauenberg und schließlich kamen sie am 28. Februar in Gotenhafen an. Dort wurde die Kleine schwerkrank – wahrscheinlich hatte sie eine Lungenentzündung, denn sie hatten einen Monat in einem der großen Lagerschuppen im Hafen gehaust. Am 25. März setzte Frau Voß alles auf eine Karte. Sie stellte sich mit dem fiebernden Kind an die Pier und wartete – zwei Tage lang – bis sich der Kommandant eines Minenbootes ihrer erbarmte und sie zu der auf der Reede von Gotenhafen liegenden HERKULES brachte.

Auf dem überfüllten Schiff wußte sie nicht, wo sie mit ihrem Kind bleiben sollte. Der Maschinist Huckfeld entdeckte die verzweifelte Frau und bot ihr für die kranke Tochter seine Koje an. Er sorgte für die Kleine wie ein Vater. In der ruhigen und warmen Koje und mit Hilfe des Kochs kam das Kind allmählich zu Kräften.

Als die HERKULES in Swinemünde festmachte, gab es einen Abschied: Weil sie nicht für ihn sorgen konnten, ließen die beiden Danzigerinnen den Dackel Benno in der Obhut des Kochs zurück. Als der Koch Jahre später einen Bericht über seine Erlebnisse schrieb, saß Benno neben ihm – er hatte noch vier Reisen mit der HERKULES mitgemacht und war dann bei seinem neuen Herrn geblieben.

Frau Voß und ihre Tochter fuhren weiter mit bis nach Kopenhagen. Zwei Monate später verlobte sie sich mit dem Maschinisten Huckfeld, und im Jahr darauf war Hochzeit.

Am Sonnabend, dem 31. März, lag die PRETORIA mit ihrem unsinnigen weißen Anstrich und dem Roten Kreuz am Schornstein schon wieder auf der Reede von Hela. Neben ihr ankerte die DEUTSCHLAND.

Den ganzen Tag über nehmen sie aus Fährprähmen Flüchtlinge an Bord. Gegen 18.30 Uhr werden die Schiffe von russischer Artillerie bei Oxhöft unter Feuer genommen. Zusammen mit der PRETORIA verlegt die DEUTSCHLAND eine Seemeile ostwärts, doch kaum sind sie an ihrem neuen Platz, werden sie aus der Luft angegriffen. Mit ihrer Bordflak können sie die Flugzeuge abwehren. Es war schon so dunkel, daß die russischen Maschinen nur noch als Schatten wahrnehmbar waren.

Während der Nacht wurde der Fährverkehr vom Hafen her eingestellt. Doch vom Land her kamen in der Dunkelheit Schiffe jeder Art, beladen mit Soldaten und nur ganz wenigen Flüchtlingen. Es waren die letzten Einheiten der Marine und der Waffen-SS, die sich nach heftigem Kampf von der Oxhöfter Kämpe, dem letzten Brückenkopf auf der Westseite der Danziger Bucht, absetzten. Bis zum 4. April wurden unter starkem sowjetischen Beschuß noch 30000 bis 40000 Mann herausgeholt. Die Sowjets

behaupteten später, an dieser Stelle etwa 90000 Gefangene gemacht zu haben.
Einige Boote von der Oxhöfter Kämpe legten auch an der DEUTSCHLAND und an der PRETORIA an und brachten ihre Ladung an Bord. Unter letzteren befand sich auch ein 50jähriger Obergefreiter der Marineflak, für den die Uniform eher eine Verkleidung als ein Ehrenkleid war, denn er hatte weder von der Flak noch von der Marine eine Ahnung – nur seine schwere Verletzung war echt. Es war Bruno Schuch, der Leiter des Städtischen Schul- und Kulturamtes sowie des Amtes für Leibesübung und Jugendertüchtigung von Elbing. Seine Frau und ein Sohn hatten Elbing am 22. Januar verlassen und waren in das für die Elbinger als Aufnahmeort vorgesehene Stolp gefahren. Nach dem Einbruch der russischen Panzer in Elbing machte sich Bruno Schuch zu Fuß nach Danzig auf und folgte dann seiner Familie nach Stolp. Statt ihrer wartete dort der Volkssturm auf ihn, und es ging zurück nach Gotenhafen, wo er kurz darauf von der Marineflak übernommen wurde. Die letzten acht Tage hatte er in einem Behelfslazarett in der ehemaligen Quarantänestation Hexengrund zugebracht. Vielleicht wäre er nie herausgekommen, wenn die 4. SS-Pol.-Pz.-Gren.-Division und die 7. Pz.-Division des Heeres nicht den Hexengrund als Verladerampe für ihre Absetzbewegung gewählt hätten. So wurde Bruno Schuch noch schnell zusammen mit den anderen Verwundeten auf die PRETORIA gebracht, um den Leuten vom Heer Platz zu machen. Auf der PRETORIA lag an diesem Tag auch die gelähmte Frau des Danziger Zollinspektors Kämmerer.
Nach diesem nächtlichen Intermezzo nahmen die beiden großen Schiffe das Verladen von Flüchtlingen und Verwundeten wieder auf. Trotz schönen Wetters ließ sich kein sowjetisches Flugzeug blicken. Die Ruhe war aber auch das einzige, das den Ostersonntag ahnen ließ. Der Allenburger Lehrer Lippke war sich dieses Tages jedenfalls nicht bewußt. Lippke war halbtot vor Angst, als der Fährprahm schaukelnd an der DEUTSCHLAND anlegte. Matrosen schnallten ihn auf eine Tragbahre und hievten ihn hoch. Einen Augenblick lang glaubte Lippke, den schwankenden

Fährprahm untergehen zu sehen, und er bildete sich ein, daß ihm, oben angekommen, ein Matrose auf die Stirn tätschelte und sagte: »Noch einmal Schwein gehabt, Vater!«
Doch der Fährprahm dümpelte weiter, wobei er hin und wieder gegen die Bordwand stieß. Einer nach dem anderen kamen alle Verwundeten an Bord.
Lippke lag neben einem Volkssturmmann aus Sinkehnen bei Tapiau. Er hieß Bojartel und war genauso verwirrt wie der Lehrer aus Allenburg. Sie konnten sich nicht erklären, wie das alles so hatte kommen können und was nun aus ihnen werden sollte. Jedenfalls hatten sie keinen Hunger. Trotzdem ärgerte es sie, daß einige nur leichtverwundete Feldwebel Wurst und Schnaps hatten und damit vor allen anderen angaben.
Lippkes Nebenmann auf der anderen Seite war nicht ansprechbar. Der Lehrer hatte gehört, wie der Arzt zu einem Sanitäter sagte: »Sowas schleppen Sie auch noch mit zurück?« Eine Schwester schob dem Mann alle paar Stunden eine Pille zwischen die Lippen. Am Abend kam sie damit auch zu Lippke, der sich zuerst wehrte. Er hatte noch nie in seinem Leben Schlafmittel genommen, hatte immer schlafen können, wenn er müde war. Erst als Bojartel auch eine Tablette nahm – weil sie ja doch nicht die ganze Nacht von der Heimat reden könnten, wie er sagte –, bequemte sich der Lehrer. Beim Aufwachen am nächsten Morgen war ihm schwindelig und sein Schädel brummte. Das Lager des Schwerverletzten neben ihm war leer. Bojartel sagte, den hätten sie in der Nacht geholt, weil er gestorben sei. »Nimm bloß keine Tabletten mehr!« warnte Lippke den Mann aus Sinkehnen. »Die wollen uns alle vergiften, damit wir aus dem Weg sind.«
Erstaunlich ist es, daß überhaupt noch Medikamente vorhanden waren, da sich so viele Verwundete auf so wenige Plätze konzentrierten und die Nachschubwege unterbrochen waren. Doch große Vorräte waren von Danzig nach Hela gebracht worden. Anders war es mit den Ärzten. Vor allem auf den Schiffen, die nicht als Verwundetentransporter oder Lazarettschiffe eingerichtet waren, gab es so gut wie keine ärztliche Versorgung. Selbst von

der DEUTSCHLAND hatte man in Kopenhagen die Kinderärztin und zwei Zivilärzte von Bord geholt, weil man sie an Land dringender brauchte. Als die DEUTSCHLAND leer nach Hela zurückfuhr, war Dr. Pilz der einzige Arzt an Bord. Seine Hoffnung auf Entsatz in Hela wurde auf eine unerwartete Weise erfüllt: Das gefangengenommene Sanitätspersonal eines russischen Feldlazaretts – mehrere Ärzte und Schwestern – kamen unter Bewachung über das Promenadendeck auf Dr. Pilz zu.

Die Russen wollten helfen, und der deutsche Arzt überließ ihnen die Verwundeten im A- und B-Deck. Er selber zog sich zu den Verwundeten und kranken Flüchtlingen im stickigen C-Deck zurück. Dr. Pilz merkte vor Arbeit kaum, wie die Zeit verging. Die DEUTSCHLAND hatte etwa die halbe Strecke hinter sich, als ein aufgeregter Sanitäter den Arzt zum A-Deck rief. Dort waren die Russen unermüdlich dabei, zu operieren und die Verwundeten zu versorgen. Sie taten es mit einer bewunderungswürdigen Geschwindigkeit, so schnell, daß sie oft ohne Anästhesie auskamen. Der Sanitäter berichtete jedoch weniger Erbauliches. Offenbar aus Angst vor Seuchengefahr oder einfach, weil sie es so gewohnt waren, hatten die Russen mit den Toten kurzen Prozeß gemacht und sie bei Nacht einfach über Bord geworfen – ohne Personalien und Todesdaten festzuhalten. Auf diese Weise waren mindestens schon zehn Soldaten verschwunden. Nach einer erregten Szene mit dem ranghöchsten Russen übernahm Dr. Pilz die Totenschau, und der Kapitän ließ die Leichen wieder auf dem Vorschiff ablegen. Eine seemännische Bestattung lehnte er nach wie vor ab – im Gegensatz zu einer ganzen Reihe anderer Kapitäne, die sich über die Vorschriften hinwegsetzten und die »toten Passagiere« in Segeltuch eingenäht und mit Pflastersteinen beschwert der See anvertrauten. Später wurde das Segeltuch knapp und man nähte die Leichen zu zweit in ein Tuch oder versenkte sie ohne Hülle.

Die DEUTSCHLAND ankerte mit 134 Leichen an Bord auf Drogden Reede vor Kopenhagen. Achtzig davon wurden von einer großen Barkasse übernommen und an Land gebracht. Die Flüchtlinge und die Verwundeten nahmen die weniger tiefgehenden Schiffe NÜRNBERG und DER DEUTSCHE ab, doch keines der beiden Schiffe wollte die restlichen 54 Leichen haben. Zwei Tage wartete Kapitän Feindt darauf, von seiner makabren Fracht erlöst zu werden. Schließlich funkte er zu einem in der Nähe liegenden Vorpostenboot. Von dort kam prompt die Antwort: »Wir kommen. Das kostet Sie aber eine Kleinigkeit.« Sie einigten sich auf vier Flaschen Schnaps, und die DEUTSCHLAND war ihre Leichen los. Am nächsten Tag, es war der 9. April, stach die DEUTSCHLAND wieder mit Kurs auf Hela in See.

Die Lage vor Hela hatte sich inzwischen sehr zum Nachteil des Schiffsverkehrs verändert. Die Sowjets waren bereits im Besitz sämtlicher Flughäfen Ost- und Westpreußens, mit Ausnahme des Fliegerhorstes Neutief auf der Frischen Nehrung. Von diesen schnell wiederhergestellten Plätzen flogen die sowjetischen Luftflotten ihre Einsätze gegen die deutschen Brückenköpfe. Eines ihrer Hauptziele wurde die Schiffansammlung auf der Reede von Hela.

Am 8. und 9. April versenkten sowjetische Bomber vor Hela die 10850 BRT FRANKEN, die 1335 BRT HANS ALBRECHT WEDEL und die 5446 BRT ALBERT JENSEN sowie einige kleinere Einheiten. Die DEUTSCHLAND, am 10. April kaum auf der Reede vor Hela eingetroffen, mußte sich gegen den ersten Luftangriff zur Wehr setzen. Trotzdem wurden die Verladearbeiten aufgenommen und im Lauf des Tages wieder 8000 Flüchtlinge und Verwundete an Bord gebracht. Die Sowjets griffen noch zweimal aus der Luft an, konnten aber jedesmal abgewehrt werden. Die kleinen Zubringer arbeiteten mit Volldampf, und noch am Abend des gleichen Tages konnte das große Schiff mit nur ein paar kleinen Schrammen wieder auslaufen.

In der Nacht zum 11. April tuckerte im Fährbetrieb zwischen Weichseldurchstich und Hela auch ein Getreidekahn. Auf dem schmalen Deck und in den Luken standen die Menschen so dicht gedrängt, daß sich nur wenige setzen konnten. Sie bildeten eine schwarze Masse, nur die Gesichter vom Mondschein erhellt. Unter ihnen war Heinrich Ellers, der inzwischen seine Frau

und die drei Söhne wiedergefunden hatte. Der Kahn machte nur wenig Fahrt, Stunde um Stunde verrann – ängstlich starrten die Außenstehenden auf die silberne Wasseroberfläche und warteten darauf, daß ein U-Boot auftauchte. Aber es geschah nichts. 24 Stunden zuvor hatte sich in diesem Gebiet eine der vielen Tragödien dieser Tage ereignet. Der kleine Dampfer NEUWERK war mit 13 Mann Besatzung, 854 Verwundeten, 60 Eisenbahnern, sieben Mann Sanitätspersonal und etwa 100 Flüchtlingen auf dem Weg von Pillau nach Hela. Etwa 300 Meter vor ihnen fuhr ein Sicherungsboot der Marine.
Zwischen Mitternacht und 4 Uhr morgens verlor die Brückenwache das Sicherungsboot aus den Augen – die NEUWERK war vom Kurs abgekommen und hielt, ohne es zu wissen, auf Gotenhafen statt auf Hela zu. Kurz nach 4 Uhr sichtete der 1. Offizier zwei Schnellboote, die er für deutsche hielt. Nach einer Serie von Leuchtsignalen, die von der NEUWERK nicht beantwortet wurden, erhielt der Dampfer Schüsse vor den Bug. Das Ende kam schnell: Auf Deck und Brücke prasselte schweres Feuer, der Kapitän wurde verwundet und der Rudergänger fiel aus. Der 1. Offizier brachte das Schiff auf Nordkurs. Gegen 4.20 Uhr traf die NEUWERK ein Torpedo mittschiffs. Das Schiff schlingerte und brach auseinander. Ein deutsches S-Boot rettete acht Besatzungsmitglieder.
Jahre später hoben polnische Bergungsfahrzeuge das Heck der NEUWERK, die etwa zwei Seemeilen vor Gotenhafen auf Grund lag. Die Polen fanden 540 Leichen in dem offenbar überladenen Schiff. In einer für vier Personen bestimmten Kabine fanden sie 15 Leichen, zum größten Teil Soldaten. Es wurden auch weibliche Leichen und solche von Kleinkindern gefunden; viele der Toten waren in Decken gehüllt, woraus man schloß, daß sie der Schiffsuntergang im Schlaf überrascht hatte. Sie wurden in drei Massengräbern auf dem Stadtfriedhof von Gdynia-Witomin beigesetzt.
Die Torpedierung der NEUWERK war von den Fähren zwischen Schiewenhorst und Hela nicht bemerkt worden. Sie steuerten einer anderen Katastrophe entgegen.

Ein strahlender Morgen war angebrochen, als der Getreidekahn mit Heinrich Ellers an Bord in Hela ankam. Ein Marinefahrzeug dirigierte den Kahn zu der 7862 BRT großen MOLTKEFELS, die unter Kapitän Voss gegen 5 Uhr eingelaufen war. Drei Stunden später begann die Übernahme der Flüchtlinge. 11.05 Uhr unterbrach Fliegeralarm die Arbeit. Zwei Feindmaschinen flogen von Osten an, warfen mehrere Bomben und beschossen die Schiffe mit Bordwaffen, ohne den geringsten Schaden anzurichten. Kapitän Voss ließ das Verladen fortsetzen. Er trieb zur Eile an, denn jetzt mußten sie jeden Augenblick mit neuen Angriffen rechnen, und die MOLTKEFELS hatte bedeutend weniger Flak an Bord als die DEUTSCHLAND. In ununterbrochener Folge brachten kleine Schiffe und Fähren die Menschenfracht längsseits. Sie setzten das Verladen auch fort, als die MOLTKEFELS gegen 14 Uhr vom Hexengrund auf der Oxhöfter Kämpe beschossen wurde. Kapitän Voss ließ Anker aufgehen und fuhr in größerem Abstand vom Land langsam auf und ab. 14.30 Uhr war das Verladen beendet. An Bord befanden sich etwa 2700 Flüchtlinge, 1000 Verwundete und dreihundert Soldaten sowie die Besatzung. Die Familie Ellers war im großen Frachtraum im Hinterschiff untergekommen und wartete mit den vielen anderen ängstlich darauf, daß es nun endlich losginge. Die MOLTKEFELS blieb jedoch auf der Reede liegen, weil sie noch auf das Geleit warten mußte.

Gegen 16 Uhr heulten die Alarmsirenen durch das Schiff. Heinrich Ellers hörte über sich das Trampeln der Flakbesatzungen, die zu ihren Geschützen hasteten. 35 sowjetische Maschinen stürzten sich auf die MOLTKEFELS und den nicht weitab liegenden 1069 BRT Dampfer POSEN. Den sowjetischen Piloten gelang es schon bei den ersten beiden Anflügen, die Flak der MOLTKEFELS auszuschalten. Ellers hörte die metallischen Explosionen der Bordwaffengeschosse dicht über seinem Kopf auf den Deckplanken. Kreidebleich hockten die Flüchtlinge im Halbdunkel der Luke, einige Kinder schrieen. Dann erschütterten mehrere schwere Explosionen das Schiff.

Der Funkoffizier Heinz Balzer war im Begriff, die Brücke über

die Achtertreppe zu verlassen, als er sah, wie sich der Deckel von Luke 3 hochwölbte, in der Verwundete untergebracht waren. Die Bombenexplosion im Innern übertönte den Krach, mit dem der Deckel wieder zurückstürzte. Balzer ging nach vorn, vorbei an der toten Flakbesatzung auf dem Brückendeck. Aus dem Niedergang zum Maschinenraum stieg eine dicke Rauchwolke und Flammen schlugen aus mehreren Stellen im Vordeck. Aus den Luken hörte er Schreie, doch das Feuer trieb ihn nach achtern, wo unter den Flüchtlingen eine Panik ausgebrochen war.
Besatzungsmitglieder versuchten, mit Hilfe des Ladegeschirrs eines längsseits liegenden kleinen Dampfers die Luke des Vordecks zu erreichen, in der über 200 Schwerverwundete eingeschlossen waren. Doch die Flammen bildeten bald eine dichte Wand, die Schreie im Innern verstummten, und der kleine Dampfer mußte ablegen, um nicht selber Feuer zu fangen. Auf der Rückfahrt fischte er die Überlebenden der POSEN aus dem Wasser – Schwestern und Ärzte, die der Hölle auf dem brennenden Frachter entkommen waren, der kurz darauf mit 300 Mann versank.
Das Vorschiff der MOLTKEFELS neigte sich langsam nach vorn. Kapitän Voss ließ am Heck zwei Schlepper festmachen, um das Schiff auf den Strand zu schleppen, so daß es nicht wegsinken konnte. Der 1. Offizier Hermann Ottjes und der Funkoffizier versuchten inzwischen, die Flüchtlinge im Achterschiff zu beruhigen. Einige waren in ihrer Kopflosigkeit über Bord gesprungen. Hermann Ottjes ließ die Aufgänge sperren, um das Durcheinander unter Kontrolle zu bekommen.
An einem der Niedergänge stand ein 13jähriges Mädchen mit seiner Mutter. Im Schiffsinnern hatten sie mitansehen müssen, wie Menschen schreiend in einer Feuerwand verschwanden, und sie waren auf der Flucht über die steile Eisentreppe selbst noch von den Flammen erreicht worden. Die Mutter hatte schwere Brandverletzungen am Rücken und am Kopf erlitten – ihre Haarkämme waren in einer Stichflamme aufgegangen. Das vor ihr nach oben gestiegene Mädchen trug Brandwunden an den Beinen davon. Ein Matrose bahnte ihnen den Weg durch die

sich rücksichtslos an die Reling drängenden Männer. Mutig stieg die Kleine die Netzbrook hinunter und ließ sich auf Zuruf die letzten Meter in die Arme eines Matrosen fallen. Die Mutter trugen zwei Sanitäter über ein Fallreep in den wartenden Leichter.

Eine ganze Flotte kleinerer Einheiten war am Heck längsseits gegangen. An Tauen, Strickleitern und den Netzbrooken ließen sich die Menschen hinunter, viele waren dabei unvorsichtig und rissen sich an den scharfen Seilen die Hände auf. Anderen mußte schrittweise hinuntergeholfen werden. Heinrich Ellers sah zu, daß seine Familie gut vom Schiff wegkam und half dann noch stundenlang, Verwundete von Bord zu bringen. Dabei fiel ihm ein scharfkantiges Eisenstück auf den Kopf und verletzte ihn erheblich – doch das stellte er erst viel später fest.

Das ganze Vordeck stand inzwischen in hellen Flammen, und mittschiffs breitete sich starker Rauch aus. Dort gab es gegen 18 Uhr mehrere starke Explosionen: Die Benzintanks einiger unter Deck abgestellter Lastwagen waren in die Luft geflogen. Kurz bevor Heinrich Ellers von Bord ging, wurde er noch Zeuge einer merkwürdigen Szene: Ein junger Marineleutnant rannte mit gezückter Pistole hinter zwei Besatzungsmitgliedern her und trieb sie zu einer anderen Gruppe Matrosen, die untätig an Deck standen. Ellers sah, wie einer von ihnen sich von einem Flakstand eine MP angelte, und erst als Hermann Ottjes dazukam, verschwanden die Waffen. Doch die von den Rettungsarbeiten vollkommen erschöpften Matrosen mußten auf Geheiß des Leutnants noch 200 Kisten der an Bord lagernden Flakmunition auf ein längsseits liegendes Vorpostenboot umladen.

Gegen 19 Uhr war auch der letzte Mann von Bord. Die MOLTKEFELS brannte bis weit in den nächsten Tag hinein, ehe sie sich ausgebrannt zur Seite neigte und auf dem seichten Strand aufsetzte. 400 Menschen waren umgekommen.

Im Kriegshafen von Hela, in einer Werfthalle, ließ sich Heinrich Ellers von einem Sanitäter den Kopf verbinden. Seine einzige Sorge war, daß ihn nun mit dem dicken Verband niemand mehr erkennen würde. Er suchte lange nach seiner Frau in dem

Gewühl von Zivilisten und Soldaten und gab es schließlich auf. Dafür traf er die Frau seines Freundes Alfred Jantzen, den er auf der MOLTKEFELS getroffen und nach dem Unglück selber abgeseilt hatte. Frau Jantzen freute sich über die gute Nachricht so sehr, daß sie Heinrich Ellers reichlich von ihrer Verpflegung abgab. Nur das große Stück Speck, das dabei war, sollte er nicht anrühren, bis er ihren Mann wiedergetroffen hätte, um es dann mit ihm zu teilen.

Am nächsten Tag verließ Ellers auf dem Schulschiff REGULUS Hela. An Bord waren viele der von der MOLTKEFELS Geretteten. Das Schiff war so überladen, daß es nach zwei Tagen einen großen Teil der Flüchtlinge an die auf gleichem Kurs fahrende WALTER RAU abgeben mußte. Auch Heinrich Ellers stieg um. Der erste Bekannte, den er auf dem großen Schiff traf, war Alfred Jantzen. Der Speck war schnell geteilt. Den Rest der Reise vertrieben sie sich die Zeit mit Skatspielen und Läuseknacken, denn auf der WALTER RAU wimmelte es wie auf fast allen anderen Schiffen von Ungeziefer. In Eckernförde gingen die Männer an Land. Ellers fand seine Familie erst Wochen später durch den Suchdienst des Roten Kreuzes in Flensburg wieder.

Eines der Schiffe, die bei der Bergung von Überlebenden geholfen hatten, war der kleine Dampfer KURISCHES HAFF. Kapitän Sudermeyer hatte in den letzten Wochen Tausende von Bohnsack aus der Weichselniederung nach Hela gebracht und fuhr danach als Zubringer von Hela-Hafen nach Hela-Reede. Knapp eine Woche nach der MOLTKEFELS-Katastrophe brachte er 600 Frauen und Kinder aus dem Fischereihafen zur GOYA, die weit draußen auf der Reede ankerte. Das 5200 BRT große Zielschiff war mit Flüchtlingen und Verwundeten überladen. Die KURISCHES HAFF hatte gerade angelegt, als die in der Nähe liegende PRETORIA von sowjetischen Flugzeugen angegriffen und schwer beschädigt wurde. Eine Bombe schlug wenige Meter vor dem Bug der KURISCHES HAFF ins Wasser, das Schiff hob sich mit der Explosionswelle und fiel dann in ein Wasserloch. Die Leinen brachen, das Fallreep fiel vom Oberdeck auf die Reling, Menschen, die auf dem Vorschiff gestanden hatten, wurden über Bord gespült, etwa vierzig durch Stürze und herumfliegende Gegenstände zum Teil schwer verletzt. Die Besatzung machte die Leinen wieder an der GOYA fest und brachte Gesunde wie Verletzte an Bord des mit einem bizarren Tarnanstrich versehenen Schiffes. Es sollte den Flüchtlingen nichts nützen, denn als die GOYA in den Abendstunden des 16. April die Anker lichtete, fuhr sie geradewegs in ihr Verderben.

Der Kessel von Heiligenbeil existiert nicht mehr – Königsberg fällt

In den letzten Märztagen dieses mörderischen Frühlings brachen die Sowjets auch den Widerstand der im Kessel von Heiligenbeil eingeschlossenen 4. deutschen Armee. Zehn Wochen lang hatten sich die deutschen Truppen erbittert gegen eine Übermacht gewehrt, der sie von Anfang an hoffnungslos unterlegen waren. Lediglich in der zweiten Februar- und in der ersten Märzhälfte hatte der russische Druck nachgelassen, wohl als Folge einer neuen Führung und Umgruppierung der Kräfte: am 16. Februar war der Oberbefehlshaber der 3. weißrussischen Front, General Tscherniakowski, vor Mehlsack gefallen und Marschall Wassilewski hatte das Kommando übernommen.

Während des Stillstandes gelangten noch Tausende von Flüchtlingen über das zugefrorene Haff. Allmählich war dieser Strom jedoch zum Erliegen gekommen. Die letzten Wagen fuhren am 4. März über das brüchige Eis. Danach wurden vereinzelte Gruppen nach Rosenberg gebracht und in den Übersetzverkehr der Landungsboote der Pioniere eingeschleust. Der Braunsberger Oberleutnant der Gendarmerie, Otto Loppnow, hielt mit seinen Männern diesen Verbindungsweg offen. Erst als die Flüchtlingsbewegung ganz aufhörte und die Streifen niemanden mehr auftrieben, der noch hätte fliehen wollen oder können, packte Loppnow seinen Rucksack und die obligate Aktentasche.

Um den 15. März traten die Sowjets zum entscheidenden Angriff an. Am 17. März nahmen sie das nördlich von Heiligenbeil am Haff gelegene Brandenburg und schnitten damit die 4. Armee von Königsberg ab. Am 20. März fiel auf der Südseite des Kessels Braunsberg, das Loppnow zusammen mit seinen Leuten am Tag zuvor verlassen hatte. Ein Wehrmacht-Lkw brachte sie nach Rosenberg, wo der Gendarmeriemajor von Heiligenbeil mit einer Anzahl Gendarmen, Angehörigen der Schutzpolizei und Feuerlöschpolizei in der Nähe der Anlegestelle eines Haffdampfers auf sie wartete. Sie waren die letzten, wenn auch uniformierten Zivilisten, die Natangen verließen. Das klingt einfacher als es war, denn zu diesem Zeitpunkt konzentrierten die Sowjets ihre ganze Feuerkraft auf den Raum Heiligenbeil–Rosenberg–Balga. Das mit Verwundeten überfüllte Heiligenbeil stand in Flammen. Wer gehfähig war oder überhaupt nur kriechen konnte, schleppte sich zu einer der Anlegestellen, von denen trotz Bomben, Bordwaffen- und Artilleriebeschuß die Fährprähme und Sturmboote ablegten. Nachts kamen größere Einheiten; doch Schiffe, die länger als 50 Meter waren, konnten in dem kleinen Hafen nicht manövrieren.

Als die Polizisten an Bord des kleinen Dampfers gingen, erkannte ihn Loppnow sofort: Es war die MÖVE, die in Friedenszeiten fröhliche Wochenendausflügler und Urlaubsgäste zwischen Elbing und dem Seebad Kahlberg befördert hatte. Das Schiff hatte am 23. Januar, dem Tag, an dem sowjetische Panzer schießend durch die vollkommen überraschte Stadt fuhren, zum letzten Mal in Elbing abgelegt – mit etwa 800 Flüchtlingen an Bord. Sie war durch die Weichselarme nach Danzig gefahren. Danach hatte sie im Fährverkehr zwischen Fischerbaken und Danzig gedient. Am 11. März lief sie mit Truppen nach Pillau aus. Dort bekam sie den Auftrag, im Pendelverkehr Verwundete aus Rosenberg zu holen. Flieger und Artillerie machten ihr dabei schwer zu schaffen. Das einst schmucke weiße Schiff sah bald aus, als hätte es zuunterst auf einem Schrotthaufen gelegen: die Reling war an vielen Stellen gebrochen, das Schanzkleid war eingedrückt, über dem Maschinenraum war das Deck eingebeult, ein Bullauge war halb aus der Fassung gequetscht, die Stangen für die Sonnendächer verbogen oder abgeknickt, die Hecklaterne fehlte, der große Scheinwerfer war zersplittert. Überall die Spuren von Granatsplittern und MG-Einschüssen.

Trotzdem machte sie mit ihren alten Dampfkesseln noch volle Fahrt und holte Nacht für Nacht Hunderte von Verwundeten und Flüchtlingen aus Natangen und von den Ufern des Seekanals nach Pillau. Tagsüber versteckte Kapitän Arendt sein Schiff unter den Uferbäumen des Seekanals und hängte zur Tarnung Zweige über die seewärtige Bordwand. Die Besatzung war übermüdet, und Loppnow verzichtete darauf, ihr guten Tag zu sagen. Fasziniert beobachtete er das Feuerwerk an der Küste um das brennende Heiligenbeil.
Heiligenbeil fiel am 26. März, Balga, der letzte Stützpunkt, am 28. März. Den deutschen Pionieren unter General Henke gelang es, in den beiden letzten Tagen fast sämtliche Einheiten der 4. Armee auf die Frische Nehrung überzusetzen. In buchstäblich letzter Minute wurden auch die Nachhuten von Balga in Sicherheit gebracht. Viele Soldaten hatten in Panik versucht, auf eigene Faust das Haff zu überqueren. Auf Schlauchbooten und Ruderbooten, auf Balken und Brettern, Kanistern, auf allem, was schwamm, warfen sie sich ins Wasser. Viele wurden von den Prähmen aufgefischt, aber mindest ebensoviele ertranken.
Durch das Heerlager auf der gegenüberliegenden Nehrung quälte sich ein endloser Strom von Flüchtlingen, zumeist Fußgänger aus Danzig und der Danziger Niederung, die alle hofften, in Pillau ein Schiff zu erreichen. Die Stadt Pillau war wieder vollkommen verstopft. In der zweiten Märzhälfte waren alle Schiffstransporte nach Gotenhafen und Danzig umdirigiert worden, und in der kleinen Hafenstadt hatten sich wieder viele tausend Menschen angesammelt. Oberleutnant Loppnow hatte schon befürchtet, in diesem Chaos hängenzubleiben, doch die Polizisten wurden zusammen mit einer Kompanie Volkssturm sofort in einen bereitstehenden Zug verladen und zum Einsatz nach Königsberg transportiert. Es waren meist ältere und sehr alte Männer, die in dieser Nacht, dicht an den russischen Stellungen vorbei, auf dem einzigen noch offenen Landweg in die belagerte Stadt fuhren.
Im gleichen Zug drängten sich viele Flüchtlinge, die enttäuscht nach Königsberg zurückkehrten. Sie hatten die Hoffnung auf ein

Schiff aufgegeben. Das Leben in Königsberg und in den eigenen vier Wänden schien ihnen sicherer. Tatsächlich war es in der Provinzhauptstadt im März noch verhältnismäßig ruhig. Die Panik nach der ersten Einschließung hatte sich gelegt. Fabriken arbeiteten, Kinos und Geschäfte waren geöffnet, und die Zeitung erschien täglich. Den Polizisten aus Braunsberg und Heiligenbeil erschien das Treiben fast friedlich – trotz der Luftangriffe und des nahen Artilleriefeuers. Auf die Reviere verteilt, bekamen sie auch sofort genügend zu tun, denn viele der Königsberger Polizisten hatten sich Ende Januar aus der Stadt abgesetzt und taten jetzt irgendwo im Samland Dienst.

Gegen Ende März verstärkte sich der sowjetische Artilleriebeschuß, und auch die Luftangriffe auf die Stadt nahmen zu. Die Sowjets bereiteten ihren letzten Angriff vor. Nachdem sie den Kessel von Heiligenbeil zerschlagen hatten, verfügten sie über vier Armeen – darunter die kampfstarke 11. Garde-Armee – mit zusammen rund 60 Schützendivisionen und zwei Panzerkorps, die Königsberg und das Samland innerhalb weniger Tage in russische Hand bringen sollten.

In den Augen der Sowjets war Königsberg der Inbegriff alles Preußischen, alles Deutschen. Die bei Kriegsbeginn fast 400000 Einwohner zählende Stadt Kants mit seiner berühmten Universität, seiner Oper, seinen Theatern war einer der großen Umschlagplätze im Ost-West-Handel – hauptsächlich Agrarprodukte – und verfügte schon lange vor dem Krieg über eine eigene Fluglinie nach Moskau. Trotzdem war Königsberg kein »Tor zum Osten«, denn im Grunde war es eine Festung seit dem Bau der Burg des Deutschen Ordens im Jahr 1255. Erst Sitz des Hochmeisters, dann der Herzöge von Preußen, wurde es Krönungsstadt der Preußenkönige, und seit 1843 umgab es ein äußerer Ring von gewaltigen Festungswerken, den Forts. Die Sowjets hatten vor diesen Anlagen einen solchen Respekt, daß sie ihre Sturmtruppen an Modellen der Forts schon Wochen vorher den Angriff üben ließen.

Die Schönheit dieser Stadt zwischen den beiden Haffs und den Masurischen Seen hatte schon durch die Bombenangriffe der

Alliierten im vorangegangenen Jahr schwer gelitten – jetzt schickten sich die sowjetische Artillerie und die roten Luftflotten an, die Stadt vollends in Schutt und Asche zu legen.
Die Verteidiger Königsbergs unter General der Infanterie Otto Lasch formierten sich aus vier aufgefüllten Divisionen und einem bunten Gemisch von Kampfgruppen, zu denen auch Volkssturm, Marine- und Polizeieinheiten, Hitler-Jugend, Technische Nothilfe und die Feuerwehr gehörten. Sie hatten kaum noch Munition, und außer den uralten Forts gab es keine Verteidigungsstellungen. So mußte der Volkssturm wieder schanzen. Auch das Arbeitsbataillon Schwalbenberg aus Pillau war dabei. Die Volkssturmmänner waren am 8. März in einem Güterzug und per Leiterwagen nach Königsberg gebracht worden. Der beinamputierte »Schreibstubenhengst« Heinz Kroll, der schon einmal mit seiner Mutter aus Königsberg geflohen war, trug sein Schicksal mit Gelassenheit. Eingedenk seiner schlechten, nur mit einem Bindfaden zusammengehaltenen Prothese hatte er den Gedanken an eine weitere Flucht längst aufgegeben. Während seine Kameraden in Königsberg-Ponath Panzer- und Schützengräben aushoben, Drahtverhaue zogen und Panzersperren errichteten, führte er in seiner Schreibstube Material- und Anwesenheitslisten. Letztere waren immer komplett, denn die Leute des Braunsberger Polizeioberleutnants Loppnow waren hinter den Linien zum Ordnungsdienst eingeteilt und paßten auf, daß sich keiner verkrümelte.
Heinz Kroll hatte eine verlassene Privatwohnung in der Spichersdorfer Straße bezogen, die noch vollkommen intakt war – sogar die Betten waren frisch bezogen. Kroll fühlte sich sofort so wohl und heimisch, daß ihm zu seinem Glück eigentlich nichts anderes fehlte als seine schöne neue Prothese. Die hatte er sechs Monate zuvor in einer großen Werkstatt in der Innenstadt in Auftrag gegeben – eigentlich mußte sie jetzt fertig sein. So machte er sich unter dem Krachen der Artilleriegranaten über Trümmer und an Bränden vorbei auf den Weg.
Zweimal lief er an dem Geschäft des Orthopäden vorüber, denn das Firmenschild war entfernt, und in den Schaufenstern lag nur

Packpapier. Die Werkstatt war leer. Sie war in irgendeine Schule verlegt worden, sagte eine Frau im Haus. So klapperte Kroll Tag um Tag auf der alten Prothese humpelnd, mit schmerzverzerrtem Gesicht, in seinen freien Stunden Schule um Schule ab. Nach vier Tagen endlich stand er in einer Turnhalle, in der Ledervorräte, Stanzmaschinen und Säcke mit Sägemehl gelagert waren. Eine dicke Schicht Ziegelstaub und Putz bedeckte alles, denn die halbe Decke war durch einen Artillerietreffer eingestürzt. Keine Menschenseele war zu sehen. Kroll begann zu wühlen – und fand, was er suchte: Auf einem Regal lag etwa ein Dutzend Beinprothesen säuberlich nebeneinander, und an einer dieser Prothesen ein braunes Pappetikett: Heinz Kroll, Wehlau. Glücklich, mit seinem neuen Bein unter dem Arm, zog er den langen Weg zurück in sein Quartier.

Es schien, als sollte der Volkssturm ihn und sein neues Bein nicht recht gebrauchen können, obwohl letzteres rundherum paßte und nirgends drückte. Etwa vom 4. April an lebte er nur noch im Keller, wie alle anderen auch, die draußen nicht gebraucht wurden.

Pausenlos belegten die Russen die Innenstadt mit Artilleriefeuer und immer wieder krachten die Bomben der Tiefflieger zwischen den Häuserzeilen.

Bis zu diesem Tag hatten immer wieder einzelne Gruppen die Stadt mit der Bahn oder zu Fuß verlassen oder waren nachts auf einem Schiff durch den Seekanal entkommen. Einige Transporte wurden von Ortsgruppenleitern organisiert. Noch am 4. April wurde die Kriegerwitwe Hildegard Grunewald mit ihren beiden fünf und sechs Jahre alten Kindern von einem Parteimann aus der Wohnung geholt. Sie sollten sich einem Flüchtlingstransport anschließen. Auf die Frage, ob ihre in der Nähe wohnende Freundin auch bei dem Transport sei, erwiderte der Parteigenosse: »Es kommen aus jeder Ortsgruppe nur die wertvollsten Familien mit.« Zusammen mit ihrer Nachbarin, die fünf Kinder bei sich hatte, und einigen weiteren Familien wurden sie auf einem Fuhrwerk zum Hafen gebracht. Dort wartete die 473 BRT große URSULA HEINEMEIER, die sie nach Einbruch

der Dunkelheit unter dem Getöse der Artillerie nach Hela brachte.
Am 7. April verbreitete sich die Nachricht, daß die Stadt nun endgültig eingeschlossen sei. Am 8. April morgens wurden an das Arbeitsbataillon Schwalbenberg Maschinengewehre, Karabiner und Panzerfäuste verteilt. Auch Kroll erhielt eine Waffe. Punkt 21 Uhr sollte ein Durchbruch über Ratshof in Richtung Fischhausen erzwungen werden, um eine Straße für den Abtransport der Zivilbevölkerung freizumachen. Diesen Vorstoß hatte der stellvertretende Gauleiter Großherr bei Gauleiter Koch vorgeschlagen, da er einsehen mußte, daß für Königsberg keine Chance mehr bestand. General Lasch hatte sich diesem Vorschlag angeschlossen und gleichzeitig bei General Müller, dem ehemals kommandierenden General der 4. Armee und jetzigen Befehlshaber der Streitkräfte im Samland und in Königsberg, beantragt, daß sich auch sämtliche Truppen nach Westen absetzen sollten. General Müller erlaubte jedoch nur den Abtransport der Zivilbevölkerung. Der Volkssturm sollte dabei Flankenschutz geben. Die Festung Königsberg jedoch war bis zur letzten Patrone zu verteidigen.
Die Sowjets feuerten jetzt aus allen Rohren. Wochenlang hatten sie Batterien herangezogen, und es gab keinen Flecken in der Stadt, der von ihrem Feuer verschont geblieben wäre. Sowjetische Panzer und Infanterie knackten Stellung um Stellung und nahmen ein Fort nach dem anderen.
Während die Truppen und der Volkssturm sich schon um 21 Uhr bereitstellten, hatte die Partei die Bevölkerung erst für 0.30 Uhr zum Postscheckamt am Trommelplatz befohlen. Das Durcheinander von Befehlen und Gerüchten hatte zur Folge, daß sich schon gegen 21 Uhr viele Frauen und Kinder am Trommelplatz einfanden und einen Zug formierten, zu dessen beiden Seiten die Volkssturmmänner Aufstellung nahmen. Geduldig warteten die Zivilisten Stunde um Stunde, während der Zug immer mehr anschwoll.
Gegen Mitternacht setzten sich die deutschen Panzer, gefolgt von Volksgrenadieren, in Richtung Westen nach Ratshof in

Bewegung. Sie kamen nicht weit. Die Sowjets hatten die Bewegung rechtzeitig erkannt und eröffneten das Feuer. Die ersten deutschen Panzer blieben nach wenigen hundert Metern liegen und verschossen noch ihre letzte Munition. Verbissen arbeiteten sich die Volksgrenadiere vor. Für die Tausende, die auf dem Trommelplatz immer noch auf den Beginn des gefährlichen Marsches warteten, war der Gefechtslärm noch ein Hoffnungssignal, da sie russisches und deutsches Feuer nicht unterscheiden konnten. Aber dann brach es auch über sie herein: Geschosse von Stalinorgeln, die bei Charlottenburg und in der Litzmannstraße in Stellung gegangen waren, schlugen in die Menschenmenge. Schreiend liefen Männer, Frauen und Kinder durcheinander, um Deckung zu finden. Im Nu waren die Splittergräben am Deutsch-Ordensring überfüllt. Der Trommelplatz selbst bot wenig Deckung – dichtgedrängt lagen die Menschen auf dem gepflasterten Boden. Kreischen, Rufe nach Sanitätern und das Bersten der Granaten erfüllten die Luft. Der nahe Steindamm stand in Flammen und erleuchtete die schreckliche Szene.
Der Angriff der deutschen Spitzen hatte sich festgelaufen. General Sudau, der Kommandeur der 548. Division, fiel, General Sperl, der Kommandeur der 61. Division, wurde schwer verwundet, der stellvertretende Gauleiter Großherr fand den Tod. Die flüchtenden deutschen Truppen mischten sich unter die in Panik geratene Zivilbevölkerung. Noch gelang es, einen schwachen Riegel zu bilden und die Russen am Vordringen zu hindern – doch das währte nur Stunden. Am Morgen des 9. April gab es keine Hauptkampflinie mehr: die Sowjets standen in der Innenstadt. Den ganzen Tag über leisteten einzelne deutsche Nester noch erbitterten Widerstand. Gegen 17.30 Uhr bot General Lasch den Sowjets die Kapitulation an.
In der Kapitulationsurkunde versprachen die Sowjets den Besiegten das Leben, ausreichende Verpflegung und eines Soldaten würdige Behandlung in der Kriegsgefangenschaft. Sie versicherten, Sorge zu tragen für die Verwundeten und die Zivilbevölkerung und versprachen, Gefangene nach Kriegsende in die Heimat oder ein Land ihrer Wahl zu entlassen.

Betroffen waren 30000 bis 35000 Soldaten, 15000 Fremdarbeiter und mehr als 100000 Einwohner und Flüchtlinge aus der Provinz, die sich den Sowjets auf Gedeih und Verderben ergeben hatten. Mit Ausnahme der westlichen Kriegsgefangenen und Zwangsarbeiter wurde es für sie ein bedingungsloses Verderben. Offiziell gaben die sowjetischen Befehlshaber die Stadt den russischen Truppen für zwei Tage zum Plündern frei, zwei Tage, aus denen Monate der Willkür wurden, in denen Vergewaltigungen, Raub und Mord an der Tagesordnung waren. Die Bevölkerung war dem allen schutzlos preisgegeben. Viele Zivilisten traten zusammen mit den Soldaten den Weg in die Gefangenschaft an. General Lasch wurde auf Hitlers Veranlassung in Abwesenheit zum Tod durch den Strang verurteilt, seine Familie in Sippenhaft genommen.

Die Sowjets besetzen das Samland

Mit dem Fall von Königsberg war General Fr. W. Müller als Befehlshaber der Heeresgruppe Nord in Ungnade gefallen und abberufen worden. An seine Stelle trat General der Panzertruppe Dietrich von Saucken als Befehlshaber der »Armee Ostpreußen«, zu der die verbliebenen Kampfgruppen im Samland, in der Weichselmündung und auf Hela zusammengefaßt waren.
Dietrich von Saucken war in Fischhausen als Sohn des damaligen Landrates geboren und in Königsberg zur Schule gegangen. Als Kavallerist war er 1939 von Ostpreußen aus in den Krieg gegen Polen gezogen. Im weiteren Verlauf des Zweiten Weltkrieges war er zum Führer eines der besten Panzerverbände des Heeres geworden. Anfang Februar 1945 hatte er sich beim Zusammenbruch der Weichselfront mit seinem Panzerkorps im Rücken der vorwärtsdrängenden sowjetischen Truppen erfolgreich bis an die Oder zurückgekämpft und sich dort in einer Verteidigungsstellung gegen eine vielfache Übermacht behauptet. Er war Träger der Schwerter zum Eichenlaub des Ritterkreuzes. Der Befehlshaber der neuen Armeegruppe Ostpreußen hatte erst vor kurzem seiner Meinung über Hitler und die Partei sehr deutlich Ausdruck gegeben.
Am 12. März war Dietrich von Saucken zu einer Einweisung in die Reichskanzlei beordert worden, da er am 19. März die neugebildete Armeegruppe Ostpreußen übernehmen sollte. Sein Besuch vermittelt einen Eindruck von der gradlinigen Entschlossenheit und Unbekümmertheit dieses Menschenschlages, der sich so sehr von der schwammigen Pompösität Hitlers und

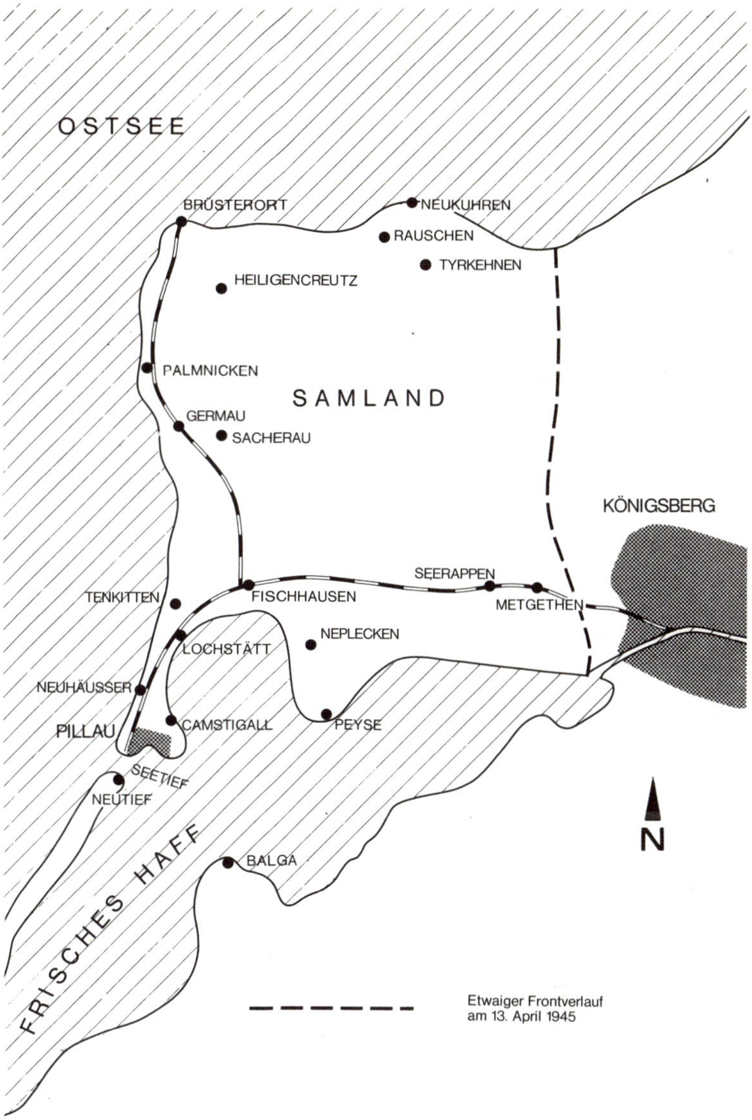

Abb. 9: Das Samland vor dem letzten sowjetischen Ansturm.

seiner Umgebung, wie überhaupt der meisten Parteileute, unterschied.
Hitler saß am Kartentisch, flankiert von Generaloberst Guderian, Bormann und einem Adjutanten, als von Saucken eintrat: Eine Hand lässig auf seinem Kavalleristensäbel, das Monokel fest im Auge, grüßte er mit einer leichten Verbeugung statt mit dem seit dem 20. Juli 1944 obligatorischen Hitlergruß. Das kam einer Rebellion gleich, zumal er sich auch seine Waffe, wie üblich, nicht im Vorzimmer hatte abnehmen lassen. Guderian, Bormann und der Adjutant starrten von Saucken an und warteten auf einen Wutausbruch Hitlers. Doch es geschah nichts. Hitler ignorierte den General und forderte Guderian kurz auf, mit der Einweisung in die Lage zu beginnen.
Ohne Wirkung war von Sauckens Verhalten jedoch nicht geblieben. Nach der Einweisung setzte Hitler zu einem langen Vortrag an, den er mit der Verteilung der Befehlsgewalt einleitete: Die Verantwortung für den Kampfraum Danzig trägt Gauleiter Forster, General von Saucken ist dessen Befehlsgewalt unterstellt – außer in rein militärischen Dingen. Von Saucken schlug sehr ruhig, aber bestimmt mit der flachen Hand auf den Kartentisch und sagte: »Ich denke nicht daran, Herr Hitler, mich unter den Befehl eines Gauleiters zu stellen!«
Hitler verharrte schweigend, in sich zusammengesunken, vor seinen Karten. Guderian und Bormann redeten hastig auf von Saucken ein, doch vernünftig zu sein – sie wußten, daß der General mit seinem Leben spielte. Doch von Saucken wiederholte nur: »Ich denke nicht daran!« Nach langen Sekunden unterbrach Hitler das ratlos-gespannte Schweigen mit kraftloser Stimme: »Also gut, dann führen Sie eben allein, Saucken.«
Von Sauckens Liebe zur Heimat, seine geographischen Kenntnisse und seine Erfahrung als Truppenführer halfen ihm jedoch wenig: Seine Aufgabe war unlösbar, er würde den letzten Rest Ostpreußens nicht halten können. Seine zerschlagenen Divisionen konnten nur noch den Abtransport der letzten Zivilisten so lange wie möglich zu decken versuchen und den eigenen Rückzug mit möglichst geringen Verlusten bewerkstelligen.

Im Samland, dem nächsten Ziel der Sowjets, standen nur noch wenige Divisionen einer erdrückenden Übermacht gegenüber. In letzter Minute wurden diese Einheiten mit Kräften aus der zerschlagenen 4. Armee – darunter die Division »Großdeutschland« – und anderen Truppen von Pillau her aufgefüllt. Doch keines dieser Kontingente besaß auch nur annähernd genügend Ausrüstung und Munition, die Soldaten waren erschöpft und demoralisiert und zogen nur noch mechanisch in die neuen Stellungen.

Der Postfahrer Krause aus Domnau hatte mit seiner Volkssturmeinheit Pillau ebenfalls in Richtung Norden verlassen. Er tat es nicht so unwillig wie die meisten anderen. Noch immer hatte er nur das eine Ziel: Auf seinen Hof und zu seiner Familie zurückzukehren. Bei Fischhausen hatte er seit seinem Aufbruch vor gut zwei Monaten etwa einen Halbkreis beschrieben. Von nun an hatte er das Gefühl, wirklich wieder auf dem Heimweg zu sein.

Krauses Bataillon bot einen traurigen Anblick. Vornweg fuhr ein alter Oberleutnant des Heeres in einem Pkw mit Holzvergaser, der wie ein Badeofen neben dem Beifahrersitz aufragte und einen beißenden weißen Qualm von sich gab. Dahinter folgte ein langer Zug von in Pillau zusammengesuchten Treckfuhrwerken, auf denen teilnahmslos die alten Männer hockten. Nur wenige hatten ihre Karabiner umgehängt.

Je tiefer sie in das Samland kamen, desto weniger Menschen begegneten ihnen. Versprengte Wehrmachteinheiten, vereinzelte Flüchtlingsgruppen marschierten auf die Küste zu. In den Dörfern waren zwischen dem Militär nur wenige Zivilisten zu sehen. Krause wunderte sich, daß einige tatsächlich auf den Feldern arbeiteten, und er dachte an die Arbeit, die zu Hause auf ihn wartete. Überall begegneten sie Kontrollen der Feldgendarmerie, die Deserteure suchte. An den Wegrändern sahen sie frische Gräber und die Trümmer des ersten großen Flüchtlingszuges vom Januar. Schon seit einigen Tagen war das Wetter regnerisch, und so blieben sie wenigstens von Tieffliegern verschont.

Die Truppe bezog Quartier auf dem Fliegerhorst Neukuhren, dem nördlichsten Punkt der Front vor der Kurischen Nehrung.

Einsatzkompanien wurden aufgestellt, die mit einem kärglichen Sammelsurium von alten MGs, Beutegewehren und Panzerfäusten ausgerüstet in die Frontabschnitte eingewiesen wurden. Robert Krause erhielt ein Fuhrwerk und mußte Verpflegung, Munition und Baumaterial zu der nur wenige Kilometer entfernten Hauptkampflinie fahren, wo Pioniere noch immer Bunker bauten und elektrische Leitungen zogen, die an längst tote Transformatoren angeschlossen wurden.
Robert Krause kam viel herum, zumeist auf der Suche nach Pferdefutter, das er von der Wehrmacht stehlen mußte. Manchmal ging er auch mit einem Kameraden in die nahen Wälder, um trockenes Gras für die Tiere zu schneiden. Die russische Artillerie schoß Störfeuer nach Rauschen und in den kleinen Fischereihafen Neukuhren, in dem noch immer viele Menschen anstanden, um von einem Minensuchboot oder einem Vorpostenboot nach Pillau mitgenommen zu werden.
Krause kam mehrmals nach Rauschen. Dort hatte sich eine ganze Reihe von Parteibonzen eingenistet, die eine emsige organisatorische Tätigkeit entfalteten, sofern sie es nicht für besser hielten, vor der Artillerie Schutz zu suchen. Verdrücken konnten sie sich nicht, weil sie wußten, daß Erich Koch in Neutief saß und noch immer genau wußte, wer wo eingesetzt war und laufend Bericht verlangte. So wurde die Zivilbevölkerung aus NSV-Feldküchen reichlich mit Pferdefleisch und Graupen versorgt. Anfang April gab es sogar noch einmal Lebensmittelmarken.
Die zurückgebliebenen Einwohner und die Flüchtlinge versuchten, ein normales Leben zu führen. Doch angesichts der vielen Soldaten, der MG- und Geschützstellungen in den Gärten und unter dem unablässigen Geschützdonner fiel das schwer. Die Gewerbeoberlehrerin Käthe Pawel nahm in ihrem Haus Flüchtlinge aus Großkuhren auf und kochte für sie. Sie warteten alle auf den Evakuierungsbefehl. Die Geschäftsleute waren großzügiger geworden: Beim Kaufmann gab es einige Pakete Gustin und beim Fleischer ein ganzes Kalbsbein ohne Marken. Die Soldaten waren der Bevölkerung gegenüber nicht so großzügig, obwohl überall in den Gärten von den Küchenbullen geschlach-

tete Schweine und Rinder den Kopf zuunterst von den Bäumen hingen.
Einmal hatte Käthe Pawel deutlich das Gefühl, daß da noch einiges schief gehen könnte: Beim Wasserholen im nahen Brunnen sah sie auf den Rundbänken unter den Linden einige russische Fremdarbeiter sitzen, die das Treiben der Deutschen mit einem vergnügten, schadenfrohen Grinsen zu verfolgen schienen. Doch schon ein paar Tage später, Anfang April, forderte die Partei die Zivilisten auf, sich mit Handgepäck zum Abtransport am Bahnhof einzufinden.
Käthe Pawel hatte längst aus gehorteten Scheuertüchern für sich und eine Freundin zwei Rucksäcke genäht, die zusammen mit einem kleinen Koffer ihr Gepäck bildeten. An Proviant hatten sie gepackt: 2 Pfund Zucker, 2 Gläser Marmelade, 200 g Brot und zwei Päckchen Gustin. Als sie am Morgen vom Bahnhof Düne abfuhren, ging es nicht, wie sie dachten, in Richtung Pillau, sondern nur die kurze, entgegengesetzte Strecke nach Neukuhren.
Für die Nacht finden sie Unterkunft in einem Korridor des Centralhotels und erst am folgenden Abend können sie sich auf ein Schiff drängeln. Kinder weinen, Erwachsene schimpfen über andere, die mit Taschenlampen herumfuchteln und so die »russische Artillerie auf uns ziehen«. Krampfhaft hält jeder sein Gepäck fest. Käthe Pawel umklammert mit ihrer linken Hand eine Büchse Sardinen, die ihr ein Soldat in die Hand gedrückt hat. Das Schiff ist ein offener Kutter. Im Laderaum sitzen und liegen fast nur Mütter und Kinder. Käthe Pawel und ihre Freundin sitzen auf den Koffern anderer Leute an Deck und frieren. Langsam durchnäßt sie ein leichter Regen. Es dauert eine volle Stunde, bis das Schiff ablegt. Das Wasser steht ihnen fast bis an die Knöchel. Unten im Laderaum stimmt jemand das Lied an: »Wer nur den lieben Gott läßt walten...« Und alle singen mit, während sich das Schiff langsam von der Heimat entfernt.
In den frühen Morgenstunden befanden sie sich auf der Höhe von Brüsterort, als ein Minensuchboot ihren Weg kreuzte. Das Boot war auf dem Rückweg von Libau mit Kurs auf Swine-

münde und hielt sich dicht unter der Küste. Wegen des regnerischen Dunstschleiers, der über dem Meer lag, war die Sicht an diesem Morgen gering. Der Wachhabende schenkte dem hinter ihnen vorbeiziehenden Kutter keine Aufmerksamkeit. Besorgt sah er nach oben, wo ein blaßblauer Himmel zwischen den aufreißenden Wolken besseres Wetter und damit Fliegergefahr ankündigte.
»Mastspitze backbord voraus«, sagte der Rudergänger im gelangweilten Ton eines Fremdenführers, der es seinem Gefolge freistellt, hinzuschauen oder auch nicht – als sagte er: »... und zur Linken sehen Sie das Kriegerdenkmal...« Der Wachhabende schaute durch sein Glas. Wenige Schiffslängen voraus ragte die Mastspitze eines kleinen Fahrzeuges aus dem Dunst, wahrscheinlich ein Fischer. Dann ließ er das Glas sinken und sah den Rudergänger an, als habe er einen Geist vor sich: »Das kann doch nicht wahr sein!« murmelte er. Unter dem Mast stand ein Leiterwagen, und davor war ein Pferd gespannt. Eine Fata Morgana? Oder waren sie zu dicht an Land und hielten auf eine Landungsbrücke zu? Er ließ die Maschine stoppen und trat auf das Vordeck. Allmählich wurde die Erscheinung deutlicher: Das seltsame Gefährt stand an Deck eines Fischkutters, der, ohne Fahrt zu machen, im leichten Seegang dümpelte. Mehrere vermummte Gestalten standen an Bord und winkten zu ihnen herüber. In sanftem Schwung legte sich das Minensuchboot längsseits.
»He, Kapitänchen, könnt ihr uns nicht abschleppen? Wir liegen hier fest!« rief eine alte Frau mehr befehlend als bittend und schwang dabei einen Tampen in der Hand, der höchstens für ein Ruderboot gereicht hätte. Die jüngeren Frauen und die Kinder ließen sich bereitwillig an Bord des Minensuchbootes holen. Doch die alte Bäuerin wollte ohne Fuhrwerk und Pferd nicht umsteigen. Schließlich hatte sie es fertiggebracht, das Fuhrwerk auf den Fischkutter zu bugsieren und nun sollten die »Mannche« das gleiche mit ihrem Boot nicht fertigbringen? Mit Gewalt mußten die Matrosen die schreiende Alte an Bord bringen, ehe sie ihre Fahrt fortsetzen konnten. Das Boot passierte Palmnicken und Neuhäuser und lief dann nach Westen ab.

Die Besatzung stand unter dem Eindruck, die letzten Flüchtlinge von der Halbinsel gerettet zu haben. Doch es gab in dem 30 bis 40 Kilometer breiten Streifen des westlichen Samlandes, der sich noch in deutscher Hand befand, einige Tausend, die in diesem Augenblick auf der Flucht waren – und wahrscheinlich ebenso viele, die nicht weiterfliehen wollten oder konnten.
Für den Fischhausener Landrat von der Groeben, der im Februar praktisch zum Herrn dieses Gebietes geworden war, ging es nicht so sehr darum, möglichst vielen Menschen die Flucht zu ermöglichen. Die eigentliche Wohnbevölkerung des Kreises war ja zu einem großen Teil schon geflohen. An ihre Stelle waren Flüchtlinge aus den östlichen Kreisen und aus Königsberg gerückt, die in den verlassenen Wohnhäusern, in Scheunen, Schulen und in langen Kolonnen längs der verstopften Straßen kampierten. Für sie galt es, wieder einigermaßen Ordnung zu schaffen.
Von den eigentlich verantwortlichen Parteifunktionären kam keine Hilfe. In den Parteistäben floß der Alkohol in Strömen. Gauinspektor Matthes, ein Vetter Erich Kochs, konzentrierte seine ganze Aufmerksamkeit auf den Bau eines Luftschutzbunkers im Garten des Kreishauses Fischhausen. Von diesem sicheren Stützpunkt aus sollte die »Führungsspitze« in den Endkampf eingreifen. Unterdessen suchten die ostpreußischen Frauen mit ihren Kindern in überfüllten Splittergräben und Kellern Schutz vor den ständigen Fliegerangriffen der Russen.
Der Landrat kümmerte sich nicht um die Gefahr. Nur selten war er in seinem Dienstzimmer anzutreffen. Meistens war er unterwegs, um Pferdefutter zu beschaffen, Gespanne für die Feldarbeit zu besorgen oder einen Arzt für das verlassene Krankenhaus zu suchen. Um der Seuchengefahr zu begegnen, richtete er in Fischhausen eine Kadaververwertungsanstalt ein, die nebenbei sehr nützliche Seife und recht nutzlosen Leim produzierte. Die anfallenden Häute schickte er nach Pillau. Schneidereien und Nähstuben wurden in Gang gebracht. Selbst der Geldverkehr wurde in diesen Wochen wiederhergestellt. Der emsige Landrat hatte in Königsberg die Reste seiner Kreissparkasse aufgestöbert, nach Fischhausen gebracht und die Zweigstellen in Rau-

schen und Palmnicken wiedereröffnet. Konten wurden ausgezahlt und sogar noch Kredite gewährt.
Zusammen mit dem Kreisbauernführer von St. Lorenz machte von der Groeben eine Rundfahrt durch das Samland. In jeder Ortschaft suchten sie geeignete Männer aus, die als Bürgermeister oder Bauernführer fungieren konnten. Einige besonders vertrauenswürdige Leute machte er zu Amtskommissaren größerer Bezirke. Die dringendsten Aufgaben sah von der Groeben darin, das noch vorhandene Vieh zu Herden zusammenzufassen, die Vorräte an Lebensmitteln und Futter zu sichern, für das Melken und den Abtransport der Milch zu sorgen und Molkereien wieder in Betrieb zu nehmen. Ein behelfsmäßiges Rationierungssystem wurde eingeführt, und man fing damit an, die Flüchtlinge zu registrieren. Es sollte alles seine Ordnung haben.
Der Landrat war selbst überrascht, wie schnell sich die ortsfremden Flüchtlinge zurechtfanden. Die auf den verlassenen Gütern eingesetzten Verwalter brachten den unterbrochenen Ausdrusch wieder in Gang und bereiteten die Frühjahrsbestellung vor. Dem ehemaligen Oberinspektor Sathodoski des Gutes Perkoppen in Sellwehten, Kreis Labiau, wurde noch am 17. März die Verwaltung des herrenlos gewordenen Gutes Sacherau übertragen, das er mit den Leuten seines Trecks und seiner Familie bis zum 13. April bewirtschaftete, ehe er die Flucht fortsetzte. Für vier Wochen hatte er Wehrmacht und Zivilisten in weitem Umkreis mit Milch und Butter versorgen können.
Nicht alle Gutsherren hatten ihren Besitz verlassen. Max Schneege, der nach seinem Abenteuer beim Volkssturm zwischen Wehlau und Königsberg im Februar auf den Schienen der Samlandbahn in sein Gut Tyrkehnen bei Rauschen zurückgekehrt war, hatte längst die Arbeit mit seinen Leuten wieder aufgenommen. Am 4. April hatte er mit mehreren Fuhrwerken Saatgut und Getreide aus Königsberg geholt und mit der Frühjahrsbestellung angefangen. Erst einige Tage später machten ständige Tieffliegerangriffe jede Tätigkeit auf den Feldern unmöglich.
Max Schneege wollte die Flucht mit seiner Familie und den Leuten nicht riskieren. Zu deutlich waren ihm noch die entsetzlichen

Szenen der ersten Flüchtlingszüge im Januar im Gedächtnis. Das Verhalten deutscher Wehrmachtangehöriger bestärkte ihn in seinem Entschluß, den Besitz nicht zu verlassen: Während die Offiziere in den letzten Tagen Saufgelage abhielten, plünderten die Soldaten die verlassenen Häuser. Der Bürgermeister von Tyrkehnen war mit seiner Familie nach Neukuhren gefahren, um mit einem Schiff wegzukommen. Zwei Tage warteten sie dort vergebens und kehrten dann enttäuscht um. In ihrer Wohnung waren inzwischen sämtliche Schränke und Behältnisse ausgeräumt und alles, was nicht niet- und nagelfest war, gestohlen. Ein Teil der Gegenstände wurde bei den in Tyrkehnen stationierten deutschen Soldaten gefunden – ehe es der Russe bekommt, holen wir es uns, war die Einstellung der Leute in diesen Fällen. Die Moral der Truppe war oft so schlecht, daß sich sogar die bei Max Schneege arbeitenden Franzosen darüber entrüsteten. Anfang April ließen Offiziere des Artillerie-Regiments 1/551 ein zum Gut Tyrkehnen gehörendes Haus von Zivilisten räumen und von Soldaten für ein Tanzvergnügen herrichten. Sie feierten dann eine ganze Nacht hindurch. Einen zweifelhaften Damenflor hatten Wehrmachtfahrzeuge dazu aus der Umgebung herbeigebracht.

Diese Haltlosigkeit fand um so weniger Verständnis, als sich inzwischen die Liquidierung der ins Samland verbrachten KZ-Häftlinge herumgesprochen hatte. Die Häftlinge hatten zu einem aus mehreren Tausend Juden bestehenden Transport gehört, der aus dem Baltikum kam und zu Fuß in Richtung Elbing getrieben wurde. Als der Weg dorthin durch das Kampfgeschehen versperrt war, lenkten die Bewacher die riesige Kolonne in das Samland, wo sie in den allgemeinen Flüchtlingsstrom gerieten. Auf diesem Weg kamen viele der Häftlinge durch Hunger, Entkräftung und Mißhandlungen ums Leben oder wurden erschossen und blieben unbeerdigt im Straßengraben liegen. Nach Angaben von der Groebens soll der Rest »von irgendwelchen ausländischen Hilfsvölkern angehörenden Wachmannschaften« bei Sorgenau an der Ostsee erschossen oder in die See getrieben worden sein.

Max Schneege hatte aus Augenzeugenberichten den Eindruck gewonnen, daß die Häftlinge nach Palmnicken gekommen waren. Dort soll sich der Güterdirektor Feierabend der Opfer angenommen und einen Teil von ihnen in einer Schlosserei untergebracht und mit Lebensmitteln und Lagerstroh versorgt haben. Diese Menschlichkeit wurde ihm von den Nazis verübelt. Er wurde sofort zum Volkssturm eingezogen und soll im Raum von Kummehnen an der Front den Tod gesucht haben.
Der Oberleutnant der Polizeidienststelle Königsberg Süd-Nord, Paul Koch, war von Königsberg nach Palmnicken gekommen und leitete dort die Polizeidienststellen entlang der samländischen Westküste. Aus der Bevölkerung wurde ihm zugetragen, daß SS-Kommandos etwa 5000 Juden in einen Schacht des Bernsteinwerks getrieben und den Schacht dann von oben zugeschüttet hatten. Ein großer Teil habe versucht, über den Strand und im Wasser zu entkommen und sei dabei erschossen worden oder ertrunken. Koch konnte sich selbst noch davon überzeugen, daß der Schacht im Bernsteinwerk tatsächlich zugeschüttet war. In der Folgezeit bargen seine Polizisten am Strand über 200 Leichen, von denen die meisten auf dem Flüchtlingsfriedhof Sorgenau beigesetzt wurden. Wie Schneege befürchteten viele Zivilisten, daß die Sowjets sich dafür an der Bevölkerung rächen würden.
Die Sowjets verloren keine Zeit, um nun auch noch die letzte deutsche Front zu zerbrechen, die sich von der Ostseeküste bei Neukuhren im Norden quer durch das Samland bis zum Frischen Haff bei Groß Holstein am Seekanal erstreckte. Nach dem Fall Königsbergs war es Marschall Wassilewski innerhalb von vier Tagen gelungen, seine Truppen neu zu gruppieren und zu einem Großangriff zu massieren.
Am 11. April ließ der sowjetische Heerführer Flugblätter über den deutschen Stellungen im Samland abwerfen: »...Die Hälfte Deutschlands ist in den Händen der russischen und der alliierten Truppen. Eine der stärksten Festungen Deutschlands, Königsberg, ist in drei Tagen gefallen. Der Kommandant der Festung, General der Infanterie Otto Lasch, hat die von mir angebotenen

Kapitulationsbedingungen angenommen und sich mit dem größten Teil der Besatzung gefangengegeben. Insgesamt gaben sich 92000 deutsche Soldaten, 1819 Offiziere und vier Generale gefangen. Deutsche Soldaten und Offiziere, die ihr im Samland zurückgeblieben seid! Jetzt, nach dem Fall Königsbergs, der letzten Stütze der deutschen Truppen in Ostpreußen, ist eure Lage gänzlich hoffnungslos. Niemand wird euch Hilfe erweisen, 450 Kilometer trennen euch von der Frontlinie, die bei Stettin verläuft. Die Seewege nach Westen sind durch sowjetische U-Boote durchschnitten. Ihr seid im tiefen Hinterland der russischen Truppen. Eure Lage ist aussichtslos ...«

Das Flugblatt erreichte seinen Zweck nicht. Die deutschen Soldaten im Samland kämpften längst nicht mehr um einen Sieg – sie kämpften um ihr Leben und um das der vielen Verwundeten und Flüchtlinge, die im Samland, in Pillau, in der Weichselniederung und auf Hela noch auf ihren Abtransport warteten.

Nachdem zwei sowjetische Luftflotten das Hinterland bombardiert und massierte Artillerie der Russen die deutschen Stellungen mit verheerender Feuerkraft zermürbt hatten, rollten am 13. April die feindlichen Panzer- und Schützendivisionen über die deutsche Verteidigungslinie. Sehr zur Überraschung der Sowjets bildeten sich starke Widerstandsnester, und der Angriff kam ins Stocken. Aber schon am nächsten Tag brach die schwache deutsche Front zusammen.

Am 14. April fuhr Landrat von der Groeben mit seinem Dienstwagen von Fischhausen nach Rauschen. Er mußte sich durch flüchtende deutsche Einheiten seinen Weg bahnen. Immer wieder zwang ihn Bordwaffenbeschuß, in Deckung zu gehen. Mittags erreichte er endlich die kleine Stadt, die in schönstem Sonnenschein in einer unheimlichen feiertäglichen Ruhe lag. Die Flüchtlingsbetreuer der Partei hatten sich in Zivil mit der Wehrmacht abgesetzt. Bürgermeister Norgal wie auch der Großteil der noch in Rauschen verbliebenen Menschen waren entschlossen, das Schlimmste an Ort und Stelle zu erwarten. Es herrschte für von der Groebens Begriff eine entsetzliche Apathie, die nur verständlich wird, wenn man bedenkt, daß viele schon zwei- oder

dreimal geflüchtet oder gar schon einmal von den Russen überrollt worden waren.
Und wieder waren es die Jüngeren, die die Alten und Kranken nicht im Stich lassen wollten.
Während von der Groeben noch mithalf, einen Zug mit den Patienten des Krankenhauses in Richtung Warnicken in Bewegung zu setzen – es war der letzte Zug, der Rauschen gegen Mittag verließ –, saßen viele Leute in der Sonne vor den Türen der Häuser und harrten der Dinge, die da kommen würden. Der Landrat verließ die Stadt gegen 13 Uhr – für ihn gab es hier nichts mehr zu tun.
Auch Robert Krause, der Postfahrer aus Domnau, war an diesem Tag in Rauschen und wartete ab. Die Russen kamen gegen 2 Uhr mittags in die Stadt. Die ersten Kampftruppen verhielten sich zum größten Teil anständig. Am Abend kam es zu den ersten Vergewaltigungen – aber zumeist suchten die Russen die Häuser nur nach deutschen Soldaten ab, vor denen sie, ihrer Behutsamkeit nach zu schließen, den größten Respekt hatten. Am nächsten Tag beobachtete Krause schon spielende Kinder auf den Straßen. Einige von ihnen zogen seine Aufmerksamkeit auf sich, und aufgeregt führten sie ihn in den Garten einer Villa bis zu einer Laube. Dort fand Krause einen über und über mit Blut besudelten Mann auf einem Strohlager knieend. In einer Ecke lag eine tote Frau. Er hatte ihr die Kehle durchgeschnitten und es dann an sich selbst versucht. Offenbar war der Schnitt für einen schnellen Tod nicht tief genug, und er verblutete nur sehr langsam. Er hatte von den Kindern Wasser haben wollen, die aber waren erschreckt davongelaufen. Krause holte Wasser. Der Mann flüsterte etwas von Partei und daß er und seine Frau den Russen nicht in die Hände fallen wollten. Krause überließ ihn seinem Schicksal. Zwei Tage später machte er sich auf den Heimweg. Unterwegs nahm ihn ein russischer Major, der deutsch sprach, in seinem Wagen mit. Krause hatte ihm von dem Faß Rum erzählt, das er versteckt hatte. Doch als sie in Domnau ankamen, hatten andere Russen den Rum schon aus dem Misthaufen gegraben und auch die Butter im Garten gefunden. Krauses

Frau und Sohn waren verschwunden – er sollte sie nie wiedersehen und nie erfahren, was aus ihnen geworden war.
Der hartnäckige Widerstand einzelner Truppenteile konnte den Einbruch der Sowjets in das Samland nur stellenweise verzögern. Sie stießen sofort über Rauschen hinaus vor und näherten sich Tyrkehnen noch in den frühen Nachmittagsstunden des 14. April. Max Schneege hatte fest damit gerechnet, daß in letzter Minute wenigstens noch der Befehl »Rette sich, wer kann« gegeben würde. Der Befehl kam nicht. Statt dessen tauchte ein kleiner Trupp Rotarmisten unter einem deutschsprechenden Offizier vor dem Gutshaus auf. Schneege und seinen Leuten geschah vorerst nichts. Er durfte als Verwalter bleiben. Als Arbeitskräfte wurden ihm deutsche Kriegsgefangene in großer Zahl zugeteilt. Alle lobten ihn, weil er sich mit Erfolg bemühte, ihr Los unter den Russen erträglicher zu machen.
Am 15. April schon näherten sich die Russen der Westküste des Samlandes. Die Gegend um Palmnicken lag unter schwerem Beschuß. Nur über den gegen Feindeinsicht geschützten Strandweg unter dem Steilufer war noch eine Flucht möglich. Der Oberinspektor Sathodoski und ein Teil seines Trecks verließen das Gut Sacherau noch rechtzeitig und kamen am 17. April in Pillau an. Eine Anzahl seiner Leute war in Nöttnicken zurückgeblieben, weil der Ortsgruppenleiter gesagt hatte: »Nöttnicken ist der sicherste Ort im ganzen Samland und wird noch lange nicht geräumt.« Sie glaubten das nur zu gern und fielen dann in die Hand der Sowjets.
Am 15. April nachmittags erschien der Polizeiposten aus Heiligencreutz bei seinem Oberleutnant in Palmnicken und meldete: »Die Russen sind zur Küste durchgebrochen!« Oberleutnant Koch gab die Meldung pflichtschuldig an seinen Vorgesetzten in Pillau – einen österreichischen Oberstleutnant – weiter, in der Hoffnung, nun selbst den Befehl zum Absetzen zu erhalten. Doch der Österreicher fühlte sich nicht zuständig, obwohl sein Vorgesetzter, ein ostpreußischer Polizeioberst, sich am Tag zuvor vom Flugplatz Brüsterort aus ins Reich begeben hatte. Nach einigen bangen Momenten stimmte der Österreicher doch der Absetz-

bewegung des letzten Königsberger Polizeikommandos zu. Oberleutnant Koch und seine Leute machten sich zu Fuß auf den Weg. Unter dem Feuer der russischen Artillerie verließ am Vormittag des 16. April auch Landrat von der Groeben das brennende Fischhausen. Mit einigen seiner Beamten machte er sich zu Fuß auf den Weg nach Pillau, denn mit dem Kübelwagen wären sie in dem Gewühl der Wehrmachtfahrzeuge und unbewaffnet fliehenden Soldaten nicht weit gekommen. Wenige Stunden später nahmen die Sowjets die Stadt ein und stießen in Richtung Neuhäuser weiter. Bei Tenkitten hatte inzwischen auf der schmalen Landenge zwischen Ostsee und Fischhausener Wieck die 21. Infanterie-Division und die Infanterie-Division »Großdeutschland« einen starken Sperriegel gebildet, der Pillau noch eine kurze Atempause geben sollte.

Bei herrlichem Sonnenschein, am späten Nachmittag des 10. April, liefen im Geleit mehrerer Sicherungseinheiten die 2369 BRT HERKULES, die 1923 BRT SANTANDER, die 2575 BRT ADELE TRABER und die 1127 BRT NAUTIK von Hela kommend durch das Seetief. Sie mußten auf langsame Fahrt gehen, um die ungezählten Landungsboote und Fährprähme mit ihrer Menschenfracht nicht durch hohe Heckwellen zu gefährden. (Der Fährverkehr von Pillau nach Neutief lief pausenlos, und nicht selten versuchten russische Tiefflieger dazwischenzuschießen.) Kapitän Klein, von der am Schluß laufenden HERKULES, suchte den Himmel mit seinem Glas ab – es wäre ein Wunder, wenn bei diesem Flugwetter nicht bald die Russen auftauchten.

Die Schiffe hatten Pillau-Reede erreicht, als das Geleit von zwölf Sowjetbombern in großer Höhe von Osten her überflogen wurde. Automatisch wandten die Flakkanoniere der Schiffe ihre Geschützrohre den abfliegenden Maschinen nach. Sie wußten, daß die Sowjets umkehren und aus der Sonne heraus angreifen würden. Es dauerte auch nur wenige Minuten, bis die Sowjets wieder da waren. Tiefer diesmal und in dem gleißenden Licht der tiefstehenden Sonne fast nicht zu sehen. Die Schiffe schwenkten mit voller Kraft hart nach Backbord, während die Flak aus allen Rohren das Feuer eröffnete. Die Bomben fielen neben die Schiffe. Begleitjäger beharkten in mehreren Anflügen die HERKULES mit Bordwaffen. Kaum war das überstanden, erhielt das Schiff Artilleriefeuer von der jenseitigen Haffküste, und zu allem Überfluß meldete der Bootsmann ein Leck in Luke IV.

Statt in den Hafen einzulaufen, drehte die HERKULES ab und fuhr ein Stück seewärts. Durch den Wassereinbruch hatte das Schiff achtern einen Tiefgang von etwa acht Metern – zuviel für den flachen Pillauer Hafen. Nach Einbruch der Dunkelheit pumpte ein Bergungsdampfer das Wasser ab und schleppte den Dampfer in den Hafen, wo noch in der gleichen Nacht das Heck provisorisch abgedichtet wurde.

In Pillau hatte sich die Situation in den vergangenen Wochen noch mehr zugespitzt. Mit dem letzten großen Schwall von Flüchtlingen aus Königsberg und dem Samland waren auch von allen Seiten noch mehr Soldaten, Stäbe, Trosse und Verwundete in die Stadt gekommen. Von der Nehrung wurden die neugruppierten Reste der 4. Armee zur Verstärkung der Samlandfront übergesetzt, von Hela kamen frische Truppen zum Schutz Pillaus und aus dem Samland die kläglichen Reste aufgeriebener Einheiten, Versprengte oder einfach nur Deserteure.

Da in der zweiten Märzhälfte nur wenige Schiffe in Pillau eingelaufen waren, war die Pier schwarz von Menschen, die darauf warteten, von einem der wenigen Munitionsschiffe oder Verwundetentransporter mitgenommen zu werden. Korvettenkapitän Schön, der mit seiner Kompanie Marinesoldaten für die Ordnung im Hafen verantwortlich war, konnte sich nur noch auf die Sicherung der Hafenanlagen konzentrieren. Der Rest war Chaos. Schön sah, wie Säuglinge vom Deck der ladenden Schiffe aus wieder in die Menge an Land geworfen wurden, um Verwandten – Schwestern, Tanten, Schwiegermüttern – damit den Zugang zum Schiff zu ermöglichen. Einige Soldaten, die versucht hatten, sich in Frauenkleidern an Bord zu schmuggeln, wurden festgenommen und standrechtlich erschossen. Anfangs waren Deserteure noch zur Abschreckung an Laternenpfählen aufgehängt worden, doch das hatte wenig gefruchtet. Um durch die Absperrung am Hafen zu gelangen, nahmen Soldaten wildfremden Müttern Kinder weg und behaupteten vor den Posten, sie wollten ihre Familie an Bord bringen. Und immer wieder wurden Leute ins Wasser gestoßen – vor allem, wenn Artillerieeinschläge eine Panik auslösten. Die wenigsten konnten wieder herausgefischt werden. In solchen Augenblicken gelang es Soldaten, sich über die Reling eines Schiffes an Bord zu schwingen und sich dort so lange zu verstecken, bis sie auf See waren. Besatzungen und Kapitäne drückten dabei beide Augen zu.

Die Feldgendarmerie an Land hatte schließlich keine Kontrolle mehr. Teilweise waren die Kettenhunde schon selbst auf den Schiffen verschwunden: Als einer der Frachter in Stralsund anlegte, meldeten sich drei Feldwebel beim Kapitän und wiesen sich als Angehörige der Feldgendarmerie aus. Sie hätten während der Fahrt das Schiff gründlich durchsucht und keine Deserteure gefunden, es sei also alles in Ordnung. Der Kapitän wußte, daß im Bug mindestens zwanzig Soldaten steckten und das ganze eine Finte war. Er mußte an sich halten, die drei nicht von Bord zu prügeln. So bat er die »Herren« nur, das Zusammentreffen zu vergessen.

Nachdem Danzig und Gotenhafen gefallen und die letzten Truppen von der Oxhöfter Kämpe evakuiert waren, standen wieder mehr Schiffe für Pillau zur Verfügung. Doch jetzt, Anfang April, wurde es auch in der kleinen Hafenstadt am Seetief brenzlig: Die nach Balga ans Haffufer gezogenen russischen Batterien hatten sich auf Pillau eingeschossen. Ihre Artilleriebeobachter leiteten das Feuer von einem Fesselballon aus, der ungestört über der alten Ordensburg in der warmen Frühlingssonne glänzte. Zunehmend griffen die über dem Samland und Königsberg freiwerdenden roten Luftflotten die Stadt und den Schiffsverkehr an. Auf den mit der HERKULES eingelaufenen Schiffen fing man noch in der Nacht mit dem Beladen an. Aus dem Hochbunker am Seedienstbahnhof und den anderen Lazaretten wurden die Schwerverwundeten herangetragen. Hin und wieder wurde ein Schub Flüchtlinge an Bord gelassen. Aber als der Morgen graute, waren die Schiffe erst zur Hälfte voll. Die russische Artillerie nahm das Feuer wieder auf, und den Kapitänen blieb nichts anderes übrig als zu liegen und zu warten, daß es wieder dunkel wurde.

Die Zielgenauigkeit der sowjetischen Geschütze war über die weite Entfernung nicht mehr sehr groß. Obwohl sie den ganzen

Tag über schossen, gelang es ihnen nur, einen Lagerschuppen mit mehreren hundert Tonnen Rauhfutter in Brand zu schießen. Die aus dem Feuer aufsteigende Rauchwolke zusammen mit der starken Flakabwehr machte es den im Laufe des Tages fünfmal angreifenden sowjetischen Bombern und Tieffliegern unmöglich, die Schiffe zu treffen. Sporadisch ging das Beladen den ganzen Tag über weiter. Als sich die vier Schiffe nach Anbruch der Dunkelheit aus dem Hafen schlichen, hatten sie 2350 Verwundete, 6500 Flüchtlinge und 400 Soldaten an Bord.
Aber noch immer warteten in Pillau Tausende auf ein Schiff. Und wieder riskierten die Kapitäne und Besatzungen von Handelsschiffen alles, um diesen Menschen zu helfen. Am 12. April wurde die 1923 BRT WESERSTEIN im Pillauer Hafen bei einem Luftangriff versenkt – dicht neben der Stelle, an der im März die 3717 BRT METEOR von mehreren Artillerietreffern auf Grund geschickt worden war. Auf der WESERSTEIN fanden 60 Verwundete den Tod. Der 5869 BRT Dampfer WIEGAND erhielt an diesem Tag einen Bombentreffer ins Vorschiff. Es war ein Blindgänger. Wegen seiner Lage konnte er nicht entschärft werden.
So fuhr der Kapitän mit 2800 Flüchtlingen und einer Bombe ab. Sie kamen sicher in Rendsburg an.
Am Freitag, dem 13. April, lief als letztes größeres Schiff die MARS in Pillau ein. Sie mußte fünf Luftangriffe über sich ergehen lassen, ehe sie 2000 Verwundete und Flüchtlinge von der Pier übernehmen konnte. In der Nacht schlich sie sich ohne Geleitschutz aus dem Hafen und steuerte ihre Fracht auf dem nördlichsten Zwangsweg direkt nach Kopenhagen.
Am nächsten Tag wagte sich das kleine Lazarettschiff ADLER in den Hexenkessel von Pillau. Trotz schwerem Artilleriebeschuß und Luftangriffen kam auch sie mit mehreren Hundert Verwundeten und einer kleineren Anzahl von Flüchtlingen unversehrt aus dem Hafen. Danach blieb es den Fähren und den Landungsbooten der Pioniere überlassen, die restlichen Zivilisten, Verwundete und Truppen auf die Nehrung überzusetzen oder direkt nach Hela zu bringen. In der letzten Phase kamen noch

alle verfügbaren Marinefährprähme hinzu, so daß allein in einer Nacht 19200 Soldaten aus Pillau herausgebracht wurden.
Aber auch der scheinbar sichere Weg über die Nehrung verringerte das Risiko der Flucht nicht. Viele, die auf diesem Weg nach Hela gelangten, waren dort am 15. und 16. April auf die GOYA gebracht worden. Am 16. April gegen 19 Uhr verließ der von dem vorausgegangenen Bombenangriff schwer mitgenommene 5230 BRT Verwundetentransporter GOYA die Reede von Hela. Mit über 6000 Flüchtlingen und Soldaten an Bord fuhr sie im Geleit mit den kleineren Transportern KRONENFELS und AEGIR. Geleitschutz gaben die Minenboote M 256 und M 328.
Nach Einbruch der Dunkelheit formierten sich die Schiffe zur Dwarslinie und fuhren in Abständen von 400 Metern nebeneinander. Die GOYA hielt die äußerste seewärtige Position. Auf dem Schiff löste sich unter den Flüchtlingen die Spannung, die Angst vor Luftangriffen ließ nach. Doch das Stöhnen der Verwundeten und die Furcht vor Minen und U-Booten war allgegenwärtig. Still hockten die Menschen auf ihren Plätzen.
Das Schreien der Säuglinge und das Wimmern der kleineren Kinder schnitt durch die Dunkelheit. In der animalischen Enge pulste das Leben mit dumpfen Schlägen weiter, schneller und dichter als zuvor: Das halbunterdrückte Stöhnen eines Kranken oder einer Gebärenden, das Keuchen eines Paares – Körper, die der Zufall zusammengepreßt hatte und die sich kurz danach wieder freigeben würden. Daneben verrichtete jemand seine Notdurft, aus einer Handtasche verschwand ein Geldbeutel, aus einem Rucksack ein Brot. Und irgendwo sagte eine Mutter oder ein Mann mit halblauter Stimme Beruhigendes, Tröstendes.
Die Luft unter Deck war nicht zu atmen, doch niemand durfte nach oben, wo Soldaten an den Niedergängen Wache hielten. Unter den zerschossenen Aufbauten war militärisches Gerät und Gepäck gestapelt, dazwischen saßen einige Hundert Soldaten und Zivilisten und versuchten, sich gegenseitig zu wärmen. Auch die Männer auf der Brücke fröstelten in der eisigen Nachtluft, die durch die zerschossenen Fenster wehte. Nur schwach

schimmerte die beleuchtete Kompaßscheibe – sonst lag alles in völliger Dunkelheit vor dem bleigrauen Hintergrund der nächtlichen See. 22.03 Uhr meldete der Ausguck einen Schattenriß steuerbord voraus. Im gleichen Augenblick schoß M 323 eine Leuchtgranate, und Leuchtspurgeschosse zogen über das aufglitzernde Wasser. Der Schatten verschwand. Wahrscheinlich war es ein aufgetauchtes U-Boot.

Gegen 22.30 Uhr wurde die KRONENFELS langsamer und blieb schließlich liegen: Maschinenschaden. Die anderen Schiffe drehten bei und warteten, während die Besatzung der KRONENFELS sich verzweifelt bemühte, den Schaden mit Bordmitteln zu beheben. Unablässig umkreisten die beiden Sicherungsboote die Schiffe, um einen möglichen U-Bootangriff zu verhindern. Nach einer Stunde war der Schaden behoben, und der Geleitzug nahm mit einer Marschgeschwindigkeit von 11 Seemeilen die Fahrt wieder auf.

Hauptmann Rabeck, der Verladeoffizier eines Divisionsstabes, ging an Deck der GOYA auf und ab. Die Division war im Raum Danzig aufgerieben worden. Der Stab sollte in Swinemünde an Land gehen und dort aufgefrischt werden. Hauptmann Rabeck hoffte noch auf einen Gegenbefehl, der ihnen erlauben würde, bis Kopenhagen an Bord zu bleiben, denn in Swinemünde würden sie den Russen wahrscheinlich genau in die Arme laufen. Mißmutig stieg er zwischen dem Gepäck herum und prüfte die Vertäuung und ob sich niemand an den wertvollen Ausrüstungsgegenständen zu schaffen gemacht hatte: Seit die Front im Januar zusammengebrochen war, war die Klauerei zur Manie geworden, jeder nahm sich, was er in die Finger bekam. Sogar einen Ritterkreuzträger hatten sie beim Kameradendiebstahl erwischt und erschossen.

An eine Kiste gelehnt, sah er das junge Ehepaar sitzen, das ihm beim Verladen aufgefallen war. Wut stieg in ihm auf, als er sich die Szene vergegenwärtigte: Es war kurz vor dem Ablegen der GOYA – in dem Leichter auf der Höhe seiner Luke stand noch eine Gruppe von fünf Menschen. Das junge Ehepaar mit einem etwa fünfjährigen Jungen und zwei alte Leute, offenbar die

Eltern des Mannes. An dieser Stelle aber war nur noch Platz für zwei Personen. Die Alten standen dem Fallreep am nächsten und begannen hochzusteigen. Da holte sie der junge Mann zurück. Laut und deutlich erklärte er ihnen, daß sie sowieso zu nichts mehr taugten und daß sie als die Jüngeren ein Recht darauf hätten, weiterzuleben. Die junge Frau, das Kind an der Hand, redete ebenfalls auf die beiden Alten ein. Die standen nur da und regten sich nicht, bis sie schließlich der junge Mann mit Gewalt in den Leichter zurückdrängte und mit Frau und Kind nach oben stieg. Die beiden alten Leute mußten wieder nach Hela zurück. Wenn mehr Zeit gewesen wäre, hätte sich für die beiden Alten vielleicht doch noch ein Platz finden lassen, aber so hievte die GOYA die Anker und dampfte ab.

Langsam ging Hauptmann Rabeck hinüber auf die Leeseite, um sich im Windschatten eine Zigarette anzuzünden. Noch 15 Minuten bis Mitternacht. Dann würde ihn ein anderer Offizier ablösen. Hauptmann Rabeck kam jedoch nicht mehr zu seiner Zigarette: Zwei gewaltige Explosionen erschütterten das Schiff, das sofort wild zu schlingern anfing. Gepäck und Menschen schlitterten über das Deck, das sich nach achtern zu senken begann. Von irgendwo aus dem Dunkel ertönte mehrmals der Ruf »Rette sich wer kann!«

Menschen rennen, schreien, springen über Bord. Aus dem Schiffsinnern tönt der Tumult einer Panik. An den Niedergängen drängen sich Menschen nach oben, manche verschwinden wieder mit entsetzlichem Geschrei, weil die nachfolgenden sie zurückgerissen haben. Schüsse fallen. Es war das gleiche entsetzliche Bild wie zuvor schon auf der WILHELM GUSTLOFF und der GENERAL VON STEUBEN. Hauptmann Rabeck, der eine Schwimmweste trug, wollte über Bord springen, besann sich jedoch: Andere würden auf ihn springen und ihn unter Wasser drücken. Über das sich immer steiler senkende Deck eilte er auf die Brücke zu, um den höchsten Punkt zu erreichen. Auf halbem Weg erfaßte ihn die Welle, die über das schon eingetauchte Heck nach vorn raste. Er wurde hochgerissen, geriet in den Sog des sinkenden Schiffes und schoß dann mit einer Luftblase wieder an die Oberfläche, wobei er mit dem Oberkörper gegen ein leeres Floß geworfen wurde. Der Hauptmann zog sich hinauf. Im gleichen Augenblick schoß eine haushohe Stichflamme aus dem Wasser, und unter Wasser wurden mehrere Explosionen hörbar – wahrscheinlich waren die Kessel explodiert.

Die Wasserfläche war mit Schiffstrümmern und Leichen übersät. Dazwischen verzweifelt schwimmende und um sich schlagende Menschen. Frauenstimmen schrien um Hilfe, Männer brüllten Verwünschungen, gaben Kommandos, riefen nach Kameraden – ein Schuß fiel noch. Der Hauptmann nestelte seine Pistole los und warf sie ins Wasser, um der Versuchung nicht ausgesetzt zu sein. Andere Schwimmer hatten sein Floß entdeckt, drängten sich hinein, brachten es zum Kentern. Dann entspann sich ein stummer, verbissener Kampf um die Haltegriffe. Mit Fußtritten, Faustschlägen und Latten behaupteten die Stärkeren ihr Recht. Mord, Totschlag, Notwehr, was war das schon, wenn zehn Zentimeter Tampen das Leben bedeuten konnten. Die Geschlagenen gingen unter oder retteten sich zu einem Trümmerstück. Das Wasser war eiskalt. Viele waren nur dünn bekleidet, weil es im Inneren des Schiffes sehr warm gewesen war.

Mit jeder Minute, die verstrich, wurde die Zahl der Schwimmer kleiner. Bald machte den am Floß Hängenden niemand mehr ihren Platz streitig. Die eisigen Finger um den Tampen gekrampft spürten sie, wie die Kälte ihren Körper immer mehr lähmte; sie konnten sich kaum noch hochhalten, prusteten immer öfter, während sie spürten, daß sie Zentimeter um Zentimeter absackten. In letzter Minute fischte sie die M 328 aus dem Wasser. Halb bewußtlos wurden sie an Deck gehievt. In ihren Ohren hallten die Schreie jener Schwimmer, die glaubten, daß die Schiffsbesatzung sie nicht bemerken und weiterfahren würde. Die M 328 rettete 100 Menschen aus dem Wasser. Unter ihnen waren nur vier Flüchtlinge – zwei Männer und zwei Frauen, alle anderen waren Soldaten. Ein Schnellboot barg weitere 82 Menschen. Etwa 6000 gingen mit der GOYA unter oder ertranken, bevor sie aus dem Wasser geholt werden konnten.

Die KRONENFELS und die AEGIR waren weitergedampft, um aus dem Gefahrenbereich des U-Bootes zu entkommen, das die GOYA mit zwei Torpedos mittschiffs und am Heck getroffen hatte. Sie übernahmen später die Geretteten von den Marineeinheiten.

Die Kunde vom Untergang der GOYA drang nicht mehr nach Pillau. Im Hinterhafen lagen in diesen Stunden nur noch einige kleinere Einheiten. Unter ihnen war der kleine Dampfer ERNA, ein 1904 gebautes Schiff von 757 BRT. Die ERNA war schon am Ostersonntag mit einer Ladung Briketts, die für Feldküchen bestimmt waren, eingelaufen. Wegen des fortwährenden Beschusses wollte niemand die Briketts löschen, für die sowieso keiner mehr Verwendung hatte. Über zwei Wochen war sie den sowjetischen Luftangriffen und dem Artilleriebeschuß ausgeliefert. Die Brücke und die Bordwand waren von Bordwaffengeschossen und Splittern durchsiebt. Die Dampfleitung der Rudermaschine war getroffen, so daß Kapitän Gütschow auf die Handruderanlage angewiesen war. Am 15. April wurde er endlich seine Kohlen los und verholte am 16. April, gleichsam als letztes Flüchtlingsschiff, an den Seedienstkai. Innerhalb weniger Stunden füllte sich das Schiff mit über 1000 Menschen, unter ihnen auch eine Anzahl Soldaten, die sich unter Vermeidung des Landganges an Bord geschwungen hatten. Gegen 21 Uhr legte Kapitän Gütschow ab. Die Pier war leer, und er glaubte, die letzten Zivilisten aus Pillau herausgeholt zu haben.

Kapitän Gütschow konnte nicht wissen, daß sich zu diesem Zeitpunkt noch mehrere Hundert Zivilisten in Pillau aufhielten, meist Bedienstete der Behörden und Volkssturmmänner, die es nicht wagten abzuhauen. Noch immer waren Stabsleiter, Organisationsleiter und Kreisleiter der Partei auf ihrem Posten und versetzten mit Durchhalteparolen und dunklen Drohungen ihre Umgebung in Furcht und Schrecken.

Als eines ihrer Opfer fühlte sich der Stadtbürodirektor Hugo Kaftan. Er hat jetzt sein Quartier im Polizeigefängnis im Rathaus aufgeschlagen und die letzten Tage damit verbracht, das Personenstandsregister, die Suchkartei und das Büromaterial samt

Schreibmaschinen dort einzuräumen. Bürgermeister Scholz ist verschwunden. Angeblich konnte er auf einem Schiff der Kriegsmarine die Stadt verlassen. Der Kreisleiter Grau hat am 15. April als Strafmaßnahme an Scholz eine Einberufung zum Volkssturm ergehen lassen. Inzwischen soll er steckbrieflich gesucht werden, damit ihm der Prozeß gemacht werden kann. Was Kaftan an der ganzen Sache am meisten ärgert ist, daß nicht er, sondern ein Stabsleiter Müller von der Partei mit der Wahrnehmung der Geschäfte betraut wird. Das Chaos um ihn herum hatte in diesen Augenblicken einen geringeren Stellenwert. In seinen Aufzeichnungen findet sich wahrscheinlich auch deshalb kein Vermerk über die Detonationen, die am 17. April das Hafengelände von Pillau II erschütterten und die sich in Stärke und rascher Folge deutlich von den Explosionen der russischen Artilleriegranaten und Bomben abhoben: Dicht neben der Stelle, an der auch das Rauhfutter der ADELE TRABER in Flammen aufgegangen war, hatte eine russische Granate gestapelte deutsche Artilleriemunition in die Luft gejagt.
Etwa eine Stunde lang flogen die 8,8-cm-Granaten in die Luft und richteten schwere Verwüstungen an. Am meisten betroffen waren das Pillauer Wasserstraßenamt und sämtliche Schiffe des Amtes: Das Arbeitsschiff BLINK, der Tonnenleger SAMLAND, der Bereisungsdampfer E. KUMMER und ein Motorschiff aus Elbing. Seit Tagen schon hatten die Beamten des Wasserstraßenamtes und ihre Angehörigen – etwa 300 Menschen – auf eine Genehmigung der Partei gewartet, sich mit den Schiffen nach Westen absetzen zu dürfen. Dr. Dzubba, der noch immer im Lotsenturm residierte, hatte stets nein gesagt.
Die Explosion der Munition schien alle Hoffnungen zunichte zu machen: Als Fritz Lange, Oberseekapitän und Führer der DELPHIN, die inzwischen in Neutief auf Grund lag, aus dem Bunker des Bauamtes hervorkroch, um sich den Schaden anzusehen, waren die BLINK und das Motorschiff aus Elbing von der Wasseroberfläche verschwunden. Der Motor der BLINK lag im Park des Wasserstraßenamtes. Die SAMLAND, die weiter abseits gelegen hatte, war mit leichten Beschädigungen davon-

gekommen. Der Dampfer E. KUMMER lag querab vom Russendamm auf der Höhe des Seedienstbahnhofes: Sein Schornstein war zur Hälfte weggerissen, Brücke und Aufbauten waren zerfetzt, der Anker war weg, die Boote in den Davits zerschlagen und das Maschinenoberlicht glatt weggerissen. Später sah man, daß das Deck der E. KUMMER mit Sprengstücken übersät war, unter denen sich vier unbeschädigte Granaten befanden, die jederzeit losgehen konnten. Fritz Lange hangelte sich an der Festmacherleine an Deck und warf die Brocken über Bord. Die letzte der vier Granaten explodierte am Grund des Hafenbeckens und schleuderte eine riesige Wasserfontäne hoch.
Danach hatte der allgewaltige Dr. Dzubba ein Einsehen und erlaubte die Evakuierung des Wasserstraßenamtes. Die Handwerker des Amtes arbeiteten wie besessen, bis die SAMLAND und die E. KUMMER wieder fahrbereit waren. Sie brauchten sieben Stunden. Die Maschine der E. KUMMER lief allerdings nur noch vorwärts. Doch am 17. April gegen 21 Uhr legten die beiden Schiffe unter Begleitung russischen Störfeuers in Pillau ab und mit ihnen 300 Menschen, die, wie Tausende anderer Ostpreußen, ihre Heimat nie wiedersehen sollten.
Am nächsten Tag machte sich auch eine andere Gruppe der Zurückgebliebenen auf den Weg. Unter ihnen waren der Pillauer Lehrer Fritz Liebert und der Königsberger Werkmeister David Balzer. Beide waren zum Betreuen und Verladen der Flüchtlinge zum Quartieramt kommandiert worden. Seit dem Übersetzen der letzten Flüchtlingskolonnen auf die Nehrung hatte das Quartieramt nichts mehr zu tun. Die dort Beschäftigten zogen in einen Keller des Zollgrenzschutzhauses in der Breitestraße um. Dort wollten sie darauf warten, daß man sie in Marsch setzen würde, nachdem sie selbst so viele Volksgenossen glücklich herausgebracht hatten.
Fritz Liebert hatte aus seiner Wohnung in der Hans-Parlow-Straße einen Koffer mit zwei Anzügen, einem Mantel und Wäsche sowie zwei Ledertaschen und einen Rucksack geholt, um für alle Fälle gerüstet zu sein. Den Koffer trug er wieder zurück, als bekannt wurde, daß sie nicht mit einem Schiff ins Reich fah-

ren würden, sondern zu Fuß über die Nehrung fliehen müßten. Am Abend des 18. April machten sie sich auf den Weg zum Seetief und warteten im Flur des Lotsenhauses, ob vielleicht nicht doch ein Schiff auftauchen würde. Obgleich sie ihre Siebensachen dauernd im Auge behielten, wurde einem von ihnen, einem Eugen Kieszewski, ein Koffer gestohlen, in dem sich unter anderem ein Anzug und eine Dauerwurst befanden. Kieszewski lief dem Dieb nach, der eine Uniform trug, konnte ihn aber nicht mehr einholen.

Sie hatten Glück. Zu ihren Füßen legte ein kleiner Haffdampfer an. Er war vollkommen leer. »Seid ihr vom Quartieramt?« rief der Schiffer herüber. »Los, Tempo! Wir fahren weiter!« Die sechs Männer warfen ihre Taschen, Rucksäcke und Koffer über die Reling und stiegen unbeholfen nach. Der Schiffer und sein Helfer hatten inzwischen schon die Leinen losgeworfen. Das Schiff tuckerte in die Nacht hinaus. Ein Trupp Soldaten, die das Manöver zu spät bemerkt hatten, fluchten ihnen von der Pier aus hinterher.

Lehrer Liebert wunderte sich, daß der Schiffer niemanden mehr mitnehmen wollte, wagte aber nichts zu sagen, denn umkehren wollte er auch nicht. In der Stadtsilhouette blitzte es zwischen den Bränden immer wieder auf, nur in Richtung Nehrung war es stockdunkel. Die Männer konnten es nicht erwarten, ihren Fuß an Land zu setzen und im Schutz der Dunkelheit zur Weichsel zu entkommen.

Zu ihrer Überraschung stellten sie fest, daß der Schiffer nicht nach Süden abdrehte, sondern an der Mole entlang auf die freie See zuhielt. »Wir fahren direkt nach Westen!« flüsterte einer. »Frag doch mal den Kapitän, wo er hin will,« schlug ein anderer vor. In diesem Augenblick machte das Schiff einen scharfen Bogen nach Steuerbord um den Leuchtturm am äußersten Punkt der Mole herum und hielt wieder auf die Halbinsel zu. Die Stadt lag rechts vor ihnen, der Feuerschein, das Getöse kamen wieder näher. Schreiend liefen die Männer nach vorn zum Führerstand und versuchten, den Schiffer mit Gewalt zur Kursänderung zu zwingen. Es stellte sich jedoch heraus, daß er den Auftrag hatte,

die Insassen des Altersheims Bad Neuhäuser abzuholen, und sie dazu bestimmt waren, ihm dabei zu helfen.
Ängstlich sahen die Männer nach dem nahen Ufer, das im Schatten der Brände Pillaus lag. Von Neuhäuser her sah man kein Licht. Nur schwach erkannten sie die Umrisse der Häuser, als das Schiff mit sanftem Schwung an der kleinen Promenadenmauer anlegte. Zögernd kletterten die Männer die von der Nachtluft feuchten Stiegen hinauf. Im Norden tackerten MGs, und in weiter Ferne standen Leuchtkugeln sekundenlang über den Wäldern. Aus einem der Häuser hasteten zwei Schwestern mit mehreren Leuten auf sie zu, über ihren Köpfen plötzlich das deutliche Motorengeräusch eines Flugzeuges. Jemand rief: »Hinlegen!« Die Schwestern liefen allein weiter. »Die da drinnen müssen wir noch rausholen!« rief eine der beiden Liebert zu, der sich hinter einen Poller gekauert hatte, während die anderen flach auf der Erde lagen. Der Artillerielärm, der aus Pillau herüberdrang, verschlang das Flugzeuggeräusch wieder. Liebert stand auf und war im gleichen Augenblick in ein unwirklich helles blaues Licht getaucht: Die sowjetische Maschine hatte mehrere Leuchtfallschirme abgeworfen, die den nördlichen Teil Pillaus fast mit Tageshelle erleuchteten. Liebert und die anderen liefen auf den Schatten der Häuser zu, tasteten sich dort im Dunkeln zu den Zimmern der nicht gehfähigen Alten vor. Sie hoben einen nach dem anderen von Betten und Liegen und trugen sie, unterstützt vom Pflegepersonal, hinüber zum Schiff, wo sie alle in der Passagierkabine Platz fanden. Es waren etwa dreißig Leute. Kaum waren alle an Bord, fuhr der Schiffer in weitem Bogen auf die See hinaus und hielt auf die Nehrung zu.
Sie erreichten den schmalen Landstreifen bei Kaddighaken. Das Boot konnte wegen seines Tiefganges den für Fährprähme eingerichteten Landungssteg nicht benutzen. Über Laufbretter führten die Quartieramtsmänner die alten Leute vom Schiff. Einige fielen dabei in das seichte Wasser, konnten jedoch schnell wieder herausgeholt werden. Andere mußten getragen werden, weil sie weder gehen noch stehen konnten und schon zu jammern anfingen, weil sie meinten, am Strand liegenzubleiben. Doch Kad-

dighaken war der eine Endpunkt der Feldbahn, die etwa zehn Kilometer über die Dünen westwärts führte und noch immer von Pionieren der Wehrmacht betrieben wurde. Sie beförderte die alten Leute wenigstens ein Stück in Richtung Narmeln.
Die Männer vom ehemaligen Quartieramt wickelten sich in Decken und verbrachten den Rest der Nacht in Erdlöchern am Strand. Schlafen konnten sie nicht, da von Zeit zu Zeit deutsche Artillerie über ihre Köpfe hinweg die feindlichen Stellungen beschoß. Am Morgen setzte ein leichter Regen ein, der den ganzen Tag über anhielt, so daß sie am Abend vollkommen durchweicht in Steegen ankamen.
Pillau mußte am 20. April, zu »Führers Geburtstag«, den bisher schwersten Luftangriff über sich ergehen lassen. Fast ununterbrochen dröhnten die Explosionen, und es war schon nicht mehr zu unterscheiden, ob es sich gerade um eine Bomberwelle oder um eine Artillerierunde handelte. Die Sowjets bereiteten den entscheidenden Angriff vor. Die Zivilisten und Polizeibeamten im Keller des Rathauses glaubten, daß das Ende schon da sei. Hugo Kaftan logierte noch immer im »Heldenkeller« des Polizeigefängnisses, der ihnen allen am sichersten schien. In den anschließenden Räumen der ehemaligen Luftschutzbefehlsstelle hatten die Polizisten Büros eingerichtet, in denen sie sogar noch eine Art Dienst verrichteten. Die Bereitschaftsführer teilten Streifen ein, die sich in dauerndem Kommen und Gehen durch die engen Gänge drängten.
Am Abend des 20. April suchten die Streifen in den noch stehenden Häusern, Unterkünften und in den Luftschutzbunkern nach Zivilisten. Sie fanden einige Dutzend und brachten die zum Teil widerstrebenden zum »Goldenen Anker«, von wo sie in kleinen Trupps zur Fähre am Seetief gebracht und auf die Frische Nehrung übergesetzt wurden. Andere machten sich während der nächtlichen Feuerpause von selbst auf den Weg. In den vom Feuerschein der brennenden Häuser erleuchteten Straßen herrschte ein unablässiges Hasten und Treiben.
Die Polizisten erneuerten den Fensterschutz vor ihrem Heldenkeller und schleppten noch mehr Sandsäcke heran. Die Wasser-

leitung war längst außer Betrieb, die Klosetts konnten nicht mehr benutzt werden. Wasser mußten sie aus einer Pumpe in der nahen Gouvernementstraße holen. Elektrisches Licht gab es schon seit Wochen nicht mehr.
Am Sonnabend, dem 21. April, war es verhältnismäßig ruhig. Der Himmel war bedeckt, doch es regnete nicht. Flugzeuge waren nicht zu hören. Hugo Kaftan benutzte die Gelegenheit zu einem Rundgang. Vor dem Rathaus Bombentrichter und Trümmerhaufen, ein Gewirr von Drähten, herausgerissenen Fenstern und Türen, Fahrzeugwracks und Pferdekadavern. Die großen Holztafeln mit den Hunderten von Papierfetzen, Nachrichten und Suchzetteln waren verschwunden. Rings um den Platz nur Ruinen. In der Haffstraße dasselbe Bild. Ein Pferd mit blutender Schnauze stand regungslos mitten auf der Straße, die mit Schmutz, Kothaufen und Trümmern übersät war. Die öffentliche Latrinenanlage in der Raulestraße war zusammengebrochen. Ein fürchterlicher Gestank hing über allem. Niemand kümmerte sich um die vielen Brände.
Kaftan suchte nach Dienststellen, in denen er Bekannte vermutete, doch er traf überall nur fremde Soldaten. Es wimmelte von Stäben und Kommandos, und er kam sich reichlich überflüssig vor.
Am Sonntag, dem 22. April, klarte es etwas auf, und das gegnerische Artilleriefeuer und die Luftangriffe setzten wieder ein, mit der gleichen, wenn nicht größeren Wucht als am Freitag zuvor. Den Männern im Rathauskeller schien es, als sei gerade ihr Unterschlupf eines der Hauptziele. Die Mauern zitterten, und überall bröckelte der Putz. »Der Turm«, rief einer der Polizeioffiziere, »die schießen auf unseren Turm!«
Natürlich, der Rathausturm ragte einige Meter über die anderen Dächer, wenn auch nicht so hoch wie der Lotsenturm oder der Leuchtturm. Oberstleutnant der Gendarmerie Schindler schickte den Instandsetzungstrupp der Luftschutzpolizei ins Dach: Sie sollten den Turm absägen.
Nach einer Stunde kamen die Männer unverrichteter Dinge wieder zurück: Die Bomben- und Artillerieeinschläge lagen zu

dicht, Splitter und Dachziegel waren ihnen um die Ohren geflogen, und als eine Artilleriegranate den Dachfirst traf, hatten sie aufgegeben. Auf dem Turm sollte wenig später die russische Fahne wehen.
Die Sowjets waren in der Nacht vom 20. zum 21. April zum Angriff gegen den Tenkittenriegel angetreten. Noch in der Nacht rollten die ersten Sowjetpanzer durch die deutschen Linien. Die beiden Batterien der Marineartillerie in Lochstädt und Adalbertkreuz schossen Runde um Runde in die anrollenden Sowjets, während sich die Heereseinheiten zu beiden Seiten der Batterien absetzen mußten. Morgens gegen 3 Uhr hatte die Batterie Lochstädt ihre letzte Granate verschossen. Die inzwischen eingeschlossene Besatzung sprengte die Geschütze und schlug sich unter Führung ihres schwerverwundeten Batteriechefs durch die Russen zur Burg Lochstädt durch, wo sie sich verschanzte. In Funksprüchen baten sie um Entsatz. Als sich von seiten des Heeres niemand rührte, griff der neuernannte Seekommandant Kapitän z. See Hellmuth Strobel ein: In einem Stoßtruppunternehmen zusammen mit den Pionieren des Generals Henke sollten Sturmboote die Batteriebesatzung Lochstädt über See herausholen. Als die Sturmboote vor Lochstädt anlegten, stand die Burg in hellen Flammen. Auf die vereinbarten Signale erhielten die Retter keine Antwort mehr. Schließlich zwang sowjetisches MG-Feuer die Boote zum Rückzug. Auch die Funksprüche aus der eingeschlossenen Batterie Adalbertkreuz waren verstummt. Kein Angehöriger der beiden Batterien überlebte.
Der Widerstand der Deutschen zwang die Sowjets, am Sonntag, dem 22. April, das Bombardement fortzusetzen. Jetzt gaben auch die letzten Parteifunktionäre auf, nachdem sich die Vertreter des Reichsverteidigungskommissars unter Dr. Dzubba aus dem Lotsenturm zurückgezogen und sich nach Neutief abgesetzt hatten. Stabsleiter Müller »stellte seine Tätigkeit ein« – nicht ohne vorher den in der Stadt verbliebenen Zivilbeamten eingeschärft zu haben, daß sie bis auf weitere Befehle auszuharren hätten und ließ sich auf die Nehrung übersetzen.
Am Abend des 22. April stand Hugo Kaftan in einer Nische am

Rathauseingang und verfolgte die Einschläge der sowjetischen Artillerie. Wie sollte er aus diesem Chaos herausfinden? Die Russen schienen überallhin zu schießen, und auch auf dem Weg zum Hafen stand alles in Flammen. Hin und wieder trabte im gespenstischen Licht der Brände ein Trupp Soldaten über den trümmerübersäten Platz. Sich einer solchen Gruppe einfach anzuschließen, mitzulaufen, traute er sich nicht. Und er hatte den Befehl, auf seinem Posten zu bleiben.

Hugo Kaftan fuhr zusammen, als dicht neben ihm plötzlich zwei uniformierte Gestalten auftauchten, die sich offenbar an der Hauswand herangepirscht hatten. Sein erster Gedanke war: Die ersten Russen! Aber es waren nur zwei deutsche Feldgendarme. »Was machen Sie hier?«, fuhr ihn einer der beiden an. »Zivilisten haben hier nichts zu suchen!« Hugo Kaftan sagte, wer er war und daß er dienstlichen Befehl hatte. »Hauen Sie ab, Mann, sonst nehmen wir Sie fest!« schrie der Feldgendarm lauter als es der Artillerielärm erforderlich gemacht hätte. Der Stadtbürodirektor verdrückte sich in das Innere des Rathauses, wo die Polizisten gerade ihr Marschgepäck aufluden.

Beim Licht eines Kerzenstummels packte nun auch Kaftan einen Rucksack und zwei Aktentaschen. In letztere stopfte er hauptsächlich Akten – u. a. das Personenregister und die Anweisungen zur Aufstellung einer Suchkartei. Als er den Rucksack – ein ihm vollkommen ungewohntes Reiseutensil – aufnehmen wollte, stellte er fest, daß er ihn so ungeschickt und schief gepackt hatte, daß er ihn nicht auf den Rücken nehmen konnte. Ein Polizist half ihm, den Rucksack umzupacken. Dann setzte sich die Kolonne in Marsch. Aber schon an der Rathaustür merkte Kaftan, daß er sich übernommen hatte – das Gepäck war so schwer, daß er keine hundert Meter weit gekommen wäre. Geduldig warteten die Polizisten, bis er Marschstiefel, Wäsche und sämtliche Akten wieder ausgepackt und säuberlich hinter einem Treppenabsatz deponiert hatte.

Den Weg zum Seetief brachten sie schneller hinter sich als Kaftan gedacht hatte. Die Einschläge lagen doch nicht so nahe, und unter den Polizisten fühlte er sich sicher. An den Marinefährprähmen drängten sich Hunderte von Soldaten – Feldgendarmerie war hier nicht zu sehen. Die Sowjets tasteten von Balga her die Wasseroberfläche mit Scheinwerfern ab. Kaftan wurde im Gewühl förmlich auf die Fähre getragen. Zehn Minuten später landeten sie im Gelände des Seefliegerhorstes Neutief auf der Nehrung. Kaftan hatte keine Zeit, sich mit dem Bild der brennenden Stadt hinter sich zu befassen, die sich weithin im Wasser spiegelte. Wie eine Viehherde wurden sie weitergetrieben, um den nachfolgenden Soldaten Platz zu machen. Erst eine gute Stunde später, hinter Kaddighaken, konnten sie kurz verschnaufen, ehe es auf dem endlosen Knüppeldamm der Nehrung weiter nach Westen ging.

Aber Hugo Kaftan war nicht der letzte Zivilist, der Pillau verließ. Am Montagmorgen saßen im Wasserwerk am Hinterhafen noch der Betriebsdirektor Paul Kewitz und sechs Pillauer Angestellte. Am Tag zuvor hatte Kreisleiter Grau einem Teil der Belegschaft einen Marschbefehl ausgestellt. Nun warteten Kewitz und die anderen darauf, daß auch sie gehen durften. Gegen 10 Uhr hatten sie noch immer keine Nachricht. Trotz des starken Artilleriefeuers machte sich Kewitz auf den Weg in die Stadt, um sich den Befehl zu holen.

Überall traf er nur Soldaten. Die Stadtschule, wohin die Verwaltung der städtischen Werke umgezogen war, war leer. Im Rathaus in Pillau I war auch niemand mehr – bis auf den Polizeihauptmann Reps, der als Nachhut zurückgeblieben und gerade im Begriff war, aufzubrechen. Die Zivilisten seien alle fort, erfuhr Kewitz von ihm. Doch der Betriebsdirektor benötigte einen Marschbefehl – und machte sich auf den Weg zur Zitadelle. Er brauchte lange dazu, denn immer wieder mußte er in Deckung gehen, Umwege um Trümmer und Brände machen und gleichzeitig versuchen, der Feldgendarmerie nicht aufzufallen. Bekannte traf er unterwegs nicht. Doch im Bunker der Zitadelle, zwischen all den Wehrmachtstäben, saß der Kreisleiter Grau (er soll Pillau dann im Lauf des Vormittags verlassen haben). Erleichtert bat Kewitz um einen Marschbefehl für sich und seine Leute, da wegen des Ausfalls der Elektrizität sämtliche

Pumpen stillständen und sie nur noch darauf warten könnten, von der Artillerie oder den Bomben zusammengeschmissen zu werden. Kreisleiter Grau gab Kewitz zu verstehen, er solle getrost im Wasserwerk bleiben – wenn es soweit wäre, bekäme er Bescheid.

Kewitz ging den gefahrvollen Weg zu seinen Leuten zurück und besprach mit ihnen die Lage. Sie waren sich darüber im klaren, daß sie nun nicht mehr herauskommen würden. Bis auf ein paar Schlepper war das Hafenbecken leer. Schiffe würden bestimmt keine mehr kommen, zumal die russische Fliegertätigkeit um die Mittagsstunden wieder stärker wurde. In der Nähe des Wasserwerkes hatte der Bauer Neudieth noch ein paar Schweine stehen, und die Männer des Wasserwerkes verbrachten den Nachmittag damit, eines der Tiere zu schlachten, um noch einmal fett zu leben.

Am Dienstag, dem 24. April, setzten die Sowjets sämtliche verfügbaren Bomber auf Pillau an. In Streifen von jeweils einigen hundert Metern belegten sie im Tiefflug das Stadtgebiet von Osten nach Westen mit Bomben. Es blieb kaum noch ein Stein auf dem anderen. Deutsche Abwehr gab es nicht mehr. Gegen 16 Uhr trafen Bomben die Garagen am Wasserwerk, dann das Werk selbst und schließlich die Trafostation: Das auslaufende Trafoöl fing Feuer und zwang die Männer, ihren Schutzraum zu verlassen. Zwischen den Rohren der Vorkammer zum Wasserbehälter suchten sie vorläufig Deckung.

Gegen 20 Uhr ließen die Abwürfe nach. Kewitz und seine Leute zögerten nun nicht mehr: Sie packten Proviantrucksäcke auf ihre Fahrräder und schoben sie zwischen den Trümmern zum Hinterhafen.

Sie hatten nur noch wenig Hoffnung, zu den Anlegestellen der Fähren am Seetief durchzukommen. Die Nacht war von Bränden, Leuchtfallschirmen, Leuchtspurmunition und den sowjetischen Scheinwerfern hell erleuchtet. In das Krachen der Artillerieeinschläge mischten sich jetzt dumpfe Explosionen, die aus der Marinereparaturwerft kamen. Kewitz standen Schweißperlen auf der Stirn: »Die fangen an, den Hafen zu sprengen!« Kewitz

warf sein Fahrrad weg und rannte hinüber zur Pier. Wenn sie nur ein Ruderboot fänden, könnten sie es vielleicht vom Hinterhafen aus schaffen.
Als er an die rotglitzernde Wasserfläche kam, traute er seinen Augen nicht: Dort lagen zwei Boote mit tuckernden Motoren, die offenbar gerade im Begriff waren, abzulegen. Laut rufend lief er auf das erste zu. Es war der kleine Öltanker KOLK. Dahinter lag der Schlepper ADLER. Sie bestiegen die Boote, die nur die Besatzung und deren Angehörige an Bord hatten. Mit halber Kraft schlichen sich die Schiffe aus dem Hafen – doch sie waren bemerkt worden. Von Backbord her zischten Granaten über ihre Köpfe und schlugen in einiger Entfernung ins Wasser. Ganz schwach konnten sie die Umrisse russischer Panzer ausmachen, die am Strand neben der Hafeneinfahrt aufgefahren waren. Die KOLK ging auf Höchstfahrt, die schnellere ADLER zog an der KOLK vorbei, doch beide schafften es. In halsbrecherischer Fahrt schlängelten sie sich an den überladenen Fähren im Seetief vorbei und erreichten nach zehn Minuten die offene See. Es war 23 Uhr, als die beiden letzten Schiffe mit den letzten fliehenden Zivilisten Pillau verlassen hatten.
Um die gleiche Zeit erreichte den Korvettenkapitän Schön von der Hafenkommandantur der Befehl, die Zitadelle mit dem Rest der Festungskompanie – etwa 80 Marinesoldaten – zu räumen. Am Hinterhafen sollte sie ein Schiff abholen: Schön nahm noch einen Funkspruch der Batterie Camstigall entgegen: Munition verschossen – Geschütze zerstört – melden uns ab. Dann machte sich der Trupp auf den Weg.
Die Sowjets standen schon in der Stadt. Die Batterie Nordermole mußte sich im Nahkampf wehren. Und noch immer kämpften die Soldaten der 83. Infanterie-Division. Ihr Kommandeur, Generalmajor Wengler, hatte die Lage von Anfang an für hoffnungslos gehalten und den Einsatz seiner Truppen als sinnlos und bewußten Mord bezeichnet. Er fand bei den Kämpfen in Pillau den Tod.
Korvettenkapitän Schön marschierte mit seinen Leuten unangefochten zum Hinterhafen. Ein Schiff fanden sie allerdings nicht

vor. Aus einer sicheren Deckung beobachteten sie die Anlegestelle und warteten. Das Artilleriefeuer auf das hinter ihnen liegende Bahngelände nahm zu. Das Maschinengewehr- und Gewehrfeuer rückte näher. Die Häuser auf dem Russendamm brannten lichterloh, ebenso die Werft von Sakuth und das Hafenamt. Es wurde 3 Uhr. Die Soldaten waren überzeugt, daß man sie vergessen hatte. Vom Russendamm und über den Hinterhafen fegten bereits die ersten MG-Garben. Gegen 4 Uhr hörten die Wartenden die Kettengeräusche von Panzern hinter sich. Korvettenkapitän Schön hatte keine Wahl mehr. Er mußte sich mit seinen Leuten zum Vorderhafen zu den Fähren durchschlagen. Einzeln und in Gruppen, von Deckung zu Deckung springend, gelangten sie wie durch ein Wunder unversehrt über die Holzwiese und über die Hindenburgbrücke durch die brennende Königsbergstraße zum »Goldenen Anker«. Von dem Gasthof stand nur noch die Fassade. Davor lag der letzte Marinefährprahm, der Pillau verlassen sollte. Es war 4.30 Uhr, als er mit etwa 800 Mann, darunter Korvettenkapitän Schön und seine Kompanie, von der Pier ablegte und langsam am brennenden Kurfürstenbollwerk vorbei nach Neutief fuhr. An der Pier in Pillau waren Tausende von deutschen Soldaten zurückgeblieben. Einige versuchten, die Frische Nehrung schwimmend zu erreichen.

Der Russe besetzte den Hafen um 5 Uhr morgens und landete noch am gleichen Tag mit Sturmbooten auf der Höhe des Fliegerhorstes Neutief, wo er sich festsetzte. Einen Tag später schon errichteten die Sowjets eine Pontonbrücke auf dem Seetief und setzten ihre Panzereinheiten über. Noch immer leisteten die deutschen Verbände erbitterten Widerstand. General Henke, dessen Pioniere so viele Menschen gerettet hatten, fiel im Nahkampf bei der Verteidigung seines Gefechtsstandes in Neutief.

Die letzten Flüchtlinge von Hela und aus der Weichselniederung

Die Nehrung bot in diesen Tagen das gleiche trostlose Bild wie schon in den Monaten zuvor. Nur waren jetzt die zurückgehenden Soldaten in der Überzahl und schwemmten die letzten flüchtenden Zivilisten mit sich. Einheiten des VI. Armeekorps legten Verteidigungsriegel quer über die schmale Landzunge und hielten so die Russen auf. Erst am 1. Mai fiel Narmeln. Zu diesem Zeitpunkt gab es auf der Nehrung keine Zivilisten mehr – nur an den Wegrändern lagen noch die Reste der monatelangen Flucht: Fuhrwerke, tote Pferde, aufgebrochenes Gepäck und die flachen, schnell ausgehobenen Gräber der gestorbenen und getöteten Flüchtlinge.

An das südliche Ende der Nehrung schließt sich die Weichselniederung – das Flußsystem des Weichseldeltas und der Nogat, eines der fruchtbarsten Gebiete des Ostens. Die meisten Bewohner waren schon am 24. Januar in Trecks und einzeln fahrenden Fuhrwerken nach Westen aufgebrochen, mitgerissen von den ostpreußischen Trecks, die sich in Richtung Pommern und auf die Danziger Höhen zu bewegten. Die zurückgebliebenen Bauern hatten beschlossen abzuwarten, obgleich sie alle gepackt hatten.

Der Bauer Max Dyck aus Zeyersvorderkampen hatte schon am 21. Januar damit begonnen, die Fuhrwerke zu beladen. Doch als am 24. Januar der Räumbefehl kam, blieben er und seine Nachbarn im Dorf. Die mit Trecks überfüllten Wege, 20 Grad Kälte und der nahe Kanonendonner schreckten sie davon ab, den sicheren, warmen Hof zu verlassen.

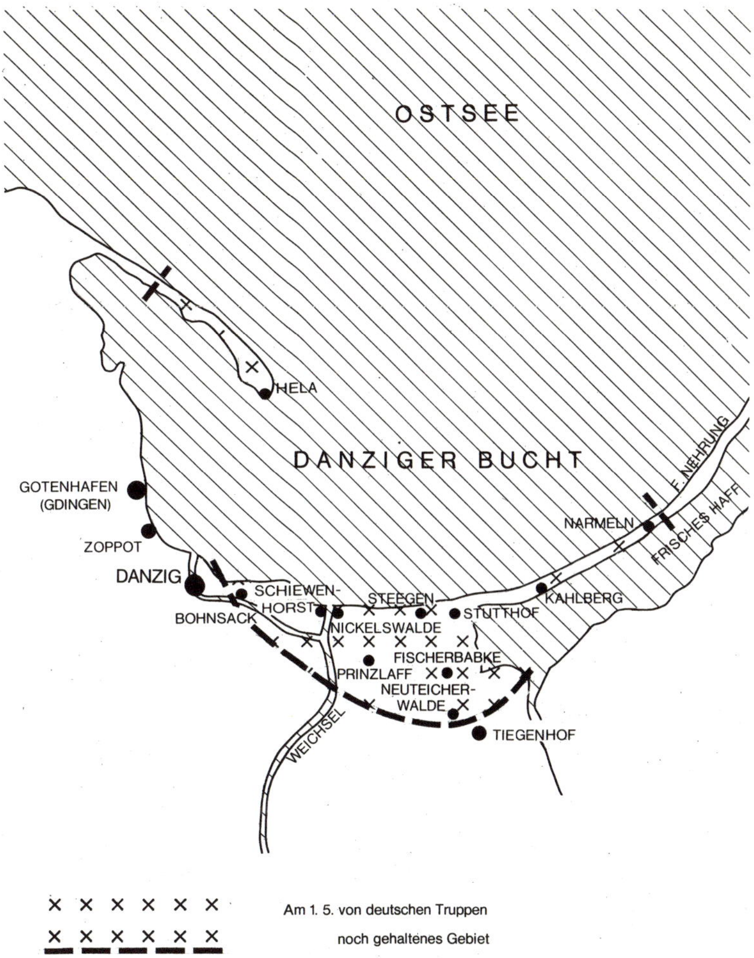

Abb. 10: Die letzte Bastion.

Schneestürme fegten über die Niederung. In frostklaren Nächten sah man den Feuerschein über den Deichen und Gräben am östlichen und südöstlichen Horizont. Am 31. Januar erging ein erneuter Räumbefehl, und wieder blieben die Zeyersvorderkamper zu Hause, denn wie sollten sie ihr Vieh durch den hohen Schnee treiben? Nur die Frauen fuhren sie einige Kilometer nördlich, weg vom Gefechtslärm, der von Elbing her immer stärker zu ihnen drang. Die Sowjets kamen jedoch nicht. Dafür zog deutsche Artillerie im Dorf ein. Aus der Käserei wurde der Käse abgefahren, Fuhrwerke wurden für die Verwundeten beschlagnahmt. Und nachts mußten die Bauern Streife gehen – sie haben Angst, daß ihr Vieh gestohlen wird, und auch, weil sich Fremdarbeiter in der Gegend herumtreiben. Das Gelände ist wegen der vielen Gräben und Deiche unübersichtlich. Eines Tages ist das Vieh doch weg – von der Wehrmacht beschlagnahmt.
Mitte Februar setzten wieder Schneestürme ein. Die Zeyersvorderkamper holen ihre Frauen ins Dorf zurück und setzen sie mit fünf Treckfahrzeugen nach Westen in Marsch. Im Dorf lösen sich unterdessen die deutschen Batterien ab, nachdem sie endlich das feindliche Feuer auf den Ort gezogen haben. Doch es entsteht kaum Schaden. Die Bauern schlachten die letzten Schweine. Am 9. März erfahren sie, daß im Süden von ihnen Dirschau gefallen ist. Am 15. März gurgelt überall Wasser, und bald darauf sitzt der Ort mitten in einem See: Deutsche Pioniere haben über lange Strecken die Vorfluter und die Weichseldämme durchstochen. Fast das gesamte Gebiet zwischen Danzig und Elbing, mit Ausnahme einiger höher gelegenen Gegenden und des Küstenstreifens, ist überflutet. Die Wehrmacht hatte niemanden gewarnt.
In Danzig-Gr. Waldorf standen ausgedehnte Laubenkolonien unter Wasser. Der Bauer Karl Paetschke, Verbandsvorsteher des Unterdeichverbandes Gr. und Kl. Waldorf, fiel aus allen Wolken, als der Ortsgruppenleiter angeradelt kam und kategorisch die Entwässerung der Laubenkolonie verlangte. Doch der Kraftstrom für die Pumpen des Schöpfwerkes in Kl. Waldorf, das der normalen Entwässerung diente, war längst unterbrochen.

Nur ein altes Dieselaggregat stand Paetschke zur Verfügung, allerdings kein Treibstoff. Im Keller des Hauses hatte der Stab eines Artillerieregiments Quartier bezogen, und Paetschke bat einen Hauptmann um Dieselöl für seine Pumpe. Der Offizier hätte den Ortsgruppenleiter beinahe wegen Sabotage belangt – die Pumpen blieben still und die Lauben naß.

Aber auch wenn Paetschke seine Pumpen in Gang gesetzt hätte: Sie hätten kaum die Wassermassen verringert, die über viele Quadratkilometer auf Feldern und Wiesen standen – im Durchschnitt 1 bis 1,50 m tief. Nur die Bahnlinie, einige Straßen und Ortschaften hoben sich von der silbergrauen bis schwarzen Fläche ab.

Karl Schliep, der Geschäftsführer der Landwirtschaftlichen Genossenschaft Dirschau, war am 8. März nur wenige Stunden vor dem Einrücken der Russen und noch vor der Überflutung der Niederung aus der Stadt entkommen. Er war Heimatflakmann. Die Gespanne für die 3,7-cm-Geschütze hatten sie sich in letzter Minute selbst besorgen müssen. Ohne einen Schuß abzugeben, zogen sich die Männer von Dorf zu Dorf nach Norden durch die Niederung zurück. Eigentlich hatten sie einer 8,8-cm-Batterie Tieffliegerschutz geben sollen, doch die war nach zwei Tagen verschwunden und hatte die Zivilisten mit ihren Geschützen allein gelassen.

Am südlichen Rand des Küstenstreifens, wenige Kilometer von der See entfernt, bezogen sie bei Einlage an der Weichsel Stellung. Inzwischen hatte sich das Wasser zwischen sie und die Russen geschoben. Hin und wieder bekamen sie Artilleriefeuer, aber selbst von ihrer Warte aus konnten sie sehen, wie sich die Sowjets um die Niederung herumarbeiteten und sich auf das etwa 25 Kilometer entfernte Danzig konzentrierten. Ein Stück weichselabwärts sahen sie den Fährverkehr von Nickelswalde. An ihre eigene Flucht dachten die Männer nicht. Ihre Familien hatten sie auf Trecks und mit der Bahn in Sicherheit gebracht, und sie selber warteten nur darauf, daß der Krieg zu Ende ging.

Vor ihnen am Flußufer war ein großer Kahn vertäut. Er war bis obenhin mit Lebensmitteln beladen, und der Schiffer wartete

auf einen Schlepper, der ihn nach Westen bringen sollte. Von den geladenen Zigaretten wollte er keine abgeben. Auch als zwei junge Offiziere kamen und unbedingt ihr Auto auf den Kahn laden wollten, blieb er hart. »Was wollt ihr denn, der Krieg ist doch sowieso zu Ende!« Mit hochrotem Kopf schrie einer der beiden zurück, ob er wahnsinnig geworden wäre – Feindpropaganda wäre das, und sie würden ihn erschießen lassen. Sie beruhigten sich erst, als der Schiffer ihnen versicherte, daß er kein Ladegeschirr habe, und ohne das ginge es eben nicht. Die beiden ließen den Wagen stehen und zogen zu Fuß in Richtung Nickelswalde ab. Bald würde irgendein Russe den Wagen wegfahren.
Karl Schliep sinnierte darüber, was den Sowjets so alles in die Hände fiel. Das ganze Lager der Genossenschaft in Dirschau hatten sie kassiert: Getreide, Kartoffeln, Speck, Saatgut und Maschinen. In der Spritfabrik Pr. Stargard, etwa 20 Kilometer südwestlich von Dirschau, lagerten Millionen Liter Alkohol, von dem es hieß, daß er in Flugzeugtreibstoff umgewandelt werden sollte. Tagelang hatte man debattiert, ob man das Lager anzünden oder den Sprit in den kleinen Fluß Ferse laufen lassen sollte. Würde man ihn anzünden, wären bei einer Verpuffung Gebäudeschäden entstanden, würde man ihn einfach auslaufen lassen, wäre das das Ende des Fischreichtums der Ferse gewesen. Am 7. März waren die Russen dann plötzlich da und transportierten die unversehrte Kostbarkeit ab. Und bald würde der Heimatflakmann Schliep sich hinter sein Geschütz klemmen und helfen, es in das tiefe Wasser der Weichsel zu schieben. Das Geschütz wenigstens sollten sie nicht haben.
Nicht weit von Schliep fuhrwerkte der Bauer Friedrich Steinhagen aus Lupushorst in der Gegend herum. Auch er dachte nicht an Flucht, sondern suchte mit seinen Fuhrwerken nur ein sicheres Plätzchen, seit die Sowjets Lupushorst genommen hatten. Deutsche Einheiten hatten die Russen zwar wieder aus dem Dorf hinausgeworfen und sich jetzt dort verschanzt, aber das Blatt konnte sich jederzeit wenden. Die Lupushorster waren im 21 Kilometer entfernten Neuteicherwalde untergekommen, von wo sie zu ihrer Überraschung beobachteten, daß die Kleinbahn

nach Lupushorst wieder verkehrte. Es waren kleine Güterzüge, die mit italienischen Kriegsgefangenen als Hilfskräften Getreide, Kohlen und Schweine aus dem Ort abtransportierten. Steinhagen gelang es, zweimal mitzufahren und noch einiges aus seinem Gehöft mitzunehmen. Doch dann nahmen die Russen das schwarzen Rauch und Funken stiebende Bähnchen unter Feuer und vertrieben die tapferen Reichsbahner.

Steinhagen spannte zwei Fuhrwerke an und fuhr mit seinem Gastgeber, einem Franzosen und drei Frauen auf eigene Faust noch einmal nach Lupushorst. Der deutsche Posten am Ortseingang machte Schwierigkeiten, und sie mußten sich erst bei dem auf einem der Höfe untergebrachten Wehrmachtsstab einen Erlaubnisschein erbetteln. Sie mußten sich beeilen, denn ununterbrochen schoß die deutsche Artillerie über ihre Köpfe hinweg in ein nahes Wäldchen, aus dem die Sowjets das Feuer erwiderten. Hastig belud die kleine Gruppe ein Fuhrwerk mit Holz und Kohle, das andere mit Getreide und Futtermitteln. In seinem Stall, den die Russen ausgeräumt hatten, entdeckte Steinhagen seine braune Sattelstute. Offenbar hatten die Russen sie wieder freigelassen, denn das Tier war am Widerrist verwundet. Vom langen Weg durch Wasser und Schlamm war das Pferd bis an den Bauch mit einer Dreckkruste überzogen. Steinhagen band die Stute an sein Fuhrwerk, und die Kolonne brach auf.

Unterwegs kommt es Steinhagen in den Sinn, zuerst zum Tierarzt Herzberg nach Tiegenhof zu fahren, um das Tier behandeln zu lassen. Dabei geraten sie unversehens zwischen die deutsche und die russische Linie und werden beschossen. Trotzdem gelangen sie unversehrt bis zum Wasserturm von Tiegenhof. Auf den Straßen der Stadt herrscht ein fürchterliches Gedränge – Soldaten und Wehrmachtfahrzeuge, wohin man sieht. Die Lupushorster machen erst einmal Halt und beginnen die mitgebrachten Butterbrote zu verzehren. Mitten in der Mahlzeit rauschen sowjetische Granaten heran. Die beiden Bauern und ihre Leute hatten keine Zeit, von den Wagen zu springen. Wie versteinert blieben sie auf ihren Plätzen, als die Granaten um sie herum explodierten. Erst dann gingen sie in Deckung, warfen sich in den

Straßengraben oder unter die Wagen. Nur eine der drei Frauen rührte sich nicht. Ein Splitter war seitlich durch den Wagenkasten gedrungen, hatte ihren linken Unterschenkel durchschlagen und war im rechten steckengeblieben. Sie jammerte leise vor sich hin. Das Blut tropfte durch die Wagenbretter. Die anderen zogen sie schnell vom Wagen und jemand rief nach einem Sanitäter. Doch der Beschuß hielt etwa anderthalb Stunden an, und auf den Straßen lagen viele Verwundete und Tote. Erst als Ruhe eingetreten war, wurde die Frau versorgt. Ein Wehrmachtkarren brachte sie in das Gemeinschaftshaus Tiegenhof, von wo sie noch rechtzeitig vor den Russen mit dem Schiff über Hela nach Oldenburg transportiert wurde.
Die Lupushorster mußten ihr Quartier noch zweimal wechseln, weil die Sowjets nachrückten. Der Gestank in der Niederung wurde mit den wärmer werdenden Tagen unerträglich – überall lag verwesendes Vieh. Einige bespannte Wehrmachteinheiten hatten ihre Pferde getötet und einfach liegen gelassen, doch die meisten der toten Tiere – Pferde und Rinder – waren versprengtes Vieh, zum Teil von weither herrenlos zugewandert.
Unter Fliegerangriffen hatte die Weichselniederung erst in der letzten Phase nach der Einnahme Pillaus zu leiden. Tiefflieger begannen den Fährbetrieb von Nickelswalde so stark zu stören, daß die Prähme nur noch nachts fahren konnten. In Decken und Mäntel gehüllt warteten die letzten Flüchtlinge aus dem Samland, Königsberg und Pillau darauf, daß sie an die Reihe kamen. Es waren nur noch wenige Frauen und Kinder unter ihnen. Zumeist waren es alte Volkssturmmänner, die die Wehrmacht weggeschickt hatte.

Seit Wochen war die Halbinsel Hela ein einziges Heerlager. Hier hatten sich die Reste der geschlagenen Heeres- und Marineeinheiten und Zehntausende von Flüchtlingen angesammelt. Verwundete, Alte und Kranke sowie stillende Mütter waren in dem kleinen Ort untergebracht und wurden von dort bevorzugt abtransportiert. Die große Masse lagerte kilometerweit in den mit Kusseln und Kiefern bestandenen Dünen. In Baracken, Zel-

ten, Erdlöchern oder im Freien verbrachten sie die Tage. Sie dösten in der warmen Frühjahrssonne und warteten. Manche der Zivilisten hatten sich auf einen längeren Aufenthalt eingerichtet. Aus Ästen und Zweigen entstanden Überdachungen, primitive Feuerstellen und Latrinen waren gegraben worden. Auf Wäscheleinen zwischen den Bäumen baumelte Kinder- und Frauenwäsche.
Hier war man einigermaßen vor der russischen Artillerie sicher, die von der Oxhöfter Kämpe herüberschoß und sich auf den Schiffsverkehr in den beiden kleinen Häfen und auf der Reede konzentrierte. Hin und wieder fetzten die Garben der die Schiffe angreifenden Tiefflieger über die Köpfe der Lagernden und verursachten Verluste. Am meisten hatten die im Ort Untergebrachten unter den Angriffen zu leiden, so daß viele die Häuser wieder verließen, um in den Dünen Schutz zu suchen.
Immer wieder gab es Tote und Verwundete. Der kleine Friedhof Helas war längst überfüllt, und man war dazu übergegangen, hinter dem Marinelager Massengräber anzulegen. Das gehörte zum Aufgabenbereich des schließlich auf Hela gelandeten Oberst Schöpffer, des Verteidigers von Elbing. Er beobachtete, daß eine etwa 30jährige Flüchtlingsfrau Tag und Nacht an einem der Gräber hockte. Ihre beiden von russischen Bordwaffen getöteten Kinder lagen hier unter der Erde. Die Frau weigerte sich, sie zu verlassen und sich einem Transport anzuschließen. Sie ist mit vielen anderen zurückgeblieben.
Bei einem seiner Rundgänge lief dem Oberst aus einem halbzerstörten Fischerhaus eine hysterisch schreiende Frau über den Weg: »Mein Mann, mein Mann! Nach Hause, ich will nach Hause!« Zusammen mit einem Sanitäter lief er ihr nach und brachte die sich wie wild gebärdende etwa 40jährige in die nahe Schule, wo ihr ein Arzt eine Morphiumspritze gab. In dem Fischerhaus fand Schöpffer später ein altes Königsberger Ehepaar, das von der MOLTKEFELS gerettet worden war und um keinen Preis wieder auf das Wasser wollte. Sie erzählten ihm, daß die Frau schon vier Wochen in der Weichselniederung bei der kämpfenden Truppe verbracht hatte, weil sie ihrem Mann hatte nahe

sein wollen. Sie waren auch zusammen nach Hela gelangt, aber seither gab es von dem Mann keine Spur mehr. Wahrscheinlich hatte er sich darauf verlassen, daß seine Frau mit dem nächsten Transport nachkam, oder er war bei einem der Luftangriffe umgekommen. Schöpffer hatte keine Zeit, sich um Einzelschicksale zu kümmern.

Während die Verpflegung der im Ort Untergebrachten aus den Lazarettküchen und der schwimmenden Großküche der Gauleitung kam, waren alle nur verfügbaren Koch- und Waschkessel und sogar Badewannen in die Dünen zum Suppenkochen gebracht worden. Oberst Schöpffer war mit seinem kleinen Stab auch für die Verpflegung von Soldaten und Zivilisten sowie für die Bereitstellung der Transporte verantwortlich. Hunger brauchte niemand zu leiden, wenn auch die Verpflegung oft spärlich war. Die Verpflegungsämter des Heeres und der Marine konnten bis in den April hinein ihre Lager ständig durch Lieferungen aus der Danziger Niederung auffüllen, wo die verbliebenen Lebensmittellager geräumt wurden und Tag und Nacht Rinder und Pferde geschlachtet wurden. Die verhältnismäßig geregelte Ernährung und die ansteigenden Tagestemperaturen brachten auch die Dysenterie zum Abklingen.

Niemand hatte eine genaue Übersicht über die Transporte. Niemand hatte Zeit oder auch Interesse, die Zahl der transportierten Soldaten, Verwundeten und Flüchtlinge minutiös festzuhalten. Vielleicht war Schöpffers Schätzung, daß mit jedem Geleit etwa 20000 Menschen die Halbinsel verließen, einigermaßen richtig, aber seine Notierung vom 15. April morgens: Neu eingetroffen sind 18000 Verwundete, 33000 Flüchtlinge und 8000 Volkssturmmänner, dürfte sich kaum auf den Zustrom nur einer Nacht bezogen haben. Die Fährprähme und Kleinfahrzeuge hätten diese Massen nicht in so kurzer Zeit bewältigen können. Die meisten Zahlen aus jenen Tagen haben nur symbolischen Wert und stehen für die Tatsache, daß es auf diesen beiden winzigen Fleckchen Erde zuviele Menschen gab, die alle überleben wollten. Jedenfalls kamen noch immer aus der Weichselniederung jede Nacht Tausende von Flüchtlingen und Soldaten, wobei

das Zahlenverhältnis sich zugunsten der Soldaten zu verschieben begann. Oft legten die Leichter gleich an den auf der Reede wartenden Schiffen an, womit die Plätze für die auf Hela Wartenden verloren waren. Die Nervosität unter den Soldaten und Zivilisten in den Dünen wuchs. Die Chancen des einzelnen wurden auch noch aus einem anderen Grund mit jedem Tag geringer: Auf der Reede ankerten immer weniger Schiffe. Schon im März hatten in Swinemünde 14 Schiffe über eine Woche festgelegen, weil der Kohlenachschub unterbrochen war und die Treibölvorräte zur Neige gingen: Die westlichen Alliierten hatten das Ruhrgebiet besetzt und am 12. April die Elbe bei Magdeburg erreicht.
Um die Seetransporte nicht ganz einstellen zu müssen, wurden die meisten Schlepper stillgelegt. Im Kaiser-Wilhelm-Kanal wurden 30 größere Schiffe festgemacht. In der Lübecker Bucht, der Flensburger Förde, der Eckernförder Bucht und vor Kopenhagen gingen große Schiffe wie die DEUTSCHLAND, CAP ARKONA, POTSDAM, WALTER RAU, MONTE ROSA – alles Schiffe mit weit über 10000 Tonnen – vor Anker und nahmen an den Transporten nicht mehr teil.
Am 20. April ankerte die EBERHARD ESSBERGER auf der Reede vor Hela. Es war die 14. – und letzte – Flüchtlingsfahrt dieses Schiffes, mit dem bis dahin über 66000 Menschen in den Westen gebracht worden waren. Bei ruhiger See und »leichter Fliegertätigkeit« übernahm sie diesmal 15 Verwundete, 4500 Soldaten und 200 Flüchtlinge.
An Land feierte man inzwischen Führers Geburtstag. Markige Reden wurden gehalten, und aus den Bunkern und Unterkünften drang dumpf der Chor der Sieg Heils. Gauleiter Forster versammelte seine Funktionäre und einen kleinen Kreis von Offizieren um sich und sprach von Wende, Ewigkeit und dem großen deutschen Volk. Gauleiter Koch, der sich ebenfalls noch auf Hela aufhielt, trat nicht in Erscheinung.
Koch hatte seine Unterkunft in der Nähe der RUGARD, dem Befehlsschiff der 9. Sicherungsdivision. Da er kein eigenes Schiff zur Verfügung hatte, war er für seine Flucht auf die Kriegsmarine angewiesen.

Forsters Fluchtschiff, die ZOPPOT, lag reisefertig im Kriegshafen. Die beiden Gauleiter gingen sich auf Hela aus dem Wege. Beide wären schon längst geflohen, wenn nicht einer dem anderen mißtraut hätte. Und noch fürchteten beide den Mann, dessen Statthalter sie waren.

Diese Furcht war überflüssig. Hitler hatte zu diesem Zeitpunkt längst das Interesse an seinem »geliebten deutschen Volk« verloren. Teilnahmslos nahm er am Vormittag des 20. April die Gratulation seiner nächsten Umgebung entgegen. Er wußte, daß er nicht nur den Krieg verloren hatte, sondern auch, daß sein eigenes Ende nahte. Der Russe war im Anmarsch auf Berlin: 193 Divisionen mit 2,5 Millionen Soldaten, 41600 Geschützen, 6250 Panzern und 7560 Flugzeugen waren im Begriff, die Stadt in die Zange zu nehmen. Am 21. April lag die Reichshauptstadt zum ersten Mal unter Artilleriefeuer. Am 23. April nahmen die Sowjets Potsdam und Döberitz im Westen der Stadt. Es kommt zu den ersten Straßenkämpfen in Pankow, Köpenick und Tegel. Am 27. April ist Berlin eingeschlossen. Noch immer hofft die Besatzung des Bunkers auf Entsatz durch die Truppen des Generals Wenk. Ein Ausbruchsversuch mit allen Reserven schlägt fehl. Am 29. April teilt General Weidling Hitler mit, daß er die Stadt nur noch einen Tag halten kann. Am Nachmittag des 30. April nimmt Hitler sich das Leben.

Am 28. April erfuhr Koch, daß Berlin endgültig eingeschlossen war und Hitler seinen Bunker nicht verlassen wollte. Auf der Reede lagen die U-Boot-Jäger 1222 und 1225, das Minenboot 441 und das Minenschiff LOTHRINGEN, mit dem vorher schon Tausende von Flüchtlingen nach Westen gebracht worden waren. Eine Barkasse brachte Koch und neun Mann seines Stabes zur LOTHRINGEN, die diesmal nur 1056 Verwundete, 123 Soldaten und außer den Parteifunktionären keine Zivilisten an Bord hatte. Auf den beiden U-Boot-Jägern befanden sich zusammen 295 Soldaten und 240 Flüchtlinge, auf dem Minensuchboot 49 Flüchtlinge. Der kleine Geleitzug verließ Hela am 29. April und lief am Tag darauf in Flensburg ein. Koch tauchte nach seiner Ankunft sofort unter. Forster folgte mit der ZOPPOT noch am

gleichen Tag, machte einen Umweg über Bornholm und verschwand dann ebenfalls für lange Zeit von der Bildfläche.
Koch, der später ergriffen und in Warschau zum Tode verurteilt worden war, sitzt heute im polnischen Gefängnis in Wartenburg nicht weit von Allenstein.
Den Flüchtlingen wie den meisten Soldaten blieb die Flucht dieser beiden Männer, die so viel Verantwortung für die Katastrophe tragen, verborgen. Sie waren zu sehr mit sich selbst beschäftigt. Auch Oberst Schöpffer hatte andere Sorgen. Er mußte den immer spärlicher werdenden Schiffsraum zwischen Soldaten, Verwundeten und Flüchtlingen aufteilen. Nachdem am 20. April die EBERHARD ESSBERGER Hela verlassen hatte, konnte er am 21. April wieder einige Tausend Frauen und Kinder loswerden: Auf der Reede lag ein Geleit mit den Schiffen ADELE TRABER, LAPPLAND und SANTANDER. Trotz dauernder Fliegerangriffe pendelten die Leichter der Kriegsmarine unermüdlich hin und her, um die Schiffe zu beladen.
In einem der Fährprähme stand der Feldunterarzt Peter Siegel, der im Januar von Rauschen zu seiner Hochzeitsreise aufgebrochen war. Nach den Stationen Pillau und Gotenhafen, wo er seine Frau und seine Eltern zur LAPPLAND gebracht hatte, war er über Danzig bei einem Feldlazarett in Steegen in der Weichselniederung gelandet. Sie waren eines der letzten Lazarette, die aus Steegen abtransportiert wurden.
Der Leichter mit Siegel und dem anderen Sanitätspersonal fuhr dicht an der LAPPLAND vorbei auf die SANTANDER zu. Siegel erkannte das Schiff an seinen ungewöhnlichen Aufbauten sofort wieder. Das Wiedersehen war wie ein Lebenszeichen von seiner Frau, auf das er so lange vergeblich gewartet hatte: Da die LAPPLAND die Reise von Gotenhafen nach dem Westen offensichtlich gut überstanden hatte, war auch seine Familie sicher im Westen gelandet.
Die kleine SANTANDER nahm 2350 Soldaten, 400 Verwundete und 150 Flüchtlinge an Bord. Die beiden größeren Schiffe wurden fast ausschließlich mit Zivilisten beladen.
Franz Appel, der Kapitän der LAPPLAND, drängte zur Eile.

Es war die fünfte Flüchtlingsfahrt des Schiffes, und er wußte, daß es eine sechste nicht mehr geben würde. Wieder wurden die Netzbrooken über die Bordwand gelassen. Verwundete sowie gebrechliche alte Leute und Kranke wurden auf Paletten hochgehievt. Wer gehen konnte, mußte die Fallreeptreppen und die Lotsenleitern benutzen oder über die Netze klettern. Innerhalb weniger Stunden waren etwa 7500 Menschen an Bord. Viele wollten aus Angst vor U-Booten an Deck bleiben, und die Decksmannschaft – meist Belgier und Kroaten – mußte die Flüchtlinge unter Deck treiben. Nur die Verwundeten und die Kranken ließ man zwischen den Aufbauten liegen.

Auf der ADELE TRABER ging es ähnlich zu. Auch sie wurde fast ausschließlich mit Flüchtlingen beladen. Kapitän Walter Richters bewunderte die Ruhe und Disziplin, mit der die Frauen und Alten den Anweisungen folgten. Die meisten waren so erschöpft, daß sie sich stumm ihrem Schicksal ergaben. Nur der Gedanke, dem Russen noch in letzter Minute zu entkommen, schien sie zu bewegen. Nach drei Stunden waren 3000 Menschen an Bord.

Das Geleit mit den drei Schiffen lief noch am 21. April aus. Unterwegs trennten sie sich: Die ADELE TRABER lief nach Swinemünde, von wo die Flüchtlinge noch mit der Eisenbahn wegkamen. Doch statt nach Hela zurückzufahren, wie es der Kapitän beabsichtigt hatte, mußte das Schiff am 26. April nach Ostswine verholen und dort Werkstattmaschinen und Material der Marine-Ausrüstungs- und Reparaturwerkstatt Ostswine laden und in die Flensburger Förde bringen. Der Betrieb sollte dort wieder eingerichtet werden.

Die SANTANDER lief nach Saßnitz, wo sie die Soldaten auslud. Dann lag sie eine ganze Woche wegen Kohlemangels fest, wurde am 30. April nach Greifswald beordert. Als das Schiff dort einlaufen wollte, sah der Kapitän an der Pier schießende russische Panzer und drehte schleunigst wieder um. Nach Hela kam er nicht mehr, sondern konnte in letzter Minute noch Soldaten und Flüchtlinge von der Insel Rügen nach Kopenhagen befördern.

Die LAPPLAND erreichte Kopenhagen am 23. April. Sie lag mit

den 7500 Menschen an Bord mehrere Tage auf der Reede fest, weil die Lager in Dänemark überfüllt waren und erst Platz geschaffen werden mußte. Als es endlich soweit war, daß die LAPPLAND hätte umkehren können, waren die Kohlebunker leer.
In Hela tauchten zwischen dem 23. und 27. April nur noch vereinzelt Schiffe auf. Die WESERBERG brachte von Libau Soldaten der Kurlandarmee und holte dafür Flüchtlinge an Bord. Der kleine Dampfer BISCHOFF nahm Soldaten und Verwundete auf. Erst am 28. April traf wieder ein Geleit ein, das weit über 10000 Menschen, meist Flüchtlinge, abtransportieren konnte.
Unter den Schiffen war die UBENA, 9555 BRT, deren Aufbauten noch die Spuren der Splitter und Geschosse zeigten, die sie bei der letzten Ausfahrt von Neufahrwasser vor vier Wochen davongetragen hatte. Die Schiffe ankerten auf der Reede und mußten sich den ganzen Tag über gegen Luftangriffe verteidigen. Vom Peildeck der UBENA aus leitete der Flakeinsatzoffizier das Feuer der sechzehn 2-cm- und 3,7-cm-Schiffsflak. Seine Aufgabe wurde erschwert, weil der Kapitän dauernd seine Position verändern mußte, um dem sporadischen Artilleriefeuer der Sowjets zu entgehen. Trotzdem gelang es ihnen, sich die sowjetischen Tiefflieger vom Hals zu halten.
Nach Einbruch der Dunkelheit fuhren die Schiffe um die südliche Landspitze Helas herum und ankerten vor der Hafeneinfahrt, wo die ersten Leichter mit ihrer Fracht schon warteten. Kapitän Lankau ließ die Fallreeps wegfieren, einige Besatzungsmitglieder sprangen in die Leichter und sorgten dafür, daß die Leute möglichst schnell an Bord kamen. Das ging nicht immer ohne Gewalt und Knüffe, und mancher der Flüchtlinge schimpfte auch noch, als er schon längst in Sicherheit unter Deck war, über die Rücksichtslosigkeit der Besatzung. In Rekordzeit wurden die Leichter entleert.
Lange vor Tagesbeginn lag die UBENA dann wieder auf der Seeseite von Hela. Erst am späten Nachmittag setzte sie sich im Geleit mit der NAUTIK, der GANTER, der WESTPREUSSEN, zwei M-Booten und einem Schnellboot nach Westen in Bewe-

gung. Dichter Nebel war aufgekommen, und die Schiffe mußten sich an den Hecklampen der Vordermänner orientieren, um das Geleit nicht zu verlieren und nicht vom Zwangsweg abzukommen. Doch der Nebel schützte sie auch: Die Schiffe vor ihnen waren mehrmals von sowjetischen Schnellbooten und einmal von einem U-Boot angegriffen worden, dem sie sich nur durch Zickzack-Kurs entziehen konnten.

Die Reihen der Flüchtlinge waren jetzt stark gelichtet. Es waren jene, die sich die ganze Zeit nicht gedrängelt hatten, weil sie zu krank, zu schwach, zu alt waren, weil sie zu große Angst vor dem Wasser hatten oder einfach eine weitere Flucht für sinnlos hielten und sich damit abgefunden hatten, den Russen in die Hände zu fallen.

Oberst Schöpffer setzte jedoch alles daran, auch diese Menschen noch in Sicherheit zu bringen. Der Gedanke daran, daß er sie nicht mehr lange würde verpflegen können, spielte dabei eine Rolle. Noch dampften die Großkessel der Gauleitung mit Erbsen- und Graupensuppen. Die Köche und ihre Helfer waren zehn Volkssturmmänner, alte Männer, die im Januar von ihren Trecks geholt worden waren. Schöpffer hatte sie in Wehrmachtuniformen gesteckt und sich unterstellt. Sie kochten vom Morgen bis zum Abend ununterbrochen – die Suppen wurden immer dünner und das Fleisch darin immer rarer.

Dann vergingen wieder Tage, ohne daß Schiffe auftauchten. Am 1. Mai schlug die Nachricht, daß der Führer im Endkampf »gefallen« sei, wie eine Bombe ein... aber sie bewirkte nichts. Weder Trauer noch Erleichterung über den Tod jenes Mannes, der das Leben jedes einzelnen während der letzten zwölf Jahre bestimmt hatte. Es war gleichsam nur die Bestätigung der Hoffnungslosigkeit ihrer Lage.

Hitlers Nachfolger Großadmiral Dönitz erließ eine Proklamation, in der es hieß: Meine erste Aufgabe ist es, deutsche Menschen vor der Vernichtung durch den vordringenden bolschewistischen Feind zu retten... – Marineoffiziere prosteten sich zu und tranken auf ihren Großadmiral, der die Sache richtig in die Hand nehmen würde.

Am 2. Mai war Berlin in russischer Hand. Im neuen Hauptquartier in Plön beschließt der Großadmiral in einer Lagebesprechung mit Keitel, Jodl, von Friedeburg, Schwerin v. Krosigk, Kapitulationsverhandlungen mit dem Westen einzuleiten.
Auf Hela erfuhr man davon noch nichts. Die SACHSENWALD lief an diesem Tag ein und nahm mehrere tausend Menschen an Bord, darunter etwa 3000 Soldaten. Jetzt, da sich offenbar alles seinem Ende näherte, fiel die Trennung zwischen Zivil und Militär. Nur für die Verwundeten wurden noch Plätze und Luken reserviert. Für die anderen hieß es, sich einen Platz auf den Prähmen zu erobern. Es gab kein Geschrei – es war ein stummes, verbissenes Knuffen und Drängeln, mit dem sich der Menschenstrom über die kaum erhellten Decks ergoß.
Jeder war nervös. Auch Kapitän Teegen. Gegen 22 Uhr bat er um die Auslaufgenehmigung: Sein Schiff war voll, aber noch immer kamen Leichter an. Die Kommandantur funkte zurück, daß er weiter laden solle. In diesem Augenblick eröffnete die Flak an Land das Feuer. Kapitän Teegen ließ sofort die Lampen löschen, befahl »Anker auf!« und »Leinen los!« – er wollte mit dem beladenen Schiff nicht in einen Luftangriff geraten. Langsam löste sich das Schiff von den Prähmen und nahm Kurs auf die offene See. In den noch nicht zur Hälfte entleerten Fähren erhob sich ein fürchterliches Schreien und Fluchen. Von Bord rief jemand hinunter, »Wir kommen wieder!« Aber die SACHSENWALD kam nicht wieder. Manche Familie wurde durch diesen sicher gerechtfertigten Entschluß des Kapitäns für Jahre oder für immer auseinandergerissen.
An diesem 2. Mai zog der 6000 BRT Dampfer FANGTURM, von Libau kommend, mit Westkurs weit draußen auf See an Hela vorbei. An Bord befanden sich nur 700 Heeresoffiziere, Eisenbahnpioniere und Soldaten sowie einige höhere Offiziere der Kriegsmarine. Die Ladung bestand aus Wehrmachtgut – darunter 30 Lkw –, an dessen Stelle etwa 2000 Flüchtlinge Platz gefunden hätten. Ein anderes Schiff aus Libau, die 1923 BRT HENDRIK FISSER, lief in der gleichen Nacht Hela an, obwohl die Sowjets das von der SACHSENWALD beobachtete Flak-

feuer mit ihrer Feldartillerie erwiderten und den Beschuß der Hafeneinfahrt die ganze Nacht über aufrecht erhielten. Die HENDRIK FISSER hatte schon eine ganze Anzahl verwundeter Soldaten einer Waffen-SS-Einheit an Bord, übernahm aber noch in der Nacht Hunderte von Flüchtlingen und Soldaten aus dem Fischereihafen Hela. Noch vor dem Hellwerden setzte sie ihre Reise nach Nyborg fort. Ihre Kohlebunker schwelten, und immer wieder brachen Brände aus, weil sie statt Bunkerkohle nur Briketts bekommen hatte, die sich ständig selbst entzündeten.
Die verantwortlichen Offiziere der Seeleitstelle und der 9. Sicherungsdivision in Hela begannen, am Fortgang der Evakuierung zu zweifeln. Sie jagten Funkspruch auf Funkspruch zum OKW und OKM: Bitten um Schiffe! Doch inzwischen hatte die Kriegsmarine ihre Rücksicht auf die spärlichen Brennstoffvorräte aufgegeben. Alle noch verfügbaren, mit Treiböl fahrenden Einheiten wurden noch einmal – zum Teil sogar aus stilliegenden U-Booten – aufgetankt und nach Osten in Marsch gesetzt. Für Dampfer wurde die letzte Kohle zusammengekratzt, was aber bei weitem nicht ausreichte, um auch die großen Einheiten loszuschicken. Am 3. Mai, bevor das Gros der beteiligten Schiffe ausgelaufen war, flogen alliierte Bomberverbände auf die in den schleswig-holsteinischen Buchten ankernden deutschen Schiffe einen Großangriff. 23 Schiffe wurden dabei versenkt, viele schwer beschädigt. Trotzdem konnte mehr als ein Dutzend Dampfer, unter ihnen die HANSA, LINZ, NAUTIK, PALOMA und HAVEL, mit Kurs auf Hela die westliche Ostsee verlasse·
Die HAVEL hatte noch eine Ladung Artilleriemunition an Bord, die PALOMA 600 t Pferdefutter. Unterwegs begegneten ihnen kilometerlange Züge von Schiffen aller Art: Schlepper, Kräne, Fähren, Fischereifahrzeuge, Boote, Barkassen, im Schlepp oder unter eigenem Dampf – sie alle waren dicht mit Soldaten und Flüchtlingen besetzt.
Diese letzte Armada traf am 5. und 6. Mai vor Hela ein. Bei ihrem Anblick begannen die in den Dünen lagernden Truppen in den Hafen zu drängen, jetzt kurz vor Torschluß wollte jeder mit. Um ein Chaos zu verhindern, ließ General von Saucken ei-

nen Sperrkordon um den Ort ziehen. Die Divisionskommandeure bestimmten jetzt selbst die Reihenfolge ihrer Einheiten und stellten eigene Ordnungsdienste auf.
Das hieß auch, daß für Oberst Schöpffer nicht mehr viel zu tun übrig blieb. Am 6. Mai hatte er zum letzten Mal mit Flüchtlingen zu tun. In seinem Dienstzimmer stand ein junges Mädchen in Schwesterntracht. Sie hielt einen etwa neun Monate alten Säugling im Arm. Eine Streife hatte das Baby vor einigen Tagen auf dem Friedhof an der Dorfkirche gefunden: Es war in Windeln und eine Decke gewickelt und schrie vor Hunger. Die Suche nach der Mutter war ergebnislos verlaufen. So hatte sich die junge Schwester des Kindes angenommen, obwohl sie selbst schon ein ganzes Haus voller Alter und Kranker zu versorgen hatte. Jetzt sollte sie mit ihren Schützlingen abtransportiert werden und wartete nur noch auf eine Bescheinigung, die ihr Oberst Schöpffer ausstellte: Daß sie nicht die Mutter des Kindes war.
Schöpffer brachte sie dann zusammen mit den etwa 30 Alten und Kranken und dem Säugling zur Anlegestelle der PALOMA im Kriegshafen. Dort war man gerade mit dem Löschen fertiggeworden, wobei die Besatzung höhnisches Gelächter und Beschimpfungen über sich ergehen lassen mußte, als ob sie für diese unsinnige Futterladung verantwortlich gewesen wäre. Nachdem die kleine Gruppe Zivilisten auf dem Dampfer untergebracht war, bestiegen noch etwa 1600 Soldaten das Schiff.
Am nächsten Tag meldete sich der Oberst bei General von Saucken. 355624 Flüchtlinge, Soldaten und Verwundete waren im April von Hela in westliche Häfen befördert worden. In der ersten Maiwoche waren es noch einmal über 50000 gewesen. General von Saucken entließ Schöpffer nach Westen – fünf Mann seines Stabes durfte er mitnehmen.
Nachdenklich ging Oberst Schöpffer auf seine Unterkunft zu und kam dabei an der ehemaligen Gauleitervolksküche vorbei. Die Männer kochten noch immer – jetzt hauptsächlich für Soldaten. Einer von ihnen – ein Bauer aus dem Kreis Lötzen – trat auf Schöpffer zu. Er machte ein betretenes Gesicht, und Schöpffer fragte ihn nach dem Grund. Halb verlegen, halb ärgerlich platzte

es aus dem Mann heraus: »Wir haben hier nun wochenlang unsere Pflicht getan und würden gern das Kriegsverdienstkreuz haben.« Eine Stunde später brachte der Oberst die Auszeichnungen und heftete sie den zehn alten Männern mit Handschlag an ihre schmuddelig gewordenen Uniformen. Er hatte Mitleid mit ihnen, weil sie nicht begreifen konnten, daß es Großdeutschland nun nicht mehr gab.

Es gab jedoch auch noch andere, die in diesen Tagen nichts begriffen. Von dem etwa 10000 Tonnen großen Kadettenschulschiff HANSA-OSTMARK hatte in den frühen Morgenstunden des 6. Mai eine Barkasse abgelegt: 25 etwa 16jährige Kadetten waren zum Landeinsatz abkommandiert. Eine Stunde später zogen sie auf dem Dünenweg in Richtung Kußfeld, wo ein Verteidigungsriegel mit einem Panzergraben quer über die Halbinsel gezogen war. Jeder schob ein mit zwei Panzerfäusten behängtes Fahrrad. Die Flüchtlinge in den Wäldern am Wegrand riefen ihnen zu: »Wo wollt ihr noch hin? Der Krieg ist vorbei! Heller Wahnsinn! Kehrt um!« Auch Soldaten raunten ihnen zu, den Blödsinn zu lassen, die Klamotten wegzuwerfen. Aber unbeirrt zogen sie weiter, von einem alten Feldwebel angeführt. Irgendwo an der schmalen Front gerieten sie in russisches Feuer, das sie mit ihren Panzerfäusten erwiderten. 22 der Jungen fanden den Tod. Nur drei kamen zurück. Die HANSA-OSTMARK war inzwischen mit fast 12000 Menschen an Bord abgefahren. Die drei übriggebliebenen Kadetten kamen in letzter Minute auf einem Schnellboot unter.

In der Nacht vom 7. auf den 8. Mai gab es für die immer noch aus der Weichselniederung ankommenden Prähme und Landungsboote schon nicht mehr genügend Schiffe, an die sie ihre Menschenfracht hätten abgeben können. Statt die Truppen in Hela zu landen, riskierten sie den Weg über die Ostsee nach Westen. Etwa zehn davon konnten sich dem Navigationsschulschiff SÜDPOL anschließen, das sie im Geleit sicher nach Kiel brachte. Die anderen mußten ihrem Glück vertrauen, denn kaum einer der Steuerleute hatte eine Ahnung von der Seefahrt.

Oberst Schöpffer machte sich in den Mittagsstunden des 8. Mai mit seinen fünf Soldaten auf die Suche nach einem Schiff. Sie fanden nirgends Platz, alle waren mit Truppen überladen und wollten niemanden mehr an Bord nehmen. Schöpffer war im Begriff, wieder umzukehren und sich wie die anderen auf die Gefangenschaft vorzubereiten, als er im Hafen die Pillauer Seetieffähre entdeckte. Nur die Besatzung war an Bord und gerade im Begriff, den Landgang auszubringen, um Soldaten an Bord zu nehmen. Schöpffer und seine Leute hatten Glück: Sie landeten in der kleinen Kapitänskajüte.

Am Mittag des 8. Mai war der Kapitulationsbefehl ergangen: Nach Mitternacht durfte kein deutsches Schiff mehr einen Hafen verlassen, alle auf See befindlichen Einheiten hatten dann unverzüglich den nächsten in alliierter Hand befindlichen Hafen anzusteuern. Das hatte für die westlichen Häfen schon seit dem 5. Mai um 8 Uhr gegolten, war aber von der Kriegsmarine dadurch unterlaufen worden, daß sie alle in See befindlichen Schiffe – vor allem die schnellen Torpedoboote und Zerstörer – nach Hela beorderte. Für Hela gab es nach dem 9. Mai um 0 Uhr keine Ausweichmöglichkeit mehr. Wer dann noch auslief, riskierte es, von den sowjetischen See- und Luftstreitkräften angegriffen zu werden.

So setzten sich sämtliche noch in Hela liegenden Schiffe am 8. Mai nach Westen ab. Unter ihnen befand sich auch das Begleitschiff RUGARD, von dem aus Fregattenkapitän von Blanc monatelang mit den Einheiten seiner 9. Sicherungsdivision den gewaltigen Fährdienst in der Danziger Bucht und den Geleitschutz für die Transporter bewerkstelligt hatte. Am 9. Mai auf der Fahrt westlich von Bornholm wurde die RUGARD von russischen Schnellbooten angegriffen. Nach einem Torpedoschuß eröffnete sie das Feuer und zwang die Boote zum Abdrehen. Etwa zur gleichen Zeit werden die JULIUS RÜTGERS und die LIESELOTTE FRIEDRICH östlich von Bornholm von sowjetischen Torpedoflugzeugen angegriffen. Die LIESELOTTE FRIEDRICH wird versenkt, die JULIUS RÜTGERS kommt mit geringen Schäden davon.

40000 bis 60000 Soldaten waren auf Hela zurückgeblieben.

Die wenigen Flüchtlinge sahen zu, wie in den Morgenstunden des 10. Mai die Reste der deutschen Armeen in einem geordneten, langen Zug an ihrem Oberbefehlshaber vorbei in die Gefangenschaft marschierten. General von Saucken und elf andere Generäle schlossen sich ihnen an.
In der Weichselniederung spielte sich zur selben Zeit das gleiche Schauspiel ab. Der Bauer Friedrich Steinhagen aus Lupushorst war am 9. Mai zusammen mit einigen anderen Bauern zu Fuß von Prinzlaff nach Nickelswalde gegangen. Sie wollten sich Gespanne und Fuhrwerke holen, die die Wehrmacht in letzter Minute noch abgeben wollte, weil die Soldaten mit dem Erschießen der Pferde nicht nachkamen.
Friedrich Steinhagen hatte sich vier schöne Pferde, zwei Rollwagen und zwei Kühe ausgesucht. In der Hoffnung, auch noch Futter für die Tiere und Lebensmittel für seine Familie auftreiben zu können, hatte er getrödelt und die Nacht in einer Scheune in Nickelswalde verbringen müssen. Als er am nächsten Morgen anschirren wollte, sah er die Russen. Sie standen plötzlich neben ein paar deutschen Offizieren, mit denen sie sich ganz friedlich unterhielten. Kurz darauf traten die deutschen Soldaten zur Übergabe an.
Wie verloren stand der Bauer neben der Front der abgekämpften Soldaten. Sie trugen alle möglichen Uniformteile aller möglichen Waffengattungen, verdreckt und verschlissen. Nur die Ledermäntel der Offiziere zeugten noch von der alten Schneidigkeit. Ein junger Major hielt eine Ansprache. Steinhagen hörte, wie er sagte: »Ab sofort wird die militärische Ehrenbezeigung wieder durch Anlegen der rechten Hand an die Kopfbedeckung erwiesen…« Steinhagen verstand nicht recht, warum das jetzt noch eine Rolle spielte.
Eine Kette sowjetischer Soldaten war aufmarschiert, während die deutschen Soldaten ihre Waffen auf einen Haufen warfen. Sie hielten ihre Sturmgewehre im Anschlag und machten grimmige Gesichter. Dann setzten sich die deutschen Kolonnen in Bewegung. Friedrich Steinhagen beschlich ein eigenartiges Gefühl: Von nun an würde er keine deutschen Soldaten mehr sehen und

der Gnade oder Ungnade der fremden Truppen ausgeliefert sein. Einen Vorgeschmack erhielt er, als ihn ein Russe mit einem ärgerlichen »Dawai! Dawai!« von seinen beiden neuerworbenen Gespannen fortjagte. Es war der Anfang eines langen Leidensweges, den er mit allen zurückgebliebenen Deutschen teilen sollte.

Quellenhinweise

Die Dokumentation stützt sich in der Hauptsache auf die umfangreichen Sammlungen der Ostdokumentation des Bundesarchivs der Reihen Ost Dok 1, Ost Dok 2, Ost Dok 4 und Ost Dok 8. Für die Dokumentation der damaligen militärischen und politischen Situation wurden Materialien folgender Archive und Institute ausgewertet: Bundesarchiv – Militärarchiv, Freiburg; Institut für Zeitgeschichte, München; Bibliothek für Zeitgeschichte, Stuttgart; Arbeitskreis für Wehrforschung, Stuttgart; Public Record Office, London. Einzelne Dokumente wurden mir von Landsmannschaften und Einzelpersonen zur Auswertung freundlicherweise überlassen.

Literaturnachweis

Allgem. Schweizer Militärzeitschrift, Jahrg. 131, 1965
Bekker, Cajus, Flucht übers Meer, 1964
Berichte des Oberkommandos der Wehrmacht
Besymenski, Lew, Der Tod des Adolf Hitler, 1968
Boldt, Gerhard, Die letzten Tage der Reichskanzlei, 1947
Brustat-Naval, Fritz, Unternehmen Rettung, 1970
Bullock, Alan, Hitler – a study in tyranny, 1952
Carell, Paul, Verbrannte Erde. Schlacht zwischen Wolga und Weichsel, 1966
Danziger Haus- u. Heimatkalender, 1970
Der Große Vaterländische Krieg, Moskau, Bd. 5
Dieckert u. Grossmann, Der Kampf um Ostpreußen, 1960

Digest des Ostens, Jahrg. 6, 1963
Dobson, Christopher/Miller, John/Payne, Ronald, Die Versenkung der »Wilhelm Gustloff«, 1979
Domarus, Max, Hitler. Reden und Proklamationen, 1962–1963
Eckert, Gerhard, Besuch in Polen, 1974
Engel, Hans-Ulrich (Hrsg.), Ostpreußen, wie es war, 1976
Elbinger Hefte, Nr. 15, Nr. 24
Faehrmann, Willi, Das Jahr der Wölfe, 1962
Fittkau, Gerhard, Mein dreiunddreißigstes Jahr, 1958
Fredmann, Ernst, Sie kamen übers Meer, 1971
Der Freiwillige, Jahrg. 10, 1964/11
George, Bernard, Les Russes arrivent, Paris 1966
Gilbert, Felix, Hitler directs his war, 1950
Guderian, Heinz, Erinnerungen eines Soldaten, 1962
Helm, Rudolf, Volkssturm Saga, 1961
Holst, Niels von, Danzig – ein Buch der Erinnerung, 1949
Hubatsch, Walther, Flüchtlingstransporte aus dem Osten über See, 1962
Hubatsch, Walther, Hitlers Weisungen für die Kriegsführung 1939–1945, 1962
Hümmelchen, Gerhard, Chronik des Seekrieges 1939–45, 1968
Just, Guenther, Alfred Jodl – Soldat ohne Furcht, 1971
Kabath, Rudolf, Abwehrkämpfe am Nordflügel der Ostfront 1944–45, 1963
Kadelbach, Gerd, Die Stunde Null, 1962
Klöss, Erhard (Hrsg.), Reden des Führers, 1967
Konjew, Iwan S., Das Jahr fünfundvierzig, 1969
Kydd, Sam, For you the war is over, London 1973
Lasch, Otto, So fiel Königsberg. Kampf und Untergang, 1958
Lorck, Carl von, Ostpreußische Gutshäuser, 1953
Mai, Joachim, Vom Narew bis an die Elbe, 1965
Merian – Danzig, 4. Jahrg./7
Mitteilungsblatt Waffenring deutscher Pioniere, 1963
Murijew, D., Durchbruch der Schützenverbände durch eine vorbereitete Verteidigung, 1959
Nehring, Walter, Die Geschichte der deutschen Panzerwaffe, 1969
Ostpreußen, Jahrg. 15/9, 1964

Schäufler, Hans, So lebten und so starben sie, 1968
Schäufler, Hans, Der Weg war weit, 1973
Schoen, Heinz, Der Untergang der »Wilhelm Gustloff«, 1953
Schramm, Percy Ernst, Kriegstagebuch OKW (Jan. 1944 – 22. Mai 1945), 1961
Schroeder, Juergen, Zwischen Hela und Pillau, 1956
Sobczak, Kazimierz, Rocznik Elblaski II, 1963
Soviet Military Review, 1969 Nr. 4 u. 5, 1975 Nr. 4
»Der Spiegel«, 1966
Thorwald, Jürgen, Ungeklärte Fälle, 1950
Thorwald, Jürgen, Es begann an der Weichsel, 1951
Thorwald, Jürgen, Das Ende an der Elbe, 1959
Tippelskirch, Kurt von, Geschichte des Zweiten Weltkriegs, 1956
Trevor-Roper, Hugh R., The last Days of Hitler, 1947
Trevor-Roper, Hugh R., Grunfeld, Frederic V., Die deutsche Tragödie, 1975
Tschuikow, M., Aus den Erinnerungen – in Dokumentation der Zeit, 1965
War Monthly, London, 1976/30
Warlimont, Walter, Im Hauptquartier der deutschen Wehrmacht, 1962
Wilckens, Hans Jürgen von, Die große Not, 1957
Wilmot, Chester, The Struggle for Europe, 1952
Zeitschrift für Militärgeschichte, 1965

OSTSE
HELA
DANZIGER BU
GOTENHAFEN
(GDINGEN)
ZOPPOT
DANZIG
SCHIEWEN-
HORST
STEEGEN
STUT
NICKELSWALDE
WESTPREUSSEN
WEICHSEL
MARIENBURG
14. 2.
50 KM